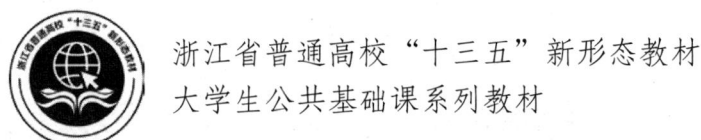

浙江省普通高校"十三五"新形态教材
大学生公共基础课系列教材

高校美育新论

主　编：胡　琦　杨艳琼
副主编：赵　威　汪小明

电子工业出版社
Publishing House of Electronics Industry
北京·BEIJING

内容简介

本书全面介绍美学基础知识和审美基础理论，着重阐述校园公共艺术教育、校园文化及传统文化与大学生审美素养的关系，同时以协同育人理念设计理论与实践互动教学方案，将美学理论知识传授与审美实践教学融合在一起，通过审美实践活动带给学生生动直观的审美体验，实现提高学生审美能力、促进学生感性世界发展的教学目标。本书符合大学生人文素质提升和全面发展的实际需求，对高校改革美育课程教学、完善美育工作体系具有一定参考价值。本书还收录了国内部分高校美育实践的经典案例，可为新时代高校美育工作创新提供借鉴。

未经许可，不得以任何方式复制或抄袭本书之部分或全部内容。
版权所有，侵权必究。

图书在版编目（CIP）数据

高校美育新论 / 胡琦，杨艳琼主编 . -- 北京：电子工业出版社，2023.4
ISBN 978-7-121-45313-7

Ⅰ. ①高… Ⅱ. ①胡… ②杨… Ⅲ. ①美育—教育研究—高等学校 Ⅳ. ① G40-014

中国国家版本馆 CIP 数据核字 (2023) 第 051795 号

责任编辑：王　花
印　　刷：三河市良远印务有限公司
装　　订：三河市良远印务有限公司
出版发行：电子工业出版社
　　　　　北京市海淀区万寿路 173 信箱　邮编 100036
开　　本：787×1092　1/16　印张：20.75　字数：531.2 千字
版　　次：2023 年 4 月第 1 版
印　　次：2023 年 4 月第 1 次印刷
定　　价：59.90 元

凡所购买电子工业出版社图书有缺损问题，请向购买书店调换。若书店售缺，请与本社发行部联系，联系及邮购电话：（010）88254888，88258888。
质量投诉请发邮件至 zlts@phei.com.cn，盗版侵权举报请发邮件至 dbqq@phei.com.cn。
本书咨询联系方式：（010）88254609 或 hzh@phei.com.cn。

编者按

纵观人类数千年文明史，"美"是人的永恒追求，它如一缕微光，伴随着人类文明的不断积累与进步，它以永恒的姿态，激发出人类无穷的想象力和创造力。对美的追求，已经成了人的一种存在方式，而进行关于美的教育，则是人类文明传承的重要方式。[①]

美育，作为审美教育，同时也是情操教育和心灵教育，不仅能提升人的审美素养，还能潜移默化地影响人的情感、趣味、气质、胸襟，激励人的精神，浸润人的心灵。近年来，美育愈发受到高度重视，被纳入国家育人政策的顶层设计中。习近平总书记在二十大报告中指出："全面贯彻党的教育方针，落实立德树人根本任务，培养德智体美劳全面发展的社会主义建设者和接班人。坚持以人民为中心发展教育，加快建设高质量教育体系，发展素质教育，促进教育公平。"这是"办好人民满意的教育"这一部分的核心内容，其明确启示我们两点：一是新征程需要的建设者和接班人是德智体美劳全面发展的；二是以人民为中心发展教育要求"素质教育"+"教育公平"。

美育与德育、智育、体育和劳育并举，相辅相成、相互促进，是新时代人才培养的重要途径，也是高校立德树人的题中应有之义。准确把握高校美育发展方向，有效整合美育教学实践资源，建设新形态美育教材，打造以审美和人文素养培养为核心、以创新能力培育为重点的高校美育课程，不仅是创新美育教学模式，深化美育课堂改革的需要，也是完善高校美育工作机制，优化人才培养格局的需要。

通俗地说，高校美育不应仅仅满足于静态地传授美学知识，而要着眼于涵养当代大学生的主体意识和人格修养，培养如蔡元培所说的"高尚纯洁之人格"，使高校美育课堂成为"审美教育""情操教育""心灵教育"三育一体的大学生人格素养"培养舱"。正是基于这样的思考，我们尝试遵循"以美育人、以美怡情、以情立德"的思路，按照

[①] 王敏、曾繁仁. 高校大美育体系的现代化建构 [J]. 中国高等教育，2017(4).

"人的全面发展"和"衔接专业学习和未来职业准备"的基本设计理念，着手编写了《高校美育新论》，引导学生在知识习得、审美体验和价值引导中，逐步培养起健康向上的审美趣味、审美格调和审美能力。

全书共九章，围绕大学美育的基本使命，介绍美学基础知识和审美基础理论，着重阐述高校公共艺术、校园文化及传统文化与大学生审美素养的关系，同时以协同育人理念设计美学理论传授与审美实践体验互动的教学方案，符合大学生人文素质提升和全面发展的实际需求，对高校改革美育课程教学、完善美育工作体系具有一定参考价值。此外，教材还选取收录了红色文化、"一带一路"等富有时代意义的前沿研究视角和国内部分高校美育实践的经典案例，可为新时代高校美育工作创新提供借鉴。

由于本书内容涉及面广，编者水平有限，书中难免有疏漏和不当之处，恳请专家、学者和广大读者批评指正。

编　者

2023年2月

目录

第一章 导论 　　001
引子：美育是什么 　　001
第一节　高校美育的发展历程 　　001
第二节　高校美育的基本内涵 　　006
第三节　高校美育的价值特征 　　008
第四节　高校美育的实施路径 　　011

第二章 美学基础知识 　　016
引子：美是什么 　　016
第一节　美的探索 　　017
第二节　美的本质 　　029
第三节　美的类型 　　039

第三章 美感与审美意识 　　051
引子：美感是什么 　　051
第一节　美感的起源和界说 　　052
第二节　审美意识的特征 　　065
第三节　审美意识的形式 　　073

第四章　高校公共艺术教育与美育　084

引子：蔡元培《以美育代宗教》　084

第一节　高校公共艺术教育的美育内涵　084

第二节　高校公共艺术表现形式的审美方法　091

第三节　高校公共艺术教育的实践路径　110

第五章　高校校园文化与美育　117

引子：西南联大校歌《满江红》　117

第一节　高校校园文化的美育内涵　118

第二节　高校校园文化的审美意识　127

第三节　高校校园审美文化的建设路径　139

第六章　优秀传统文化与美育　150

引子：曲水流觞与王羲之《兰亭序》　150

第一节　优秀传统文化的美育价值　151

第二节　优秀传统文化的研习内涵　157

第三节　优秀传统文化的美育实践路径　175

第七章　审美体验与审美创造　183

引子：人生美的底限是什么　183

第一节　人生美的欣赏与体验　183

第二节　社会美的欣赏与实践　191

第三节　自然美的欣赏与创造　201

第八章　高校美育新瞻　212

引　子：蔡元培《闳约深美》　212

第一节　红色文化视域中的美育　212

第二节　"一带一路"视域中的美育　　222

　　第三节　生态文明视域中的美育　　235

　　第四节　"互联网+"视域中的美育　　246

第九章　美育实践课程指南　　260

　　引子：王国维《美育》　　260

　　第一节　美育实践课程目标　　261

　　第二节　美育主题实践指南　　263

　　第三节　美育实践组织形式　　268

附录　高校美育纵览　　272

　　第一节　百年传灯　照亮未来——北京大学的美育理想与现代实践　　272

　　第二节　大美育人人更美　以美为媒促大同——清华大学美育实践　　277

　　第三节　以美育德　立德树人——新时代杭州师范大学美育教育的新探索　　280

　　第四节　美育+思政探索春风化雨新路——宁波大学美育实践　　284

　　第五节　培根铸魂　以美化人——浙江理工大学美育实践典型案例　　288

导 论

引子：美育是什么

德国哲学家雅斯贝尔斯以诗意的语言说："教育的本质意味着，一棵树摇动另一棵树，一朵云推动另一朵云，一个灵魂唤醒另一个灵魂。"古希腊时代的柏拉图认为"美具有引人向善的作用和力量"，其在《理想国》中提出教育的目的是培养"身心既美且善"的公民。18世纪德国启蒙时代的哲学家约翰·尼柯拉·提顿斯综合前人的思想，把人的心理功能划分为知、情、意三个方面，其后被康德所继承和发扬光大，对后世产生了重大的影响。康德的美学思想关注人的主体性，"使美学成为培养具有高尚道德的人的中介环节，第一次把美学由认识论转到价值论、由纯粹思辨转到人生境界的提升"[1]。人的知、情、意要全面发展，其中的情感主要应由审美来充实。美育的根本目的是人格的养成、灵魂的塑造，它通过审美活动陶冶人的性情，是促进人的全面发展的重要组成部分。

第一节 高校美育的发展历程

人类对美的追求，古而有之，"美"之教育是人类文明传承的重要方式。近代西方的"美育转向"发端于康德和席勒。席勒在《美育书简》中首次提出了"美育"概念，并深刻阐释了美育对"完整人格"塑造的积极意义，从而构建以美育为核心命题的理论体系，很大程度上奠定了现代美育的理论基础，对国内外相关研究产生了极其深远的影响。与此同时，叔本华、黑格尔等诸多国外美学大家也在美育实践中展开了积极探索，特别是黑格尔从唯物辩证的联系观和发展观视角来研究艺术，推动美学思想中实践观点的萌生。

我国古代典籍上经常提到的"先王乐教"是中国古代美育的早期形态，真正成熟的中国古代美育思想最早可追溯到周朝形成的以"六艺"为主体的贵族教育体系，对礼与乐、和与同、美与善、文与教，以及眩惑、律吕等古老观念及相互关系，进行具有审美教育意义的阐释。此后较长时期内以注重"诗教""乐教"为特色的儒家美育思想一直是我国美育理论的基源和主流。正是这种情感教育和心灵教育相统一的审美教育，中国画的"远山如黛、近水含烟"才能引领人们的深远心境，诗词佳作背后作者的人生际遇、家国情怀才能引起人们思想的同频共振。也正是在这种可感可知的审美中，人们进入了领略古今中外艺术瑰宝的价值感悟场景。中国现代形态的美育思想是19世纪末、20世纪初由王国维、蔡元培等先贤自西方引入的。作为我国近代美育的首倡者和奠基人，在探寻现代中国美育道路的过程中，王国维立足塑造"完全之人格"的目标，提出用美育改造国民精神，蔡元培则提出了"以美育代宗教"，强调"美育者，应用美学之理论于教育，以陶养感情为目的者也"[2]，在《美感教育之意见》中提出军国民教育（体育）、实利主义教育（智育）、公民道德教育（德育）、美感教育（美育）、世界观教育等五育并举的教育方针，推动我国美育呈现出理论与实践同步并举的态势。朱光潜进一步拓展了蔡元培的美育理路，以当时美学和心理学研究最新成果为依据，强调美育对个体心灵的解放功能，突出了美育作为创新教育的特征和意义，并将美育落实到人的生命体验之中。之后，陶行知、徐悲鸿等奉行的美育思想则将美育的终极指向定位于社会救亡与民族解放。从王国维将美育和智育、德育并举，到鲁迅写就《拟播布美术意见书》，再到蔡元培发表《文化运动不要忘了美育》，思想家们从来都从民族兴盛、文明赓续的高度看待美育。[3]中国美育先行者们把美育纳入了民族复兴、文明传承的大格局。

美育起源于关怀生命、尊重人性的价值功能，它作为一种化育，能使人获得主体情感的陶冶和精神境界的提升，最终促进人的个性的充分发展和人格的健全完善。把美育作为提升大学生综合素质、实现全面发展的重要理论支撑与实践动力，以美育人、以美怡情、以情立德，是还原高等教育本然内涵，从文化价值层面激发大学生对社会主流文化认同和自信的重要路径，对于弥补当前高校育人环节中的"文化和精神缺失"[4]，激发大学生对高尚人格与道德精神的不懈追求具有积极意义。国内外相关研究聚焦美育价值的哲学思考，梳理美育的内涵、本质、作用、方法等理论问题，对美育与道德教育、情感教育、艺术教育、美感教育等相关概念之间的关系展开辨析，也有研究从方法论视角将美育对人的个性发展、全面发展的关系进行深度阐释。近年来，国内有关研究在学理层面上深化了对美育学科性质、方法、途径等问题的理解，开展了中国特色社会主义美育观的阐发和建构。党的十八大以来，我国学校美育改革发展进入加速提质阶段，育人导向更加凸显，美育课程建设稳步推进，资源保障持续向好，推进机制不断完善，品牌项目成果丰硕，呈现良好势头，取得了明显成效。党的十九大强调，"文化是一个国家、一个民族的灵魂。文化兴国运兴，文化强民族强"[5]。2018年8月，习近平总书记在给中央美术学院老教授的回信中强调，"做好美育工作，要坚持立德树人，扎根时代生活，遵循美育特点，弘扬中华美育精神，让祖国青年一代身心都健康成长"[6]，这为加强和改进新时代高校美育工作指明了方向。

大学是人文精神聚集和传播的重要阵地，是未来世界公民"精神成人"的摇篮。但是，由于科技教育和人文教育的理念失衡，较大程度上导致了重物质轻精神、重理轻文观念的滋长，一些高校文化育人观念淡薄，更忽略了校园精神文化在养成健全人格、完善文化修养、培养学术品格、提高审美情趣等方面的功能。现代大学要关注科学技术对自身文化建设的影响，充分利用科技优势和先进手段，实现各类校园文化资源的共享共用，积极促进科学教育和人文教育的协同发展，追求师生科技素养与人文素养的交融渗透，真正促进真、善、美的相知相通。校园精神文化建设要将人类优秀文化成果通过知识汲取、环境熏陶内化为师生的人格和气质，并成为自身相对稳定的内在涵养，从而指导师生正确处理理性、情感、意志方面的矛盾冲突。大学文化建设的这一过程，通过强调人文与科学的自然渗透与两极合璧，在积淀、选择、凝聚的基础上，以师生共同认可的精神成果与文化观念发展一种更高境界的文化追求，呈现出了大学校园文化生态以纲带目的整体性、全面性特点。

在高等教育层面，德国高校"通过音乐、美术、雕塑等艺术课程来提高学生的美术素养，更将美育贯穿于专业教育"[7]之中。美国充分意识到艺术教育对创新的重要性，并且把艺术教育作为每个美国公民终身教育的内容，于1994年立法颁布了《艺术教育国家标准》，美国高校的通识教育更是美育理念的生动体现。麻省理工学院为了激发学生了解社会传统文化，在1997年的《人文、艺术和社会科学指南》手册中就设置了许多针对本科生的"人文、艺术和社会科学教学计划"。美学化教育思路亦是哈佛大学通识教育的传统，对美国高等教育产生了持续深远的影响。由于西方国家德育社会化程度较高，高校美育在社会教育中有较为丰润的延展土壤，相应地形成了一些成熟的美育实践工作机制。改革开放以来，我国学校艺术教育在理论研究、政策制定、课程改革、教材建设、师资配套、评价体系、实践探索等方面工作中取得了积极进展。1988年，国家教委颁布的《在普通高等学校中普及艺术教育的意见》强调，高校必须重视美育。1999年，在《中共中央、国务院关于深化教育改革全面推进素质教育的决定》中，第一次将美育与德育、智育、体育并列，由此，美育作为全面素质教育的基本组成，在我国国民教育中的重要地位得以确立。2013年，党的十八届三中全会通过的《中共中央关于全面深化改革若干重大问题的决定》站在国家层面和经济社会发展的战略高度，明确提出了"改进美育教学，提高学生审美和人文素养"的要求，为我国美育改革和发展引领了航向。2015年，国务院办公厅颁布《关于全面加强和改进新时代学校美育工作的意见》，从课程体系构建、教育教学改革、社会美育资源的统筹等方面，对加强和改进美育工作做出了具体部署。2017年，中共中央办公厅、国务院办公厅颁布《关于深化教育体制机制改革的意见》，进一步聚焦育人方式改革这一人才培养的核心问题，明确提出整合各类教育教学资源，"形成课内课外一体化、校内校外相结合的美育体制"，推动美育改革的不断深化。习近平总书记在全国高校思想政治工作会议上强调，"文化滋养心灵，文化涵育德行，文化引领时尚。加强高校思想政治工作，要注重文化浸润、感染、熏陶，既要重视显性教育，也要重视潜移默化的隐性教育，实现入芝兰之室久而自芳的效果"[8]。2018年，他在全国教育大会上进一步强调，要培养德智体美劳全面发展的社会主义建设者和接班人。在人的整体发展历程中，美育不可或缺，作为高校文化育人的重要承载体，一方面能在工作内容上通过形象的感染和情感的激发，引导学生自觉净化心灵，提高审美情趣，另一方面也能在工作方法上通过文化的感召和真理的引领，促使学生积极锤炼完美人格，创造美的人生。高校美育要结合浓厚的校园人文环境，精准确立工作方位，完善教育教学制度，在深度融入人才培养实践中构建有效工作体系。

综观国内高校，美育实践日益获得重视，形成了各具特色的教育理念和实践机制。譬如，清华大学践行"价值塑造、能力培养、知识传授"三位一体的教育理念，设置专门机构负责美育教学，全面丰富美育课程资源，大力发展学生艺术社团，实施"互联网+"美育普及工程，不断创新美育教学形式，逐步完善全方位美育体系。浙江大学整合全校美育优质教学资源，建设高水平美育师资队伍，统筹规划学校美育发展，将美育工作的目标和举措纳入了学校章程。东北师范大学成立中国学校美育研究中心、艺术教育研究中心等跨学科研究基地，打造"以艺术课程为主体、各学科交叉融合"的美育课程体系，构建了美育科学研究和人才培养一体化平台。首都师范大学依托包括艺术教育、人文素质提升、中华优秀审美文化传承等在内的美育领域深厚的学术资源，成立实体性教学与科研组织机构"美育研究中心"，组织学术力量强化教学建设，推进教育教学综合改革，同时不断提升学校在美育领域的政府决策影响力和社会服务能力。苏州大学结合人才培养总体方案提出美育课程规划，开发多维教学模块，完善美育课程体系，做好传统文化和地方文化特色课程实践课堂，聘请校内艺术学科教师、知名艺术专家、地方艺术专家导师，开展面向人人的美育工作，并在此基础上与苏州市教育局共建苏州美育协同创新中心。近年来，随着对人才培养标准的探讨，高校美育进一步成为教育行政部门和学者关注的前沿课题，诸如"大学校长美育论坛"等研究活动形式已经成为具有一定影响力的工作品牌，高校育人的"美学的向度"也日益得到社会各界的认同和推崇。相关教育教学改革立足高校文化育人实践，对开展美育的举措、机制及路径进行了有针对性的探究，对于优化高校育人工作格局具有积极意义。

为了全面加强和改进新时代高校美育工作，切实提高学生的审美和人文素养，2019年4月，教育部印发《关于切实加强新时代高等学校美育工作的意见》，提出新时代高校美育工作指导思想是：以习近平新时代中国特色社会主义思想为指导，全面贯彻党的教育方针，坚持马克思主义指导地位，坚持中国特色社会主义教育发展道路，坚持社会主义办学方向，坚持明德引领风尚，落实立德树人根本任务，引领学生树立正确的审美观念、陶冶高尚的道德情操、塑造美好心灵，切实改变高校美育的薄弱现状，遵循美育特点，弘扬中华美育精神，以美育人、以美化人、以美培元，培养德智体美劳全面发展的社会主义建设者和接班人。新时代高校美育工作的基本原则为：（1）坚持正确方向。学校美育具有很强的意识形态属性，要坚持以社会主义核心价值观为引领，弘扬中华优秀传统文化，继承革命文化，发展社会主义先进文化，形成高校学生自觉增强文化主体意识、强化文化担当的新面貌。（2）坚持面向全体。健全并不断完善面向人人的高校美育育人机制，让所有在校学生都享有接受美育的机会，促进德智体美劳有机融合。加强分类指导，因地因校制宜，鼓励特色发展，形成"一校一品""一校多品"的学校美育发展新局面。（3）坚持改革创新。全面深化高校美育综合改革，整合美育资源，全面提高普及艺术教育教学质量，切实推进专业艺术教育和艺术师范教育的改革发展，形成充满活力、多方协作、开放高效的高校美育新格局。高校美育的总体目标是：到2022年，高校美育取得突破性进展，美育教育教学改革成效显著，师资队伍建设和场馆设施明显加强，推进机制和评价体系日益完善，高校学生的审美和人文素养显著提升。到2035年，形成全覆盖、多样化、高质量的具有中国特色的社会主义现代化高等学校美育体系。2020年，中共中央、国务院印发《深化新时代教育评价改革总体方案》，将改进美育评价列为重点任务，明确规定，推动高校将公共艺术课程与艺术实践纳入人才培养方案，实行学分制管理，学生修满规定学分方能毕业。

第二节　高校美育的基本内涵

中央美术学院首任院长徐悲鸿倡导，中华美育精神应该是《中庸》里所阐述的"尽精微，致广大"。美育有广义和狭义之分。广义的美育，是指人的一切审美活动，包括欣赏自然美景、欣赏艺术等，都对人的心灵产生潜移默化的影响，都在滋润人的心田，是铸就人的精神世界的有机部分。这是一种自发的美育。从审美的意义上说，审美教育即美育。而狭义的美育，则指经过自觉的、能动的规划，有意识地进行的审美教育，如学校里的艺术教育等，尤其是幼儿园、中小学期间的艺术课程，都是经过专家精心设计和规划出来的，不只是学习艺术技巧，更主要的是让学生感受美的事物，获得身心愉悦。在美育的实施过程中，学校在自觉地培养学生积极、健康的审美能力和审美趣味方面起着重要作用，但是仅仅靠学校的课堂美育教学，是远远不够的。人们在自发地欣赏大好河山的美景，走进博物馆、美术馆、音乐厅欣赏艺术品的时候，都可以获得美的熏陶。而学校美育对人们自发的审美活动起到一定的指导作用。当然，狭义的美育是有限度的，完整的美育过程是自发的美育和自觉的美育相统一。因此，广义的美育与狭义的美育是相辅相成的。

新形势下的高等院校已不仅仅是完全基于具体物理空间的客观存在，而是一种意义深远的高层次文化存在，以其大学精神诠释着真善美的本质，引领着全人类的发展。高校美育在大学文化的滋养与涵育下获得责任和动力，以高瞻远瞩的眼界和气度传递大学文脉和高尚情怀，充分体现出文化对大学生人生价值的本真关怀，承担起"举精神之旗、立精神支柱、建精神家园"的历史使命。蔡元培在《美育与人生》中提出："美育之目的，在陶冶活泼敏锐之性灵，养成高尚纯洁之人格。"[9]随着现代社会文明程度的加深，多元价值观念影响广泛，美育在大学生拓展思维、健全人格过程中具有的独特作用日益彰显，它集艺术教育、道德教育、素质教育、文化教育于一体，为大学生端正人生方位、砥砺道德品行、追求全面发展注入了源头活水。全面理解和把握美育的角色定位和作用机理，对于立足大学文化本源，系统推进高校育人改革具有特殊重要的意义。

从教育形式来看，艺术教育是美育的重要主题。艺术源自审美，被看作是汇聚人类思想、精神、情感于一体的产物，它以审美为基础，是审美文化最集中、最典型的形态。无论是艺术院校的专业艺术教育，还是非艺术院校的公共艺术教育都是高校美育的实践依托，是"美育最基本和最容易'落地'的方式"[10]。2002年颁布的《学校艺术教育工作规程》（教育部令第13号）明确提出："艺术教育是学校实施美育的重要途径和内容，是素质教育的有机组成部分。"[11]国务院《关于全面加强和改进新时代学校美育工作的意见》（以下简称《意见》）同时明确"学校美育课程建设要以艺术课程为主体"[12]。作为一种具有普适性基础的表达和交流方式，艺术歌颂生命的美好，涤荡灵魂的黑暗，反映正确的价值追求和崇高信仰，兼具情感性、渗透性等特点，天然就具有辅翼教育的功能。艺术教育能够生动形象地调动大学生的思想情感，引领他们能动地体验艺术之美，培养发现美和欣赏美的能力，进而形成积极健康的审美情趣与和谐至善的人文精神，实现陶冶情操、塑造灵魂的文化育人目标。由此而言，艺术教育也是实施美育的基本手段。

从价值标准来看，道德教育是美育的内在主旨。"美善相谐"是教育的最高境界，科学的审美观念都以积极向上的世界观、人生观、价值观为基础，反映在个体与自然、社会及他人和谐相处，对生活、家国及民族无限热爱的人性真情之中，能够突破直接刻板的灌输说理和刚性生硬的制度要求，潜移默化地促进个体的思想交流和观念融合，进而追求更有情趣更有意义的人生。在审美文化的熏陶感染中，大学生的美好情感与道德理性可以深入互动，大学文化孕育的道德标准、价值取向、精神追求能在不知不觉中嵌入大学生的思想认知和行为体验，构建起稳定的精神目标和心灵归宿，促进健全人格的形成和完善，实现以情动人与以文化人的有机统一，对于破解高校德育困境具有路径创新的积极意义。

从发展目标来看，素质教育是美育的工作主线。美育的宗旨在于通过激发人的审美特性和审美自觉，使个体在不断的自我反思和价值求索中积蓄革新动力，从僵化禁锢的思维定势中解放出来，实现所学各科知识的融会贯通，构建起解决实际问题的创造性思维及能力，达到身心健康与心智和谐，这是一种深刻的哲学思维。作为素质教育的重要支点，高校美育创设的学习和实践平台能够紧扣大学生身心成长规律，激发他们潜在的丰富感知力和想象力，放飞心灵，超越世俗，多维度、多时空地连动起精神情愫与生命理想，不断提升人生境界。与此同时，建筑之美、数学之美、生物之美等专业教育中的美，亦能有效解答他们关注的现实问题及思想困惑，充分唤醒个体成长的内在自觉，引导他们树立人生理想，坚定发展自信，培育创新思维，完善文化结构，在知情意行的深度融合中提升综合素质，实现全面发展。

此外，值得关注的是，从本质关系来看，文化教育是美育的基本主干。美是人与自然、社会及其自身和谐统一的最高表现，富含真理与卓越的双重标准，因而美育的功能已经远远超越知识取向，成为一种文化价值的引导，最终指向"人之为人"的根本意义和本源价值。近年来，国内许多高校高度重视大学文化建设，积极推进大学生文化素质教育，着力培养学生知美、爱美、创造美的素质，通过人格美、学识美、体魄美、行为美等多个方面的系统性教育，有机协调德智体美劳等各育之间的关系，如北京大学继承蔡元培"五育并举"的教育理念，延续美育工作传统，将美育融于名家大师领衔的校园学术文化活动之中，使北大文脉在历史与时代的结合中越发丰满。1998年成立于清华大学的教育部高校文化素质教育指导委员会，对我国高等教育文化素质教育教学改革与发展的重要问题进行了一系列理论与实践研究，对于推动我国高校美育实践做出了积极贡献。作为繁荣、发展和创新文化的重要基地，高校拥有形式多样的文化教育资源，是美育实践的沃土。高校美育依托学科渗透，传承优秀传统文化，传播世界文明成果，推动社会文化创新，这不仅有利于培养学生的文化认同，塑造具有中国特色的大学人文精神，而且有利于在立体的教育教学场景中促进文化薪火相传，构建充满文化自信的和谐社会。

随着我国文化自觉和文化自信进程的开启，美育工作也在传统工作模式上探索更为广阔开放的发展视角。时任杭州师范大学校长杜卫教授的国家社科基金重大项目"当代中国美育话语体系构建研究"，试图树立中国美育话语体系发展的现代性范型，构建贯通古今、融汇中西、直面当下、面向未来的当代中国美育话语体系。《意见》中关于高校美育课程的建设明确提出要"引导学生完善人格修养，强化学生的文化主体意识和文化创新意识，增强学生传承弘扬中华优秀文化艺术的责任感和使命感"[13]。可见，理解美育的育人机理，不仅要审视其提升大学生综合素养的现实成效，更重要的是要用以美育人、以文化人的眼界关注其对大学生未来发展的思维引导价值和人格境界影响，深入把握其在推进人的精神生命永续发展中的积极作用。

第三节 高校美育的价值特征

美育是培养人认识美、体验美、热爱美和创造美的能力的教育，一直以来都是一个国家文化传承的重要途径，对帮助人树立正确世界观、人生观、价值观具有重要意义。当今中国，艺术与审美正在引领大众生活呈现丰富多彩与崇艺尚美的特性，走向高品位、高品质、高素质，大众的精神世界和社会的精神风貌也因此发生着深刻而优雅的变化。党的教育方针明确要"培养德智体美劳全面发展的社会主义建设者和接班人"。作为"五育"之一，美育的根本目的是以美育人，塑造人们美好心灵，提高人的综合素质，与其他"四育"一道，促进人的自由全面发展，在"立德树人"根本任务下发挥自己独特而不可替代的作用。扎实推进新时代高校美育工作，需要深刻认识美育对促进大学生全面发展、对建设文化强国与增强文化自信、对推动社会全面进步与促进经济社会协调发展的重要作用，进一步提高对高校美育地位、功能、价值的认识。

大学精神是由师生员工的行为规范、价值取向等内生形态形成的大学特有的传统和精神，集中体现了大学独特鲜明的文化个性和办学理念，反映着一所大学不同发展阶段的追求和信念。作为群体意识的集中反映，大学文化构成了大学的思想灵魂，很大程度上决定着学校改革发展的基本定位与走向。教育的真正权威来自能以先进的文化价值和高尚的精神品质塑造个体的心灵。高校精神文化建设要以习近平新时代中国特色社会主义思想为指导，遵循社会主义先进文化的发展规律，秉承和弘扬优良办学传统，大力宣传自身的办学思路、办学特色和发展战略，构筑深入人心的行动指南和思想动力源，形成执着的价值追求、坚定的理想信念和崇高的目标使命，不仅满足广大师生日益增长的精神文化需求，而且为增强自身核心竞争力提供了有力的精神支撑。大学精神的这种强劲、深厚、卓远的号召力、凝聚力和向心力，也是高校美育实践的价值遵循。

（1）美育的思想性特征。美育有助于人的人生观的形成和价值观的构建，一方面正确对待生活中的阴暗面和丑恶现象，用现实主义精神和浪漫主义情怀观照现实生活，另一方面用审美理想保持独立价值，坚守正确的价值目标，最终实现人的个性的充分发展和人格的完善。习近平总书记指出："一个时代有一个时代的文艺，一个时代有一个时代的精神。任何一个时代的经典文艺作品，都是那个时代社会生活和精神的写照，都具有那个时代的烙印和特征。"[14]优秀艺术作品无不昭示着中华文化发展中的思想深度、精神高度和文化厚度，用中华民族独特的思想情感和审美态度引导大学生开展讴歌党、讴歌祖国、讴歌人民、讴歌英雄的审美实践，唱响主旋律，弘扬社会主义核心价值观，是新时代高校美育铸魂育人的重要价值体现。

（2）美育的人文性特征。感性和理性是人类认知事物的两种思维方式，彼此对应，相互关联，感性的满足和理性的坚守对于人格完善都有十分积极的意义。人的情感和感性欲求要受到理智和道德的约束，美育以理节情，使人获得感性、情感和个性的真正解放，同时，通过感性形象愉悦人，以人为本地满足人们的感性要求，使人的情感获得丰富和升华，从而以美储善，培育人的高尚情感。可见，美育关注人的审美感悟，以真人美，以美启真，培养和调动人的想象力，激发人的内在活力，是一种真切的人文关怀。这种激发灵感、激活创造力的教育正是高校育人的根本价值追求。

（3）美育的发展性特征。人有智商和情商之分，每个人的智力都有潜能，需要开发。情商也是如此，需要开发和培育，这就需要美育，其中包括提升人们对自然和人生的感悟能力，以及艺术创作和欣赏的能力，同样必须进行有效激发和培养。审美教育包含着理想教育，本质上是人们追求进步和发展的动力。理想是奠定在当下现实基础上的，想象力也是基于现实的。同时，理想又是不断向前拓展的。美育不断完善人的文化结构、处世智慧、精神气质，调节人的身心健康，有益于在回望昨日、演绎当下、瞩视未来的教育中展现人们不断进取的精神。实施美育对于人的综合能力的培养和人的全面发展会起到极其重要的内化作用，是高校高素质人才培养的必由之路和动力源泉。

（4）美育的实践性特征。习近平总书记强调，"当代大学生要知行合一，做实干家，面向实际、深入实践，严谨务实、苦干实干"。他也指出，"创新是文艺的生命。要把创新精神贯穿文艺创作全过程"。创造性是艺术表现的本质和精髓，艺术教育的目标是使人在创作过程中变得富有创造力。高校美育引导学生在全面发展中掌握人文艺术知识，培育健康美好心灵，同时更多地给学生提供了发挥优秀艺术文化价值作用的平台，将个人成长发展的收获和成果反哺他人、社会和国家。高校美育培养了学生积极的文化心态，既能够"各美其美"，又能"美人之美"，这是一个理论与实践深度融合的发展过程。因此，实践是高校美育的重要实施载体，也是其价值实现的目标归属。

美之本源，饱含深厚的人性情感，孕育丰厚的人文内涵，折射辩证的人生哲理。美育是审美教育，也是情操教育和心灵教育。审美具有审美无功利的超然性，让人从审美感受中获得解放和超越。我们生活的世界，不可能完全脱离功利，但是可以通过审美提升自我，达到更高的精神自由境界。因此，审美有更高层次的追求，是人的全面发展不可或缺的重要方式和途径。审美活动的过程，就是自我建构的过程。在马斯洛的需求层次理论中，审美教育满足了人们高层次的需求，美育使人真正达到自我价值的实现。在人生境界的最高层次上，真善美是高度统一的。高校美育是整个学校美育体系中的重要环节，也是高等教育的重要组成部分，直接关系到培养什么人、怎样培养人、为谁培养人的根本问题，是全面提高人才培养质量的重要基础。

第四节 高校美育的实施路径

　　作为文化育人的重要承载体，高校美育实践要加强战略谋划和顶层设计，坚守本色、厚植底色、凸显亮色、彰显特色，紧紧把握大学文化的内涵精髓，瞄准人才培养的各个环节，有的放矢地明确目标任务，在普及教育的基础上积极推进学科融合，创设系统化教育教学工作格局，也要深入探索美育实践社会化发展路径，加强与相关专业机构和组织的协同合作，推动课堂教学与课外实践紧密衔接，走出全过程、开放式、立体化的中国特色高校美育改革发展道路。

　　以大学精神指引美育方向。文化是大学的本质，我国高校的大学精神扎根于博大精深的优秀传统文化、融会于旗帜鲜明的革命文化、发展于欣欣向荣的社会主义先进文化，是高校办学文化的精髓，是实现自身大学功能的价值支撑。大学文化孕育的人文精神决定了高等教育的使命和目标，是高校育人的灵魂。习近平总书记强调重视"以文化人以文育人"，就是要用大学的文化传统和文化精神推动育人实践，在立德树人的过程中不断实现国家和民族的文化创新。高校美育应以文化传承和创新为己任，发挥大学的道德自觉和学术自觉，深入挖掘中华传统文化中的美育理念，合理吸纳全球化语境下世界优秀文化，构建具有自身个性特点的育人文化内核，解决大学生人生理想和价值信念层面的方向性问题，形成认同和践行社会主义核心价值观的深厚基础和不竭动力。与此同时，高校美育工作要积极树立战略化思维，以创新发展、服务引领的价值目标为立足点，坚持高度的大学文化自信，发展和丰富中国特色高校美育工作体系，在理论与实践的互动教学中锤炼大学生的审美理念和高尚情操，培养具有健全人格和健康身心、富有创新精神和创造能力的社会主义事业合格建设者和可靠接班人，以此促进国家发展、民族振兴，推动人类社会不断实现更高层次的文明跨越。

　　以校园文化丰润美育内涵。校园文化是大学文化的基础力量和主要内容，在校园文化活动中引导学生发现"自然之美、生活之美、心灵之美"，领略人文精神、体验艺术魅力、感悟道德真理、强化文化主体意识是高校美育发展的必然路径。文化育人的基本原则要求高校美育的推进需要饱含人文温情，既重视大学校园文化环境的科学规划，建设格调高雅的文化活动场馆和人文景观设施，又要加强校园文化活动的统筹指导，充分组织和动员校内有关部门与学生有计划地开展丰富多彩的文化教育和交流活动，建立健全学生参与校园文化活动的组织管理制度和政策制度保障。相关校园文化活动的设计与安排，一方面要密切关注大学生的心灵需要和发展诉求，以中华优秀传统文化、社会主义核心价值观的学习教育为主线，构建分层分类的活动组织体系，打造高雅艺术活动机制，凝练和固化校园仪式文化，努力培育文化活动精品，让优秀民族文化基因植根大学生心灵深处，转化为文化传承的责任感和使命感；另一方面，也要结合各专业人才培养特点，借鉴"通识为基、专业为用"的理念，开展融入专业学科的个性化文化赏析、艺术创作等校园创造性文化实践活动，以"学科美育"提升校园文化活动的层次与水平，全面激发和释放学生参与文化体验、表达文化观点、提升审美情趣的热情，进而形成理性的行为规范和高远的价值追求。

　　以课程建设夯实美育基础。作为高校素质教育的一个支点，美育目标的达成与其他各育一样需要有基于理论阐释和探究的教学环节。比较目前国内高校的基本做法，美育课程的建设亟待在课时分配、学分设置、教学组织等制度方面明确要求，有机融入各专业人才培养计划。作为一个具有文化特质的课程体系，美育课程的建设要贯彻《教育部关于全面深化课程改革落实立德树人根本任务的意见》的精神，积极把握国家发展、民族振兴、责任担当等宏大命题，全面协调知识、技能和素养的关系，综合选取哲学、美学、社会学、文学、艺术学等相关学科的代表性课程，有机衔接专业学科的美育资源，构建理论教学与实践体验互动课程体系，增进大学生的文化思辨力和艺术感受力。美育课程要着力打造基础核心课程，扩大教育覆盖面，同时要大力完善公共选修课程，重点培育一批"艺术鉴赏类、艺术史论类、艺术批评类、艺术实践类"方向的课程。美育课堂应依托高校自身拥有的艺术学科资源，组建美育理论教学师资库，同时鼓励专业教师参与美育教学相关环节，打造校内专家学者与校外名师大家共同参与的教学团队，创新翻转课堂互动教学和大数据信息化管理模式，积极地将学科和学术资源转化为育人资源，实现知识传授和价值引领的高度统一。美育教学要坚持因材施教、分类指导的原则，突出互动启发式引导，着力强化人文深度，推进个性化发展评价，强调社会关怀和生命体验，利用"互联网+"思维搭建信息交流和情感分享平台，有效回应学生对物质世界和精神领域的提问，形成与社会主义核心价值观的心灵共鸣，为大学生审美能力和人文素养的提升提供主渠道保障。

　　以实践教学拓宽美育路径。习近平总书记指出，"要更加注重以文化人以文育人，广泛开展文明校园创建，开展形式多样、健康向上、格调高雅的校园文化活动，广泛开展各类社会实践"[15]。这不仅关注了校园文化活动的育人功能，也是对大学文化的实践性做出了强调。作为来源于生产生活、归旨于人性本源的教育，美育需要遵循知行合一的实现路径，实践性是美育的根本性品格之一。美育实践教学要坚持正确的价值导向，突破单纯的知识讲授，充分调动和发挥学生潜在的学习积极性与创造性，提供文学艺术技能学习机会，创设创新创作空间，培养自主学习和创作能力，使学生成长发展中的心理认知过程与感性实践活动有机联系起来。与此同时，美育实践教学要树立开放的"走出去"理念，高举思想性和时代性旗帜，主动服务社会经济发展。一方面，通过与校内外各方的深度合作建设美育实践基地，搭建美育平台，拓展教育空间，培养具有深厚文化底蕴的高素质优秀人才；另一方面，要主动发挥高校人才资源整体优势，加强与政府部门、社会组织及艺术团体的精准对接，组织开展与文化振兴契合度高的交流和服务项目，引导大学生在丰富的社会生活和生产实践中感受美、学习美、体验美、创造美。

以多维协同创新美育机制。作为影响大学生价值取向、身心健康、人格健全、思维创新的战略性教育工程，高校美育以多元化价值内涵融会于大学校园文化，以整体性工作视野关注素质教育，以多维度教育教学联动人才培养方案，以多层次路径形态架构起高校育人格局，这不仅需要全面的统筹规划和资源整合，更需要社会各界的协同参与和联合施策。在深化美育改革的进程中，高校要以高度的文化自觉和文化自信，主动作为，把握文化育人目标任务，遵循教育教学基本规律，加强教学管理制度建设，完善人才培养方案，全面奠定美育教学和实践的基石。政府有关部门要围绕促进大学生全面发展的目标，加强整体规划，从全局高度推动社会美育资源共享共用，依托专业教育机构建立和完善有效的美育质量监测和督导制度，努力建设面向高校和相关社会机构的美育沟通与协调机制。有关社会组织和文化团体要积极发挥人力、财力、物力及专业技术优势，深入参与高校美育的软硬环境建设和实践教学环节，为大学文化育人提供宝贵的社会教育资源，为美育教学输送来自基层的最鲜活素材。在开放立体的"大美育"环境中完善参与机制，拓展服务功能，不断提升美育理论传授和实践教学的成效。

文化涵养价值观念，美育塑造人性品格。高校美育需要以文化人视角提高工作站位，创新发展全方位、立体化的工作机制。作为国家文化战略的重要组成部分，高校通过传承文化薪火和创新文化精神，推动国家文化软实力的提升，客观上要求高校文化具有统领自身办学实践、联动社会各方力量，开展协同创新的强大感召力和引导力。作为"全人"教育的基本组成部分，高校美育需要以高度的思想和行动自觉担负起素质教育的职责，引领学生树立积极正确的审美观念和人生追求，拥有纯洁高尚的情感倾向和价值情怀，成为一个德智体美劳全面发展的人。作为高等教育改革的重要目标和内容，高校美育更需要担负起立德树人的重任，在铸魂育人的宏伟实践中改革创新、砥砺前行，培育文底深厚、情操高尚、胸怀宽广、富有创新精神的新时代大学生。

思考与讨论：

1. 高校美育的本质是什么，它在大学生全面发展中起到什么作用？
2. 高校美育的价值特征对新时代大学生提出了什么要求？
3. 大学生如何参与高校美育实践与创新？

美育实践：

在第一次课程内完成分组，每个小组完成课程要求的美育实践，美育实践成果的考核将列入课程总评。首先，根据班级人数分组，每组以5到8人为宜，按照兴趣、爱好、特长将同学们分到不同的小组，小组成员自主命名队伍名称，要求队伍名称能够展现美感，反映团队审美理想和审美趣味，切勿低俗化、随意化。结合本书第九章《美育实践课程指南》，策划并设计美育课程的研习方案，明确研习主题和目标，合理分配工作，商讨研习成果的汇总形式，力求有深度理论研究和生动实践展示。

阅读书目和电影推荐：

1. 柏拉图. 理想国[M]. 北京：商务印书馆，2020.
2. 蔡元培. 美育与人生——蔡元培美学文选[M]. 济南：山东文艺出版社，2020.
3. 李清聚. 蔡元培"以美育代宗教"思想研究[M]. 北京：中央编译出版社，2017.
4. 纪录片《蔡元培》，1988年。
5. 朱志荣. 美育对促进人的全面发展的价值[N]. 光明日报. 2018-12-3（15）.
6. 段鹏. 培养高等艺术人才须兼具中国灵魂与国际视野[N]. 光明日报，2019-5-14（14）.
7. 胡琦. 高校文化德育论[M]. 杭州：浙江大学出版社，2014.
8. 胡琦，陈海燕. 高校德育社会化综论[M]. 杭州：浙江大学出版社，2016.

参考文献

[1] 曾繁仁. 西方现代"美育转向"与21世纪中国美育发展[J]. 学术月刊，2002（5）：8-10.

[2] 蔡元培. 蔡元培美学文选[M]. 北京：北京大学出版社，1983：174.

[3] 白龙. 用美育涵养"美丽心灵"[N]. 人民日报，2018-9-5（9）.

[4] 勒晓燕. 文化：大学之魂[N]. 光明日报，2010-7-21（11）.

[5] 决胜全面建成小康社会　夺取新时代中国特色社会主义伟大胜利[N]. 人民日报，2017-10-19（1）.

[6] 做好美育工作 弘扬中华美育精神 让祖国青年一代身心都健康成长[N]．人民日报，2018-8-31（1）．

[7] 王怡，付立忠，傅泽田．高校美育发展历程及在促进创新型人才培养中的作用与实践[N]．高等农业教育．2012（7）：36-39．

[8][15] 习近平在全国高校思想政治工作会议上强调把思想政治工作贯穿教育教学全过程 开创我国高等教育事业发展新局面[N]．人民日报，2016-12-9（1）．

[9] 蔡元培．蔡元培美学文选[M]．北京：北京大学出版社，1983：169．

[10] 王晓宁．从美育高度开展学校公共艺术教育[N]．中国教育报，2016-10-13（1）．

[11] 中华人民共和国教育部．学校艺术教育工作规程[EB/OL]．

[12][13] 国务院办公厅．关于全面加强和改进新时代学校美育工作的意见[EB/OL]．

[14] 习近平谈治国理政（第2卷）[M]．北京：外文出版社．2017：349-352．

第二章

美学基础知识

引子：美是什么

两千多年前，柏拉图曾经在他的《大希庇阿斯篇》中借苏格拉底与希庇阿斯的论辩来讨论美究竟是什么。苏格拉底问希庇阿斯："美的东西之所以美，是否也由于美？"希庇阿斯说："是的"。苏格拉底又问："什么是美？"希庇阿斯说："美就是一位年轻漂亮的小姐。"这么说，一位年轻漂亮的小姐的美就是使一切东西成其为美的。但是苏格拉底又反问："一匹漂亮的母马不也可以是美的吗？一个竖琴有没有美？一个美的汤罐怎样？"希庇阿斯当然无法否认母马、竖琴和汤罐的美，但这和他所说的"美就是一位年轻漂亮的小姐"的定义有什么联系呢？显然，希庇阿斯在这里犯了以个别（年轻漂亮的小姐的美）代替一般（所有事物的美）的错误。

于是，希庇阿斯又提出："黄金是使事物成其为美的，因为很多东西一贴上黄金就美了。"苏格拉底则反驳说："公元前五世纪希腊最伟大的雕塑家费第阿斯（欧洲雕塑史上第一座高峰）所雕塑的阿西娜女神像，没有用黄金做她的面目，却用了象牙，而且身体用的是石头，这又作何解释呢？"

他们继续辩论，认为美是恰当，美是有用，美是视觉和听觉所生的快感等，一系列的定义都难以自圆其说，最后苏格拉底不由地感叹，定义美是难的！

第一节　美的探索

人类将所有能够引起自己美感体验（狭义和广义）的事物，统称为"美的事物"。那么，什么样的事物才具有引起人类身心美感体验的特征？到底什么才是美？这是从古至今，无数哲学家、美学家、艺术学家、心理学家、教育学家甚至科学家都一直兴趣盎然探索的话题。美的定义成百上千，代表性说法有客观说、主观说、主客观统一说、社会生活说等，其中西方影响较大的观点有以下几种。

一、美在形式

美是物质的一种特殊属性，是不以人的感觉为转移的。这是传统美学中最早提出、影响也最为广泛的一种观点。因为美的现象人人都能感觉到，而人的审美感受总是与具体事物的某些属性联系在一起，所以美不是主体的某种精神，而是对客观事物某种属性的看法。

1. 毕达哥拉斯的"美是和谐"说

在世界美术史上，毕达哥拉斯最早提出了"美是和谐"这个古老的美学命题，从而开创了毕达哥拉斯学派。该学派认为，万物的本原是"数"，事物的形式、结构都是按照一定的数量关系构成的，如果它们达到和谐，事物的形式就美。从"数乃万物之源"这一哲学信条出发，他们研究了音乐、建筑、雕刻等艺术门类，探求什么样的数量比例才会产生美的效果，得出了一些经验性的规律。例如，他们最早发现了"黄金分割"规律，即将整体一分为二，较大部分与整体部分的比值等于较小部分与较大部分的比值，其比值约为0.618。这个比例被公认为是最能引起美感的比例，因此被称为"黄金分割"，这一发现对后来的欧洲产生了极大的影响。

毕达哥拉斯（约公元前580—前500）：古希腊著名的哲学家、数学家、天文学家。

在毕达哥拉斯学派的"美是和谐"这一命题的启发和引导下，后来的哲学家、美学家不断地发展、充实、扩大与完善这一命题，使它的内涵越来越丰富。亚里士多德继承了这种观点，认为

"美在事物本身",在于事物"秩序、匀称与明确"的形式。一个美的事物,"不但它的各部分应有一定的安排,而且它的体积也应有一定的大小,因为美要依靠体积与安排"[1]。由此出发,他提出了美的可观性与整一性。作为古希腊哲学美学的集大成者之一,亚里士多德的美学观对后世产生了深远的影响。即使中世纪的宗教美学强调"美在上帝",美在分享"理式",但也承认美的形式在于"协调与鲜明",美的要素在于"完整、和谐、鲜明"。这也是中世纪艺术,特别是建筑艺术、镶嵌艺术取得重大成就的原因之一。

文艺复兴时期,欧洲各国的人文主义者继承了亚里士多德的美学传统,力求在客观事物中寻找美的基础。他们认为,美不是来之于神的,而是来之于人的。美是现实的、感性的、尘世的。达·芬奇在《论绘画》中强调,美不是别的,而是存在于现实生活中的、能凭感官感受到的、认识到的事物的一种性质,而"美感完全建立在各部分之间神圣的比例关系上"。他尤其注重人的美,认为人体是自然界中最完善的东西,人体的比例必须符合数学的法则。英国著名艺术理论家荷迦兹著有《美的分析》一书,肯定客观现实是美的基础,并对美的事物做了具体分析。他认为波状线比直线更美,而蛇形线是最美的线条,因为美的原则是"适宜、变化、一致、单纯、错杂和量——所有这一切彼此矫正、彼此偶然也约束、共同合作而产生了美"[2]。而18世纪英国经验主义美学家博克,认为美是物体某些能引起情感的属性。他具体分析了能引起美的情感的物体有以下几种品质:(1) 比较小;(2) 光滑;(3) 各部分产生变化;(4) 不露棱角;(5) 身材娇弱;(6) 颜色鲜明而不刺眼;(7) 如果颜色刺眼,则要配上其他颜色,使之冲淡。因为客观事物的上述品质可以使观者"神经松弛而获得愉快"[3]。博克的美学观点注重了对感觉经验的归纳,偏重于对象的自然属性与形式特征,是近代审美心理学派"移情"说和"心理距离"说的先导。

"美是和谐"命题的提出

据说,毕达哥拉斯有一次走过铁匠铺,从铁匠打铁时发出的和谐悦耳的敲击声中得到启发,发现了打铁的音度和铁锤重量之间的比率关系。随后,他又在琴弦上实验,发现和弦与琴弦的长度(或负重)的比率有关,最后找出了八度、五度、四度音程,其琴弦的长度(或负重)的比率分别为2:1、3:2、4:3。在科学史上,毕达哥拉斯的这个故事被认为是西方所记载最早的在经验观察基础上进行的简单科学实验。在音乐史上,毕达哥拉斯被认为是科学声学理论的奠基人,而在美学史上,毕达哥拉斯则提出了"美是和谐"的美学命题。

2. 狄德罗的"美在关系"说

关于"美是什么",狄德罗做过不少探索,他认为,与其用事物的某些属性,即比例、秩序、安排、匀称等解释美,还不如用"关系"概括美更适宜。美的品质必须有这样的特性:有它,一切物体均美;无它,一切物体均不美,甚至变得讨厌与丑陋。美的这种品质就是关系。他说:"美总是由关系构成的。"[4]事物的关系才是美的根源。所谓"关系",就是一个事物或它的某一种性质,与另一种事物或它的另一种性质的相互联系。事物的关系有多种层次,凡是从事物本身的各部分之间产生的关系,诸如对称、秩序等,谓之"实在的美";凡是从一事物和另一事物的相互比较中产生的某种关系,谓之"相对的美"。无论是"实在的美",还是"相对的美",它们都是"关系"中产生的美。"关系"不是智力虚构出来的,而是"借助于感官而为我们的知性所注意到的实在的关系"[5]。

狄德罗(1713—1784):法国启蒙思想家、哲学家、戏剧家,法国启蒙运动的著名领袖,百科全书派代表人物。

这种"美在于关系"的说法,既肯定了美的客观性,又肯定了美的相对性,应当说是对美的认识的一种开拓与深入。狄德罗认为,卢浮宫的门面,"不管我想到或一点也没有想到",不论有人或无人,它始终按照它所固有的这种或那种形式和安排而存在。所以美是客观的,不以人的意志为转移。同时美又伴随着关系的转移而转移。如果某一事物与周围环境、社会生活的关系发生变化,美也会随之而变化。所以美不自美,美要依据对象与情境的关系作判断,要以具体关系为转移。而且这种"美在关系"不限于客观的物质对象,还包括了社会生活的关系。把美与社会生活内容联系起来,是狄德罗的开拓与创造,是对美的认识的崭新理解,对后来俄国的革命民主主义美学与马克思主义美学都有重要的启迪。

作为法国启蒙主义美学的代表,狄德罗始终坚持在美的客观性基础上看待美与人的相关性,这样就在认识论的范围内比较辩证地解决了美的客观性,以及美感是客观美在人们意识之中的反映问题。他还把唯物主义哲学观中的"整体"观念植入了美学领域,提出了"个体"与"整体"辩证联系的美学观念,认为有些东西本身无所谓美丑,只是处在一定的环境或事物的关系中才能显示其意义。把对美的性质的探讨范围,由古罗马的贺拉斯、中世纪的奥古斯丁,乃至法国新古典主义时期的布洛瓦,对美的本质仅局限于审美客体形式方面的探讨,推进到了对社会内容和精神生活的研究,将过去把美当成某种单一的现象研究,推广到从自然和社会生活中各种相互的关系中理解美。更重要的

高校美育新论

是,"美在关系"说已经开始注意到了美的本质中人的主体因素。

行动课堂:

观看电影《唐伯虎点秋香》片段,尝试用"美在关系"的说法解释审美现象。

扫码欣赏
《唐伯虎点秋香》

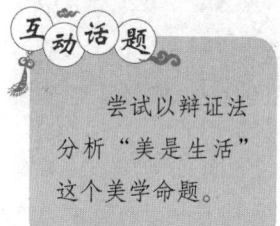
互动话题
尝试以辩证法分析"美是生活"这个美学命题。

3. 车尔尼雪夫斯基的"美是生活"说

车尔尼雪夫斯基根据"着重现实生活,不信先验假设"的思想原则,在其美学主要代表作《艺术与现实的审美关系》中最先提出了"美是生活"的定义。他认为,"任何事物,凡是我们在那里面看见依照我们的理解应当如此的生活,那就是美的;任何东西,凡是显示出生活或使我们想起生活的,那就是美的。"[6]这就是说,美的根源在社会生活之中,美的本质是社会生活的显现。无论自然现象、社会现象还是艺术现象,都是与社会生活紧密联系的,是以社会生活为转移的。他把美与生活联系在一起,并把生活中的美当成美学研究的主要对象,认为美有两个特点:(1)美包含着一种可爱的、为我们心所系的东西;(2)美是活生生的事物,是多种多样的具体可感的对象。而同时具备上述两个特点的,就是"人的社会生活"。他强调美的社会性,将美学研究从虚幻的理念世界引向现实世界,把生活引入美学研究园地,使美学对象的研究前进了一大步。

车尔尼雪夫斯基(1828—1889):俄国哲学家、文学批评家,19世纪60年代俄国革命民主主义运动的领袖。

车尔尼雪夫斯基以当时俄国人对女性美的理解为例,结合社会生活具体分析人物形象美。对当时俄国的普通农民来说,他们心目中"应当如此的生活",是"丰衣足食"而又"辛勤劳动",所以农家少女的美便是体格强壮结实,面色鲜嫩红润;对当时俄国上流社会的人士来说,不参加体力劳动是"应当如此生活",所以上流社会把手足纤细、肤色粉白作为美女的标志;对当时俄国知识阶层来说,"真正的生活是思想和心灵的生活,这样的生活在面部表情、特别是眼睛上捺下了烙印",所以"往往一个人只因为有美丽的、富于表情的眼睛而在我们看来就是美的"[7]。换句话说,人们在社会生活中的地位不同,对"应当如此的生活"的理解也不一样,衡量美的标准也就迥然有别。这是相当深刻的观点，应当说，"美是生活"的观点，代表了在马克思主义美学出现之前美学的最高水平。

二、美在精神

从古至今，很多哲学大家都尝试从精神、理念出发探究美的本质和根源。虽然把美的本质归结为绝对理念或主观意识，完全抹杀了美的本质的客观性与社会性，颠倒了物质与意识的关系，但确认意识、精神的巨大能动作用，也包含着辩证法思想的某些合理内核。

1. 柏拉图的"美是永恒的理式"说

在古希腊的哲学家中，率先对美的问题做过深入哲学思考的，当推柏拉图。他在《大希庇阿斯篇》中借用苏格拉底之口，提出要区分"什么东西是美的"和"什么是美"这样两个问题。他认为美不是希庇阿斯所说的那样，是一位漂亮的小姐、一匹漂亮的母马、美的汤罐、美的竖琴，美就是"美本身"，就是美的"理式（Idea）"。他也批驳了智者学派和苏格拉底的观点，认为"美本身"也不是恰当、有益和快感，也不是苏格拉底所说的"善"。这种区分是很有意义的。前者表明美的对象是具体而生动的，是感性的、确定的，后者表明要从美学高度对所有美的对象做本质性的概括，是抽象而普遍的。柏拉图认为"美的本质就是美的理式。现实生活中一切美的事物背后都隐藏着一个美的理式，即美本身。这个美的理式，加到任何一个具体事物

柏拉图（公元前427—前347）：古希腊最著名的客观唯心论哲学家和思想家，西方哲学史上第一个使客观唯心论哲学体系化的人。

上面，就能使那个事物成为美的。不管它是一块石头，一段木头，一个人，一个神，一个动作，还是一门学问"[8]。

柏拉图认为，理式是客观世界的根源，美的理式是美的现象的根源。人们所见到的客观世界并不真实，只有理式世界才是最真实的世界。在他看来，美的"理式"具有四个鲜明的特征：第一，美的"理式"是绝对的，无始无终，不生不灭，不增不减；第二，美的"理式"是客观的，不因时、因地、因人而异；第三，美的"理式"是单一的，不表现于具体事物之中；第四，"美的事物"一定有美的"理式"。他在《理想国》卷十中举例说，世界上存在着三种床：神造的床、木匠造的床和画家画的床，分别对应理

式世界、现实世界和艺术世界。只有神造的床才是床的"理式",木匠造的床是根据床的"理式"制造出来的具体的床,画家画的床只是模仿具体的床的外形。显然,柏拉图把美的那种理式,那种美本身,视作脱离个别美的事物而独立存在的"精神实体",完全割裂了事物的普遍性与特殊性、共性与个性相互统一的辩证关系,是把美的理式绝对化、孤立化的客观唯心之论。

《会饮篇》(节选)

这种美是永恒的,是无始无终、不生不灭、不增不减的。它不是在此点美,在另一点丑;在此时美,在另一时不美;在此一方面美,在另一方面丑;它也不随人而异,对某些人美,对另一些人就丑。还不仅于此,这种美并不表现于某一个面孔,某一双手,或是身体的某一其他部分;它也不是存在于某一篇文章,某一种学问,或是任何某一个别物体,例如,动物、大地或天空之类;它只是永恒地自存自在,以形式的整一与它自身同一;一切美的事物都以它为泉源,有了它那一切美的事物才成其为美。

([古希腊] 柏拉图. 文艺对话集[M]. 朱光潜, 译. 北京:人民文学出版社, 1963.)

康德(1724—1804):德国古典唯心主义哲学创始人,德国近代哲学、美学的奠基者。

2. 康德的"美是无目的的合目的性的形式"说

美是什么?这个问题是康德批判哲学的主线,也是康德美学的出发点。他认为,美"只能是主观的,不可能是别的"[10]。审美是一种趣味判断或鉴赏判断,而趣味判断的对象就是美。对于美与审美,康德根据质、量、关系和模态四组范畴进行了考察与分析:从质的方面看,"美是无一切利害关系的愉快的对象"[11]。审美的愉快感既不同于感官满足所引起的生理快感,也区别于道德赞许所引起的纯理性的快感;它是唯一不关乎利害关系的一种快感,不涉及认识活动,也不涉及道德判断。由此,康德总结说:"鉴赏是凭借完全无利害观念的快感和不快感对某一对象或其表现方法的一种判断力。"[12]从量的方面看,虽然审美对象是个别事物,但审美效果却具有普遍有效性,这种审美的普遍有效性来自于人人皆有的"共同感觉力",就是我们通常所说的"人同此心,心同此理"。因此，康德的结论是："美是那不凭借概念而普遍令人愉快的。"[13]从关系方面看，"美是对象的合目的性形式，当它被感知时并不想到任何目的。"也就是说，"美是无目的的合目的性的形式"。所谓无目的性，是指审美判断没有客观的目的，既无对象的内在目的（即性质），也无对象的外在目的（即用途）。所谓合目的性，是指在审美判断中，美的对象的形式，能使主体的想象力与理解力进行自由和谐的活动，从而达到审美愉快的目的。以欣赏花为例，当我们欣赏一朵花时，我们可以不了解花的组织结构及其功能，我们欣赏的是花的颜色、形状等形式，花的形式引起我们愉悦的情感，实现了主观和形式的合目的性。这种不涉及对象的性质与功用，只涉及对象形式的美，即"无目的的合目的性的美"，康德称为"纯粹美"或"自由美"。但在现实生活中，这种纯粹美是很少的，大多数的美都依存于一定的概念，有一定的内容与意义，对于这种类型的美，康德称为"依存美""附庸美"。从模态来看，审美判断是不依赖于概念而具有普遍必然性的，这种必然性既不是来自纯粹理性的客观必然性，也不是来自实践理性的道德必然性，而是一种范例的必然性，是基于人的"心意状态"和"共同感"。

康德最终未能调和"理性派"与"经验派"的矛盾，但他是第一个完全以人的主观性为核心来构建美学思想体系的哲学家，他深刻论证了审美判断的特征、规律和二律背反等问题，为美学研究开辟了新领域和新途径，对德国古典美学尤其是现代西方美学产生了深刻、深远的影响。朱光潜先生认为："不理解康德，就不可能理解近代西方美学的发展。"[14]

《判断力批判（上）》第一部分节选

人只想知道：是否单纯事物的表象在我心里就夹杂着快感，尽管我对于这里所表象的事物的存在绝不感兴趣。人们容易看出：如果说一个对象是美的，以此来证明我有鉴赏力，关键是系于我自己心里从这个表象看出什么来，而不是系于这事物的存在。每个人必须承认，一个关于美的判断，只要夹杂着极少的利害感在里面，就会有偏爱而不是纯粹的欣赏判断了。人必须完全不对这事物的存在存有偏爱，而是在这方面绝然淡漠，以便在欣赏中，能够做个评判者。

（康德. 判断力批判（上）[M]. 宗白华，译. 北京：商务印书馆，1964.）

3. 黑格尔的"美是理念的感性显现"说

黑格尔的美学思想以客观唯心主义和辩证法为哲学基础，他认为世界本原不是客观

黑格尔（1770—1831）：德国著名的哲学家、美学家，德国古典哲学和古典美学的集大成者。

的物质存在，而是先于自然与社会的精神实体，即"绝对精神"或"绝对理念"。为了探究美的本质，他重点分析批判了柏拉图、18世纪英国经验派和德国理性派、康德、歌德、席勒等的美学观点，并在此基础上提出了他的美的定义，"美就是理念的感性显现"[15]。在他看来，美的理念既包含有概念的普遍性，又包含有客观实在的具体性。一方面，他强调理念是美的本原、美的基础、美的内容；另一方面，他强调理念要认识自己、改变自己，以便通过外在的感性形式来实现自己、体现自己，从而达到理性与感性、内容与形式、普遍与特殊的有机统一。

在黑格尔看来，理念就是最高的真实。艺术的特性就在于，它并不是抽象地表现理念，而是通过具体的感性形象加以直接表现，因此，美的本质也就在于它形象地以感性的形式显现出理念的客观内容。这样，黑格尔就把理性与感性辩证地统一起来，并在此基础上实现了内容与形式的统一，主观与客观的统一。值得注意的是，黑格尔在阐明二元对立统一时，把人类的实践活动作为联系这种辩证统一的纽带，即人类通过把他们"内在的"理念转化为"外在的"现实，从而在认识、改造对象的同时，也认识、改造了其自身。在这里，黑格尔看到了实践对美的生成作用，这在当时的历史时代中，无疑是极其难能可贵的，在美学史上具有进步意义。因为自1750年鲍姆嘉通创立西方美学开始，一脉相承的一个中心观点便是，美是感性的，美学是研究感觉的学问，也就是说，美只是感性形象，美的享受是感官的享受。黑格尔逆此美学潮流，坚持理念在美学中的重要地位，坚持理性与感性的有机统一。但是也要看到黑格尔美学的局限，他从客观唯心主义的"理念"论出发论证美学的研究对象，认为"美是理念的感性显现"，显然把自然美排除在外。应当说，黑格尔对美学的发展与进步，对马克思主义美学的形成，还是有重要贡献的。

三、美在身心

美离不开主体，美感离不开主体的情感体验，所以从主体的生理心理角度研究美与美感，就成为很有吸引力的美学研究方法。伴随着研究人类自身的心理学、生理学的发展，形而下的美学研究就必然地日益成为一种重要趋势。

1. 休谟的"美是一种愉快的情感"说

休谟侧重于研究经验的主观方面,执着于从人的心理——感觉、情感、想象、理智等当中寻求对美的解释。他认为,美不是对象的一种属性,而是某种形状在人心上产生的一种效果。许多形式主义者都赞赏圆形的美,其实美只是圆形在人心上所引起的一种效果。因为"美不是事物本身的属性,它只存在于观赏者的心里……这个人觉得丑,另一个人可能觉得美"[16]。这就像中国人常说的,"情人眼里出西施""萝卜青菜,各有所爱"。所以,美与价值一样,都是相对的,都是"一个特别的对象按照一个特别的人的心理构造和性情,在那个人心上所造成的一种愉快的情感"[17]。他所说的"特别的对象"是指对象各部分之间的一种"秩序与结构","特别的人"是指为个人所独有的"内心体系"和情绪状态。当"前者"适应"后者"时就能引起快感,而快感的结果又引起对美的评价。因此就因果关系而言,是物我内外协调引起快感,而对快感做出评价便是美。

休谟(1711—1776):英国哲学家、经济学家和历史学家,英国经验主义美学的重要代表。

在休谟看来,快感与人的心理构造密切相关,主要有两方面的原因:一是"效用"。"美有很大一部分起于便利和效用的观念"。他认为效用涉及价值、财富、欢乐和富裕生活,因为只有对人来说,美才是有效的。二是"同情"。对象之所以能引起快感,还有一个重要原因是"满足人的同情心"。借助于同情与想象,我们可以把旁人的利益在某种程度上变为自己的利益,也会像旁人一样获得某种满足感。[18]

为了进一步阐释美存在于观照事物时的主观心灵里,休谟还对审美趣味做了阐释。他认为,"理智传运真和伪的知识,趣味则产生美与丑、善与恶的情感。前者按照事物在自然中的实在情况去认识事物,不增也不减;后者却具有一种制作的功能,用从心情借来的色彩去渲染一切自然事物,在一种意义上形成一种新的创造。"[19]但人与人之间还有某种普遍的、共同的尺度,亦即存在着审美趣味的一般性标准,这是由于人在心理构造上有某些基本一致的缘故。尽管休谟的经验美学思想存在着一定的片面性,但也包含着某些唯物、客观的成分,对现代西方美学的影响也是深刻、深远的。

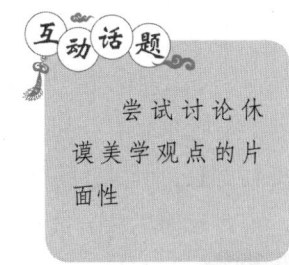

互动话题

尝试讨论休谟美学观点的片面性

2. 费希纳的"美是一种心理物理现象"说

费希纳（1801—1887）：德国科学家、心理学家、哲学家和美学家。

费希纳是实验美学的创始者。他认为美学是心理学的一个特殊部门，"美是一种心理——物理现象"。他力图通过心理实验方法来确立和解释各种令人愉快的美的形式。如通过"选择法"，依次选出自己所喜爱的图形；通过"制作法"，依次画出自己所喜爱的图形；通过"测量法"，测出自己所喜爱的日常用品的大小与比例。他实验所得的结论之一便是，人们最喜爱的美的图形是接近或正好是黄金分割的图形，最不喜欢的是过于正的正方形和过于长的长方形。他还在《美学前导》中制定了13条心理美学的原则，如"多样统一""清晰""和谐""联想"等。这对于心理美学的开拓与发展，有相当的益处。

不过，费希纳对美学的重要贡献还在于他所倡导的"自下而上"的美学研究方法。他认为美学研究有两种基本方法：一是"自上而下"的哲学美学的研究方法，即由"一般"到"个别"，可以对美的现象有更深刻、更宏观的研究，获得较高的理论深度和审美品位，如康德、谢林、费希特、黑格尔等；二是"自下而上"的经验美学的研究方法，即由"个别"到"一般"，可以对美的现象做现实的、具体的、切合实际的研究，具有现实性、可操作性的品格，如荷迦兹、柏克、休谟等。费希纳认为两种研究方法各有长处，也都有短处。前者容易流于一般，忽视个别，"好像是泥足巨人"。后者容易停留于个别，较难上升到一般，"好像永远长不大的侏儒"。因此，理想的美学研究方法应以经验美学为基础，哲学美学为主导，努力从经验事实出发，向理论高度攀登。费希纳在西方美学史上占有特殊地位，被李斯托威尔誉为"近代科学美学的创立者"。

3. 费歇尔父子的"美是移情现象"说

费歇尔父子是黑格尔派的重要美学家，他们基本奠定了"移情"说的基础，以此证明一切形式倘若能引起美感，就必然是情感思想的表现，就必然有内容。父亲弗列德里希·费歇尔著有一部六卷本的《美学》巨著，这是后来车尔尼雪夫斯基在美学上主要的批判对象，但是在移情观念这一点上，对车尔尼雪夫斯基也产生过不容忽视的影响。

弗列德里希·费歇尔把移情作用称为"审美的象征作用"，称这种作用是"对象的人化"，可以分为三级。第一级是神话和宗教迷信所用的象征作用。例如埃及宗教用牛象征体力和生殖力，这种原始的象征作用是在无意识中发生的，用来象征的形象和被象征的观念之间的关系还是暧昧的，从形象上不一定就能看出观念。第二级是寓言所用的象征作用。例如用天平象征公道，这是由人有意识地把有类似点的两件东西——形象（天平）与观念（公道）联系在一起，这种联系是比较清楚的，从形象上就可以认出观念。另外一级就是审美活动中的象征作用，这是第一级与第二级之间的中间级。在审美观照中，形象与它所象征的观念融成一体，我们"半由意志半不由意志地，半有意识半无意识地，灌注生命于无生命的东西"，形象与观念的关系也是若隐若现的。

费歇尔（1801—1887）：德国科学家、心理学家、哲学家和美学家。

正是从弗列德里希·费歇尔的"审美的象征作用"这个基本概念出发，他的儿子劳伯特·费歇尔发展出"移情作用"的概念。据他分析，视觉看到外物的形式组织，并不是空洞无意义的，它们就是"我自己身体组织的象征，我像穿衣一样，把那形式的轮廓穿到我自己身上来"。例如，在看一朵花时，"我就缩小自己，把自己的轮廓缩小到能装进花里去"，反之，看庞大的事物时，"我也就随它们一起伸张自己"。劳伯特·费歇尔认为，一切认识活动都多少涉及外射作用，外射的或为感觉，即事物在头脑中所生的印象；或为情感，即主体方面的心理反应。感觉分三级，分别为"前向感觉""后随感觉"和"移入感觉"，情感比起感觉，是"更深刻更亲切的心理活动"，分别为"前向情感""后随情感"和"移入情感"，与感觉的三级相对应。

周敦颐的《爱莲说》

水陆草木之花，可爱者甚蕃。晋陶渊明独爱菊。自李唐来，世人甚爱牡丹。予独爱莲之出淤泥而不染，濯清涟而不妖，中通外直，不蔓不枝，香远益清，亭亭净植，可远观而不可亵玩焉。

予谓菊，花之隐逸者也；牡丹，花之富贵者也；莲，花之君子者也。噫！菊之爱，陶后鲜有闻；莲之爱，同予者何人？牡丹之爱，宜乎众矣。

赏析要点：《爱莲说》选自《周元公集》，作者周敦颐，是北宋著名的哲学家。"元公"是他的谥号。《爱莲说》中用来比喻君子既不与世俗同流合污，又不孤高自傲的句子是：莲之出淤泥而不染，濯清涟而不妖。

美育实践：

一、审美主题

深度感受宋儒理学家周敦颐《爱莲说》"纯粹至善"的审美境界。

二、审美目标

1. 审美感知

深度阅读周敦颐《爱莲说》的文本，再赏析《爱莲说》书法作品，从内容美到形式美的整体把握，初步获得视觉上的审美愉悦。在课堂上，结合莲花图和配放的古筝曲《采莲曲》一同来欣赏。莲花图和古筝曲，视觉与听觉，共同呈现莲花之美，现场营造出一种审美意境，从而唤醒心中沉睡之莲。各个美育实践小组主要以听、说、诵的方式感知语言文字及其表达之美，同时在主观想象中感知莲花的形象之美，以及作者的思想感情、理想之美。

2. 审美鉴赏

深度鉴赏周敦颐《爱莲说》，在审美感知的基础上，充分吸收、借鉴、发挥审美的"移情作用"，体验毕达哥拉斯的"美是和谐"、狄德罗的"美在关系"、车尔尼雪夫斯基的"美在生活"等命题。通过对莲花之美与君子之美的深层次的理解和认识，实现对自然美与社会美的鉴别与判断，内心深处形成一个心物交感、情景交融的意象世界，达到对作者心灵上的理解和在情感上的共鸣。每个美育实践小组先内部小组分散讨论，再选择一位代表做分享发言，最后主讲教师或现场专家围绕研讨主题做总结与点评。

3. 审美创造

在深度感知、鉴赏周敦颐《爱莲说》的基础上，实现由感受美、欣赏美到发现美、创造美的转向。在《爱莲说》语言美的基础上，发现和创造莲花之美与君子之美，尝试带着审美感受，以描述性的语言再造出现实生活中最具审美价值的景物和画面，并通过口头、书面或绘画的形式把自己的审美感受艺术性表达出来。

三、审美思悟

法国雕塑家罗丹说过："美是到处都有的，对于我们的眼睛，不是缺少美，而是缺少发现。"《爱莲说》一文中，美从未缺席，关键是如何发现莲之美，景之美，境之美，人之美，主要分三个阶段：第一，审美感知，即"观"，了解"美是什么"；第二，审美鉴赏，即"品"，了解"美为什么"；第三，审美创造，即"悟"，懂得"美做什么用"。

思考与讨论：

1. 西方美学家主要有哪些关于美的观点？
2. 谈谈中国美学存在哪些关于美的观点？
3. 你认为，美是自然现象还是社会现象，为什么？

阅读书目推荐：

1. 朱光潜. 西方美学史[M]. 北京：中国友谊出版公司，2019.
2. 陈望衡. 中国古典美学史[M]. 南京：江苏人民出版社，2019.
3. 李衍柱. 西方美学经典文化导读[M]. 北京：北京大学出版社，2006.
4. 柏拉图. 文艺对话集[M]. 朱光潜，译. 北京：译林出版社，2020.

第二节 美的本质

美的本质究竟是什么？古今中外的哲学家、美学家自古希腊柏拉图开始，便不断地尝试探索，试图揭开这个谜底，但都没有得出令人满意的答案。然而，随着马克思主义学说的出现，这一千古之"谜"逐渐揭开了神秘的面纱，一些持辩证唯物主义和历史唯物主义哲学观的美学家们，用实践与历史相结合的方法，以马克思主义关于人的本质、劳动的本质的观点以及有关美学的一些论说为理论根据，阐述了"美是人的本质力量的对象化"[20]。

一、美的内涵

"美是人的本质力量的对象化"是马克思在《1844年经济学哲学手稿》中提出的著名命题。美就是美的内容与美的形式的有机统一体。对象的规律性（即真），主体的目的性（即善）以及能引起情感体验的感性形式（即美）构成了美的基本要素。概而言之，美就是主体在对象化过程中积极地肯定和完美地体现自身的本质力量，并能激发情感体验的感性形式。

美的根源何在？马克思主义实践论指出，美的内容与形式，根源于社会实践活动，包括生产实践与革命实践，是对象的规律性与主体的目的性相结合的创造性结晶。正是在这种"创造性结晶"中，人能"直观自身"，能直观到自身的智慧、才能与力量，直观到自身的目的、愿望和理想变成为"对象性的现实",从而为之由衷地喜悦、赞叹、欢呼。

在马克思看来,实践是一切主客体关系的基础,价值是在人的实践基础上形成的、能满足主体某种需要的一种主客体关系及其评价。不同形式的主客体关系形成了各种不同的价值关系。审美关系是价值关系的一种形态,审美价值是一种特殊的精神价值。它的形成,与其他价值关系比较起来,要晚得多。远古的原始人类,不仅不感到太阳美,而是感到恐惧、愤恨,所以有"羿射九日"的神话产生。后来人与自然的关系有了变化,对太阳有了一定认知,于是开始喜爱太阳,产生了"夸父追日"的神话。随着生产工具的改进与生产力的提高,原始人类逐渐认识、掌握了客观事物的规律与属性,逐步发现客观事物的色彩、形状、大小、轻重、比例等,不仅与劳动生产实践有关,而且与满足主体的物质需要和精神需要有关。如作为生产工具,精致的石器、骨器,既能提高生产效率,又能使主体精神愉悦。作为劳动成果,兽皮、兽角、兽牙以及羽毛等装饰品,既有标识作用,又具有审美价值。甚至随着社会实践的发展,某些客观事物所特有的色彩、形状、声音、大小、比例、对称等自然属性获得了越来越重要的独立地位,以至于人们忽略了它的内容而只注意它的感性形式,成为独立的审美对象,如"买椟还珠""秦伯善嫁妾"等寓言,就很形象地表明了当时人们对形式美的重视。而在现代社会里,生产力高度发达,人们生活水准不断提高,审美需求已成为一种社会性的全面需求,从公共设施、环境绿化、家庭装潢到产品设计、商品包装以及文化艺术市场,都离不开美和美的形式的创造。可见,美根源于人的社会实践,是在实用基础上发展起来的人的一种精神性的审美需求的产物。

行动课堂:

尝试从审美的视角分析东北大花布与陶瓷艺术大师郭爱和三彩艺术作品的异曲同工之处。

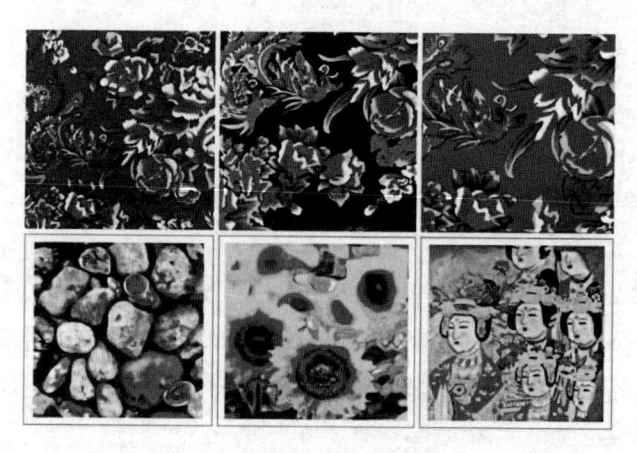

二、美的特征[21]

美的特征是美的本质的延伸与体现，美的现象则受到美的特征和本质的制约与影响。所以，作为美的本质与美的现象的中介环节，美的特征体现于美的本质与美的现象之间的某些相对稳固的、共同的趋向。

1. 具体形象性

美是具体可感的，具有可观可闻的形象属性，否则就无法进入人类的审美领域。不论是自然美、社会美还是艺术美，都必须是具体的感性存在，亦即能成为主体所直接把握的对象性存在。美的内容要通过特定的声音、线条、色彩等物质材料及结构方式所组成的感性形式体现出来，使之成为具体、直观的形象。这是构成美的重要特征，也是人们喜爱美、欣赏美的重要原因。抽象的概念、范畴、理论或者各种科学的定义、公理、公式，它们没有、也不需要具体可感的形象性，因而对于一般人来说，它们是科学的对象，而不是审美的对象。

就自然美来说吧，我们常说花很美，但这"花"不是指花的概念，而是指菊花、玫瑰、牡丹之类由一定的颜色、花蕊、花瓣、花茎、花叶组成的具体可感的某种花的形象。人们在面对花的具体形象时，就会被花的形状、色彩、姿态以及香味所吸引陶醉，产生审美愉悦感。

与自然美相比，社会美虽然注重内容，但既然是一种美的形态，仍然离不开具体生动的形象。如急公好义、舍己为人、爱岗敬业、无私奉献以及"红岩精神""雷锋精神"等，都是有具体的人、具体的事作为背景的，因而精神美看似抽象，其实还是具体可感的。

当然，美有具体形象性的特征，但并非所有具体形象的东西都是美的。衡量美的形象性还有一个重要准则，就是要体现人的积极的本质力量，要体现人类在社会实践中显现的肯定性的创造力量。

审美视界

宋玉的《登徒子好色赋》（节选）

大夫登徒子侍于楚王，短宋玉曰："玉为人体貌闲丽，口多微辞，又性好色。愿王勿与出入后宫。"

王以登徒子之言问宋玉。玉曰:"体貌闲丽,所受于天也;口多微辞,所学于师也;至于好色,臣无有也。"王曰:"子不好色,亦有说乎?有说则止,无说则退。"玉曰:"天下之佳人莫若楚国,楚国之丽者莫若臣里,臣里之美者莫若臣东家之子。东家之子,增之一分则太长,减之一分则太短;著粉则太白,施朱则太赤;眉如翠羽,肌如白雪;腰如束素,齿如含贝;嫣然一笑,惑阳城,迷下蔡。然此女登墙窥臣三年,至今未许也。登徒子则不然:其妻蓬头挛耳,龋唇历齿,旁行踽偻,又疥且痔。登徒子悦之,使有五子。王孰察之,谁为好色者矣。"

赏析要点: 宋玉的《登徒子好色赋》,用形象的文字将"东家之子"的美丽形象描绘得栩栩如生、宛如目前,为历代文人所称道。

2. 客观社会性

美是社会现象、人的现象,但不是个人现象。社会是由许多个体组合起来的历史的文化的群体,自有其活动和运作的规律。作为社会现象之一的美,是人类共同创造的产物,是一种客观的现实的社会性存在。无论是自然美、社会美、艺术美,还是美的其他形态,都不是个人的某种好恶,而是一种社会性的价值体现。就社会美而言,它首先客观地存在于人类的社会实践活动及其产品中。从劳动工具到劳动产品,都体现着人的智慧、情感、理想和意志。至于推动社会发展和人类进步的社会革命和社会变革,则到处洋溢着爱国爱民、公而忘私、冲锋陷阵、英勇献身的壮烈精神,到处闪耀着可歌可泣的、绚丽灿烂的思想光辉。一座座的纪念堂、纪念碑、凯旋门、英雄雕像,都是社会变革美的体现与象征。即便在自然领域,日月星辰、江河湖海、崇山峻岭、高原荒漠、林海松涛、花卉草木,或许是未曾有过任何改造的自然原貌,但它们与人类的关系,不论是直接的还是间接的,都是在社会实践的基础上发生的,是人的"无机的身体",是客观美的存在物。美学家弗·布罗日克说:"只有在社会实践中,有用的地下矿物才变成了原料,锋利的石块才变成了工具,草地才变成了牧场,山洞才变成了住所,最后,声音才变成了语言,布才变成了旗帜。"[22]因此,美是一种客观的社会存在物。不依人的主观意志为转移的客观社会性,是美的重要特征。

第二章　美学基础知识

审美视界

这是新中国成立后首个国家级公共艺术工程，也是中国历史上最大的纪念碑。纪念碑位于北京天安门广场中心，天安门南约463米、正阳门北约440米的南北中轴线上，建筑总面积达3000平方米，碑身37.94米。四面嵌有八块巨大的汉白玉浮雕和两块装饰性浮雕，主题分别是虎门销烟、金田起义、武昌起义、五四运动、五卅运动、南昌起义、抗日游击战和百万大军胜利渡长江，共雕刻有170多个人物，形象、概括地表现了从鸦片战争到新中国成立这百余年间中国革命的艰苦历程。这一雄伟壮观的纪念碑汇聚了郑振铎、吴作人、梁思成、刘开渠等一大批当时中国最优秀的文史专家、建筑家、艺术家的集体智慧。

人民英雄纪念碑

位于法国巴黎戴高乐广场中央的巴黎凯旋门，是拿破仑为纪念1805年打败俄奥联军的胜利，于1806年下令修建而成的。它以古罗马凯旋门为范例，但其规模更为宏大，结构风格更为简洁。整座建筑除了檐部、墙身和墙基以外，不做任何大的分划，不用柱子，连扶壁柱也被免去，更没有线脚。凯旋门摒弃了罗马凯旋门的多个拱券造型，只设一个拱券，简洁庄严，是新古典主义的代表建筑。

巴黎凯旋门

3. 开放自由性

美是主体从事创造性实践的"特殊结晶"。按美的规律建造，就意味着能更多地体现主体积极的本质力量，更好地体现主体美好的愿望与理想。人类认识世界、改造世界的能力在不断地提高，美也在不断地被创造、被丰富。所以美是随着社会实践的发展而发展、变化而变化的。它不是凝固不易、僵化不变的。原来美的东西，由于社会实践的变化，或者发展了，或者消失了，或者淘汰了，或者甚至相反，成了美的对立面——丑。

即使是社会美和艺术美，也是伴随社会实践的变迁而有所演变的。所谓"环肥燕瘦"，就体现了两个时代不同的美人样板。赵飞燕是汉成帝所宠爱的皇后，体态苗条，轻盈如燕，是汉代美人的样板。杨玉环是唐玄宗所宠爱的贵妃，体态丰盈，丰满肥硕，是唐代美人的样板。两个时代相隔800年，为什么人体美就有了180度的大转变呢？我们认为内中有深刻的社会原因，以及由这种社会原因所引起的审美趣味、审美标准的微妙变化。艺术美的变化或许更能说明问题。当古典主义美学思潮主宰西方文坛的时候，不符合古典美要求的艺术都被视之为丑而被拒之门外。而浪漫主义美学在19世纪初兴起之后，判别艺术美的标准又有了变化。但浪漫主义兴起没多久，自然派即现实主义美学迅速崛起，由于它合乎时代的需要，迅速演变成为美学思潮的主流。而20世纪的现代派美学，林林总总，形形色色，绚丽斑驳，但它们都在抗衡着传统美学，体现出新时代的美学新要求。可见，美一直在发展、创造着，自由开放性是由美的社会实践本性所决定的，是由人的自由自觉的创造本性所决定的，而不是个人好恶、空穴来风。

4. 情感真挚性

美，不仅有开放自由性，还有真挚、真诚性，能令人喜悦、同情、爱慕、追求，能在感情上感染人、激动人、愉悦人。所谓"以情感人""以情怡性"，就是美的一个重要特征。真正美的东西不是直接诉诸人的理智，而是通过形象直觉，直接激发人的情感体验，使人获得喜悦与快乐的。古希腊哲学家德谟克利特就说："大的快乐来自对美的作品的瞻仰。"[23]亚里士多德认为艺术美能引起人的"快感"，悲剧能使人的情感得以陶冶与净化。而俄国革命民主主义者车尔尼雪夫斯基对美的愉悦感说得更为形象。他说："美的事物在人心中所唤起的感觉，是类似我们当着亲爱的人面前时，洋溢于我们心中的那种愉悦。"[24]由此可知，美的对象必须是真诚真挚的，才能满足人的审美需求，激发出愉悦的情感体验。

美的情感的真挚愉悦性是一种普遍性的社会价值，它不依某个人或某些人的主观好恶为转移，而有赖于多数人的社会实践的精神积淀。只有经过长期的社会实践的检验，美的情感愉悦性才能作为精神积淀成为一种社会价值，从而得到社会的普遍认可。当人们在观照美的事物时，实际上就是观照自身的智慧、目的、愿望、情感、意志的对象性显现，因而能唤起心理上的喜悦感、和谐感，精神上的自豪感、惊奇感。所以美具有情感真挚、愉悦的特征。

审美视界

美的情感真挚性既有别于动物的生理快感，也有别于人的生理快感。美的对象所引起的人的审美愉悦，是主体对于审美对象的一种内心体验，是精神快感。郑板桥画的竹，齐白石画的虾，生动传神，观赏中能引起无比的喜悦和对生命及生命力的无穷遐想，这就是精神快感。

郑板桥的《墨竹图》，修竹数竿，高低错落，挺拔清秀，颇具清爽高洁之精神。用笔遒劲圆润、疏爽飞动。竹后石柱挺立，纯用淡墨，与竹叶浓淡相映，虚实相照，妙趣横生，气势骏逸，傲气风骨令人感慨。

齐白石曾说："为万虫写照，为百鸟张神，要自己画出自己的面目。"他经常注意观察花鸟、虫鱼的特点，揣摩它们的精神。其画虾堪称画坛一绝，灵动活泼，栩栩如生，落墨成金，笔笔传神。细笔写须、爪、大螯，刚柔并济、凝练传神，显示了画家高妙的书法功力。

《墨竹图》（清·郑板桥）　　　　　　《虾》（齐白石）

三、美的规律[25]

美的基本规律，因为是脱离了具体的美的领域与美的事物，而抽象出来的普遍适用的最佳结构规则，因此又称为形式美法则。归结起来，大致有如下10种美的基本规律：和谐、对称、均衡、整一、对比、比例、变异、多样统一、节奏、动力（动态）。通常而言，客观事物如遵循这些美的基本规律或结构方式建构起来，就能够不同程度引起人的身心愉悦体验或者美感。

（1）和谐。指事物和现象各个方面的完美组合、协调和多样中的统一。和谐就是美的本质，是指那些整体中各部分或各要素之间有机匹配，且令人感到身心愉悦的事物。因此，"和谐"也是内容与形式结构关系的最高规则，如中国的太极图。

《太极图》

（2）对称。指以一条线为中轴，上下或左右两侧均等。对称通过使事物均分，显示出其外部和谐的状态。在这个层面上，对半均分就是美，对称就是美。对称，除左右对称外，还有上下对称、里外对称、运动对称、镜像对称、螺旋对称等。

中国剪纸

（3）均衡。指两个或两个以上物体形式上虽不一定对称，但品质协调，分量相当。在这个层面上，整体中各部分及各要素之间有了矛盾，但矛盾双方势均力敌，品质和分量保持平衡，就是美。如一些舞蹈造型动作、杂技动作、中国的杆秤等。

东汉青铜器《马踏飞燕》

（4）整一。整一又称整齐一律，指高度一致，整齐划一的组合形式，也就是在整体中各部分或各因素所占份额一律相等，即每个因素或每部分都平均占有总体相同的比例，这是一种最简单却很有力量感的和谐。在这个层面上，整齐、整一就是美。

（5）对比。指具有明显差异、矛盾和对立的双方，在一定条件下共处于一个完整的艺术统一体中，形成相辅相成的呼应关系。对比使整体有了生机、张力和动感。在这个层面上，整体中矛盾各方反差强烈，反

国庆阅兵女兵方阵

而互相衬托出各方的特点和优势,这就是美。

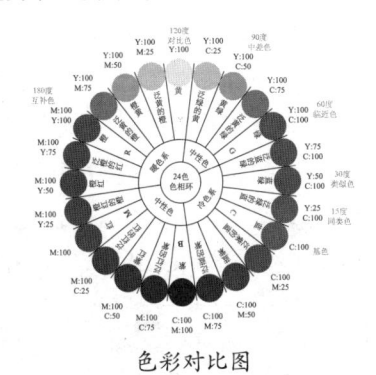

色彩对比图

(6)比例。指事物的部分与部分,部分与整体在数量上的比较好的关系,也就是事物的各部分或各因素在整体中占有恰到好处的份额。在这个层面上,好的比例就是美,好的份额就是美。1:0.618的黄金分割比例,被普遍认为是最美的比例,在艺术和自然中,无处不在。

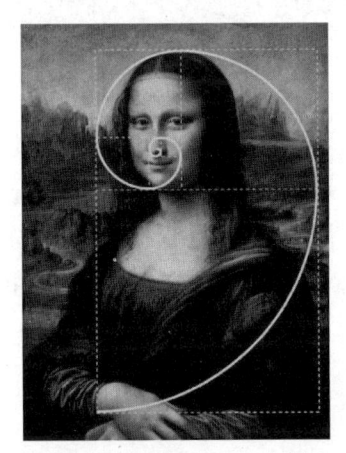

采用黄金分割构图法的名作《蒙娜丽莎》

(7)变异。指事物因素及结构由原本一般的状态(常态)发生了非同一般(打破常态)的变化,是在静中求动,在稳定中求变化,在平凡中求神奇。对变与不变关系恰到好处的把握,往往令人产生惊喜的美感体验和美学效果。

(8)多样统一。指在多样性、变化性中,展现的内在和谐统一关系,使之表现出本质上的整体性,它是形式美中对称、平衡、整齐、对比、比例、虚实、宾主、变换、参差、节奏

扫码赏析

《黄河大合唱》

等规则的集中体现。"多样统一"是西方美学、科学、哲学的惯用概念，与中国"和而不同"本质统一。

（9）节奏。指一定单位的量（声音的、形体的、动作的量）在运动过程中，在时空上等距离地重复出现，是一种在有序中求变化的形式组合规则。任何形式要素按一定规律组合并反复呈现且达到有机协调的状态，就是节奏，也就是和谐。

形态与色彩节奏

（10）动力（动态）。指事物因素及结构呈现出的运动、运动趋势或特点。它往往由整体中某些因素的强烈倾向、矛盾或相互吸引的关系而造成，使和谐呈现灵性和生机。

美的基本规律揭示的是整体与部分、要素在不同情况下最佳结构关系形成和变化的条件。因此，无论哪一条基本规律，都不同程度吻合美的本质，反映了整体中各个部分、要素关系从简单到复杂的不同层面上的和谐关系。

思考与讨论：

1.人的本质是什么？美的本质是什么？两者关系如何？
2.如何理解"劳动创造了美"？
3.美的基本规律有哪些？能用艺术作品解释其中2~3条规律吗？
4.结合自己的专业，讨论专业与美的关系？如数学之美、基因之美、机械之美、建筑之美等。

阅读书目推荐：

1.李泽厚.美的历程[M].北京：人民文学出版社，2021.
2.宗白华.美学散步[M].上海：上海人民出版社，2020.
3.[美]杰克·伦敦.热爱生命[M].雨宁译.吉林：时代文艺出版社，2018.

第三节　美的类型

对美的类型或范畴，美学界是按美的不同的审美特性及其给予人的不同审美感受来划分的，主要包括优美（柔美）与壮美（崇高）、悲剧（悲剧性）与喜剧（喜剧性）等相并列的美的类型。其实，美的风格丰富多样，本节所介绍的优美、壮美、悲剧、喜剧只是最突出的几种，除此之外，实际上还可以分出许多种或中间、或过渡的类型或范畴。

一、优美（柔美）

"优美"之语，源自古希腊三女神之总称"哈丽特"，是一切美好、欢乐和光明事物的化身。优美是一种静态的、柔性的、内柔外秀之美，是人们一般所理解的狭义的美的概念。它是一种常态美，是东西方最基本的审美取向，是与壮美（又叫崇高）相对应的最常见的美学范畴。

从形式上看，优美呈现着美的自由形式，是合规律性与合目的性的和谐统一的静态成果。一般说来，优美在感性形式上会有小巧、柔和、精致、轻盈、秀丽、淡雅、舒缓、圆润、光滑、微妙、渐次、活泼等特征；在内容方面，优美展示着美的形式的自由本质，不是一方压倒另一方达到的统一，而是交融无间、浑然一体；在形式和内容的关系上则表现为十分协调。就其整体而言，优美对象的基本特征是内外关系的和谐；从性质上看，优美是直接地、单纯地表现美的合规律性与合目的性相统一的本质，与单纯表现客观现实对主体实践直接否定的丑是相对立而存在的。优美本身排斥了丑，又在自身之外与丑相比较而存在。

优美广泛地存在于自然场景、社会生活和艺术作品等审美对象之中。

自然界的优美侧重于形式的和谐统一，这种和谐与统一主要通过自然界自身的运动形式、结构、声响、色彩等可感因素表现出来，如春风细雨、平湖秋月、娇莺嫩柳、小桥流水、江枫渔火、巫峡云雨、桂林山水，细雨朦胧中的青翠山色，雨止云高时的如镜碧波……无不以自身的秀丽、幽静给人以和谐感，使人沉醉于宁静温馨、怡情悦性的境界之中。

社会生活中的优美侧重于内容的和谐，既表现在人类实践活动的过程中，也表现在结果上，是真、善、美的和谐统一而产生出来的浑然合一、交融无间的一种境界。宁静和谐的社会环境、融洽和睦的人际关系、充满友谊的欢乐聚会、缠绵悱恻的爱情故事、白头偕老的恩爱伉俪、幸福美满的家庭氛围，甚至顽皮活泼、天真无邪的童真生活等，都算得上是社会生活中的优美。社会生活中的优美使人们的生活情真意浓、其乐融融，从而沉浸在优美的审美体验之中。

艺术中的优美是现实中的优美和艺术家艺术创造的有机结合体，能更鲜明而集中地体现优美的审美特性。作为一种艺术追求的境界，优美更是艺术所致力表现的对象，既讲究作品内容的和谐，也讲究形式的和谐，更讲究内容与形式的水乳交融。爱神维纳斯的典雅秀丽、蒙娜丽莎永恒的微笑、莫扎特和门德尔松音乐的婉转与甜蜜、李清照词的婉约典雅，等等，无一不优美。大凡艺术中的匀称、和谐、柔婉之美，令人赏心悦目、轻松恬静，都是优美的。优美是艺术创造的主要审美范畴之一。

总体而言，优美的美学特点可以从以下几个方面加以认识。

形体上，优美的特点是小而巧。一般说来，优美对象不应是粗大笨重的，而应是小而轻巧的。所以，优美常与小桥流水的自然景观和小巧玲珑的外形特征联系在一起。如果用崇山峻岭的雄、奇、险、峻与盆景艺术奇思巧构的微缩景观相比较，显然，后者给我们的感受通常是秀雅、优美的。

色彩上，优美的特点是鲜明而不刺激。优美对象的色彩比较鲜明，但不强烈，不眩人眼目，各种颜色搭配协调，没有过艳过浓的色调。

态势上，优美的特点是偏于静态，变化起伏不大，运动形式是舒缓的、轻盈的。从本质来看，优美都具有趋向于静的特点，既是一种"蝉噪林愈静，鸟鸣山更幽"的动中之静，也是一种"竹喧归浣女，莲动下渔舟"的静中之动。

境界上，优美的特点是和谐而不是冲突。优美的对象，不论是自然形式还是社会实践，都已消除了构成方式上、运动态势上的对立性和异己性，处于一种和谐稳定的关系之中，形成整体和谐感。优美的和谐，既是内在矛盾的消融化解，也是主体和客体的协调一致。

气韵上，优美的特点是平淡而隽永。平淡不是淡而无味，是因宁静祥和而达到高雅幽深。对于人生而言，这是一种最深沉最平和的快乐，因为它不是寄情山水、遁世寂灭的茫然，而是一种历尽人世浮沉后对生命意趣更深刻的领悟，因而也是一种精神栖息、心灵自由和情感满足。

审美视界

《花神》（意大利 提香）

《花神》是提香的代表性作品。花神原为希腊神话中的女神芙罗拉。画家以半身肖像构图。画中人转身俯视，目光专注作沉思神态；金黄色的秀发披散在圆浑的双肩上，与充满生命的肉体形成对比，使矫健的身体透露出青春活力，整个形象给人以庄重、典雅之感。

行动课堂：

赏析舒伯特《小夜曲》，尝试描绘乐曲中表达的美好夜晚。

扫码赏析

舒伯特《小夜曲》

二、壮美（崇高）

与优美形成鲜明对照的审美范畴，是壮美。所谓"壮美"，中国古代称为阳刚之美，是一种动态的、刚性的、内刚外烈之美。在审美实践中，审美主体与审美客体有时处于相冲突的状态，在这种冲突中，审美主体被审美客体暂时性地压倒，经由尖锐的矛盾斗争，实现主客体的统一，显示实践主体巨大力量所体现的美就是壮美。有些美学著作称壮美为"崇高"，对自然美用壮美更合适些，壮美这一概念的外延比"崇高"更大些。

从现象形态上看，壮美具有量的规定性。它体积巨大、气势磅礴；它往往冲破光滑、对称、和谐、整齐、多样统一等形式美的规律，从中透出神秘的威力、惊人的气概。壮美的事物的运动一般表现出严峻的、剧烈的、冲突的、不可遏制的、一泻千里的态势，在巨大的、扭曲的外在形式上呈现出艰苦斗争、历经沧桑和剧烈冲突的痕迹。一般说来，壮美在感性形式上会有巨大、坚硬、粗犷、重拙、激越、刚健、庄严、悲壮、雄伟、豪放、动荡、壮丽、阳刚、严峻、凶险、崇高、凛然正气、慷慨侠义、豪爽奔放等特征，常会引起我们奔放、豪迈、兴奋等审美情感。

壮美广泛地存在于自然场景、社会生活和艺术作品等审美对象之中。

在自然界中，壮美主要指数量上和力量上的巨大的自然现象，显示为体积的"无限"和力量上的"无穷"，如博大无边的海洋、朦胧黑暗的夜空、雄峻陡峭的悬崖、谷深流急的飞瀑、飞沙走石的荒漠、熊熊燃烧的烈火等。体积的"无限"和力量上的"无穷"，甚至可以使人内心产生某种巨大的恐惧感和严峻感，进而唤起人们战胜它们、征服它们的勇气、豪情和信心，从而表现出人类永恒的生命力和实践主体的巨大力量。

在社会生活中，壮美主要体现为先进的社会力量反抗旧制度、反抗压迫的革命斗争，人民群众改造自然和社会的壮阔历程，以及富于牺牲精神和道德高尚的实践主体征服客体时所显示的强大力量，等等。如金字塔的建造、万里长城的修筑、邓世昌饮恨致远舰、陈铁军刑场作婚礼、跃马横刀过大江的百万雄师、横扫千军如卷席的三大战役……在社会实践中体现出来的实践主体壮美伟丽、摧枯拉朽的精神，能以巨大的精神伦理力量感人肺腑、撼人心魄，激励人们前行，鼓舞人们战斗，这就是壮美显示的力量。

艺术中的壮美，是上述自然现象、社会现象在艺术家头脑中的主观反映，是一种以力量和气势取胜的美。苏东坡的"大江东去，浪淘尽，千古风流人物"，岳飞的"怒发冲冠，凭栏处，潇潇雨歇"，李清照的"生当作人杰，死亦为鬼雄"等词句，无不表达出一种壮怀激烈、催人振奋的壮美之情。许多艺术悲剧中的英雄表现出的人类伟大的创造力量和革新精神，同样能够唤起人们心中的道德感、同情心，并升华为积极进取、实现人生价值和社会理想的巨大精神力量。

审美视界

岳飞《满江红》

怒发冲冠，凭栏处、潇潇雨歇。抬望眼，仰天长啸，壮怀激烈。三十功名尘与土，八千里路云和月。莫等闲、白了少年头，空悲切。

靖康耻，犹未雪。臣子恨，何时灭。驾长车，踏破贺兰山缺。壮志饥餐胡虏肉，笑谈渴饮匈奴血。待从头、收拾旧山河，朝天阙。

壮美是一种宏阔、伟丽的美。它以巨大、粗糙的外表和奔涌激荡、一泻千里的运动态势，在剧烈的冲突中形成了一种激动人心的动态美，唤起欣赏者的自豪感和胜利感。由此可以归纳出壮美的一些基本的美学特点。

从形态上看，壮美的对象是粗粝、庞大、凹凸不平、有棱有角。壮美的对象，首先在外表上是不光滑、不规则、不和谐的，或者会有怪异的因素，甚至其美感也是由奇特、峥嵘、粗犷等产生、形成的。壮美的对象一般又应该是宏大的，"宏大"置放到美的事物当中，就会有形体上的巨大、力量上的强大乃至人类社会中精神上的坚强有力。辽阔草原、茫茫大漠、巍巍高山是形体上的壮美。搏击长空的雄鹰，暴风雨中穿行的海燕，响彻天宇的雷声，则显示出力量上的壮美。为人类社会的进步、国家民族的命运而英勇斗争、百折不挠的意志行为，则是精神上的壮美。总之，在形态上，壮美以其铺张扬厉的姿态，纵横交错的构造，透露出强悍的美学韵味。

从色彩上看，壮美色彩鲜艳而炽烈，是浓墨重彩、斑斓夺目、璀璨壮丽的，如熊熊燃烧的岩浆，划破暗夜的闪电。

从态势上看，壮美偏于动态，往往表现出一种剧烈的、不可遏止的态势。这里的态势含有速度与力度两层意思：从速度上讲，壮美的对象速度快，疾风千里，长云卷落；从力度上讲，则势如破竹，雷霆万钧，显示出刚烈、劲健之势。

从境界上看，壮美阔大宏伟，大开大合，以巨大体积形之于外，雄伟力量灌注于内，包举宇内，席卷八荒，是一种"日月之行，如出其中；星汉灿烂，若出其里"的开阔景象、恢宏气度，凭高临远、瞩目千里的眼光和胸怀。

从气韵上看，壮美奔放雄壮、荡气回肠，如大风般浩浩荡荡，群山般莽莽苍苍，豪情四溢，气魄宏大，韵调激越，情味昂扬。壮美所表现出的美学特征，充分显示出壮美是高亢激昂的，它雄浑、劲健、豪放，是一种令人惊心动魄又令人排除万难、振奋进取的美。

扫码赏析

大型舞蹈革命史诗《东方红》

三、悲剧（悲剧性）

什么是悲剧？美学中所说的悲剧是指现实生活中或艺术作品中那些肯定性的社会力量，在具有必然性的社会矛盾激烈冲突中，遭到不应有的但又不可避免的苦难或毁灭，从而引起悲痛、同情、奋发的一种审美特性。悲、悲剧、悲剧性作为特定的审美范畴，与日常生活中所说的悲、悲哀、不幸事件或人物的悲不同。它必须本质上与崇高相通或类似,通过正义的毁灭、英雄的遭难激发人们伦理精神的高扬;必须能使人奋发兴起,提高精神境界,产生审美愉悦。

悲剧的概念,源于戏剧的一种类型。悲剧在古希腊文中意为"山羊之歌",本是希腊人在祭祀酒神狄奥尼索斯时,以独唱与合唱对答的形式,歌唱狄奥尼索斯在尘世间所受到的痛苦,以赞美他的再生。由他的死而引起的悲痛,被他的复活而引起的欢乐和喜悦所取代,用来庆祝丰收。这便是悲剧的由来。亚里士多德的著名悲剧定义,便是从古希腊悲剧作品中归纳出来的。

但审美意义上的悲剧范畴所注重的,则不在于艺术作品特定的戏剧形式,而在于它作为一种艺术,或者说一件艺术作品,其中所反映的实质性的内容,是不是具有悲剧性的矛盾冲突。有了这种悲剧性的冲突,无论是诗歌、小说、音乐,还是电影、绘画、雕塑等,同样都可以反映出悲剧性的内蕴。正是在这种意义上,人们为了有别于戏剧意义上的悲剧,常常称审美范畴的悲剧为"悲剧性"或"悲"。

美学史上不同历史时期的美学家,由于对悲剧的本质和特征理解的不同,往往依据不同的原则对悲剧进行不同的分类。根据悲剧发展的历史过程可以把悲剧分为以下几类。

命运悲剧:这里的"命运"表现为某种神秘的力量,它主宰着人物的悲欢离合和得失成败。在这种悲剧中,人物看起来是有意志、有能力的主体,他时时按照自己意志行事,但最终却又因为自己的自觉行为而堕入"命运"的陷阱。最为典型的如索福克勒斯的《俄狄浦斯王》、埃斯库罗斯的《被缚的普罗米修斯》等。面对"命运",一般人物是逆来顺受的,悲剧人物则是奋起抗争的,在抗争中高扬起人的主体精神,虽死而不悔,这就显示出一种崇高而可贵的精神。

性格悲剧:以文艺复兴时期莎士比亚的戏剧为代表,主人公的悲剧命运,大多一方面与重大的社会冲突相关,另一方面与主人公的某些性格弱点相关,如哈姆莱特的犹豫不决,奥赛罗的敏感多疑,等等。

伦理悲剧:盛行于欧洲古典主义时期,是以个体需求与社会伦理义务之间冲突对抗为特点的悲剧。法国古典主义作家高乃依和拉辛的悲剧,就属于这种情况。中国古代悲剧,如《梁山伯与祝英台》《西厢记》《桃花扇》等,也属于此类悲剧。

社会悲剧:由对立的社会力量、观念、制度、阶级等的冲突所造成的悲剧就是社会悲剧。随着社会矛盾的日趋尖锐,以致紧张对峙,正直的人抗争社会不公与邪恶时,又往往陷入内心的矛盾,甚或招致毁灭,雨果的《巴黎圣母院》、小仲马的《茶花女》、易卜生的《人民公敌》、托尔斯泰的《安娜·卡列尼娜》等作品，便属于此类悲剧。

悲剧的美学特征，我们可以从下述三个方面加以理解。

第一个特征，悲剧的主人公必须是正面人物，这就规定了悲剧主人公善的品格。这里所说的"正面人物"，既包括英雄人物，又包括那些默默无闻的平凡的小人物，但是他们共同的品格是进步、纯洁、善良。有的悲剧主人公，不但以美的魅力吸引观众的注意，而且以善的品质博得了观众的同情与怜悯，如莎士比亚笔下的《罗密欧与朱丽叶》；有的悲剧主人公内心深处充满了真理与谬误、进步与落后的激烈斗争，虽然最后真制服了假，善克服了恶，美战胜了丑，但主人公却在顷刻间失败或毁灭，如莎士比亚悲剧《奥赛罗》中的奥赛罗，《李尔王》中的李尔等。

第二个特征，在悲剧冲突的展开中，用美的毁灭来否定丑的存在。在历史发展进程中，充满了善与恶、进步与落后的斗争，新生力量在强大的邪恶势力之下暂时毁灭了、失败了，造成了悲剧，但是，悲剧可以摧毁一个崇高伟大的人，却不能摧毁一个人的崇高伟大，美被毁灭的只是具体形式，其精神却完全战胜了丑和邪恶势力。如普罗米修斯为人类取火造福，虽然被宙斯永久锁在悬崖绝壁上，被凶鹫啄食肝脏，然而他的精神之壮美却永远存留天地之间，并彻底战胜了宙斯的凶残。

第三个特征，从悲剧效果来看，怜悯、恐惧、陶冶、净化、提升——这是欣赏悲剧逐步展开的心态感受。正如亚里士多德所说，悲剧必然首先要唤起人们的怜悯和恐惧之情，进一步在领略悲剧美的过程中，使自己的心灵得到陶冶和净化（即情感上的熏陶、感染与升华）。由于悲剧的特殊性，它不但给人以莫大的审美愉悦，还会给人以真的启迪：理想的道路并不平坦，而是充满了艰辛曲折；要实现理想目标，必须经受住挫折，准备付出代价，以赢得更加光明的未来。

审美视界

《俄狄浦斯王》：可怕的命运

俄狄浦斯是忒拜国王拉伊奥斯与王后伊奥卡斯忒所生的儿子。拉伊奥斯从神那里得知，由于他以前的罪恶，他的儿子命中注定要"弑父娶母"。因此，儿子一出生，他就叫一个牧人把孩子杀死。牧人可怜孩子，并没有杀死他，而是送给了别人。这个婴儿被没有孩子的科林斯国王收为儿子，取名俄狄浦斯，俄狄浦斯在邻邦长大，国王待他如同亲生儿子，他也一直以为自己就是科林斯国王的亲生儿子。当他长大后得知自己将犯下"弑父娶母"的罪行时，他就逃往忒拜。在经过一个三岔路口时，他遇到一辆急匆匆赶路的马车。他与那个马车夫为争抢道路而发生冲突，坐车的老人打了他，他一怒之下就打死了老人和马车夫。这个被他打死的老人，就是他的亲生父亲忒拜国王拉伊奥斯。

不久在忒拜出现了怪物斯芬克斯，她有美女的头，狮子的身子，坐在一块巨石上，对这里的居民提出各种各样的谜语，猜不中谜语的人就被她撕碎吃掉。于是忒拜的执政者克瑞翁就发布公告，谁除掉了这个怪物，谁就是忒拜的国王，就可以娶他的姐姐、已故国王拉伊奥斯的王后为妻，俄狄浦斯便来猜斯芬克斯的谜语。斯芬克斯的谜语是：什么生物早晨四条腿走路，中午两条腿走路，晚上三条腿走路。俄狄浦斯很容易就猜出了这个谜语的谜底是"人"，斯芬克斯羞愧难当，从山岩上翻身跳下去，摔死了。俄狄浦斯就做了忒拜的国王，还娶了王后为妻，并生了四个孩子。

刚开始俄狄浦斯把忒拜治理得很好，但后来瘟疫降临到这个城邦国家。根据神谕，神降下灾难，是为了叫国人惩罚杀害老国王拉伊奥斯的凶手。俄狄浦斯为了忒拜人民的幸福平安，极力追查造成灾难的原因，最后发现是因为自己犯下了"弑父娶母"的罪行。那个牧人也承认，婴儿时的俄狄浦斯是王后交给他的，于是真相大白，俄狄浦斯和他的母亲兼王后痛苦不堪，他母亲在疯狂中结束了自己的生命，俄狄浦斯则用从母亲身上取下的金别针刺瞎双眼，独自去流浪，忍受那漫漫无尽的苦难，后来据说是大地裂开了一条地缝收留了他。

（[古希腊]索福克勒斯. 奥狄浦斯王[M]. 罗念生，译. 北京：人民文学出版社，2002.）

四、喜剧（喜剧性）

什么是喜剧？作为审美类型的喜剧，与悲剧相对应，不同于一般意义上戏剧形式的喜剧，它涉及文学艺术的许多门类和领域。鲁迅先生讲过，喜剧将那无价值的东西撕破给人看。这就是说，滑稽可笑的人物或事物披上了一件令人炫目的漂亮外衣，以此来掩盖自己的庸俗或丑恶，而当这件漂亮的外衣被撕破或被剥去时，不仅暴露出自己的本质原形，而且当众受到嘲弄、讽刺和否定。从这个意义上讲，喜剧是一种内容与形式、本质与现象之间的不协调或不和谐，给人以笑的审美形态。

扫码赏析

马三立相声代表作《买猴》

如果说悲剧是通过丑对美的暂时优势而表达人生的严肃，并揭示美的理想的话，那么喜剧则是通过对丑的彻底否定和批判，来表达人们对美的理想追求，并体验胜利后主体人格的愉悦与轻松。简言之，悲剧是对美的间接肯定，而喜剧则是对丑的直接否定。可见，喜剧以"丑"为基础，以"笑"为标志，以"喜"为内核，在其具体形式上，主要表现为名实不符、以假乱真、当众出丑等。喜剧的特征有如下几点。

第一，喜剧冲突的荒诞性。从喜剧冲突的性质和结局看，多为无价值的以有价值自炫，并在自炫中暴露其渺小和可笑，因而矛盾冲突的解决显得轻松，由此造成了喜剧冲突的荒诞性。喜剧通过荒诞反面显示的是新事物、新势力终将战胜并淘汰旧事物、旧势力的历史必然，从而揭穿旧势力、旧世界的内在空虚本质和无价值形式，以激起人们最后埋葬它的勇气和力量。喜剧的真正本质就在于，当丑的、恶的东西已失去其存在的合理性依据时，但仍与善进行挣扎，并以美的形式来掩饰其空虚、愚蠢的内容，因而呈现出种种可笑的丑态，使审美主体在自由、轻松的感性形式中，以笑来嘲笑、揶揄丑。人们在嘲弄丑时，看到了恶的渺小与空虚，因而体现出告别旧势力的自豪、优越、愉快的审美感。

第二，人物性格的乖谬性。从喜剧人物看，人物性格往往乖谬错讹，自相矛盾，多有愚行和丑行，却又自炫为美。从莫里哀、塞万提斯、吴敬梓、果戈里、鲁迅、卓别林所塑造的一系列喜剧人物身上，都可以见到这种乖谬性。人物性格的乖谬性所指的是或言行相悖，或名实相悖，或目的与手段相悖，等等，具体表现是呆头呆脑却又不乏几分机趣，耽于幻想却又易于冲动，愚妄自负却每举必败，目的渺小却态度认真，追求执着却毫无意义，能耐虽小却自吹自擂，荒唐透顶却一本正经，甚至心地邪恶卑琐却装得善良高尚。总之，从内心到外表，从言语到行动，从肉体到灵魂，都严重错讹、矛盾迭出，从而在这种矛盾中自我毁灭。

第三，寓庄于谐的可笑性。喜剧是引人发笑的艺术，这可以说是喜剧的一个最通常的概念。喜剧性现象和喜剧性艺术必然以笑为特征，没有笑，也就无所谓喜剧。喜剧为什么会引人发笑呢？这是因为喜剧性艺术具有"寓庄于谐"的美学特征。"庄"是指喜剧的主题思想体现了深刻的社会内容，"谐"是指主题思想的表现形式诙谐可笑。在喜剧中，"庄"与"谐"是辩证的统一：失去深刻的主题思想，喜剧就失去了灵魂；但是没有诙谐可笑的形式，喜剧就不成其为喜剧。笑是喜剧的最基本的表现形式，笑也是喜剧性在欣赏者生理上的集中反映。喜剧来自笑，通过笑的形式才得以实现人格的轻松。也只有当笑用于否定丑、肯定美时，才构成喜剧。

第四，表现手法的夸张性。夸张是喜剧的重要表现手法。夸张乃至变形，常常能产生明显的喜剧效果。艺术中的喜剧情节和喜剧形象往往将生活中反常规的，不协调的现象，用夸张、幽默或讽刺等手段加以强调、渲染，来加强喜剧性。《西厢记》中的张生初见莺莺时欣喜若狂,在向红娘介绍自己时还不忘加一句"小生尚未娶妻",夸张地表现出他的书呆子气,其憨态可掬,令人发笑,实在是傻得可爱。再如有名的吝啬鬼,《儒林外史》中的严监生,临死只因油灯中用了两根灯草而久久不肯闭目,这种夸张已到了怪诞的境地,这么吝啬的人在实际生活中当然没有,而只是戏剧家将实际有的吝啬性格加以提炼,经过艺术渲染和夸张,达到更加强烈的喜剧效果而已。

在不同历史时期,喜剧有着不同的表现形态。有人将喜剧分为否定型喜剧和肯定型喜剧。

否定型喜剧:古今中外都可以找到不少否定型喜剧作品,它主要采用讽刺、嘲讽的手法撕破伪装,揭示其丑陋的本质。否定型喜剧人物,本来灵魂肮脏却装扮成高尚伟大,本来阴险毒辣却伪装成虔诚善良。如果戈里的讽刺喜剧《钦差大臣》,以一个骗子冒充钦差大臣如何受到地方显贵们的巴结讨好的故事,鞭挞了沙皇制度下官僚集团的腐朽和没落。

肯定型喜剧:这种类型的喜剧性文艺作品,常常采用滑稽、幽默、诙谐的手法,将人民内部矛盾中的一些不良现象作为批评对象,寓庄于谐、夸张变形地达到喜剧性效果。例如,现代题材相声《夜行记》,成功地塑造了一个不遵守交通规则而又无理取闹的人物形象,并对他进行了淋漓尽致的嘲讽。

审美视界

世界电影名片《城市之光》(美国1931年)

流浪汉查理身无分文却古道热肠,邂逅卖花盲女后一心要为她治病。为了筹钱,他想尽办法,甚至参加拳击比赛。无意间搭救的醉酒自杀的富翁热情相助,给了他一笔钱,他立刻把钱交给卖花女,而富翁却只在醉酒时是朋友,醒来就翻脸不认人。查理被当成抢匪入狱。出狱后,衣衫褴褛的查理再遇复明的卖花姑娘,姑娘触及他的手时才惊觉救命恩人就在眼前。

《城市之光》是世界电影史上最杰出的喜剧大师卓别林的代表作,即便是技术手段不那么先进的黑白片、无声片,也丝毫不影响人们对它的高度评价。卓别林在本片中兼任导演、编剧、主演、作曲多职,尽展他超乎常人的喜剧才华。他把戏剧情境、滑稽动作、社会批判和人道主义理想结合起来,道尽小人物生活中的艰辛与乐观,使观众在欣赏过程中,带着笑的泪和带着泪的笑同时迸发，充分体验到无声胜有声的艺术魅力。片中流浪汉与卖花盲女初次见面的那场戏，卓别林边演边改，竟拍了368天，342遍，终于找到了卖花盲女初见就误会流浪汉是富翁的最佳解决方案。片中每个段落都能展示出卓别林极度夸张又分外细腻的表演风格，雕像揭幕式的滑稽亮相，解救跳河的富翁却自己落水，富人聚会上洋相百出，拳击比赛机智无比却仍旧惨败，抓小偷结果自己入狱，观众在欣赏过程中每分钟都会被逗笑，越是狂笑，越是酸楚。影片以查理和卖花姑娘相认，一个咬指微笑的特写镜头结束，这笑容有欣喜、有辛酸、有尴尬、有温情，五味杂陈，是比眼泪都要痛苦万分的笑，给人以无穷的回味。有人这样评价：该片是对有身份的上流市民的公然冒犯，同时也是对聒噪不休的白片的含蓄讽刺。声音的沉默，还有黑白色，反而让我们感受到质朴的力量，让影片于嬉笑之中对现实构成巨大的穿透。

思考与讨论：

1. 试比较优美与崇高的不同审美特征。
2. 悲剧的本质和审美价值是什么？
3. 什么是喜剧？举例说说你对喜剧的看法。
4. 分析"审美视界"中《俄狄浦斯王》所表现的悲剧性。

阅读书目和电影推荐：

1. 叶朗．美学原理[M]．北京：北京大学出版社，2009．
2. 朱光潜．朱光潜全集（第2卷）[M]．上海：东方出版中心有限公司，2022．
3. 凌继尧．美学十五讲[M]．北京：北京大学出版社，2014．
4. 电影《巴黎圣母院》，法国，1956年。
5. 电影《魂断蓝桥》，法国，1940年。

参考文献

[1] ［希腊］亚里士多德．诗学[M]．罗念生，译．北京：人民文学出版社，1962：25-26．
[2] 北京大学哲学系美学教研室．西方美学家论美和美感[M]．北京：商务印书馆，1980：101．
[3] 北京大学哲学系美学教研室．西方美学家论美和美感[M]．北京：商务印书馆，1980：120-123．
[4] 狄德罗美学论文选[M]．北京：人民文学出版社，1984：24．
[5] 北京大学哲学系美学教研室．西方美学家论美和美感[M]．北京：商务印书馆，1980：

133.

[6]［俄］车尔尼雪夫斯基. 生活与美学[M]. 周扬, 译. 北京：人民文学出版社, 1959：6.

[7]［俄］车尔尼雪夫斯基. 生活与美学[M]. 周扬, 译. 北京：人民文学出版社, 1959：9.

[8]［希腊］柏拉图. 文艺对话集[M]. 朱光潜, 译. 北京：人民文学出版社, 1963：188.

[9]［古希腊］柏拉图. 文艺对话集[M]. 朱光潜, 译. 北京：人民文学出版社, 1963：272-273.

[10]［德］康德. 判断力批判（上卷）[M]. 宗白华, 译. 北京：商务印书馆, 1985：39.

[11]北京大学哲学系美学教研室. 西方美学家论美与美感[M]. 北京：商务印书馆, 1980年：154.

[12]［德］康德. 判断力批判（上卷）[M]. 宗白华, 译. 北京：商务印书馆, 1964：47.

[13]［德］康德. 判断力批判（上卷）[M]. 宗白华, 译. 北京：商务印书馆, 1964：57.

[14]朱光潜. 西方美学史[M]. 北京：人民文学出版社, 1979：396-397.

[15]［德］黑格尔. 美学（第一卷）[M]. 北京：商务印书馆, 1979：142.

[16]朱光潜美学文集（4）[M]. 上海：上海文艺出版社, 1984：238.

[17]西方美学家论美和美感[M]. 北京：商务印书馆, 1980：109.

[18]朱光潜美学文集（4）[M]. 上海：上海文艺出版社, 1984：241.

[19]朱光潜美学文集（4）[M]. 上海：上海文艺出版社, 1984：243.

[20]孙春容. 大学美育[M]. 苏州：苏州大学出版社, 2011：69.

[21]蒋国忠. 美编大学美育[M]. 上海：复旦大学出版社, 2002：65-70.

[22]［捷］弗·布罗日克. 车尔价值与评价[M]. 李志林, 盛宗范, 译. 北京：知识出版社, 1988：8-9.

[23]北京大学哲学系美学教研室. 西方美学家论美与美感[M]. 北京：商务印书馆, 1980：18.

[24]［德］车尔尼雪夫斯基. 生活与美学[M]. 周扬, 译. 北京：人民文学出版社, 1959：6.

[25]赵伶俐, 许世虎, 李雪垠. 审美·跨界——从规律到写意[M]. 北京：北京师范大学出版集团, 2017：9-14.

第三章

美感与审美意识

引子：美感是什么

乍一看这个画面，你会眼前一亮，或者怦然心动，这是画面的视觉因素（色彩、形态、构图、材质）及其相互作用，引起的生理和心理体验上的变化。这种变化，如果带来的是视觉和生理的舒适快乐体验，就是快感；如果带来的是心理与精神上的积极愉悦体验，那就是美感（狭义）。身体和生理层面的快感与精神和心理层面的美感（狭义），合称为"美感"（广义）。

美感，是令人身体和心灵感到最惬意、最妙不可言的情感。因此，与其说"人天性追求美"，还不如说人天性追求美感。美感，从产生的刹那来看，是人之于对象的身心直觉体验。但是是否能够产生这种刹那的直觉美感，背后却有深层原因，它是人之于对象和谐关系的感性直觉、趣味与价值取向、理性认知水平等的综合体现。这些综合因素分别称为：审美感性认知、审美情感体验、审美价值观和审美理性认知。在层面上说，美感就等同一个人的综合审美能力或审美素质。

第一节　美感的起源和界说

一、美感的起源

生命是物质运动的形态，人类的生命是一切生命现象中最复杂最高级的运动形态。作为人的生命赖以生存的生产劳动有两个方面：一是根据客观规律和人的目的，人类有计划有目的地改造自然，生产物质财富，以满足自身生活的需要。正是在改造自然的过程中人类"人化自然"，创造了美的对象；二是人类"人化自然"的生产劳动也创造了人本身，使人成为区别于其他动物的社会人，同时在劳动中也发展了人的各种感官和能力，使各种感官成为社会人的感官和能力。正如恩格斯所说，"首先是劳动，然后是语言和劳动一起，成了两个最主要的推动力，在它们的影响下，猿的脑髓就逐渐地变成人的脑髓……在脑髓进一步发展的同时，它的最密切的工具，即感觉器官，也进一步发展起来了。正如语言的逐渐发展必然是和听觉器官的相应完善化同时进行一样，脑髓的发展也完全和所有感觉器官的完善同时进行"[1]。

在美感产生初期的原始社会中，由于美的对象与实用的对象是不可分的，因此对审美对象的美感认识与对审美对象的实用价值的认识也是不可分的。其后，在长期的生产劳动实践过程中，由于语言和思维能力的逐步发展，特别是原始艺术的发展，推动了人类的审美需要和审美能力的发展。如与语言发展有关系的原始人的诗歌，和原始陶器有关的绘画，模仿劳动与狩猎有关的舞蹈，等等。这些原始艺术的发展大大地丰富了人的情感，发展了人的认识和想象力，使人的美感认识能力得到了不断发展。只有当主要是为满足审美需要的要求产生以后，人类的美感认识才能够从对象的实用价值的认识中区别出来，日益得到相对独立的发展，而成为远离劳动的意识形态。但美感不论看起来多么远离劳动生产，在最初阶段上都是生产劳动的产物。

生命发展到一定阶段，就不再满足于食物的丰裕。人类首先是自发地，然后是自觉地通过改造世界的实践形成一个精神世界，即一个与外在现实相对应的内在的文化心理结构。心理结构一方面表现为个人的思想感情，另一方面通过劳动实践历史性地外化为客观的对象世界。

这个在物质基础上建立起来的精神世界，是人类思维活动的总和，所谓美感就是这个"总和"的衍生物，我们这里所说的"思维活动的总和"，是以人的自我意识为中心的。人对于人的族类以及族类的本质的认识，真正属于人的活动的起点。自人把内部世界与外部世界区分开来，也就是把主体同客体区别开来的时候，人类也就结束了蒙昧时代，步入了文明社会。社会的发展使得自然景象失去了对人的危害性，因而成为审美对象。

当然，这里说审美的感官，并不简单地等同于作为生物的人的感官，而是专属于具有自我意识的人的感官。这种感官的形成，是历史的结果。

这里我们所说的"历史"是指人类劳动实践的历史。人类在劳动实践中获得了自我意识，建立了文化心理结构，而这种基于劳动的自我意识和文化心理结构又影响着以后的劳动实践，特别是对于劳动对象和产品不断地做出评价。这种评价的长期进行，就使作为生物人的感官演化为作为社会人的感官，亦即产生心理快感的感官演化为审美的感官。

这样，人类长期的劳动实践，使自然不断地"向人生成"，成为"人化的自然"，而与此同时，自然也在不断地改造着人，使人成为"人化的人"，于是整个自然界和人自身都成为人的对象。人类可以从这对象之中反观其自身，看到人的"本质力量"。于是，审美活动开始了。

基于以上分析，我们说，美感并不是什么"客观的"、自在的东西，它是在人的劳动实践中产生并随着这种实践的发展而不断发展的专属于人的感受。这种感受是具有自我意识和特定文化心理结构的人通过其社会性的感官而获得的。一言以蔽之，美感起源于人类的劳动实践。

扫码了解

美感的起源：原始巫术和图腾

审美视界

史前时期——从一块石头，人类开始了伟大的美术创作

燧石手斧：旧石器时代的燧石手斧，大约是三十万年前，人类用手拿着石头在燧石上敲出的痕迹。这件看起来粗糙简陋的燧石手斧，是人类工具的起点，也是人类美术的起点。

燧石匕首：人类在对工具的精益求精中，有了对形状更精准的要求，也有了对美更确定的感受。燧石匕首目前收藏在丹麦哥本哈根国家博物馆。匕首有一个短短的可以握住的柄，弧线非

常优美,可以看出,制作匕首的人,非常准确地在匕首两侧用敲打的方法做出了薄而锐利的刀刃边缘。

燧石手斧　燧石匕首　维伦多夫维纳斯

维伦多夫维纳斯:旧石器时代用石灰石雕刻出来的女性裸体,是西方美术史上非常重要的作品,现被收藏在奥地利维也纳自然史博物馆,西方美术史上常常称之为"维伦多夫维纳斯"。这件石灰石的女性雕像,两个大大的乳房垂在胸前,肚腹和臀部也都和乳房一样,被特别夸张。相形之下,腿部以下比例较小,搁置在乳房上的双手,更是缩小简略到不容易发现。这种夸张乳房、臀部的旧石器时代女性裸体雕塑不止一件被发现,她们都被称为"维纳斯"。学者们研究后,认为她们是早期人类对生殖与生命繁衍的祈求与祝福的代表。当人类刚刚懂得在石头上雕刻出形状时,她就成为人们渴望的"美"的造型。她特别丰厚、健壮的身体,说明着生命最原始的祝福;她也以人类美术史上的"母亲"的形象,树立着永恒不朽的象征。

二、美感的界说

美感的诞生过程为我们准确认识美感提供了条件与可能。要准确把握美感,就要比较深刻地认识以下三种辩证关系。

1. 美感与快感

美感与快感既是紧密关联的,又是互有区别的。如果说美感也是一种快感的形式,那只能说美感是一种"特殊的快感""高级的快感""精神的快感",是为人所特有的精神现象。美感是人在社会生产过程中,在快感的基础上逐渐发展升华起来的一种精神现象,是人类文明的一种重要标志。美感和快感的区别和联系主要体现在以下三个方面。

第一，快感是生理性的，美感是精神性的。作为生物有机体，不论是动物还是人，当某种物质需要严重匮乏时，就会引起强烈的生理需求，而生理需求一旦获得满足时，就会产生强烈的快感。这种快感的程度，是与生理需要的强度、满足需要的程度成正比的。美感则与快感不同，是心理性的、精神性的。艺术家的艺术作品能满足人们审美的精神需求，引起强烈的审美愉悦，这便是美感的效果。所以，美感就是以某种形式满足人们的心理需要，引起精神性的愉悦，这是美感区别于快感的实质所在。但美感与快感又是互有联系、有机交织的，美感的诞生与升华，以生理快感为基础，进而提升到精神愉悦的高度。

第二，快感是实用性的，而美感是观赏性的。古代有"买椟还珠""秦伯善嫁妾"的故事，从功利论角度衡量，是十足的笑话，但从审美的角度来看，恰恰是审美价值的生动体现。盛珠的"椟"做得极其漂亮，获得了独立的审美价值，故有了买"椟"的可能性与合理性。"椟"没有了盛珠的实用价值，却有着供人观赏的审美价值。秦伯嫁女儿时把作为陪嫁的妾打扮得非常漂亮，结果男方娶了陪嫁女而不要秦伯的女儿。秦伯女儿的身价当然比陪嫁女要高得多，但审美价值却不一定比陪嫁女高，男方宁要审美价值高的，而不要功利身价高的，这表明审美与实用，美感与快感虽然有着难以分割的联系，但还是有着实质性的区别。当然，随着时代的发展，精神需求的增长，审美能力的提高，人们越来越注重的不是实用性的快感，而是观赏性的美感。

第三，快感是单纯性的，而美感是综合性的。李泽厚在《美学四讲》中引用康德的话说："愉快在先还是判断在先，是美感与快感区别的关键。即是说，由愉快而判断对象为美乃是生理快感，只有由人的各种心理功能和谐运动（'判断'）而生愉快，此才为美感。"[2]也就是说，快感是单一、单纯的感知反应，是客观对象所引起的某种感官的愉快感受，而美感则是一种包含了感知、情感、联想、想象、直觉、理解等多种因素的积极的、综合的心理活动，往往在感知中包含着理解，想象中包含着情感，直觉中包含着领悟，等等。所以美感是五官感觉综合运动的产物，往往需要一个观、品、味的过程。

2. 美感与道德感

道德感就是从一定的道德规范、道德观念出发，评价人的某种社会道德行为而产生的情感体验，是与美感密切相关的一种高级情感。由于人类能够制造使用工具，进行有目的、有组织的生产实践活动，从而使原始的猿类群体逐渐演变为有组织的人类群体。为了维护社会群体的生存与发展，人类群体就要制定各种与之相应的社会生活的共同准则，这就是要求每个社会成员都能严格遵守的各种道德规范。任何个体放纵自己的欲望，损害他人，违背群体的生活规范，那就是"恶"，那就要受到惩罚；反之，任何维护人类群体健康地生存与发展的行为，就是"善"。因为"善"源之于人类群体共同的利益与欲望，因而拥有绝对的权威和至高的地位，需要不断地倡导与发扬。在漫长的社会历史进程中，"善"作为约束个体行为的道德律令，逐渐地成为人们自觉遵守的社会行为规范。所以"善"或者说道德，并非来自人的"良知"，而是来自社会实践的需要，是社会群体共同生活的基石。因此，道德直接指向群体的根本利益，道德感首先是一种社会性、利他性的情感体验，但是美感首先是个体性的、精神性的情感体验。

其次，道德感强调理性与意志，而美感突出感性与自由。作为感性动物的人类，有着基于生理需求的欲望，要控制"恶"、克服"恶"，就需要理性和意志。同样，要实践"善"、发扬"善"，也需要理性和意志。正是依仗着人的理性和意志，维护和实践着法制与道德的律令，人类社会生存与发展的根本利益才得以维护。法律的主旨在于禁止作恶，厘定群体共同生活中不许可的行为与活动；道德的主旨在于倡导与弘扬有利于社会群体生存与发展的行为与活动。所以道德感乃是人们对于基之于理性、意志的社会道德行为产生敬仰、赞叹的情感体验，它需要理性的凝聚与意志的保障，是自觉意识与人格力量高度集中的产物。这与美感是有联系的，但也有明显的不同。美感的实质是对自由与和谐的感性形式的感受，是个性化的情感体验，它并不排斥理性，也需要意志的集中，但这种理性是渗透在感性形式之中的"综合理性"，是一种"意蕴"。

3. 美感与理智感

理智感是认识与改造客观对象过程中的情感体验，与美感既有联系又有区别。理智的对象是真，是客观事物的规律性。人在长期、反复的实践过程中，把握了客观对象的"真"，就能按照客观事物的"规律性"与主体的目的性，从事改造世界的实践活动。所以"真"是一切社会实践活动的基础，也是审美活动的基础，美感与理智感是不可分割的。掌握了"真"，就掌握了认识世界、改造世界的真理知识。按照"真"的要求，严格地运用科学知识于实践过程，就能把实践活动引向胜利，取得成功。所以理性是理智感的灵魂，科学是它的基础。显然，这是与以形式为核心的、自由感受为基础的美感还是有区别的。

其次，理智感贯穿于实践活动的整个过程，理性、逻辑、规律是整个实践活动的生命线。如科学发明家、技术革新家，虽然要有对事业的热爱、对理想的追求，但这种热情、激情，要以科学、理性为准绳，整个实践过程中绝不允许以愿望代替事实，以主观代替客观，以幻想代替现实。美感则不同，它并不注重"过程"，而更注重"结果"，是对整体对象的"观照"。如建造一幢"摩天大楼"时，工地上机器轰鸣，各种建筑材料堆积如山，谈不上有什么美感，但工程技术人员都清楚，每一步都是成功不可或缺的环节，所以对杂乱也会有理智的情感；但美感却要在大楼建成、内外装潢完毕时，才能充分地显示出来。

再次，就情感体验的强度来说，也是有区别的。虽然理智感也是一种高级的情感，但它的感情强度始终受到理性的制约，甚至是以理性为转移的，所以情感体验的强度往往较低，而美感往往伴有强烈的震撼力。理智感是一种清醒的情感体验，科学、理性、逻辑主宰着它，所以情感强度持久绵长，不会大起大落，忽高忽低，变幻不定。在生活实践中，理智感须臾不可或缺，过度的情感体验就会使实践主体偏离理性，背离科学，结果动机与效果适得其反。但在艺术实践中，审美个性、审美想象和审美情感的强度却显得至关重要，离开了独特的"这一个"，便无法创作出优秀的艺术作品。

审美视界

赏析齐白石的"白菜"，谈谈美感与快感的联系与区别。

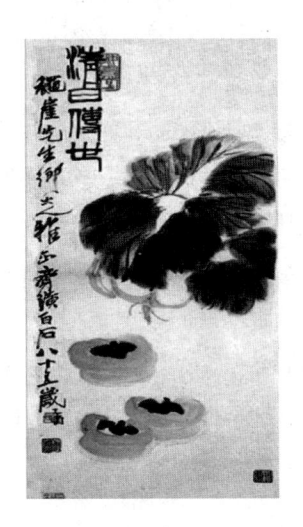

《清白传世图》（齐白石）

齐白石这幅作品画着一颗白菜，三个柿子。构图上，简而不空，以少胜多，从而突出主题。在用笔着墨上，齐白石以极简练的笔墨，表现极丰富的内容。

三、美感的特征

美感，作为主体对美的对象的审美感受，具有直觉性、情感性、愉悦性、共同性、功利性等重要特征。从人类自身而言，它具有直觉性、情感性与愉悦性的特征；从宏观上去把握，它又涵盖着共同性与功利性。

1. 美感的直觉性

所谓美感的直觉性，就是对美的形态的直接感知，这里的直觉包含三层含义：一是指审美感受直观性，即整个审美过程自始至终都是形象的、具体的，在直接的感知中进行；二是在审美中对审美对象从整体上而不是支离破碎地感知；三是指在美的欣赏中无须借助抽象的思考，不假思索地判断对象的美或不美。需要说明的是，人们在审美欣赏中，美感是一刹那间产生的，似乎确实来不及经过理性的思考判断，但这种直觉是在对美已知的更深刻的感觉中产生的，而不只是对美毫无理解的感性直觉。美感的直觉性，是因为美具有形象性的特征，美是具体可感的，离开了具体可感的生动形象就谈不上美。当生动的形象通过感官传入欣赏者的大脑时，便马上唤起了以前长期储存的所有与此有关的审美经验而形成直觉性的美感。

直觉的存在是不容否认的。科学与艺术史有许多事实早已证明，在人类思维活动中，的确存在着与逻辑思维迥然不同的思维方式，它能使人在瞬间领悟和理解，造成人对现实的把握。当然，我们应该看到审美活动中的审美直觉与复杂的科学理性逻辑判断是既有联系又有区别的。我们应该区别两种根本不同的直觉：一种是初级的、原始的，相当于感觉，也可以说是在理性阶段之前的直觉；另一种直觉可以理解为一种高级的、经过长期经验积累的，实际上是经过了解认识阶段的直觉，思维早已成定势，只不过已被压缩成"一触即发"的简练形式的直觉。美感的直觉性，并非不包含理智的成分在里面。因为在人们长期储存的审美经验里，就包括理智的认识在里面，只不过极为不明显罢了。正如我们在很远的地方听到了熟人的脚步声，便不假思索地说出是谁来了一样。这好像是完全凭直觉的，但这直觉却是以长期对熟人走路的认识为基础的。巴甫洛夫这样说过，记得结果，回答得正确，却忘记了自己先前的思想经过，这就是何为直觉的原因。

审美视界

《红楼梦》第三回《宝黛初会荣庆堂》（节选）

宝玉早已看见多了一个姊妹，便料定是林姑妈之女，忙来作揖。厮见毕归坐，细看形容，与众各别：两弯似蹙非蹙笼烟眉，一双似喜非喜含情目。态生两靥之愁，娇袭一身之病。泪光点点，娇喘微微。闲静时如姣花照水，行动处似弱柳扶风。心较比干多一窍，病如西子胜三分。宝

第三章　美感与审美意识

互动话题

你认为贾宝玉初逢林黛玉的"一见如故",是初级原始的直觉,还是高级的、经过长期经验积累的直觉?

玉看罢,因笑道:"这个妹妹我曾见过的。"贾母笑道:"可又是胡说,你又何曾见过他?"宝玉笑道:"虽然未曾见过他,然我看着面善,心里就算是旧相识,今日只作远别重逢,亦未为不可。"

(曹雪芹. 红楼梦 [M]. 北京:人民文学出版社,2019.)

行动课堂:

请你用300字描述第一眼看到罗中立油画作品《父亲》时的直观感受。

《父亲》(罗中立)

《父亲》是当代画家罗中立于1980年创作完成的大幅画布油画,属于大尺幅超写实肖像油画。现收藏于中国美术馆。

2. 美感的情感性

所谓美感的情感性,是指在审美过程中人对客观存在的美的体验和态度,包括人的生理、理性因素与人类发展所积淀的情感因素等贯穿始终。车尔尼雪夫斯基的名言"美感的主要特征是一种赏心悦目的快感",就能很好地说明美感是一种感情的投入而产生的美,它必须有情感的介入。我们知道,情感是人的需要能否得到满足的体验。人的物质需要和精神需要能否得到满足，都会在内心激起肯定或否定情感，而情感中的美感，则是满足了人对美的需要时所产生的一种愉悦的情感。

美感具有情感性的特征并不是说美感里都是感性的成分，没有理性的因素。与此相反，审美情感里包含着丰富的理性因素。在强烈的情绪情感活动中，常常可以理解到审美对象的深刻的社会观念。如柳宗元的"千山鸟飞绝，万径人踪灭。孤舟蓑笠翁，独钓寒江雪"。透过诗句描绘的鲜明的画面和冷峻的气氛，我们感受到的是作者的铮铮傲骨、洁身自好、不与污浊同流的思想观念。这种观念的感受和理解又大大地激发起我们的情绪，并使寒江独钓的画面愈益冷峭、高洁、美丽。

审美情感活动以形象思维为基础，因而审美情感的对象也必须是形象的，而不是真理、正义、自由之类的抽象概念和原则。当然，审美对象内容的不同，引起的情感态度也是不同的。人生无限丰富复杂，大自然具有无穷的形式，无限丰富复杂的人生和无穷形式的大自然熔铸成多彩的感性统一，我们的审美情感体验也就具有无限丰富的内容。人和自然的感性直观统一以及对这种统一的情感体验，最集中、最精粹地表现在各类艺术的创作与欣赏中，如悲剧所引起的快感与对剧中人物的情感态度不可分割，它与喜剧所引起的快感有本质的不同。优美的抒情小调与雄壮的进行曲，所唤起的情感体验也有显著区别。总之，由于审美对象的丰富复杂，审美情感也呈现出丰富复杂的状态。

审美视界

《二泉映月》，二胡名曲，是中国民间音乐家华彦钧（阿炳）的代表作。作品于20世纪50年代初由音乐家杨荫浏先生根据阿炳的演奏，录音记谱整理，灌制成唱片后很快风靡全国。这首乐曲自始至终流露的是一位饱尝人间辛酸和痛苦的盲艺人的思绪情感，作品展示了独特的民间演奏技巧与风格，以及无与伦比的深邃意境，显示了中国二胡艺术的独特魅力，它拓宽了二胡艺术的表现力，曾获"20世纪华人音乐经典作品奖"。

扫码欣赏

《二泉映月》，体验美感的情感性

3. 美感的愉悦性

美感的愉悦性来源于对人的本质力量的肯定，表现在对狭隘功利性的超越和对生命力的追求。听莫扎特的音乐，读张若虚的诗，登八达岭看万里长城，都可以使人获得喜悦和愉快的美感享受。这些愉悦感都来自身心与能力的和谐运动，令人感到一种怡然恬然、左右逢源、轻柔流畅、游刃有余的自由。

审美的愉悦性不仅表现形式多样，而且愉悦的强度或层次也有所区别。著名美学家李泽厚曾把审美愉悦区分为三个不同的层次：一是"悦耳悦目"。耳朵与眼睛是审美的主要器官。听到自由、欢快的乐曲，就会心旷神怡，看到线条优美、色彩绚丽的作品，就会目迷神清。这是审美愉悦的最基本的层次，它往往与生理快感有机地交织在一起，因而有普遍性、群众性。二是悦心悦意，就是对于审美对象心领神会而产生的精神性享受。聆听柴可夫斯基的乐曲，能感受到"俄罗斯的眼泪与苦难"；看列宾的绘画，能感受到俄罗斯人民生活的艰辛与遭遇的悲惨；读托尔斯泰的小说，能深刻地感受到沙皇专制制度的腐朽与可恶。这一切都是审美感受的结果，因而真切、自然、强烈。三是悦志悦神，就是在审美感受中能领悟到人生的真谛、宇宙的奥秘，从而引起精神的震撼和人格的升华。这种高级层次上的精神愉悦，往往具有超越时空的价值，对人的影响往往具有恒久的意义。

当然，审美需求是多种多样的，人们对美的对象的感受、体验和评价也是丰富多彩的。只有适应审美主体的需求，审美的情感愉悦才能发生。审美主体只有在具体的审美实践中才能逐步地提高审美需求的层次。

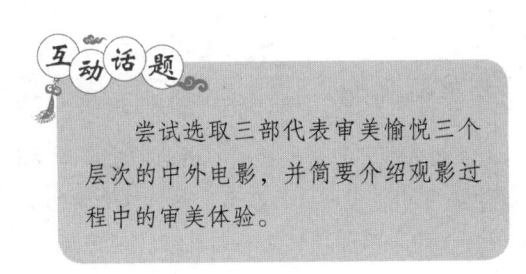

互动话题
尝试选取三部代表审美愉悦三个层次的中外电影，并简要介绍观影过程中的审美体验。

扫码欣赏
《钢铁是怎样炼成的》（节选）

4. 美感的共同性

美感的共同性是指有些美的事物，不同时代、不同民族、不同阶层的人们都认为它美，这就是美感的共同性。

对于自然美的认识，人们往往具有共同性。清奇秀丽的桂林山水，美丽奇妙的黄山云海，白雪皑皑的阿尔卑斯山，风景如画的塔希提岛，声震若雷的尼加拉瓜大瀑布……古往今来，不论哪个时代、哪个民族、哪个阶层的人见到后都会为之赞叹不已。之所以会如此，因为自然美往往是一种外在的形式美，它能够以一种美的形式，唤起不同时代、不同社会的人们的美感愉悦，它不具有时代特点和阶层烙印。可见，对美的认识，在自然美方面，人们往往能达到一种高度的一致。

建筑艺术源于生活而高于生活。对于建筑艺术美的认识，尽管人们有时候有自己独特的理解，但亦有共同性可言。中国的长城，绵延万里，其雄壮为世人所赞叹；法国卢浮宫的富丽堂皇，令人回想起昔日皇家的气派、华贵；古埃及的金字塔，是古代劳动人民血汗的象征。这种种美感，不仅是对其外在形式的赞叹，更是对古代劳动人民智慧与血汗凝成的力量的赞叹。

社会美一般都侧重于内容，它比自然美的美感有更多更明显的差异性。但社会生活是极为丰富多彩的，并非没有共同美感可寻。如人们行为中的传统美德，人类的智慧和才能并由此创造的劳动成果，等等，是被每个阶层的人们所喜爱的，因为这些均超越了时代与阶层的界限。

由上述可知，生活在不同时代、不同阶层和不同民族的人有着美感的共同性。一方面，这是因为人有不同于动物的共同人性特征，因而具有超阶层、超时代、超民族的共同美感特征。另一方面，人类是在不断继承和交往中生活、发展的。因此，生活在不同时代、不同阶层、不同民族的人也存在美感的共同性。

审美视界

镜头艺术与国画意境

镜头艺术诞生于西方，在形式上，镜头艺术讲究光影、色彩、构图、运动、艺术与技术等，而中国绘画讲"六法"："一曰气韵生动，二曰骨法用笔，三曰应物象形，四曰随类赋彩，五曰经营位置，六曰传移模写"[3]。镜头艺术与中国传统的绘画相比，无论是技术，还是视觉透视，都有着较大差别。但是，两种迥然不同的艺术形态，在意境表达上却如出一辙，中国画意境是把物象从"客体"转化到"主体"，注重抒情与写景相统一，要求创作景中有情，情中有景，达到情景交融的意境美。然而，镜头艺术的意境是使融入"主体"的"客体"之美符合人的心灵审美需要，使人们的审美感受和审美观呈现和谐、统一。两种艺术之意境异曲同工，如若相互融合，用镜头之"真"去承载中国文化之"意"，必能创造出超越现实的灵魂。

中国摄影师孙珺把中国传统意境之魂完美融入镜头之"真"中，他的摄影作品《茶经》似画非画，蕴含着浓郁的东方韵味。作品透视为中国画的散点透视，画面中人物远近比例相同，背景无明显的视平线与水平线，画面中的空间、均衡完全依靠密与散、虚与实关系来表现，画面中左边三个人、右边一个人，形成左密右散，产生出不同的韵律与节律；画面下方有石有人有水有气，上方空无一物，下实上虚，虚实相生，无画处皆是妙境。由此造成的意境，再加上质朴协调的色彩，给人以幸福和谐的美感，这种美感若有若无，如入一个超旷空灵、无迹可求的诗意世界，安宁和温馨。

孙珺摄影作品《茶经》

5. 美感的功利性

美感是一种精神性的情感愉悦，既是无功利的又是有功利的，是超功利的功利性；是无目的的又是有目的的，是无目的的目的性。与别的功利不同，美感的功利性似有若无，似无若有；这种若有若无的美感功利性，乃是为审美活动所特有的功利二重性现象，也是美感的重要特征之一。

对美感的功利性问题，需要进行辩证理解。一方面要承认美感的超功利性、无功利性。因为美感是在生理快感、生活实用感的基础上发展起来的一种精神性的情感愉悦，它与生理快感、生活实用感没有直接的联系。另一方面又要承认美感不是无功利、超功利的。把美感与功利截然地对立起来，割裂开来，也是不符合审美实践的。审美行为虽然没有直接的功利关系，却有间接的功利隐含其中。我们阅读《红楼梦》，欣赏中国传统的水墨画或十九世纪的欧洲油画，当然不能代替吃饭穿衣，但能给人们提供巨大的精神性的享受与情感愉悦，也能从中获得许多方面的益处，这些其他方面的益处就是审美的"副产品"。

可见，美感的特殊作用就是审美，就是提供精神享受与情感愉悦。但在这种审美无功利的背后，还是有功利隐伏着的。这种"功利"是指对人、对社会具有间接的有利、有益、有用，或者至少是无害的功用。

因此，在美感的功利性问题上，我们既不能抹杀美感的特殊性，把美的形式变成宣扬某种理念、政治、伦理的赤裸裸的工具，变成所谓形象的"教科书"，也不能否定隐伏在美感背后的间接的功利性，还要在审美的同时发挥某些间接的功利作用。所以，在美感问题上急功近利是错误的，无功无利也是不对的。美感的重要特征之一，既是非功利的又是有功利的，是功利性与非功利性的统一体。这种审美的非功利的直接性、精神性与功利的间接性、综合性，就是美感的功利二重性，辩证地把握美感这种功利二重性，对于开展一切审美活动和艺术创造活动，都有着极为重要的意义。

> **互动话题**
> 你认为当前高校美育应当如何处理好美育和德育的关系？

思考与讨论：

1. 人类的美感是怎样诞生的？
2. 你认为，美感具有差异性吗？试举例说明。
3. 弗·梅林曾说过："如果一个澳洲的布希族人与文明的欧洲人同时听到一个贝多芬的交响曲或者看拉斐尔的圣母像，感觉的心理过程在两种情形下应该是相同的，无论这个过程在自然科学中是怎样说明的。因为，作为自然生物，他们是一样的。可是他们俩所感觉到的是什么却大不相同，因为作为社会的成员，作为历史情景的产物，他们都大不一样。"你如何理解弗·梅林这段话。

阅读书目和电影推荐：

1. 李泽厚．美学四讲[M]．武汉：长江文艺出版社，2019．
2. 戴望舒．戴望舒作品精选[M]．武汉：崇文书局，2016．
3. 电影《卧虎藏龙》，中国，2010年。
4. 电影《霸王别姬》，中国，1993年。

第二节　审美意识的特征

一、审美意识的含义

美感有两类。狭义的美感是指审美的感受与体验，是审美主体对于审美对象所产生的愉悦感、和谐感和满足感，主要是个体审美心理的感性结晶。广义的美感就是审美意识，就是审美的理性思维的产物，是在个体审美心理基础上概括、升华而成的审美理性的结晶，也是群体性的、持久性的审美体验与审美观念。所以审美意识介于审美心理与审美理论之间，是广泛存在于社会群体之中的比较稳定的审美观念，也可以说是尚未达到理论形态的审美经验与审美观点的总和。审美理论是哲学家、美学家对于审美心理与审美意识所做的形而上的思考、概括与总结，它能指导与影响审美意识与审美心理的形成与发展。中外历史上的各种文艺思潮，都有一面旗帜在舞动，一种口号在呐喊，其实就是某种审美理论在主导和影响人们的审美意识与审美实践的反映。但审美意识除了接受审美理论的指导与影响外，更多地要受到群体的审美心理和审美经验的制约与影响。因此，对于审美意识与审美心理、审美理论之间的关系，既不能机械地分割，又不能笼统地不作区别，而应当从审美心理与审美理论的交叉地带去加以认识。

审美意识是社会审美实践的产物，形成于社会性的审美实践之中，也在审美实践推动下变化、发展。同时审美意识一旦形成，反过来又会影响群体对美的创造与欣赏。中西审美文化传统之所以具有鲜明的不同特征，首先是与中西不同的审美实践密切相关的。在审美实践中累积的审美经验，对审美意识产生着重大影响，而审美意识作为理性经验又反过来影响着审美实践的拓展与持续。环环相应，互为因果，导致稳固、丰富的审美文化传统得以形成与发展。当然，中西不同的审美意识还受制于更深刻的社会原因，那就是由生产力与生产关系构成的不同的生产方式。生产方式即经济基础，制约着上层建筑及其意识形态。这是马克思所发现并奠定的历史唯物论的基本原理，是千古难易的普遍真理。即使现代西方思想家往往对此也是深信不疑的。所以审美意识作为社会意识之一，它的最终根源还是要到社会生产实践中去寻找。马克思说："意识在任何时候都只能是被意识到了的存在。"而存在就是人们的实际生活过程，就是社会生产方式。因此，现实的社会生产方式深深地制约并影响着社会的审美心理、审美意识、审美形式的形成与发展。当社会生产方式发生变化时，与之相应的社会意识包括审美意识也就会随之而发生相应的变化。华夏民族从殷周开始就是一个大一统的宗法社会，自给自足的小农经济，在氏族血缘关系上形成的宗法礼教制度，以及以"和"为特征的审美文化，使中国的封建宗法社会尤其稳定而漫长。这与西方社会生产方式基础上产生的社会意识和审美意识就有明显的区别。所以，审美意识的实质还在于审美实践，尤其在于社会生产实践。

审美视界

扫码了解

《中西艺术比较》（节选）

二、审美意识的特征

审美意识是审美心理与审美理论的中介与桥梁。所以，认识与研究审美意识就要以社会审美实践为基础，既要考察审美心理的发生发展及其变化规律，又要研究审美理论的发展与影响。既不能过于琐细化、个别化，又不能过于概括化、抽象化。审美意识是与审美实践息息相关的，因而是具体现实的，有着广泛的群众基础。它具有以下几个特征。

1. 全人类性

审美意识是在审美心理基础上发展起来的，而审美心理的前提是人的生理心理机制。心理有别于生理，但它要以生理为条件，心理现象的发生是以生理机制为发展基础的。作为一种特殊的心理现象，审美心理无疑受制于生理机制。现代美学家朱光潜说："诗歌、音乐、舞蹈原来是混合的，它们的共同命脉是节奏。在原始时代，诗歌可以没有意义，音乐可以没有'和谐'（harmony），舞蹈可以不问姿态，但是都必须有节奏。"[4]

现代文豪郭沫若不仅肯定了"三位一体"的基础,还指出节奏之所以能统贯三者的生理心理原因,"一切感情,加上时间的要素,便成为情绪的,所以情绪自身便成为节奏的表现。我们处于情绪的氛氤中的时候,声音是要战栗的,身体是要动摇的,观念是要推移的。由声音的战颤,演化而为音乐。由身体的动摇,演化而为舞蹈。由现念的推移,表现而为诗歌。所以这三者,都以节奏为其生命。"[5]节奏是情绪的直接载体,情绪既是人类的生理反应也是最早的心理反应,所以艺术美的创造与欣赏是以人的生理心理为基础的,违背审美生理心理机制的艺术美或其他美的作品,都很难获得恒久的生命力。审美生理心理的相同、相近、相似,是中外古今的艺术杰作能代代相传、能被人们共同欣赏的重要原因。我国著名的文艺理论家巴人曾发表过一篇极有针对性的文章《论人情》。他在文中提道:"什么是人情(即人性)呢?是人与人之间共同相通的东西。饮食男女,这是人所共同要求的。花香、鸟语,这是人所共同喜爱的。一要生存,二要温饱,三要发展,这是普通人的共同的希望。……这些要求、喜爱和希望,可说是出于人类本性的。"[6]作为一家之言,它确实切中时弊,掷地有声,发人深省!任何艺术,任何美的作品,缺乏人性人情,都必然质木无文,导致公式化、概念化。其实,深谙艺术的毛泽东同志在私人谈话中对于共同人性与共同美也是不回避、不否认的。他说:"各个阶级有各个阶级的美。各个阶级也有共同的美。人有同嗜矣。"[7]所谓"共同的美"和"人有同嗜",就意味着美有人类性、共同性和普遍性,这也是优秀的艺术作品能够超越历史、超越国界的根本原因。因此,基于审美心理、生理基础的审美意识,所具备的首要特征就是全人类性。

2. 民族性

由于地理环境、生活习俗、文化传统不同,每个民族都有属于自己的文化心理结构,并有由此而形成的独特的审美心理结构,因此以审美心理为基础的审美意识必然盖有鲜明的民族性的烙印。东西方民族有着不同的文化心理结构,因而审美意识也显然有别。马克思认为,古希腊民族是"正常的儿童",相对于"晚熟"的民族,中华民族属于早熟之列。它较早地进入"祖先崇拜"阶段,较少地依赖宗教崇拜来维系氏族社会的统一,而更多地依靠血缘宗法关系来协调人际关系,更多地强调人与自然,人与人之间关系的和谐。这种原始的文化心理结构,导致审美意识的特点便是更多地强调理性与感性的交融,自觉意识与非自觉意识的协调;虽有偏重却不走极端。在科学与艺术方面,注重经验直观而不注重理论思维的逻辑和体系。而以古希腊为代表的西方民族则没有形成牢固的血缘宗法关系,较早发展起来的商品关系又相当彻底地摧毁了原有的那么一点

高校美育新论

血缘宗法关系，推崇价值观念，崇拜宗教意识，因此，无论是科学还是艺术，较多地推崇"形而上"的理论思考，而较少注重形而下的经验直观；较多地追求情感欲望，而较少推崇伦理观念；较多地推崇宗教信仰，而较少注重血缘关系。所以反映在审美意识、艺术传统上，就是注重再现、注重客观，理性、理想色彩较为浓郁，小说、戏剧、叙事诗等艺术形式较为兴盛。与此相反，中华民族注重经验直观和伦理理性，所以审美意识注重写意，注重和谐，追求"中庸之美"，总是在现实中寻找审美境界，或者在幻想中寻求解决现实矛盾、寄托审美理想。反映在艺术形式方面，中国更多的是含蓄隽永的诗词曲赋、散文小品，注重抒情写意的绘画书法之类。因此，审美意识的民族性，不是人为的夸张，而是民族审美、民族艺术的自然流露。因为每个民族的审美意识总有着显明的民族烙印，所以在具体的艺术作品中，我们不难发现、体会到这种民族性的审美特点。

审美视界

各国舞蹈作品赏析

1. 中国《扇舞丹青》

《扇舞丹青》借用一把延长手臂表现力的折扇，演绎了中华民族书法艺术的神韵之美，动态地展现了"纸上的舞蹈"。作品通过表演者似飞腾狂草、像描画丹青般的一招一式的精彩表演，在整个舞台空间，塑造出一种典雅、端庄，充满中国传统舞蹈文化体态形象，将古典舞与中国书法文化、扇文化、剑文化融为一体，把舞、乐、书、画熔

扫码欣赏

《扇舞丹青》

于一炉，在情景交融、人与自然浑然一体中，达到含蓄蕴藉、言有尽而意无穷的艺术境界，营造了一个恬静、雅致、高远的意境。舞蹈《扇舞丹青》无愧为雅俗共赏、赏心悦目的"墨舞"精品。

2. 俄罗斯《天鹅湖》

1895年，列夫·伊凡诺夫与马利乌斯·皮提帕编导的《天鹅湖》是芭蕾舞的代名词，至今仍被看作是古典芭蕾不可超越的丰碑。《天鹅湖》沿用芭蕾舞剧中最钟爱的善与恶的矛盾、善终将战胜恶的主题，忠贞爱情战胜魔法，公主重新获得自由，王子齐格弗里德与公主奥杰塔共同迎来美好生活。该版本问世的百余年来，无论在审美观还是艺术性上都达到了古典芭蕾的极致，是芭蕾艺术皇冠上一颗璀璨的明珠。

《天鹅湖》

3. 巴西桑巴舞

巴西桑巴舞被称为巴西的"国舞"。在拉美这个最大的国度，桑巴舞的普及有这样的说法：人不分男女老幼，平时跳，节假日更跳；在舞台上跳，在大街上也跳；白天跳，通宵达旦地跳。桑巴舞现已被公认为巴西狂欢节的象征，是最大众化的巴西文化表达形式之一。

4. 爱尔兰踢踏舞《大河之舞》

爱尔兰踢踏舞形成于18世纪20年代,舞风自由,节奏明快。《大河之舞》场面宏大、气势恢宏,是爱尔兰踢踏舞的典型代表。作品中不仅有爱尔兰的踢踏舞,还包含了西班牙的弗拉明戈舞、俄罗斯的芭蕾舞,以及爵士风格的踢踏舞等,以百老汇音乐剧的形式呈现。

5. 埃及肚皮舞

埃及肚皮舞作为一种优美的身体艺术，主要通过骨盆、臀部、胸部和手臂的旋转以及令人眼花缭乱的胯部摇摆动作，塑造出优雅、性感、柔美的舞蹈语言，充分发挥出女性身体的阴柔之美。肚皮舞是一种有阿拉伯风情的舞蹈形式，起源于中东地区，并在中东和巴基斯坦、印度、伊朗等其他受阿拉伯文化影响的地区获得长足发展。19世纪末传入欧美地区，至今已遍布世界各地，成为一种较为知名的国际性舞蹈。

3. 时代性

审美意识不仅有人类性、民族性的特征，而且还有现实的时代特点。因为审美意识根源于审美实践，而审美实践则受制于社会实践。每个时代都有每个时代自己的特点，正是这种主要由政治、经济和文化决定的时代的现实特点，深深地制约与影响着人们的审美意识。在革命斗争的年代里，一切都服从于革命，因而"工具论"美学便因时而起、应运而兴。在革命的延安年代，人民在浴血奋战，戏剧舞台热心于上演《雷雨》《马门教授》之类，便有些不合时宜；反之，反映革命主旋律又有一定艺术性的作品，则受到普遍、热烈的欢迎。一曲《游击队员之歌》《黄河大合唱》，曾使无数人热血沸腾，勇气倍增。十月革命胜利之前，倡导"党的文学"的列宁曾对宣扬人道主义的陀思妥耶夫斯基和鼓吹"爱的宗教"的托尔斯泰都做过猛烈的抨击，因为有害于革命斗争。但在十月革命胜利之后，陀氏与托氏立即被授之以伟大作家的桂冠，列宁亲自提议作为杰出的文化人为他们塑像，予以永久纪念。因为他们的思想在无产阶级取得政权之后的和平建设年代，不仅是无害的，而且是有益的。时代不同，政治要求不同，审美意识当然也要随之而变化。至于经济状况对审美意识的制约与影响更是不言自明的。所谓"新三年，旧三年，缝缝补补又三年"，只有在物质产品严重匮乏的年代，才能作为美言、美德予以宣扬；而在物质产品颇为丰裕的年代，提倡适度的消费，不仅能满足人民群众日益增长的需要与愿望，而且也是促进生产、发展生产的不二法门。所以，审美意识能否强化，或者强化什么样的审美意识，物质生产、经济状况具有决定性的意义。

4. 发展性

审美意识是以个体的审美心理为基础的群体性审美经验的概括、总结与升华，它有相对的恒久性、稳定性，乃至形成鲜明的民族性，但又是发展变化的。其发展变化的原因不外乎两个方面：就主体而言，人是能思考、有追求的"动物"，它不满足于现状，总是力求变革出新。瑞士心理学家皮亚杰以认识发生论来解释，就是旧有的、相同的刺激，主体利用原有的心理图式就能予以接纳，这叫"同化"；而对于相异的、新鲜的刺激，主体就要改变原有的心理图式，才能予以接纳，这叫"顺应"。在认识过程中，"同化"与"顺应"是交互进行的。认识能力的提高主要取决于接受新奇、新异的刺激，通过"顺应"，使个体的心理图式不断扩大、丰富。因此，知识"忌"老化，审美"忌"老调。没有新鲜、新颖的"刺激"，主体的认识能力、审美能力就无法提高。任何人长期处在封闭的环境里，长期不接触新的"刺激"、新的"信息"，他的知识、眼界必然"老化"，必然会有局限。就客体而言，就是"刺激""信息"要丰富多彩，特别是对于异质文化的介绍与传播，往往对主体建构新的心理图式有着决定性的作用。先进文化是全人类共有的财富，理应为全人类所共享。所以我们不仅要努力创造优秀的民族文化，为丰富世界文化宝库做出贡献，而且还要努力吸取世界文化宝库中一切于我们有利、有益、有用的东西，以便充实与丰富我们自己的民族文化宝库。审美意识的丰富与发展，同样需要与世界的审美文化交流，需要汲取世界的审美文化信息，以充实、丰富、更新自身的审美意识。总之，审美意识的发展性，既是主体审美心理的要求，也是审美文化交流的必然结果。

思考与讨论：

1. 什么是美的理想？人为什么要树立美的理想？
2. 谈谈你对中国人审美意识起源的看法。
3. 尝试比较审美意识、审美观念和美学思想三个概念的异同。

阅读书目和电影推荐：

1. ［古希腊］柏拉图. 文艺对话集[M]. 朱光潜，译. 南京：译林出版社，2020.
2. ［德］本雅明. 迎向灵光消逝的年代[M]. 许绮玲，林志明，译. 桂林：广西师范大学出版社，2008．

3．［德］尼采．悲剧的诞生［M］．杨恒达，译．北京：北京十月文艺出版社，2019．

4．电影《红高粱》，中国，1987年。

5．电影《泰坦尼克号》，美国，1997年。

第三节　审美意识的形式

审美意识是理性化了的审美经验，既要以个体的审美心理为基础，又要受到审美理论的规范与影响。所以它不像审美心理那样琐细、多变，又不像审美理论那样恒定、抽象。审美意识对社会审美活动有着广泛、深刻、持久的指导、制约和影响。审美意识的基本形式，主要是指在审美感受基础上形成的审美理想、审美观念、审美趣味和审美标准等方面的内容。

一、审美理想

审美理想是人们对美好未来的期待、憧憬和追求的最高最美的境界，是审美观念的最高层次。它是一定的社会条件下，在人的生活实践、审美实践和艺术实践中产生的，所以审美理想具有社会性等特点。

由于不同历史时期，生产力发展水平的高低不同，社会活动内容的深度和广度不同，社会物质生活条件的优劣不同，人们所期待、憧憬和追求的最高最美的目标即审美理想，也受社会历史条件的制约而带有鲜明的历史烙印。例如，在远古时期刀耕火种的社会里，由于生产力低下，无法了解自然规律，对变幻莫测的自然现象无法解释、无法控制，为了表达征服自然的愿望和追求，人们就创造了许多人格化、形象化的神，以满足自己精神上的理想需求。而现今，随着互联网、人工智能等技术引发的全球新科技革命，人们已把建立大数据环境下开放的地球村作为追求的理想，并已取得了可喜的成果。

审美理想随着社会生产活动的发展而发展。按马克思主义的观念，人们的认识，不论对自然界，还是对社会，总是一步又一步地由低级向高级发展，即由浅入深，由片面向全面，永远不会停留在同一个水平上。只要社会生产活动发展了，人们的物质生活水平提高了，对精神生活和美的要求就会相应提高。

审美理想还要受到社会实践的检验。当审美理想尚未实现时，人们的期待、憧憬和追求还只是主观的设想、要求和愿望，至于它是否正确、能否实现都必须通过实践的检验。凡是经过实践检验，取得预期的结果，达到奋斗的目标，就证明审美理想是可以实现的。反之，主观的设想、要求和愿望违背事物发展的客观规律则成了空想、幻想。当然，有时理想是符合事物发展的客观规律的，只是因社会条件尚未成熟，仍需长时间继续努力，最后才能实现，这种情况也是有的。

审美理想在审美实践中产生，体现了主体内在固有尺度的要求，因而它一经产生，便对人们的审美活动产生巨大的作用。首先，审美理想作为人类衡量事物美丑的最高标准，对人类的审美实践活动具有引导和规范作用。人类有了审美理想，也就有了衡量事物美丑的最高标准。因此，审美实践活动就充分地运用这个标准自觉地感受美、认识美，进而锐利而迅捷地发现和欣赏客观事物的美。在现实生活中，人们尽管参与了共同的劳动实践，经历过同样的斗争生活，游览过同样的名胜风光，结果所得到的审美感受却并不相同。其中最主要的原因就在于是否树立了正确的审美理想。大凡有明确审美理想的人，由于他们的心目中有了具体的、明确的、对美的事物的追求和渴望，所以对客观世界中呈现出来的美特别敏感。当客观世界中符合其审美理想的事物一出现，便会感受到一种难以抑制的喜悦和全身心的陶醉。第二，审美理想是人们创造美的蓝图，构成美的心理动力。审美理想是社会理想的一种特殊形态，与其他诸如政治理想、道德理想一样，是推动人们将理想与美统一起来，投身到创造美、克服丑的活动中去，成为改造世界的强大动力。它促成人们的意志和行为，激励人们追求和创造美的热忱，吸引人们为创造更加美好的生活而献身。中国古代思想家倡导礼乐并重，就是政治理想、道德理想和审美理想相结合的思想。进入文明社会的人类，对生活意义、人生价值的认识是与对美的认识密切相关的。最理想的人生，应该是最美的人生；最理想的社会，应该是最美的社会。对美的憧憬和追求，不仅是人们建立美好社会所做出努力的一个极其重要的方面，也是审美理想的集中表现。

二、审美观念

审美观念简称审美观，是人们在审美实践中形成的对美、美感和美的创造等问题的基本观念。它直接指导着人们的审美实践活动，制约着人们对美的创造，规定着人们对美和审美的方向，因而必然成为世界观的组成部分。

审美观直接受世界观的指导和制约。世界观有正确和谬误、高尚和卑下、先进和落后的区分。面对同一事物，世界观不同的人，他们的审美观也不会相同。例如，对北宋末年宋江所领导的农民起义，广大人民群众拍手称快，起义的辉煌战果、英雄事迹被广为传颂，世代不绝。明代施耐庵从人民的观念、愿望和理想出发，根据民间流传的素材加工、整理成的章回小说《水浒传》，成了我国封建时代农民起义的伟大史诗。而站在封建统治者立场上的人则总认为这是犯上作乱，大逆不道，对起义领袖更是百般丑化，肆意诋毁。如清代俞万春在其所著的章回小说《荡寇志》中，挥笔将水浒人物一一诛杀，表现了对农民革命不共戴天的仇恨。

审美观随着世界观的变化而变化。例如，中唐诗人白居易，四十岁前积极进取，广泛接触下层人民，深入了解、反映他们的疾苦，曾多次上书，请求清除弊政，大胆指斥朝中权贵和地方官吏，为人民鸣冤叫屈，写出了大量的讽喻诗，并提出了进步的创作理论。四十岁以后，为权贵所排挤，他被贬为江州司马。政治上沉重的打击使他发生了很大的变化，从此就"独善其身"，消极避世，纵情山水，过着闲适的生活，写出不少闲适诗和感伤诗。

审美观与世界观的关系虽然密切，但也存在明显的区别。第一，审美观是与具体形象紧密结合在一起的。它通过审美对象鲜明生动的形象来表达审美主体的思想观念，所以审美观念是具体的，而不是抽象的。第二，审美观是与情感紧紧结合在一起的。它通过审美对象强烈的感情色彩来表达审美主体的思想观念，所以审美观是表情达意的，而不是论理的。第三，审美观是和个性化紧密结合在一起的。它通过审美对象突出的个性差异表达审美主体的思想观点，所以审美观又是个性的。这些区别，正是文艺作品能从情感上打动别人，取得非同一般的艺术效果的重要因素。

审美观与经济基础的关系也存在一般上层建筑与经济基础关系的共性。第一，审美观是由经济基础决定的，它为了适应经济基础的需要而产生，也随着经济基础的变化而变化。第二，审美观对经济基础有相对的独立性和能动的反作用，可积极地为经济基础服务。但是，正如恩格斯所说，有些意识形态更远离物质经济基础。审美观就属于这种类型，它同经济基础的距离较远，联系也较为间接。

但是，审美观与上层建筑的关系，却比与经济基础的关系更加复杂、更加具体，也更加直接。第一，审美观与上层建筑诸形式（包括艺术、宗教、政治、法律、思想、哲学等）不仅都属同一性质、都反映同一社会形态，还为同一社会形态服务，只不过各自反映和服务的侧面、重点和方式不同而已。第二，艺术与审美观有直接关系，其他形式的上层建筑一般通过艺术与审美观联系，它们相互补充，相互渗透，相互交叉，相互作用；在各自发展变化的历程中，又相互影响，相互制约。艺术把道德、宗教、政治、法律、哲学等作为内容，有时宗教与艺术互为形式，有时审美观与哲学相互包含。哲学的真，道德的善，艺术的美，虽然各有侧重，但都和审美的真、善、美相通。

三、审美趣味

审美趣味又称"审美情趣"，是指主体在审美实践中所形成的对于审美对象的态度、兴趣、好尚与追求，即主体对于审美对象的喜恶爱憎的情感倾向。西方有"趣味无争辩"之说，中国有"萝卜青菜各有所爱"的俗语，都表明审美趣味是最具个性色彩和主观意志的。因为审美趣味是审美主体在具体审美实践中形成与发展起来的。审美趣味所表现的不是个人的生理要求，而是社会性文化心理取向，包含着理性的情感选择和偏爱，它既有差异性，又有共同性。

第一，审美趣味的差异性。审美趣味是在对美的欣赏中表露出来的，因此和日常生活中的兴趣、爱好有着根本的区别。它作为人们审美能力发展水平的一种标志，体现了具有社会性的精神文明的要求，因而审美趣味不但有高低雅俗之分，还有健康与病态、进步与落后之别；不但总是希望得到社会的普遍赞同，还往往会成为人们热烈争论的动因。

审美趣味的差异取决于主体个性的不同特征。主体的个性由先天与后天、生理与社会等多种因素的复杂关系所造成，因而是千差万别的。人的遗传因素和天赋素质等是构成个性差异的生理基础；后天条件，如特定的社会物质生活、文化教育以及特有的社会实践活动和经历等，对于个性特征的形成同样起着重要的作用。

不同时代的人由于审美特征的不同，必然造成审美趣味的差异。例如，北魏的佛像，清秀洒脱，具有超凡脱俗的气度和充满难以言说的智慧和精神形象。到了唐代，一反魏晋时期的审美趣味，肥硕丰满的体态、慈祥和蔼的表情成为佛教造像的范式。以赵飞燕和杨玉环为代表的"燕瘦环肥"的美女标准，更成了不同时代审美标准的象征。

任何民族都有自己独特的经济生活、文化传统和世代相袭的民族心理和民族习惯，因此，审美趣味也存在着民族的差异，对中国画和西洋画的鉴赏也如此。中国画重在表现对象的精神气质，所以在构图上采用"散点透视"法，其优点是灵活性大，可以把不同空间和时间内出现的相互联系的事物完整地表现在一幅画内。傅抱石和关山月联合创作的巨幅山水画《江山如此多娇》，把春夏秋冬四季景色和南北风光、东海红日、西疆白雪等全部放在一起，给人以完整的感觉。而西洋画则采用"焦点透视"法，画面上只能有一个固定的观察点，描写视力圈以内的景物。这种画法近似摄影，立体感、真实感强。当然，中国画也讲究形似，西洋画也注重表现精神。但是，它们在构图、造型、设色、落款等方面所表现的审美趣味，都具有各自鲜明的民族特色。

第二，审美趣味的共同性。这也是审美鉴赏中常见的现象。不同的审美主体，面对同一个审美对象会产生相同或相近的审美趣味，它包括不同时代、不同民族、不同地域的共同性，以及超越时代、民族、地域之上的不同个体之间的共同性。

只要是美的东西，不同历史背景、不同时代的人都会有共同的审美趣味。例如苏东坡的《水调歌头·明月几时有》，通过月色来表达兄弟间的思念之情。特别是其中的"但愿人长久，千里共婵娟"这一千古绝唱，反映了千千万万背井离乡的人们对亲人的怀念和慰藉，为不同时代的人们所共同欣赏。

就艺术而言，越是民族的东西，越能走向世界，为全人类所共有。例如，中国园林艺术就是以汉民族特有的自然倾向，"宛自天开"的布局，清雅幽远的意境，纵横天涯的想象，以及充满幻想的魅力，受到了世界上许多国家和地区的普遍赞赏。

审美趣味的共同性还表现在不同时代、不同民族、不同地域的成员，面对同一审美对象，特别是那些艺术典型和自然景色，都能感受到美。这就是黑格尔所说的，真正不朽的艺术作品，当然是一切时代和一切民族所能共赏的。

由于产生审美趣味差异性和共同性的社会主体的生理、心理等众多的复杂性，常常使得差异性中有共同性，共同性中也伴随着差异性。例如，列宁和俾斯麦都爱听贝多芬的《热情奏鸣曲》。列宁说："我不知道还有比《热情奏鸣曲》更好的东西，我愿每天都听一听，这是绝妙的音乐。"俾斯麦说："倘若我能常常听到它，我的勇气将永远不竭。"很明显，他们都喜爱《热情奏鸣曲》，但列宁夸赞的是贝多芬在乐曲中所体现的人类创造奇迹的才能；而俾斯麦所谓的"勇气"，自然是跟他作为"铁血宰相"的政治立场和世界观相关的，其间的差异是何等之大！

审美视界

黄公望《富春山居图》

《富春山居图》是元代画家黄公望晚年的作品，也是中国古代水墨山水的杰作之一。这幅堪称山水画最高境界的长卷描绘了富春江两岸的秀丽景色，画作在"景随人迁，人随景移"的精心

高校美育新论

构思中，为我们呈现了富春江一带的秋初景色：丘陵起伏，峰回路转，云烟掩映村舍，水波出没渔舟。江水如镜，开阔辽远，使人心旷神怡。数十山峰，各具面貌，数百树木，姿态各异，布局疏密有致，变幻无穷，以清润的笔墨、简远的意境，把浩渺连绵的江南山水表现得淋漓尽致。在清初此画曾被焚烧为两段，后段称《无用师卷》，现藏台北故宫博物院，前段称《剩山图》，藏于浙江省博物馆。

> **互动话题**
> 中国画和油画在欣赏方法上有什么区别？对此你有何心得体悟？

莫奈《日出·印象》

莫奈被人称作"印象派之父"。他是自然的观察者，也是人生的观察者。在印象派出现之前，人们普遍认为只有画得工整的画才是好画。而印象派作品的出现颠覆了人们这一传统观念。作品描绘了阿弗尔港口一个多雾的早上，旭日东升，晨曦笼罩下的海水呈现出橙黄色和淡紫色，天空被各种色块晕染得微微发红，强烈的大气反光中形成了多彩的世界，给人一种瞬间迷茫的感受。

四、审美标准

在审美实践中，人们总是自觉不自觉地运用或遵循以某种相对固定的尺度为标准，去衡量和评估审美对象。这个所谓尺度和标准，就是通常所说的审美标准。它既是鉴定美丑的标准，又是观察对象审美价值高低的标准。

从历史演变的过程看，人类最早的审美活动是从实用活动中逐步发展起来的。在原始人的观念里，凡是有用的就是美的。这里的审美标准和实用功利标准是密不可分的。随着社会实践的不断发展和变化，人们美的观念在历史发展过程中是不断变化的，人们用来衡量和评估美的标准也大不相同。例如，在古希腊时期，由于实行奴隶主民主政治制度，人体艺术和裸体雕塑获得空前发展；又由于这是一个泛神论的国度，在"同形同性"思想的影响下，神和人之间没有不可逾越的鸿沟，在这样的历史条件下，人们创作了难以数计的裸体雕塑像，其中不乏诸如维纳斯这样的不朽佳作。可是欧洲进入中世纪后，基督教强制推行封建蒙昧主义，把维纳斯看作"女妖"加以毁坏。18世纪资产阶级革命兴起后，人文主义者把维纳斯当作个性解放、反对宗教统治的战斗武器请了出来，于是维纳斯成了人们心目中的"女神"。这就清楚地说明审美标准是具体的、历史的，具有相对性的特点。

审美标准包括对事物内在美、外在美及其统一关系的评估标准，它不仅是审美意识的组成部分，也是审美意识在审美判断和审美评价中的具体表现。在传统社会，统治者的思想就是统治思想，而且统治者的好恶成了全社会的审美标准，这充分说明审美标准具有主观性。另一方面，审美标准是人们在长期审美实践中，经过无数次反复才形成的，并为大家所共同遵守的审美尺度和准则，因而必然具有客观性。例如，李白、杜甫的诗，达·芬奇、拉斐尔的画，贝多芬、柴可夫斯基的音乐，巴尔扎克、曹雪芹的小说，都经历了不同的时代，跨越了不同的民族，赢得了人民普遍的喜爱，这就证明了审美标准的客观性。可见，审美标准既是主观的，又是客观的；既有相对性，也有绝对性，是辩证的统一。

根据通常对美的本质的理解和艺术创作的一般规律，审美标准的主要内容可分为真实性、功利性、内容与形式的统一。

审美标准的真实性。人们在审美欣赏中，把对象的观照是否合乎实际，是否符合客观事物内在的规律性，是审美标准中最基本的内容。审美感知和审美判断都是以对"真"的认识为前提的，真实是艺术的生命，也是美的生命。因此，美本身就蕴含着"真"，是真的生动形象的显现。就艺术而言，艺术美的第一个审美标准就应该是真实。

现实主义者主张按生活本来的面貌真实地描绘现实，其作品总是暗含着"真"；浪漫主义作品的思想感情和审美理想，都植根于现实的生活土壤之中，尽管其形式上或有失真，但实质上却是客观现实和社会本质的表现。由于现实主义作品和浪漫主义作品都以真实性为前提，所以它们才有异曲同工之妙。

第二，审美标准的功利性。美作为人的本质力量的感性显现，是否符合人类的功利目的，是否于社会和历史发展有益，即是否暗含着"善"，成为判别对象是否美的又一客观标准。从美的形态看，社会功利性是审美评价的普遍客观标准。无论是文学艺术还是各种社会现象，仍然大量存在功利性的审美要求支配和影响着整个审美感受和审美评价的情况。即使对于初看上去并无实用功利价值的自然山水之美，也离不开功利性的审美要求。首先，人与自然现象的审美关系，始终紧随着人对整个自然界的实践关系的变化而变化，其核心就是为了在对自然的利用和改造中实现自己的目的，满足自己的需要；其次，以形式美为特征的自然美给人类以心旷神怡、赏心悦目的情绪欢愉，有助于人类在紧张的生产劳动之余调节精神，消除疲劳，构成了自然美的间接性功利特点；再次，有些自然景物还常常以其"人化"了的自然属性，引起欣赏者丰富的联想和想象，并以曲折、隐晦的形式显示出特有的社会功利效果。

第三，审美标准要求艺术作品的内容和形式必须和谐统一。艺术作品的内容与形式是紧密相连、不可分割的。它们之间的关系应该是：内容是艺术作品的主导因素，能决定艺术作品的形式；形式能相对独立于内容，并反作用于内容。我们知道，客观存在的美是以感性形式来显示人的本质力量的，而人的美感是人们通过感性形式实行自我观照所获得的精神愉悦。因此，对象的内容与形式所达到的和谐统一程度，也是审美标准的重要内容。但人的本质力量对象化的产品也未必美，这里的关键在于有没有一个足以使人的本质力量释放光辉的具体的感性形式。从某种意义上说，形式还是检验人的本质力量显现程度从而呈现美的特殊标记。正是由于这一缘故，它才成了审美标准的重要组成部分。

总之，凡是在历史上真正能够获得社会普遍认同的美的事物都有这样的特点：它符合客观事物的发展规律，蕴含着"真"；它有利于丰富人们的物质生活和精神生活，具有普遍而广泛的社会功利性，暗含着"善"；它有利于人们通过感性形象直接观照到自身的本质力量，即具有鲜明独特的形式并和谐统一地体现它的内容。所有这些，都成了审美评价最基本的标准。

审美视界

西方雕塑名作赏析：米洛斯的阿芙洛狄忒

在古希腊时期，表现女性人体美的雕塑日渐增多，对爱与美之神阿芙洛狄忒（罗马神话中被称为维纳斯）的歌颂更是层出不穷，其中最为著名的就是这座《米洛斯的阿芙洛狄忒》，它已经成为赞颂女性人体美的代名词。《米洛斯的阿芙洛狄忒》雕像高约204厘米，整个造型为S形矗立于一块方形石板上，是迄今被发现的希腊女神雕像中最美的一尊。女神的身材端庄秀丽，肌肤丰腴，美丽的椭圆形面庞、希腊式挺直的鼻梁、平坦的前额、丰满的下巴和平静的面容，流露出希腊雕塑艺术鼎盛时期沿袭下来的理想化传统。作为爱与美之神，她的表情与身姿既有庄重、典雅的纪念碑性，又有一个年轻貌美女性的柔情和妩媚；神情的肃穆却被嘴角那一丝不易察觉的微笑所掩盖；整个身体结构呈现螺旋上升的态势，腰部以下充满褶皱的裙摆增加了人物雕塑下部的重力感和稳定感，而上半身则突显出一种光洁、细嫩轻盈、秀美的质感与美感。尤其令人惊奇的是她的双臂，虽然已经残断，但那雕刻得栩栩如生的身躯，仍然给人以浑然完美之感，因而获得了"断臂美神"的美誉。

思考与讨论：

1. 审美意识如何影响人们的社会审美实践活动？试举例说明。
2. 如何理解美感的功利性？试举例说明。
3. 试比较儒家和道家审美观念的异同。

美育实践：

一、审美主题

"镜中肖像"：从历代艺术大师自画像，倾听艺术家的心灵独白。

二、审美目标

1.审美感知

古今中外的许多艺术大师都曾为自己画像或造像,这些自画像或自造像蕴含着创作主体的心灵独白。在西方绘画史上,自画像于文艺复兴时代为世人瞩目,至今已有许多传世佳作流传。几个世纪以来,无数画家耕耘于这一题材,文森特·梵高、伦勃朗·马尔曼松·里因、雷诺兹、弗里达·卡罗等,尤其留下数量可观的自画像。在课堂上,在一定的审美情境中欣赏不同艺术大师的自画像,初步获得视听上的审美愉悦,同时反观内照自我。

2.审美鉴赏

在审美感知的基础上,深度鉴赏历代艺术大师的自画像,体验他们不同的"审美理想""审美观念""审美趣味""审美标准"。在欣赏伦勃朗的自画像时,我们能感受到画家似乎正在质疑自己、审视自己的自画像;在欣赏梵高的自画像时,我们能感受到那种严肃悲怆,好像有股生命之火郁结胸中,挥霍不出;在欣赏丢勒的自画像时,我们能感受到人物被赋予的高贵气质……其他如罗特列克、夏加尔、达利、弗里达等画家,有时更是跳脱出他们内在的自己,让自己的想象力驰骋,把信仰、生活、梦想、理想都写在自画像上。因此,我们在鉴赏艺术大师自画像时,似乎能够倾听到艺术家的心灵独白。每个美育实践小组,选取一幅自画像作品,分别讲述自画像的作者简介、作品名称、作品背景、艺术风格、艺术体悟等。

3.审美创造

在审美感知和审美鉴赏艺术大师自画像的基础上,更深刻地认识审美理想、审美观念、审美趣味和审美标准。每个美育实践小组成员,依据自我的审美认知和审美趣味,自主地创造个人专属的自画像,自画像要结合自身的生平经历、艺术趣味和审美标准,自由地选择绘画风格和绘画技法。最后,以小组为单位,结合现实情况,开展线上或线下自画像绘画展。

三、审美思悟

自画像是艺术家自我生命与艺术历程的记录,是艺术家自我思想意识的外化,是艺术家自我艺术观念的宣言,是艺术家自我话语的方式与途径。自文艺复兴以降,随着人文主义的复苏与倡导,主体意识逐渐从宗教权威意志中突围,主体意识的觉醒也可以从绘画领域中窥知一二,自画像便是最好的代表之一。

阅读书目和电影推荐:

1.朱良志. 大音希声——妙悟的审美考察[M]. 天津:百花洲文艺出版社,2005.
2.姜文清. 东方古典美:中日传统审美意识比较[M]. 北京:中国社会科学出版社,2002.
3.[英]贡布里希. 艺术的故事[M]. 范景中,译. 南宁:广西美术出版社,2014.

参考文献

[1] 马克思恩格斯选集（第4卷）[M]．北京：人民出版社，1995：377-378．

[2] 李泽厚．十年集（一）[M]．合肥：安徽文艺出版社，1994：505．

[3] （唐）张彦远．历代名画记[M]．俞剑华，注释．上海：上海人民美术出版社，1964：23．

[4] 朱光潜．美学文集（2）[M]．上海：上海文艺出版社，1982：16．

[5] 郭沫若．论创作[M]．上海：上海文艺出版社，1983：247．

[6] 巴人．点滴集[M]．杭州：浙江人民出版社，1982：3．

[7] 何其芳．毛泽东之歌[J]．人民文学，1977（9）．

第四章

高校公共艺术教育与美育

引子：蔡元培《以美育代宗教》

我本来很注意于美育的，北大有美学及美术史教课，除中国美术史由叶浩吾君讲授外，没有人肯讲美学。十年，我讲了十余次，因足疾进医院停止。至于美育的设备，曾设书法研究会，请沈尹默、马叔平诸君主持。设画法研究会，请贺履之、汤定之诸君教授国画；比国楷次君教授油画。设音乐研究会，请萧友梅君主持。均听学生自由选习。

子民对于宗教，既主张极端之信仰自由，故以为无传教之必要。或以为宗教之仪式及信条，可以涵养德性，子民反对之，以为此不过自欺欺人之举。若为涵养德性，则莫如提倡美育。盖人类之恶，率起于自私自利。美术有超越性，置一身之利害于度外。又有普遍性，独乐乐不如与人乐乐，与寡乐乐不如与众乐乐，是也。故提出以美育代宗教说，曾于江苏省教育会及北京神州学会演说之。

（蔡元培. 蔡元培自述[M]. 哈尔滨：北方文艺出版社，2012.）

第一节 高校公共艺术教育的美育内涵

艺术伴随人类历史洪流已经走过几千年，无论是最初由古希腊哲学家德谟克利特和亚里士多德提出的"摹仿说"，还是德国作家席勒和社会学家斯宾塞提出的"游戏说"，或是英国诗人雪莱、俄国文学家列夫·托尔斯泰所支持的"表现说"，都一再证明了艺术与人类社会发展之间的密不可分。艺术教育是一切教育的基础，具有传承民族文化、塑造公民人格、培养从事艺术文化创造的专门人才的功能[1]。爱因斯坦曾经说过，知识是有限的，但是艺术开拓人的想象力却是无限的。在大学教育场域中，公共艺术教育可以使人潜移默化地受到真、善、美的熏陶和感染，引起理想、价值观、道德、情操、人文素养等方面的深刻变化，从而为人的全面发展提供重要基础和实现路径[2]。2019年，教育部印发《关于切实加强新时代高等学校美育工作的意见》，再次明确以公共艺术教育的改革推进大学美育。

一、当代大学生艺术审美倾向分析

1. 艺术审美生活化

在人们心目中，总是将艺术独立并凌驾于现实生活之上，崇尚高于生活甚至脱离真实生活的虚幻、缥缈的艺术作品，即日常生活审美化。而如今的时代，艺术越来越走近生活并融入其中，艺术形式上的高雅与通俗不被严格地区分，"艺术更加生活化，生活也更加艺术化"。如今大学生中最流行的舞蹈莫过于街舞了，这种源于美国黑人的街头舞蹈，肢体动作自由随意，同时学习者不需要任何专业基础，相比芭蕾舞、民族舞要更加通俗易懂，实践起来也容易得多。小说及同名电视剧《奋斗》《北京爱情故事》《北京青年》等，在大学生中颇受欢迎。究其原因，在于当今高度自由的时代，大学生面对升学、择业、择偶等选择时感到迷茫、不知所措。而这些影视作品中主人公都是和他们同龄同时代的普通人，反映的都是他们这代人最迫切最真实的境遇，在一定程度上为困惑中的青年指引了一个前进方向，树立了一个理想目标。艺术的现实指导性在无形中影响了大学生们的审美价值取向。

2. 艺术审美多元化

青年大学生思想活跃、接受能力强，信息爆炸的网络时代使他们所获得的艺术审美感受、审美价值不断趋于多元化，同时"审美疲劳"的产生改变了传统审美观念，带动了审美的多元化发展趋势。中性美、神曲、草根等社会文化现象几年前还不被大多数青年人所认同，被认为是媚俗、低俗的，如今大学生们已抱着宽容、接纳的态度，审视这些表面现象下隐藏的内涵与本质。近年来，形式多样的真人秀综艺节目在大学校园颇为流行，各具风格特点的歌手、演员在大学生群体中虽然拥有各自阵营，但大学生们大多有着求同存异的成熟态度，不诋毁、不盲从，自认为可以接纳更多样的美。艺术作品的内容、形式、风格、技巧本就千姿百态，青年大学生们在这些多元化的艺术作品中探索、回味，渐渐确立了自己与众不同的审美价值观。

3. 艺术审美感官化

审美过程分为"感性直观的美"和"精神升华的美"，前者简单、直接，后者持续、久远。高尚的艺术审美趣味不应只停留于感官愉悦的层次，而应追求精神的愉悦，以艺术作品和艺术活动净化人的心灵、振奋人的精神。正如德国哲学家、古典美学的奠定者康德所说："吾人一切知识始自感官进达悟性而终于理性。"而当代大学生因为学业、人际交往、就业的压力，更倾向于选择简单快乐的文娱活动，强调直观感受。通俗性的艺术形式直观易懂，容易让人赏心悦目，使心灵很快得到放松，如听流行音乐、唱卡拉OK、看通俗小说等。如果在课余让他们再听上一场严肃的音乐会，或是欣赏一场京剧，可能无法缓解他们心理上的紧张和疲劳。对艺术审美的感官化导致了审美趣味的通俗化，使许多大学生只关注于艺术的形式，而不在乎其精神内涵和艺术灵魂。

4. 艺术审美非主流化

当代大学生艺术审美的另一大倾向是以独特为美，强调非主流化、去中心化。他们将主流等同于俗套，将非主流等同于时尚，他们求新求异，希望自己独一无二、与众不同。在服饰打扮、自我形象和文化品位的定位上，他们力求自我个性，在艺术实践与创作上，他们追求别具一格，另辟蹊径，如越来越多的原创校园歌曲、原创校园话剧等，大学生用自己的旋律和文字表现青年人的思想。但也有一些艺术作品，刻意将作品表现得扑朔迷离、似懂非懂，认为看不懂的就是高雅，比如一些所谓的先锋话剧、实验话剧等。如果一味地摒弃传统、逃离主流并不可取，但如果能将这种自我意识强烈的艺术审美观转化为在艺术实践上的创新意识，却是值得鼓励的。

二、高校公共艺术教育的审美内涵和价值取向

1. 高校公共艺术教育的审美内涵

公共艺术教育是大学实现办学功能、加强自身文化建设的重要表征。就高校的办学职能而言，它既要传播知识、培育人才，更要服务社会、引领文化，其求真、求善的价值取向离不开对"美"的探寻和承载。正所谓"以美启真、以美储善、以美化美"，公共艺术教育通过充满形式感、意象性的美育途径和方法还原"基本生活经

验",达到本质的自由直观,实现人的全面发展和"现实的审美沟通(美感共通)"。诚如叶秀山先生所言,"艺术世界帮助并迫使我们回到、守护那基本的生活的世界"[3]。作为一种基本文化形式的艺术,"不仅是精神性的,不仅是一种意识形态性的,而且也是一种实际的生活方式"[4]。"艺术是存在的形式,同时也是知识的形式"[5]。高校公共艺术教育,体现着大学文化作为实际生活方式和基本文化方式的内涵与特性,因其对象、场域、审美经验、参与方式和实践成果,无疑会成为当代社会的一种主流的"文化存在"。

公共艺术教育本质上是一种带有精神性、实践性、表征性的审美文化,是一种体现公共需求、融入公共空间、彰显公共价值的公共文化。大学的审美文化品格,是支撑大学思想启蒙、精神生产的重要资源。何谓审美文化?"审美文化是文化的一种特殊形态,主要是指当代日常生活和文化娱乐与传统审美之间相互渗透的状况,也宽泛地指历史上与审美和艺术相关联的各种符号表意行为及其成果。"[6]大学的公共艺术教育正是在艺术文化实践与师生日常化交往中多元互渗、体现特定精神象征性的文化形态。作为大众化、消费化时代的审美文化种类,大学的公共艺术教育既保留着传统的人文性、知识性特征,又深受同时代公共性的日常审美方式、现实符号表意行为的多元渗透,就更需要走出"象牙塔文化"的自适,在广阔的公共空间呈现主流审美价值表达的意愿与趣味,从而成为具有示范引领性的时代高标。

就高校自身文化形态建构而言,在当下多元文化的背景下,公共艺术教育作为美育的鲜明符号,更应发挥自己的精神生产作用,发展完美的人性。高校需要借助公共艺术教育培育、提升青年学生的文化人格,引导大家以包容、中和的心态和独立、自律的境界实现"人生的艺术化"(诗意生存和审美沟通),在"天人合一"中体味大学生活的自由乐趣。

应该看到,公共艺术教育是大学突破工具理性藩篱、呈现精神生产和文化传承的"地方化"特色的重要途径。作为一种特殊的知识生产方式,公共艺术教育要彰显高校人文教育的"共通性"(美育教化)与"地方化"(文化风格)特质,探寻自身对社会公共文化价值取向(意识形态)建构的文化表征功能。所谓"地方化",就是要借助人类学研究的视角和方法,从地方知识的内部去学习和理解不同的地域文化、个性文化背后的"活态逻辑",从而认识、阐释和建构"身临其境"的文化形态。"地方知识告诉我们:拥有美德的群体和个人,包容他者的群体和个人,是最有尊严的群体和个人"[7]。我们要结合不同地域的文化差异性需求,结合高校人文教育的特殊传统与现实语境,创造和生成具有多元性、时尚性和地域化特色的公共艺术教育模式,引导和培育大学的文化自觉和文化自信，应对大众文化、消费文化的侵袭，从而丰富和提升个体的人生，美化和建设群体的精神家园。

2. 高校公共艺术教育的价值取向

在当前大学文化的培育过程中，以公共艺术教育为主要内容的审美教育，有着特殊的功能和作用。面对当下消费文化主导的日常生活审美化的大学语境，面对功利意识和精英意识兼具、在"守望"与"突围"心态中逡巡的教师群体和更重个体经验、趣味的大学生群体，我们需要在公共艺术教育中强化"美的生活"的意象，通过特色鲜明、更加"三贴近"、更具公共意识的艺术载体和艺术话语，还原、阐释和熏染（而不仅仅是规训、主导和启蒙）青年群体的生活经验和审美趣味。要去除以往艺术教育中的"宏大叙事"，聚焦和适应"微时代"的审美效应，在"多元化、趣味化、日常化、本真化"的艺术教育理念和实践中，让更多的个体心灵能量释放、内化，进而在"形象直观——审美沟通——经验重构"的过程中实现潜移默化的人文教育。

由此，大学公共艺术教育的价值取向，主要表现在两个方面。其一是对于大学文化自身生产的公共性内涵和意义的彰显。我们需要一种"面向公共文化空间、体现公共性品格"的艺术教育形式，其最重要的目的在于"美化我们的生活，成就我们自身"，使我们从日趋消费化（景观化）、私人化（个性审美）、"断裂化"（历史意识、存在意识和道德意识虚无）的现实语境中生成审美眼光。特别要指出的是，当代大学文化和艺术教育的一个特殊使命，就是要面对日常生活，培养能够在公共领域进行"审美沟通"和"文化建构"的人（公共知识分子）。通过艺术教育和美育，让大家"有情调、有趣味、会担当、会生活"，拒绝被科技、市场和商品符号"异化"，变成"懂审美、会审美的人"。引导师生形成新的艺术观和文化价值观，学会批判性地理解和认知当代艺术与审美文化，在"语境意识"和"问题意识"中生成审美眼光，滋养"公共精神"。其二是对大学文化辐射、引领社会文化的公共精神的显现。通过着力体现艺术教育的"公共性"，整合大学艺术教育资源，与社会公共领域的文化、美育现状相互对接，在"开放办学"中"会通文化"，使得艺术教育"内化于大学文化精神重构的肌体、外化于地方公共文化建设的平台"。通过强化具有时代普适性和地方公共性的艺术美育功能，重建大学文化的审美语境，实现大学文化精神的生产与传播，让大学的精气神、"内在的魂魄"重新显示出来，在整合资源、沟通交往、跨界融汇中完成公共文化精神的建构。

三、公共艺术教育在高校美育中的中心地位

公共艺术教育在高校美育中的中心地位，首先是由艺术的审美本质所决定的。美育实际上是凭借各种审美形象的感染作用，影响人们的精神世界，提高人们的综合素质，最终塑造健全的人格，实现人们的全面发展。所有的审美对象包括自然美、社会美、科学美都是美育所凭借的媒介，都具有美育功能，但艺术美在美育中具有更大的优势。艺术美作为对现实生活进行创造性反映的产物，作为人类审美意识的物化形态，它比现实美更具有集中性和纯净性。与自然美相比，它有着深刻的思想性和丰富的情感性；与社会美、科学美相比，它有着超越功利的自由性和鲜明生动的形式感。它是内容与形式、感性与理性的完美结合，是现实美的升华和超越，充分体现了人类的审美理想，从完善性而言，它是美的最理想存在形态。艺术有突出的情感性特征，比其他审美对象更有感染力，使人们在悦耳悦目的同时，更能悦情悦志。艺术的审美本质，决定了它有着独特的美育价值和功能，而且这种价值和功能不是外加的，是其自身所固有的。因此，历来人们都把艺术作为美育的主要媒介，把艺术教育作为美育的主要途径。苏联著名美学家尤·鲍列夫指出："如果说社会意识的其他形式的教育具有局部性质的话（例如：道德形成的是道德规范，政治形成的是政治观点，哲学形成的是世界观，科学把人造就成专家），那么艺术则对智慧和心灵产生综合性的影响，艺术的影响可以触及人的精神的任何一个角落，艺术造就完整的个性。"[9]苏联著名美学家斯托洛维奇说得更为明白："人的审美教育可以通过多种途径实现，但是不能不承认，艺术是对个人目的明确地施加审美影响的基本手段，因为正是在艺术中凝聚和物化了人对世界的审美关系。因此，艺术教育——对艺术需要的教育、对艺术感知和理解的发展、艺术创造能力的形成和完善——组成整个审美教育不可分割的一部分。"[10]他们都肯定了艺术与艺术教育作为美育的主要媒介和基本手段，在美育中有着非常重要的地位和作用。

从理论上来考察，美育的目标和任务可分解为相互联系、相互渗透的两个层次：表层是提高人的审美感受能力和审美创造能力，培养与此相关的感知力、想象力、理解力等能力素质；深层是对人的精神世界的陶冶、对心理结构的重建，乃至塑造健全的人格，促进人的全面发展。美育目标任务的实现是一个由浅入深、由部分到整体的过程。与一般的艺术活动相比，艺术教育在实现美育的目标任务上功能更为强大，效果更为明显，作用更为全面。一般的艺术美育处于自发状态，人们在接受艺术的审美影响时往往呈现出随机性、偶然性，其导向调控具有多向度和无序性，所产生的审美效应是无法预期的，甚至可能是消极的。也就是说，无论是表层的还是深层的，一般的艺术活动在实

现美育的目标任务上是要打折扣的。与此不同的是，艺术教育是一种具有定向性、调控性、有序性的美育行为，也是在施教者（教师）严格的调节、控制、引导下有序开展的艺术活动。施教者一开始就十分注重艺术活动的美育功效，他要按照确定的价值观念和预期的教育目标，结合受教者的实际情况，运用适当的艺术媒介和教学方法，尽可能充分而全面地实现美育的目标任务。这里，施教者既要努力提高受教者的审美能力和智力、道德、心理甚至是生理等各种素质，又要培养受教者的健全人格，促进其得到全面发展。艺术教育对受教者审美养成的导向性、整体性和深刻性，不但比其他形态的美育大有优势，也为一般的艺术美育所不可比拟。

另一方面，高校的特殊性质、培养目标和特点，也决定了高校美育必须以艺术教育为手段。当今中国的社会文化正在经历着一场深刻的生活革命，日常生活审美化、艺术化日益成为一种现实。这种状态消解了艺术审美活动与日常生活之间的界限，艺术冲破象牙之塔降临到了普通人群之中，它不再是少数艺术家和精英阶层的专利。与社会大众相比，高校学生更加急切地需要艺术、呼唤艺术。他们都有较高的文化修养和审美品位，渴望得到优秀艺术作品的滋润，用艺术来充实、提高自己，"人生的艺术化"和"诗意的栖居"已成为他们共同的追求。那种仅以知识的多少来衡量当代大学生素质的观点正在被人们抛弃，缺乏艺术审美修养的大学生被视为"文化残废"或"艺术盲"。社会的发展对大学生的素质提出了更高更全面的要求，具备一定的艺术修养不但是提升生活质量的需要，更是将来投身事业的需要。不管他们将来从事何种职业，必然会涉及艺术，与艺术绝缘是不可能的。美国的美学家托马斯·门罗指出："艺术领域现已被理解为包括许多不同技艺或工业的某些分支，其范围相当广阔，其中有木工、城市规划、园艺、家畜饲养、化妆，等等。甚至连整容外科也包括在艺术范围之内……就连那些……烹调和香料制造术也被人们列入艺术的范围"[11]。事实上，与艺术有着密切关系的生产与生活领域，远远超出了他所罗列的这些范围。由此可见，高校学生具备一定的艺术修养是时代提出的必然要求，否则，他们就不能适应社会的需要，难以实现自己的价值。所以，高校必须高度重视公共艺术教育，通过规范的艺术教学课堂和丰富的课外艺术活动，以此来满足学生对艺术审美的需求，提高他们的审美素质和艺术修养。

目前，高校现有的条件客观上也可保证将公共艺术教育作为美育的中心环节。高校大多具有多学科性质，在专业设置、师资力量、图书资料和设施上都为开展公共艺术教育奠定了基础。如文学、建筑、园林、设计、体操等专业的学生通过课堂教学和专业训练便可接受艺术美育。多数学校设置了艺术院系，为全校性的艺术教育储备了师资，积累了经验，师生的艺术活动也对其他师生产生了一定的示范和吸引作用。高校普遍开设了面向全体学生的公共艺术教育课程，这种以美育为目的的必修课或选修课受到了学生的欢迎。在校园文化建设的大潮推动下，高校学生都成立了很多艺术社团，他们的课余艺术活动，活跃了校园艺术气氛和文化生活，成为广大学生进行艺术美育的主要方式。随着办学条件的极大改善，高校大力建设多媒体教室、体操场馆以及表演场所等，这些均从设施、场地上保证了公共艺术教育的开展。

还要指出的是，良好的校园环境十分有利于艺术教育情境的创设。它由两个方面构成：一是高校的人际环境。这主要是指师生们的活动，能够显示出他们良好的文化素质和精神风貌，显示出和谐的人与人之间的关系。二是校园的物质环境。主要是指校园内的建筑、设施和山水、花木，在协调的布局中体现出浓郁的人文气息和高度的艺术水准。由以上两方面相互交融构成的情境，是"诗意的栖居"的形象体现，能够让学生在一种有别于其他社会场所的特殊氛围中，自觉进入艺术的境地。

思考与讨论：

1. 高校公共艺术教育的特点和内涵有哪些？
2. 阐述高校美育与公共艺术教育的关系。

阅读书目和电影推荐：

1. 叶秀山．美的哲学[M]．北京：世界图书出版社，2010．
2. 熊思东，李钧，王德峰，等．通识教育与大学：中国的探索[M]．北京：科学出版社，2010．
3. 金耀基．大学之理念[M]．北京：生活·读书·新知三联书店，2020．
4. 叶朗，朱良志．中国文化读本[M]．北京：北京外语教学与研究出版社，2016．
5. 叶嘉莹．好诗共欣赏：陶渊明、杜甫、李商隐三家诗讲录[M]．北京：人民文学出版社，2020．

第二节　高校公共艺术表现形式的审美方法

艺术审美是指人们遵循一定的审美规律，对艺术美理解和把握的一种审美实践活动，体现了主客体的相互统一。在高校公共艺术的审美过程中，师生们通过对艺术作品的认识和感受，让艺术作品的审美价值体现出来，使其能够发挥一定的教化功能。通过公共艺术审美的过程，师生们能够得到艺术享受，使自己的精神得到愉悦，情感得到熏陶，同时，艺术家的艺术作品也能体现出它的教育教学价值。

一、艺术审美的特点和要求

1. 艺术审美的特点

艺术审美就是运用理性思维来认识和把握艺术作品和艺术形象的过程，是情感与理性相互统一的一种精神活动。在此过程中，具备如下几方面的特点。

第一，艺术审美以感觉与理解为起点。在艺术审美的过程中，起点往往是对艺术作品的感觉与理解。欣赏者一般会通过自己的感觉感知艺术作品的形式形态，进而把握作品蕴含的思想和情感。以此为基础，欣赏者利用自身具备的审美能力和经验，对作品的思想感情、艺术特征和审美价值进行深入的分析和挖掘，做出评价。因此，可以说艺术审美是感性和理性相互统一的过程，而这个统一通常是以感觉与理解为起点的。在此基础上，欣赏者进一步借助自己的个人生活经验和想象力，能够更好地感受到艺术作品的美。

第二，艺术审美始终与情感相伴。在艺术审美的过程中，对艺术作品塑造的形象始终是人们关注的重点，以形象感染人，同时以情感感动人，这就是优秀艺术作品的共同特征。通过对艺术形象的关注，用心去感受艺术家在作品中倾注的情感，这样才能受到艺术的熏陶，才算是达到了艺术审美的最终目的。换言之，在整个艺术审美的过程中，关注艺术形象，体验情感是紧密相连的。

第三，艺术审美是精神愉悦的过程。艺术审美有其特有的教育教化功能，往往通过作者融入作品的理性情感内容去感染、打动欣赏者。这个过程总的来说是一个精神愉悦的过程。艺术作品的这种教育教化功能，不是强制性的说教，而是借助审美实践活动，使欣赏者在审美中得到美的体验，同时能够产生情感的共鸣、心灵的交汇。在这个过程中，人们往往感觉到艺术审美是乐趣，是享受。即使人们欣赏的艺术作品如影视作品是悲剧题材的，明知看了之后会悲伤流泪，但仍然会义无反顾地去观赏。人们伤心落泪之后，感受到的仍然是情感的积极释放与升华。由此可见，在艺术审美过程中，情感愉悦的作用表现得十分明显。

审美视界

钗头凤·红酥手

[宋]陆游

红酥手,黄縢酒,满城春色宫墙柳。东风恶,欢情薄。一怀愁绪,几年离索。错、错、错!
春如旧,人空瘦,泪痕红浥鲛绡透。桃花落,闲池阁。山盟虽在,锦书难托。莫、莫、莫!

赏析要点: 这首词写出了陆游与唐琬的爱情悲剧,词的上篇通过追忆往昔美满的爱情生活,感叹被迫离异的痛苦,词的下篇由感慨往事回到现实,进一步抒写休妻、被迫离异的巨大哀痛。读到此词作时,脑海中会自然浮现出一位满面愁绪、极度苦闷的文人形象,也可以领略到词作中作者倾注的极其浓厚的情感因素。这样的艺术作品感人至深,往往能使读者的情感深入其中而不能自拔。

2. 艺术审美的要求

(1) 提升艺术审美修养。马克思说:"如果你想欣赏艺术,你必须成为一个在艺术上有修养的人。"艺术审美的一个基础条件就是要求欣赏者要有一定的审美修养,因此,审美修养的提升是艺术审美首要解决的问题。

审美修养包括的内容十分丰富,如审美经验、审美能力、生活阅历、知识储备、艺术涵养、文化素养等,审美能力是其中的核心内容。审美能力包括对美的理解力、感受力、想象力等。通过加强美学知识的学习和实践的锻炼,丰富生活阅历,增加知识储备,进而更多地接触和欣赏优秀的艺术作品,提高对审美的感受和理解能力,这些都是审美修养提高的必要途径和方法。

(2) 端正艺术审美态度。在艺术审美的过程中,要想得到更好的艺术享受,端正审美态度至关重要。在欣赏作品时,必须用积极健康的审美态度,避免以下三个方面的误区:一是认为艺术审美是单纯的消遣,不对艺术作品进行深层次的体验和分析,单纯是为了消磨打发时间;二是在艺术审美时,抱有猎奇心理,单方面追求情节的惊险离奇和感官刺激;三是欣赏态度庸俗,对于艺术作品不是去粗取精,反而追逐其中的消极部分。因此,艺术审美中正确的审美观、艺术观,端正的审美态度,十分重要。

(3) 坚持点面相结合。艺术作品源于生活又高于生活,对形形色色现实生活的反映和表达不可能做到面面俱到,往往对重点有所侧重,浓墨重彩,这是各种形式的艺术作品都具有的共同特征。例如散文中的"文眼",戏剧中人物情节的"冲突",雕塑形象中人物的眼神和表情,相声中的"包袱",小说中的情节主线等,这些都是艺术作品的"关键点",也是艺术作品蕴含的价值。在艺术审美时,这些是应该重点把握和分析的内容。

此外,一部优秀的作品往往是在重点突出的基础上把握全局,对社会生活做总体的反映。所以,艺术作品的欣赏,在把握"关键点"的前提下,还应对作品总体的风貌有所掌握。将作品还原于生活,将作品的"关键点"放到整体的社会背景中去考察。只有这样,才能真正理解艺术作品的完整性和美感。

(4)了解艺术作品产生的背景。艺术作品是对社会现实生活的反映,创作者所处的时代条件、生活阅历、思想情感都深刻影响着艺术作品的创作。因此,要更全面地把握艺术作品,就要深入了解创作者所处的时代背景。譬如,鲁迅的小说《故乡》,通过对典型人物闰土在少年时代和中年时代与小说中的"我"见面时表现出的不同行为性格的刻画,反映了近代半殖民地半封建社会之下农民受封建礼教剥削、愚弄和毒害的社会现实,控诉了封建制度的残酷性,希望唤起人们对封建制度的觉醒和反抗。

(5)掌握艺术作品比较鉴别的方法。通过对艺术作品的比较鉴别,能够更好地把握作品的主旨、风格和表达方式,真正理解作品的审美价值。例如,同是以《笑》为题,冰心和许地山的散文就既有异曲同工之妙又各有千秋。二者都将生活中的"笑"这一常见的表情与浓厚真挚的情感高度相融,描写细致感人,但各自又有鲜明的特色,冰心的散文语句通畅,词语精妙,富有诗意,许地山的散文则语词质朴,形象生动,情趣盎然。

二、高校公共艺术审美的方法

1. 音乐美的欣赏

音乐艺术之所以美,之所以扣人心弦,让人如痴如醉,是因为音乐艺术具有很强的抒情性和节奏性。抒情性是音乐的基本属性,音乐的抒情性来源于它们内在的本质属性和特殊的表现手段,可以通过力度的强弱、节奏的快慢、幅度和能量的大小等多种方式,表现人们繁复多样、深刻细腻的内心情感。正是由于音乐具有抒情的本质属性,使得它们的创作和欣赏总是离不开强烈的情感体验,这恰恰也是音乐艺术的魅力所在。正因为如此,我们可以感受到《二泉映月》的哀怨、《八面埋伏》的热烈、《平沙落雁》的静美、《汉宫秋月》的悲泣;也可以感受到莫扎特作品的轻灵细腻,贝多芬作品的激情奔放，门德尔松作品的优美典雅，德彪西作品的朦胧伤感。节奏性具体是指乐音的长短、高低、强弱等变化组合的形式，它是旋律的骨干，也是乐曲结构的基本构成因素。不同的节奏具有不同的表现作用，从而使旋律具有鲜明的个性；不同体裁的音乐，节奏也有所不同。例如，进行曲以偶数拍做周期性反复，节奏鲜明，具有代表性的作品有《土耳其进行曲》《大刀进行曲》等；圆舞曲旋律流畅、节奏明快，给人一种活泼欢快、富有朝气的感觉，具有代表性的作品有《蓝色多瑙河》《春之声》等。

音乐欣赏既是一种审美活动，也是一种认知活动。音乐欣赏可以改善人的心境、培养人的生活情趣、激发人的生活热情和振奋人的精神等。在进行音乐欣赏的过程中，要把握以下几点。

（1）聆听。音乐是听觉艺术。音乐的美首先为听觉所感知，因此，聆听不仅是感受和感知音乐的基础，而且也是音乐欣赏的主要途径。一般来讲，音乐声作用于人的听觉器官，使人产生情绪的感染，触发人的想象与联想，进而使人凭借自己的生活经验感受和理解音乐所表达的思想内容，从中受到情感的熏陶和精神的鼓舞等。

聆听主要应把握住以下几点：

一是从把握音乐的旋律进入音乐情境。旋律是塑造音乐形象、描绘音乐情境、表达音乐思想的重要手段。旋律的激越或舒缓、粗犷或细腻等，都是由表现思想感情的需要所决定的，因此，把握住了旋律，也就是把握住了音乐的感情基调。在此基础上，进入音乐情境、体验音乐情感和理解音乐思想就十分容易了。

二是从感受音乐的节奏展开审美活动。节奏是音乐表现情感和思想的重要手段，节奏的强弱、快慢等，能反映出不同的情感倾向。节奏还可以帮助人们了解音乐作品的体裁形式，比如进行曲、圆舞曲、抒情曲等。因此，对音乐节奏的把握是体验音乐情感和理解音乐思想的重要一环。

三是认真倾听、细心感受音乐的结构、曲式等。音乐作品的结构、曲式同音乐作品要反映的艺术形象和思想内容有着紧密的联系，也是表达音乐思想极为重要的手段。一部音乐作品总是会有一个或几个音乐主题，并通过对这些音乐主题的发展变化来表达音乐形象和音乐思想。

在欣赏音乐作品时，我们应当细心倾听作品的每一部分，细心感受每一部分的细微变化及其演进过程，借以把握音乐形象，进入音乐意境。与此同时，我们还应感受整部作品的音乐效果，包括音响强弱、节奏张弛、和声的运用、配器的处理以及运用各种乐器的不同音色表现不同的情绪等，全面感受音乐作品所要表达的思想和情感。

审美视界

《嘎达梅林》开头是一段略显宁静的引子，接着由双簧管吹出了悠扬优美的主部主题旋律，描绘了辽阔壮美的草原风景。紧接着，由长号和大号奏出了一段凄婉的副部主题音乐，和主部主题音乐形成强烈的对比。几个主题交织在一起，表达出丰富的情感内涵。

扫码欣赏

内蒙古音乐《嘎达梅林》

（2）想象与联想。音乐所塑造的形象和描绘的意境是比较抽象的，不是听众能从音响中直接感知到的，它必须通过想象和联想才能予以把握。这就是说，想象和联想是音乐欣赏十分重要的一个环节。音乐欣赏过程中的想象和联想活动几乎是在对音乐进行聆听的基础上自然而然地发生的，只需欣赏者将其引向深入即可实现对音乐作品情感的深刻体验和思想的深透理解。从另一个角度讲，音乐最能给人以想象、联想的广阔空间。音乐的这一审美特点对于培养创造性思维大有帮助，随着音乐的流动，人的形象思维会更加积极活跃，更加开阔自由。一个音乐作品的好坏，不仅在于它是否好听，而且还在于它是否塑造了鲜明的音乐形象，或是否描绘了美妙的音乐情境，这些是音乐能够把人的想象引向无穷空间的重要基础。

审美视界

《二泉映月》，不仅以优美的旋律打动人心，而且其深邃的意境能够很自然地将人带入一种境界，使人放飞思想，心灵徜徉。尤其是它那时而舒缓有致、时而激越昂扬的曲调，使人不由自主地随着音乐进入一种月色凄清、水光潋滟的情境之中，灵魂被一缕淡淡的忧伤抚慰着，情感和思想得到升华。

扫码欣赏

二胡曲《二泉映月》

（3）情感体验。音乐是情感与情绪的艺术。音乐对人的作用首先体现为情绪的感染和情感的触发。欣赏者对于音乐作品的认知，首先是在情绪上受到感染，继而才能达到对音乐所表现的情感和思想的理解。饱含着感情的音乐作品，给人的感受是直接的、情感影响是强烈的。因此，情感体验是音乐欣赏十分重要的一个环节。音乐欣赏中的情感体验可以通过三种途径来实现：一是通过认真地聆听实现。通过聆听，对音乐的节奏、力度、音色、和声、器乐和声乐等进行全面感知，仔细地感受声音的变化，由声音的变化感悟情感的变化，获得情感上的体验，把握音乐作品的内涵。二是通过想象和联想来实现。人们对音乐的审美认识和情感体验是以想象和联想为基础的，想象和联想越活跃，情感体验就越强烈，对音乐的认识和理解也就越深刻。三是借助音乐标题和文字提示，结合欣赏者自身的生活经验进行体悟。

（4）形象与意境的再创造。由于音乐的内容不像绘画和雕塑那样具有直观性和具体性，也不像文学作品那样具有明确的语言内涵，音乐所表现的思想或心理视像常常是不确定的。特别是一些无标题的器乐作品，不同职业、不同性格和不同欣赏水平的人，从中获得的情感体验或对其思想的理解都会存在一定的差异。音乐情感和思想的不确定性，虽然让人们很难用语言精准地表达从中获得的感受，但恰恰也为人们提供了自由想象的再造空间，使人们能够结合自己的生活经验，充分发挥想象与联想能力，对音乐形象或意境进行补充、完善和再创造，继而从中获得更加真切而强烈的情感体悟。

音乐欣赏过程中的形象与意境再造，是以音乐作品本身所表现的情感为基础的，尽管其情感可能不具有十分的确定性，但它施加给人们的情绪感染作用是大体一致的。况且，任何一件音乐作品一般都有其特定的感情内涵或表达着特定的感情倾向，这为人们的欣赏再造确定了基准。因此，即使不同的欣赏者欣赏同一部音乐作品，根据自己的生活经验和思想基础对作品进行了不同的再创造，对作品的意义或内容有着不同的理解，产生了不同的审美体验，但从中获得的收益的性质大致是相同的。比如，欣赏刘和刚演唱的《父亲》这首歌曲，不同的欣赏者脑海中浮现出的生活情景是各不相同的，但从歌曲中获得的情感体验和受到的灵魂洗礼是大体一致的。

扫码欣赏

民歌《父亲》
（演唱：刘和刚）

（5）主题分析。虽然音乐以感性认知为主，理性认知为辅，人们欣赏音乐的首要目的也是从中获得审美愉悦与情感体验，而不是期盼从中得到某种知识或思想，但还是要承认，大多优秀的音乐作品都蕴含一定的思想，没有思想内涵的音乐作品苍白无力，仅仅从音乐作品中求得审美愉悦的欣赏活动也是浅层次的。因此，音乐欣赏也需要上升到理性的高度。

对音乐作品的理性欣赏是在感性认知的基础上，对作品的旋律、节奏、曲式结构、作者的创作意图和赋予作品的思想内容等进行分析，继而把握作品的主题思想、表现形式、风格、表现手法等，以求强化审美主体的心理体验，深入理解、领会音乐作品的思想内涵。至此，音乐欣赏才算进入了一种境界。

在对音乐作品进行理性欣赏时，首先要在聆听的基础上对音乐的旋律、节奏、和声处理、配器手法等进行全面认知，其次是对音乐作品产生的时代及历史背景、作者的生活经历和创作意图等进行了解，这样把握作品的感情倾向和思想内涵就比较容易了。

审美视界

中国民歌《茉莉花》

《茉莉花》这首中国民歌起源于南京六合民间传唱百年的《鲜花调》，由军旅作曲家何仿采自六合的民歌汇编整理而成，这首歌采用五声调式（由五个音构成的调式）。旋律委婉、流畅，感情细腻，结构均衡，属于单乐段分节歌，第一、二乐句对称工整，第三、四乐句结构压缩、连接紧密。句尾切分节奏的运用，使旋律更为轻盈活泼。

扫码欣赏

民歌《茉莉花》

歌中书写了自然界的景物，表现出一种淳朴优美的感情，将茉莉花开时节，满园飘香，美丽的少女们爱花、惜花、怜花，欲采又舍不得采的复杂感情，表达得淋漓尽致。这首民歌旋律优美平和，符合中国人"以柔克刚"的个性。

这首歌先后在香港回归祖国政权交接仪式、雅典奥运会闭幕式、北京奥运会开幕式、南京青奥会开幕式等重大场合演出，在国际上具有极高的知名度，是中国文化的代表元素之一。

2. 绘画美的欣赏

绘画是美术中最主要的艺术形式之一。它是一门运用线条、色彩和形体等艺术语言，通过构图、造型和设色等艺术手段，在二度空间（即平面）里塑造出静态视觉形象的艺术。

绘画之所以能引人驻足、引人思考，是因为它包含了艺术家们对艺术的理解与表达。绘画艺术的美是多方面的，主要表现在造型性、视觉性、瞬间性和表现性上。造型性是指绘画作品重视描绘对象的外形，力求准确塑造客观物象的形象，好的画作能通过事物的典型性特征表现其真实性。视觉性是指绘画作品需要欣赏者用眼睛去看，才能从直观的视觉形象中获得丰富的审美享受。瞬间性是指绘画作品是在动和静的交叉点上抓住客观事物发展变化的某一瞬间的形象，将它用物质材料和艺术语言固定下来，绘画作品之所以美，是因为它反映了事物运动变化过程中最精彩的瞬间。表现性是指绘画作品能表现出作品内在的精神气质，传达出艺术家的思想情感和审美理想。换句话说，欣赏绘画作品，其实也是欣赏画家丰富的内心世界。

不论是对自然或生活中的美好景象进行再现，还是对事物形象所蕴含的思想、道德和精神进行表现，绘画作品在创作的过程中都会对描绘对象进行典型化的处理。经过典型化的处理后，绘画中的景象倾注了作者的感情，被赋予了一定的思想、道德或精神。因此，欣赏绘画作品不能像欣赏风景那样单纯地进行审美观照。

（1）审美观赏。作为一种视觉艺术，绘画作品的欣赏首先必须从观赏入手。一是弄清楚所画内容，即看清楚画上都画了些什么，以及所画物象的主从关系等；二是整体观赏，获得视觉印象。由于题材、画种不同，绘画给人的视觉印象是互有差异的，有的让人觉得美，有的使人感到有趣，有的使人看到一种精神；三是用心感悟，获得审美体验、道德启示等。绘画的题材丰富，意思表达各不相同，要真正把一幅画看透，用心感悟，这样才能获得充分的审美体验、明确的道德启示或强烈的精神激励等。

苏轼的《墨竹图》　　齐白石《他日相呼》

高校美育新论

互动话题

尝试欣赏齐白石的《他日相呼》和苏轼的《墨竹图》，谈谈两幅作品给你的不同观感。

（2）思想分析。不论是西洋画还是中国画，都十分重视思想感情的表达。特别是中国画的花鸟画，其思想性比审美性更加突出。因此，绘画欣赏要特别重视画作的思想分析。一是从所画物象的寓意或象征意义入手进行分析，很多现实存在的景象被人们赋予了文化意义，这些景象入画后都有明确的思想含义。例如，日出象征希望，风帆寓意远行，竹子象征平安，牡丹象征富贵等。二是从物象的组合关系着眼进行分析，具有明确寓意或象征意义的物象相互组合，意思表达更加丰富和多样。例如，竹子和牡丹组合成画，寓意平安富贵；竹子和石头组合成画，寓意平安稳定。三是从画题入手进行分析，现实存在的很多景象具有丰富的文化内涵，其寓意和象征意义很多。例如，自古以来，人们从竹这一物象上发现了很多道德和精神特征，赋予了它丰富的思想内涵。四是从物象的特征和比例关系等着眼进行分析。例如，苏东坡所画竹子显得傲骨铮铮，表现的是刚健精神；郑板桥所画竹子显得清瘦高雅，表现的是贫不失节的美德。

审美视界

两幅作品都以竹喻人，构图也相似，但由于画题不同，画作的思想意义就不同。前一幅画题是"高节虚怀真君子"，表现的是竹有傲骨但无傲气的美德；后一幅的画题是"不惧风摧雪压重，铁肩能担五岳轻"，表现的是竹的担当精神。

黄高才　　　　黄高才
《高节虚怀真君子》　《铁肩能担五岳轻》

（3）艺术分析。绘画创作的选材、构思、主题表现等与文章写作极其相似，因此，对画作进行艺术分析不仅可以使欣赏活动上升到理性的高度，而且可以从中受到一些方法的启示。一般来讲，对画作进行艺术分析主要从三个方面入手：一是看素材的处理。表现性的绘画作品一般都要对描绘对象进行取舍和剪裁，若处理得当，不仅使绘画的可观赏性增强，而且思想表现更加突出。二是看整幅作品的构图。绘画作品的构图不仅决定其视觉效果，而且决定其思想表现。看绘画作品的构图，主要看其构图是否和谐、物象关系是否清楚、虚实处理是否恰当等。三是看技法的运用。技法运用得当，画作就能获得好的表现效果，但使用不当就会弄巧成拙。

知识拓展

国画六法

由南北朝时期画家谢赫提出。他的著作《古画品录》初步奠定了中国画理论的体系，提出了品画的艺术标准"六法论"。六法包括：气韵生动、骨法用笔、应物象形、随类赋彩、经营位置、传移模写。

印象主义

以莫奈、毕沙罗、西斯莱三人为代表，主张用色彩来表现大自然的光色变化，反对墨守成规的学院派古典主义绘画，主张走出画室到野外写生，因此他们的作品色彩浓郁、鲜明、明朗，善于把握瞬间的光色变化，把自然风景的空气感，不同时间的色彩表现得淋漓尽致。

1874年，"印象主义"画派的第一届画展开幕，莫奈展出了他的著名作品《日出·印象》。在这幅画中，已没有传统绘画的任何影子，它以全新的绘画面目使观众目瞪口呆，把人们的传统欣赏趣味，引向灿烂的光色世界。

（4）价值判断。绘画欣赏的意义不仅仅是从中获得审美享受、思想启示、道德感召和精神激励，而且要对其优劣进行判定，为作品收藏提供参考。就画作本身而言，应把握住三点：一是看画作的整体质量。一幅画的收藏价值首先是由它的质量决定的，包括内容质量和艺术水准两个方面。就内容来看，画作能够对人产生的积极文化影响越大，质量就越高；就艺术水准来看，画作的可观赏性越强，质量就越高。二是看画作的独创性和独特性。一幅画作的独创性越强，特点越突出，其收藏价值越大。三是看画工。一般来讲，作品的画工越好，收藏价值越大。何谓画工好？用笔自然，用色恰当，没有败笔，画面干净等，都是画工好的表现。

高校美育新论

审美视界

缤纷炫目的油画世界

油画凭借颜料的遮盖力和透明性来充分表现描绘对象，多种颜色调和，可以画出丰富、逼真的色彩，像色彩缤纷的梦。色调是油画的精髓，是统领，是指挥，是对审美对象全部色彩的总体感觉。更明确地讲，色调就是对象在共同光源和环境条件下，色彩间相互对比、相互影响而形成的物象色彩的有机整体。

李奥尼德·阿夫列莫夫是调色的高手，他主要用调色刀与天然油料的搭配在画布上作画。其绘画技巧、色彩上的层次运用纯熟浑厚，令人惊叹，看起来就像是色彩在画布上飘散开来一样。相对于梵高流畅、衔接的色彩来说，他的色彩让人觉得有些梦幻。

阿夫列莫夫自述："我喜欢通过画来表现美好的世界，以及与世界融合的感觉。我的作品是我灵魂的声音，它们携带了我对世界的认知、内心的情感和生活的激情。我坚信，真正的艺术能够启迪和哺育人类，让人类在黑暗中寻找到内心的自由。"其作品被视为具有心理治疗效用的艺术。

李奥尼德·阿夫列莫夫作品欣赏

3. 舞蹈美的欣赏

舞蹈是展示生命活力、展现人体魅力和表现生活激情的造型艺术，舞蹈之美首先表现为生命之美、运动之美、健康之美，其次表现为造型美和动作美，再次表现为技艺美。因此，舞蹈欣赏首先是感受生命活力、体验生活热情，然后是欣赏舞蹈技艺，把握舞蹈主题。

（1）感受生命活力。世界上宝贵的东西很多，生命为最，生命之美又以健康为最。人健康的标志，一是富有活力，二是快乐，三是热爱生活。舞蹈艺术通过对生命活力的展示，使人们感受到生命的美好和人生的快乐，借以激发人们的生活热情。因此，欣赏舞蹈艺术，首先是感受生命活力。怎样感受呢？主要通过舞蹈动作来感受。在各种舞蹈中，演员的跳跃、旋转和屈伸等动作都能够显示出活力。与此同时，各种动作的轻盈、欢快、有力等都能使人感受到健康与活力。

审美视界

皮娜·鲍什的舞蹈作品《春之祭》

现代舞蹈艺术家皮娜·鲍什的作品《春之祭》，意在表达在万物复苏的春天，对远古竞技场中少女的祭奠。舞者身上沾着泥土、混着泪水，不停地逃离、摔打、挣扎，却仍然在生与死的生命线上摇摇欲坠。以身体的质感与内心的情愫相互交织、重叠，是对残忍、暴虐、无人性的行径发出的绝望而有力的呼喊。舞蹈描述了生命的渺小与时代的无奈，真实而有力量，观众在观赏完作品后时常饱含泪水，甚至号啕大哭。

扫码欣赏
《春之祭》（片段）

（2）欣赏舞蹈造型。形体美是人体语言最本真的一面，也是舞蹈艺术最能打动人心的地方之一。面对身材匀称、曲线优美或肌肉强健的演员，谁能不喜欢呢？这是一种自然本能。舞蹈创作者正是利用了人们这一自然的审美心态，精心地设计出各种优美的人体造型，把人体的自然美充分地展示给观众，诱发其喜爱之情，振奋其精神。因此，欣赏舞蹈很重要的一个着眼点就是舞蹈造型。对舞蹈造型的欣赏，实际上是对人体美的欣赏。它可以使人真切地感受到生命之美、青春之美等，激发人的生活热情，振奋人的精神，唤起人对美好生活的向往和追求。

扫码欣赏
舞蹈《茉莉花》

（3）鉴赏动作技巧。舞蹈技艺的欣赏主要是舞蹈动作的欣赏。舞蹈是一门艺术，它

高校美育新论

主要通过对生活、动作的典型化来反映生活,表达一定的主题思想。典型化的一个重要方法是各种技巧的运用。在舞蹈表演中,演员时不时地做出诸如跳、翻、转等技术性很强的高难度动作,以更好地表现生命的活力与激情,增加新奇性和观赏性。有了这些高难度动作在其中烘托气氛、渲染情绪和画龙点睛,观众的情绪很容易被感染,想象力很快被激活,继而获得强烈的体验。因此,对舞蹈动作技巧进行鉴赏是舞蹈欣赏的一个重要切入点。

(4)把握舞蹈主题。舞蹈借助于人体造型诱发人的想象和联想,使观众通过想象与联想将舞蹈艺术造型与现实生活联系起来,从而把握舞蹈所抒发的感情和表达的思想。这其中,最关键的一点是理解和把握舞蹈造型的象征与暗示意义。那么,怎样才能正确理解和把握舞蹈造型的象征与暗示意义呢?首先要从系列连贯的舞蹈动作中捕捉到那些表现舞蹈主题的造型。舞蹈造型常常表现为系列连贯动作中相对静止的瞬间停顿,或者说短暂的"亮相"。因此,舞蹈欣赏要善于从一系列连贯的动作中捕捉到那些用来表现舞蹈主题的相对静止的瞬间即舞蹈造型。其次要联系生活,弄清楚舞蹈造型的基本构成。因为舞蹈造型有时是人们生活姿态的典型化,有的是事物美好形态的模仿,两者的表意方式互有差异,所以,只有弄清了舞蹈造型的基本构成,才能透彻理解其表达的意思。再次要根据舞蹈造型的基本构成分析其象征与暗示意义。

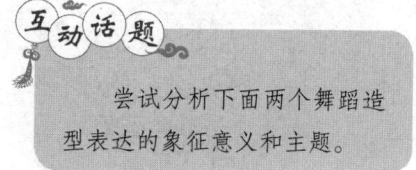

互动话题

尝试分析下面两个舞蹈造型表达的象征意义和主题。

比翼齐飞 　　　　　孔雀舞

审美视界

扫码欣赏　《舞赋》(节选)(汉 傅毅)

扫码欣赏　舞蹈 盘鼓舞《相和歌》

4.影视美的欣赏

影视艺术，简单地说，就是电影艺术和电视艺术的合称。它们都以画面和声音作为艺术表达的方式。影视艺术的美首先表现在它的综合性上，影视艺术是一种创造性的艺术活动，它将众多艺术元素进行融合，然后形成影视自身新的特征。具体来说，影视艺术向音乐艺术借鉴了由不同音响素材完成的节奏感和和谐感；从建筑、绘画、雕塑等艺术中学会了造型结构和技巧，以及光线、色彩、构图的基本原则和技法；从文学中吸收了塑造人物、组织情节、叙述事件、抒发感情的手段；从戏剧中学习了调动系列手段来展现矛盾冲突，同时还吸收了戏剧演员的表演艺术特长。

影视艺术的美还表现在它的视觉造型性上，电影和电视都以画面为视觉造型的核心因素。影视画面是由人、影、物、声、光、色等各种元素组合起来的综合造型形象。在电影默片时代，电影完全是靠视觉造型形象的独特魅力征服观众的。有声电影发明后，尽管声音发挥了很重要的作用，但是优秀的影视创作者总在画面的构图、色彩、光线等方面进行精心的设计和创造，千方百计地突出画面造型，加强视觉效果。视觉造型性是影视艺术创作最基本、最主要的表现手段，也是影视艺术最本质的审美特征之一。

影视艺术欣赏，不仅能够使人获得充分的审美享受，而且可以使人受到道德教育、精神鼓舞和思想启迪等。与此同时，影视欣赏还可以打开人的视野、发展人的想象力、丰富人的情感、提高人的审美能力和思想分析能力。一般来讲，主要从欣赏影视故事、分析人物形象、把握思想内容和鉴赏表现手法四个方面入手欣赏影视美。

(1)欣赏影视故事。影视是用镜头讲故事的艺术。一部影视剧只有把故事讲得条理清楚、生动感人、扣人心弦，使观众喜欢看，才可能对观众产生良好的思想教育效果和积极的审美影响。因此，欣赏故事是观看影视剧最基本的一个着眼点。怎样欣赏故事呢？首先，弄清楚故事发生的背景、发展过程、高潮与矛盾、结局等；其次，弄清楚故事所反映的社会问题或提出的人生问题，并考量其普遍性和典型性；再次，考量故事在丰富人的思想、完善人的道德、激励人的精神和美化人的情感等方面能够发挥的积极作用；最后，看故事是否感动人、激励人、鼓舞人以及是否教育人等。把握住了这几个要点，不仅能够把故事看得清楚明白，而且能够从中获得各方面的收益。

（2）分析人物形象。从大的层面看，人是社会生活的主宰；从小的方面看，人是构成故事的第一元素。影视剧不论是反映社会生活的，还是探讨人生的，都必须通过塑造人物形象来完成。换句话说，塑造人物形象是否成功，既直接决定着影视剧思想表现的成败，也决定着影视剧艺术性的强弱。因此，分析人物形象也是欣赏影视剧的一个基本着眼点。在影视欣赏活动中，怎样正确分析人物形象呢？一是弄清楚剧中主要人物的身份、兴趣和志向等；二是梳理剧中的人物关系，弄清楚每个人物的角色类型；三是通过人物的语言、行动和表情等，把握主要人物的性格特点；四是看清楚主要人物身上所表现出来的道德精神；五是分析影视剧在塑造人物形象方面的成功之处。

（3）把握思想内容。真正好的艺术作品，不仅使观众看了轻松愉快，而且要能够使观众在思想上有触动、在道德上有滋养、在精神上有鼓舞等。对于一部影视剧而言，不仅要有引人入胜的故事、血肉丰满的人物形象，而且必须有能够使观众深受教益的思想内容，或者使人的思想受到启发，或者使人的道德得到善化，或者使人的精神得到激励，或者使人的情趣得到陶冶等。在欣赏影视剧时，要善于通过故事和人物形象准确地把握影视剧的思想内容，这样才能更好地从中获得教益。怎样准确把握影视剧的思想内容呢？一是看影视剧的故事主干反映的社会问题或探讨的人生话题；二是看剧中主要人物身上所表现出来的道德和精神亮点，以及人生智慧等；三是通过故事发生背景和人物活动环境的分析，理解剧作所表现的思想内容；四是通过陪衬角色和细节镜头等，对剧作的思想内容进行全面的理解。

审美视界

电影《天堂电影院》

《天堂电影院》由意大利导演朱塞佩·托纳多雷执导，该片荣获1990年第62届奥斯卡奖最佳外语片，1989年第42届戛纳电影节评审团大奖。

《天堂电影院》讲述的是一个成长在意大利西西里岛詹卡多村庄中小孩子的故事。主人翁托托是个古灵精怪的小孩子，而阿尔夫莱多是"天堂乐园戏院"的放映师，因为电影的穿针引线，使得他们建立起亦师亦友的感情。放映师所扮演的是引领者的角色，在托托的童年、青少年、成年，甚至是老年，一直带领着托托成长。

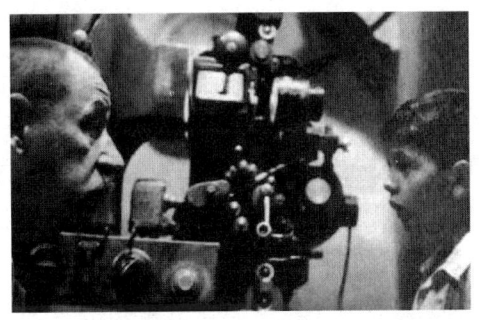

《天堂电影院》影片剧照

这是一部缅怀电影历史及个人情感历程的怀旧之作，影片对时间、空间的描述非常精妙，也有很多巧妙的转场，例如以声音为过渡的巧妙转场、从幼年托托到青年托托的巧妙转场等。欣赏这部影片，能感受其中绵长、悠远的怀旧气息。

《天堂电影院》以声音为过渡的巧妙转场

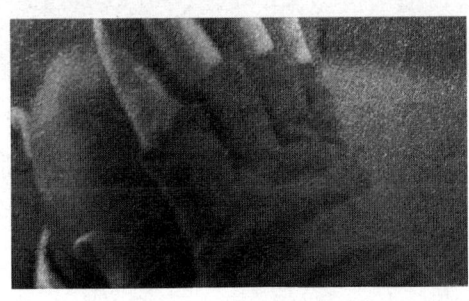

《天堂电影院》从幼年托托到青年托托的巧妙转场

高校美育新论

（4）鉴赏表现手法。由于影视艺术的构成元素较多，每一种元素的表现方法各不相同，因此，影视艺术的表现手法是极其丰富的。世间事物一脉相承，各种方法触类旁通，对影视剧中各种表现手法的鉴赏，不仅可以逐渐增强影视欣赏的能力，而且可以提高基本的写作能力和文学创作能力，与此同时，还可以活跃思维、开阔视野、增强做事能力等。由于影视艺术是综合艺术，其表现手法鉴赏的最佳方法是分元素来看，这样不仅易于把握，而且容易看得清楚，具体包括六个方面的内容：一是看故事的编排是否合理、曲折和生动，矛盾冲突的设置是否集中和激烈，故事的发展是否引人入胜，故事的结局是否给人留下思考或是令人振奋等；二是看人物形象是否丰满，性格刻画是否清晰，个性是否突出，人物关系是否清楚，人物身上所表现的道德和精神是否明确和丰富等；三是看镜头是否具有表现力，场景的选择是否恰当，画面是否主题突出和具有视觉美感，镜头的组接是否完美等；四是看人物台词是否合乎人物身份，是否能够有效地表现人物性格，是否生动、风趣、优美和富于哲理性等；五是看音乐的配置是否凸显了主题和有效地烘托了气氛等；六是看服装、光效、烟火等元素的使用是否达到了良好的表现效果。

互动话题

《权力的游戏》是美国HBO电视网制作推出的一部中世纪史诗奇幻题材的电视剧。该剧改编自美国作家乔治·R.R.马丁的奇幻小说《冰与火之歌》系列，自开播以来，共获金球奖等重要奖项几十次，可谓成绩卓著。观看电视剧《权力的游戏》，从艺术欣赏的角度，尝试分析该剧能取得巨大成功的原因，说一说剧中令你印象深刻的片段。

思考与讨论：

1. 举例阐述镜头审美意象、艺术意象和人生意象的关系。
2. 选取一件音乐、绘画、舞蹈或影视作品，谈谈审美心得。

美育实践：

一、审美主题
胶片上的时光：从姜文《阳光灿烂的日子》感受光影之美。

二、审美目标

1.审美感知

沉浸式观摩姜文导演的《阳光灿烂的日子》，初步获得视听上的审美愉悦，感受电影的光影之美。一部优秀的影视作品，不仅要有引人入胜的情节内容、刻骨铭心的人物形象、完美如画的场地景色，而且要能够引发观众思想上的触动、道德上的涵养、精神上的洗礼。每个美育实践小组依据电影的情节、人物、场景等，选择最感兴趣的电影片段，以备下一环节赏析与交流。

2.审美鉴赏

在审美感知的基础上，深度赏析《阳光灿烂的日子》的电影语言、叙事方式、情节结构、剪辑手法（蒙太奇）等。在审美鉴赏前，需要认识和掌握电影语言，了解电影的摄像构图、景别景深、机位角度、镜头运动、色彩光线、背景音乐、剪辑技法等，因为电影是以电影技术为手段，以画面和音响为媒介，在银幕上运动的时间和空间里创造形象，再现和反映生活的一门艺术。《阳光灿烂的日子》作为一部艺术片，鉴赏它不能像看商业片那样，我们需要通过对电影的情节内容及影片整体视听形象的理解，深化对自我、社会、人类的认识、态度、情感和审美观念，甚至上升到对人生、历史、生命的感悟与思考。此外，艺术片在视听元素的运用、叙述方式、情节结构方式等方面往往也会有鲜明的风格特色和积极的艺术探索。姜文在《阳光灿烂的日子》中，通过一群少年在特定年代的阵痛与迷茫来颠覆、质疑、缅怀那个"火红的年代"，传达出了理想与现实巨大反差中的痛苦无望，是"宏大叙事"落幕后个体的失重，是对不同时代中国人个体心灵史和精神状态的细腻描摹。每个美育实践小组针对所选取的电影片段，结合电影故事背景和情节梗概，深入剖析姜文导演所传达出的青春成长的阵痛与迷茫，以及对宏大叙事的颠覆与解构。

3.审美创造

在审美感知和审美鉴赏电影《阳光灿烂的日子》的基础上，运用摄像构图、景别景深、机位角度、镜头运动、色彩光线、背景音乐、剪辑技法（蒙太奇）等电影语言与技法，尝试拍摄一部微电影作品。每个美育实践小组通过头脑风暴确定电影选题，再分好导演、编剧、演员、场记、后期剪辑、制片人等工作，拍摄一部关于"我的青春故事"主题微电影，要求立意深刻，阳光向上，主题明确。最后，以小组为单位，结合现实情况，开展线上或线下微电影展览。

三、审美思悟

学术问题最忌划一，艺术鉴赏更应见仁见智，各抒己见。在电影评价和赏析方面，只有观测视点和理解程度的不同，不存在鉴赏的优劣之别。接受主体在整体理解与把握影片的主题内容之外，又能沉浸式走进影片的光影世界，了解电影的主题立意、人物塑造、情节建构等，进而使接受主体与电影跨时空对话。在长期的电影艺术鉴赏中，接受主体不仅学会分析电影，撰写影评，更学会如何从一个宏观的视野来观照电影导演、电影类型和电影现象。当然，这只是一种审美的理想境界，需要长期的艺术鉴赏与审美体悟。

阅读书目和电影推荐：

1. ［美］艾伦·科普兰. 如何听懂音乐[M]. 长沙：百花文艺出版社，2017.
2. 蒋勋. 写给大家的西方美术史：蒋勋荣获金鼎奖经典之作[M]. 长沙：湖南美术出版社，2015.
3. 茅慧. 舞蹈鉴赏[M]. 北京：高等教育出版社，2018.
4. 电影《摔跤吧！爸爸》。

第三节　高校公共艺术教育的实践路径

一、高校公共艺术教育的回归

艺术教育作为大学人文教育的重要形式，对于个体发展、大学发展、社会发展都有着重要的支撑作用。因此，国家也越来越重视公共艺术教育在新时代人才培养过程中的重要作用，越来越强调公共艺术教育在我国国家发展战略中的积极意义。这就要求高校公共艺术教育重新审视发展方向，回归教书育人、以文化人的本质，在服务立德树人、提升大学品质、实现文化强国等方面发挥更加积极的作用。

1. 回归常识：提升教育品质

作为公共文化服务中不可或缺的部分，公共艺术教育能够通过审美渗透，优化知识结构，提高大众审美能力和艺术欣赏水平，发挥提升全民族文化素养的重要作用。[12]可见，公共艺术教育是素质教育的重要组成部分，具有一定的通识性价值。因此，高校的公共艺术教育要清除功利化的、狭隘的专业教育模式积弊，不能仅仅把公共艺术教育作为技能教育，而要在充分把握公共艺术教育文化内涵的基础上，真正将公共艺术教育拓展为艺术教育、人文教育、通识教育，既突出专业性，更注重通识性，切实把握好知识传授、视野拓宽、价值塑造、素养提升的有机融合，让学生真正在渗透经史中贯通古今，在品鉴经典中融通中西，引导学生追寻人生价值、升华精神境界、提高审美格调，使得学生成为全面均衡发展的复合型人才。

2. 回归初心：面向全体学生

人的发展是教育的逻辑起点和价值追求，人的需求多样性及其发展的多元性决定了教育供给资源的多样性。高校公共艺术教育要改变以往艺术教育活动更多面向艺术特长学生的局面，面向全体学生，给更多学生提供艺术竞技与表演的舞台。要根据学生个体的差异、教育的差异、学科背景的差异，提供不同层级的公共艺术教育课程，满足不同层次学生的需要。艺术分为九大门类，细分则有更多分支，高校公共艺术教育要改变各门类艺术教学互相隔离的状况，把握艺术教育的规律和特征，发掘各艺术门类的整体共性，开发学生对艺术的通感、通识，让学生在有限的课程里获得最大的收获，使公共艺术教育回归育人根本，切实提升学生的艺术素养。

3. 回归本分：坚持立德树人

习近平总书记在给中央美术学院老教授的回信中指出："做好美育工作，要坚持立德树人，扎根时代生活，遵循美育特点，弘扬中华美育精神，让祖国青年一代身心都健康成长。"这为公共艺术教育发展明确了方向，厘清了思路。公共艺术教育教师不仅要坚守教书育人的本分，在唱歌、弹琴等技艺层面"授业"，更要坚守文化育人、以文化人的本质，把公共艺术教育拓展到感知、体验、创造、评价等方面进行"传道"，把教书与传道结合起来，将立德和树人统一起来，使学生在深刻领悟公共艺术技能和技巧的同时，深切感受到它的巨大魅力和深远影响，让学生在科学精神和人文精神的共同陶冶下，真正形成人生认知，树立人生理想，主动担当责任。

4. 回归梦想：建设文化强国

如今，随着综合国力竞争日益加剧，文化的地位和作用更加凸显。中国正日益成为有影响力的经济大国，也理应成为有影响力的文化大国，中国文化也能够成为"世界文化的重要构成"[13]。一直以来，高校公共艺术教育不仅在以文化人、以美育人等方面发挥作用，而且在文化传承、文化批判和文化创新等方面发挥着重要作用。显然，公共艺术教育在国家文化建设中具有重要的战略作用。因此，教育部《学校艺术教育工作规程》要求进一步提高对公共艺术教育性质和功能的认识，把学校的公共艺术教育工作作为培养高素质人才和传播先进文化的重要手段。这就要求高校进一步凸显公共艺术教育的文化价值导向，重新建构艺术教育与文化建设之间的内在逻辑，深入挖掘中国优秀传统文化的价值内涵，引导高校师生弘扬传承创新中华传统文化，切实提升中华传统文化的生命力和影响力。同时，高校也要善于融通国外一切优秀文化成果，积极构建具有中国特色的公共艺术教育资源，不断丰富中华优秀传统文化的内涵。

二、高校公共艺术教育的优化方向

公共艺术教育是显性教育与隐性教育的有机结合，是大学多元主体的协同互动，贯穿于大学人才培养全过程之中，发挥着润物无声的作用。在当代中国大学的现实条件下，要破解公共艺术教育发展过程中的瓶颈问题，切实加强和提高公共艺术教育针对性、实效性，就需要大学主体从公共艺术教育的政策支撑体系、课程教学体系、教师队伍体系、艺术活动体系等方面进行系统改革，建构有利于提升人才培养质量、有利于大学文化建设的公共艺术教育体系。

1. 发挥政策支撑体系在公共艺术教育中的主动力作用

从宏观来说，在国家的积极倡导下，高校的公共艺术教育得到了飞速发展。2017年中共中央办公厅和国务院办公厅印发《关于实施中华优秀传统文化传承发展工程的意见》，2019年教育部印发《关于切实加强新时代高等学校美育工作的意见》，2020年中共中央、国务院印发《深化新时代教育评价改革总体方案》，这都给高校公共艺术教育提供了新的发展契机。高校既要把公共艺术教育作为高校人才的价值取向，更要把公共艺术教育作为文化强国的价值导向，切实把公共艺术教育体现在大学的办学理念、发展战略之中，落实到大学的办学方针、战略规划之中。当然，发展和创新公共艺术教育，还需要来自政府层面更多的指导和社会各界更多的关注，更需要国家教育主管部门根据高校公共艺术教育的特点需求和发展规律，科学建构合理有效的公共艺术教育发展体系，切实保障公共艺术教育的质量和公共艺术教育的可持续发展。

从微观来说，虽然高校已经将公共艺术教育作为学校人才培养、文化建设的重要内容，但对公共艺术教育的顶层设计依然不够，要按照《关于切实加强新时代高等学校美育工作的意见》《深化新时代教育评价改革总体方案》等要求，构建一个高效、规范、独立、能够统筹协调的机构作为公共艺术教育实施的主体，系统推进公共艺术教育的各项事务，它不仅承担公共艺术教育课程教学，而且统筹公共艺术教育资源的有效利用；要确立公共艺术课程在课程体系中的战略地位，提升师生对公共艺术的重视程度，优化整合教学资源，开齐、开足、上好优质丰富的公共艺术课程。同时，各高校还要积极构建有利于公共艺术教育发展的制度体系，切实保障人力、物力、财力等方面的投入，改善公共艺术教育的软硬件条件。

2. 发挥教学课程体系在公共艺术教育中的主阵地作用

一是科学设置课程。高校公共艺术教育真正的意图并不是为了培养专业的艺术人才，而是为了培养学生的人文素养，提升学生的创造力、想象力和审美能力等[14]。各高校要认识到公共艺术教育课程不是可有可无的课程，而是必须纳入人才培养方案的课程。在艺术课程类别上，要将不同学科有机融合，开设分层次、多类型、广涵盖的公共艺术课程，为学生提供不同层次需求的课程体系。要突破西方教育教学框架的公共艺术教育模式，构建基于中国传统文化的教育框架，结合高校所在地的区域特色文化，挖掘艺术教育资源，引导学生了解中华历史文化、喜爱中国古典名著、弘扬中国传统文化。

二是规范教学秩序。教学质量是公共艺术教学管理的核心[15]，高校公共艺术教育要强化对教材使用、课程管理、教学安排等方面的管理，通过观摩、研讨、示范等方式对教师备课、授课、考核等教育教学过程进行规范管理，从而提升公共艺术教学质量。当然，在规范的前提下也要注重灵活教学方式，充分观照公共艺术教育的艺术性、多样性、高雅性特征，鼓励教师多采取以激发学生智力、审美能力、创新能力等为目的的教学手段，杜绝灌输式的教学模式。

三是提高教学质量。艺术是对实践的感知和提炼[16]。公共艺术教学要实现学生从理论到实践再到理论的教学效果，就要注重强化实践教学环节，将理论与实践有机结合起来，在实践中促进知识、能力和素质的融合发展。各高校要鼓励教师主动适应大学生在教育中的个性化选择和互动需求，不断学习并使用现代艺术教育理论和手段来丰富自己的教学内容、教学形式，特别要充分利用智慧教学、虚拟仿真等现代化信息技术，构建以学习者为中心的公共艺术教育生态，改善公共艺术教育的体验性，增强公共艺术教育的生命力和吸引力。

3. 发挥师资队伍体系在公共艺术教育中的主力军作用

一是合理配置师资。公共艺术课程具有一定的通识性，不仅要适应专业学生的知识背景，还要适应非专业学生的实际需求，这对公共艺术教育的师资提出了更高要求。各高校要及时做好公共艺术教育师资的引导和培育工作，注重教师队伍年龄结构、专业结构、学历结构的优化，专兼职结合，保持师资队伍的生机和活力。同时，也要加强公共艺术教师的规范管理，抓好岗位编制控制，保证每门公共艺术课程都有合适的教师讲授，各个学生艺术团体都有合适的教师指导。

二是加强师资建设。教师的讲授和示范是公共艺术教育的关键。匈牙利著名音乐家柯达伊曾经说过,"一位普通学校的音乐教师要比一个城市的歌剧指挥重要得多"[17]。可见,教师的素质和水平高低直接决定公共艺术教育的发展。高校要引导教师充分认识公共艺术教育在文化强国、人才培养等方面的积极作用,通过培训、交流等方式解决教师重专业、轻文化涵育,重艺术性、轻教育性,重个人品味、轻学生需求,重传统数字等问题,系统提高公共艺术教育教师的教育教学水平。

三是关注教师发展。良好的管理机制是调动积极性和创造性的保证。高校对专职公共艺术教师应有定期的、持续性的培训进修计划,进一步提升艺术教育的人才支撑;要通过科学的评估机制对公共艺术教师的工作业绩、专业素养、能力水平等进行检查和审核;要注重公共艺术教育的特殊性,在职称评定、职级晋升、项目申报、学科规划等方面进行分类指导,引导教师把博大精深的中华优秀文化作为公共艺术教育的重要源泉,并以此为依托加强文化产品的创作和生产,推出一批具有中国底色、体现时代精神、品位高雅的文化产品,切实满足社会的文化需求。

4.发挥艺术活动体系在公共艺术教育中的主引擎作用

一是开展校园文化活动。文化活动是公共艺术教育的重要载体,内容丰富、形式多样、格调高雅的校园文化活动可以引领学校发展,拓展学生综合素质,也可以提高学校文化内涵。因此,高校应组织好校园文化活动,注意形式和思想的统一,既重视活动质量、丰富类型,又重视思想性、教育性,把握好形式创新和思想引导的平衡;要通过举办各类公共艺术教育活动,如艺术展演、艺术节、高雅艺术进校园等活动,为更多学生提供充分展示自我和开展艺术实践的平台;特别要充分利用好当地的文化艺术资源和网络资源来引导师生、发展师生、凝聚师生,充分激发广大师生理解艺术、欣赏艺术、热爱艺术的动力和追求。

二是组建文化艺术社团。完善艺术社团的建设和管理对大学生校园生活的丰富、兴趣爱好的培养、人际社交范围的扩大、审美体验和内心世界的丰富有着重要意义[18]。高校要大力发挥学生艺术社团在公共艺术教育中的作用,以兴趣为纽带、以活动为依托,打造一批规模化、专业化、品牌化的艺术社团,在校园开展艺术活动,传播高雅艺术;要以弘扬民族文化为宗旨,通过定期举办专场音乐会、艺术知识讲座、文艺演出等活动,逐步提高师生的审美能力、审美情趣和艺术修养;要鼓励学生艺术社团成员积极参加校内外各种文化艺术活动,使艺术社团成为弘扬传统文化、传播先进文化的重要载体。

三是创设校园环境。校园环境是公共艺术教育重要的潜在课堂,对涵养师生品格、陶冶高尚情操有着潜移默化的作用[19]。高校要围绕社会主义核心价值观、中国传统文化、大学精神等内容,加强对校园文化艺术环境的创设。通过校史浮雕、时代精神艺术造型、大学精神碑刻、励志横幅标语、道路楼宇命名等,塑造出既有历史文化底蕴又有鲜明时代感的校园文化环境,营造出良好的文化氛围和高雅的艺术格调,潜移默化地提高师生的理想追求和思想境界。

思考与讨论:

1. 结合学校实际,列举出高校艺术教育实践美育的具体途径。
2. 可以通过哪些途径来加强高校艺术教育中的"美育"延展功能?举例说明。

阅读书目和电影推荐:

1. 黄高才. 大学美育[M]. 北京:北京大学出版社,2018.
2. 冯婷. 审美教育与大学生的全面发展[M]. 北京:中国社会科学出版社,2017.
3. 曹桂生,曹阳. 艺术与审美文化研究[M]. 北京:中国社会科学出版社,2016.
4. 杨娟. 公共艺术教育研究[M]. 北京:水利水电出版社,2019.

参考文献

[1] 吕斯百. 艺术教育[J]. 中国美术教育,2003(1):46.

[2] 陆挺. 追求诗意的人生境界——中国大学艺术教育的理论与实践研究[D]. 南京:东南大学博士论文,2014.

[3][4][5] 叶秀山. 美的哲学[M]. 北京:世界图书出版社,2010:52、66、68.

[6] 王一川. 新编美学教程[M]. 上海:复旦大学出版社,2010:218.

[7] [美]克利福德·格尔茨. 地方知识[M]. 杨德睿,译. 北京:商务印书馆,2016.

[8] 王刚. "心体重构":高校艺术教育的审美内涵与价值取向[J]. 延安大学学报,2017-10,39(5):100.

[9] [苏联]尤·鲍列夫. 美学[M]. 上海:上海译文出版社,1998:164.

[10] [苏联]斯托洛维奇. 审美价值的本质[M]. 北京:中国社会科学出版社,1984:200.

[11] 托马斯·门罗. 审美价值的本质[M]. 北京:中国社会科学出版社,1984:200.

[12] 刘淼. 公共艺术教育还需提升[N]. 人民日报,2016-04-26.

[13] 杨国荣. 思与所思:哲学的历史与历史中的哲学[M]. 北京:北京师范大学出版社,2006:76.

[14] 李薇薇. 高校公共艺术教育实效亟待提高[N]. 中国文化报,2013-01-22.

[15]潘雪.高校公共艺术教育管理的研究[D].淮北:淮北师范大学博士论文,2014.

[16]王建.突破公共艺术教育发展的瓶颈——基于认识、设计与体制的角度[J].中国大学教学,2015(2):42-45.

[17]杨丽华.柯达伊音乐教育体系主要发特点[J].民族音乐,2005(4):51-52.

[18]徐红.普通高校公共艺术教育规范化建设刍议[J].高教探索,2008(2):110-114.

[19]赵若希.高校公共艺术教育中发挥德育功能研究[D].成都:西南财经大学博士论文,2014.

第五章

高校校园文化与美育

引子：西南联大校歌《满江红》

抗日战争中的西南联大，虽然环境艰苦，但是仍然相当重视美育，校园里经常举行各种歌咏活动和戏剧表演。校歌是一所大学精神与理念的体现，主持校务工作的梅贻琦等人非常重视校歌的创作，1938年10月，西南联大专门成立了"编制本大学校歌委员会"，请文学院院长冯友兰先生担任委员会主席，朱自清等人为委员，又经西南联大合唱队试唱，经过决议，到1939年7月17日，才由西南联大校常委正式通过了罗庸先生作词、张清常先生谱曲的《满江红》作为校歌。张清常先生曾经回忆道："由于梅先生办学重视美育，西南联大不但有专人教唱《西南联合大学校歌》（1941及1942是由我教唱的），而且又在1942年成立了校歌合唱队，挑选全校著名歌手，演唱'校歌四部合唱曲'。公演之后，梅先生设家宴招待我和校歌合唱队队长谭庆双。梅先生问我：'你是个语言学的教师，怎么成为作曲者和指挥呢？'梅先生听了我的说明之后，他谈起办学不但要重

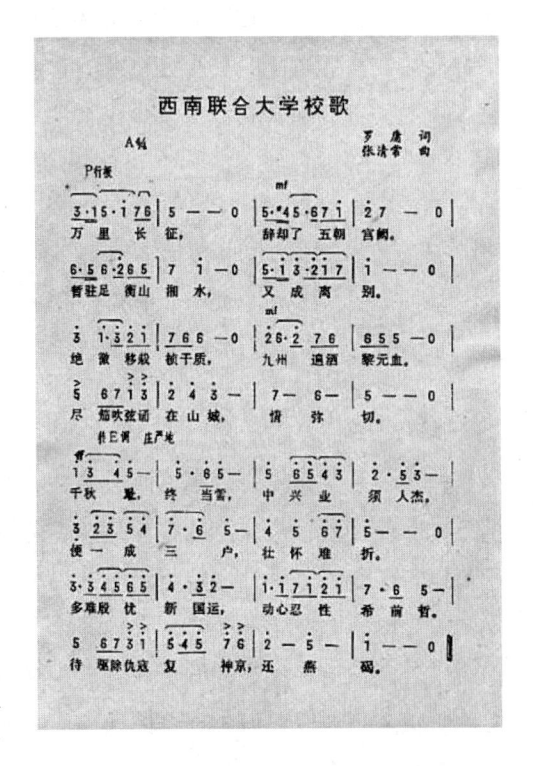

视德、智、体育，而且也要重视美育。"校歌是一所大学精神与理念的体现，而当年在西南联大学唱校歌也给学生们留下了深刻的印象。如1942年入西南联大中国文学系的张怀谨回忆道："……开学的具体安排，是进行一周的入学教育，前三天上午学唱校歌，后三天上午由文学院院长冯友兰教授作报告，下午是军训……它（校歌）唤起和培养了一代联大学子的爱国热情、奋发图强的高尚情操，直逼岳武穆《满江红》，堪称绝响！回想当年第一堂课学唱校歌时的那种激动情景，至今还有余音绕梁之慨。"

兰德曼在《哲学人类学》中说："首先，我们是文化的创造者，但接着，由于文化的反作用，我们也为文化所创造。"[1]文化的历史实则就是人类的发展史。在我们继承文化时，文化对我们的影响同样深刻。文化已经作为人类生存的一种环境存在着。"人的生命存在是人所独有的文化生命的存在。"[2]

高校校园与大学实则就是一种相互影响的关系，而高校校园文化便是这种关系的表现。正因如此，高校校园文化一方面反映了大学生的精神面貌，另一方面又对大学生的精神面貌产生影响。高校校园文化在高校教育中有着重要的作用，它是一种宝贵的学校教育资源，这种精神资源对学生美育的培育起着重要作用。

第一节 高校校园文化的美育内涵

一、高校校园文化的内涵

高校校园文化（有时简称高校文化，校园文化）作为社会宏观文化结构的重要组成部分，既体现着社会文化的整体性、普遍性特点，又具有亚文化的个别性和独特性。自现代以来，作为一种社会意识形态的高校校园文化，在形式上始终表现为一种以精英意识为主导的多元文化的聚合，在内容方面则体现出知识理性和工具理性的主导作用。而纵观中外高校的文化精神的养成，显现在本质追求上，高校校园文化事实上也是一种感性的审美文化。以知识分子群体和现代人文知识所构成的高校的独特校园文化"习性"，体现在其以多姿多彩的情感体验、生活内容、行为模式和审美意味，反映着不同主体内在的精神旨趣。在高校校园的文化领域里，大学生个体和群体在科学求知、发展个性、彰显理性、完善生命的过程中不断改造着自己的意志世界，朝着"身体自由"和"灵魂自由"的理想彼岸坚实迈进。这是在知识理性熏陶和浸染下的一种独特的生活模式和象征体系，体现着高校文化应有的智慧风貌和理性特征。从社会文化的整个系统来看，这更是一种符合社会发展先进方向的要求，能够为全社会提供新的价值和伦理尺度、提供先进文化生产和消费方式的"标杆式"的和谐文化、诗性文化。

中国的高校始终立足于中华民族人文精神的园地，其文化的审美特性表现在高校校园的文化精神始终体现着"中和"的美学宗旨和人文诉求。无论从早期的高校教育注重启蒙和现代性的人文理念来看，还是从新时期高校教育注重开掘当代文化人群体的先锋姿态和精英意识来看，中国高校的学术活动和人文理念始终立足于促进人的理性精神和感性审美意识的自觉成长，使高校校园文化的生产者、传承者在面对客体对象世界的时候铭记和强化主体精神的"意志"，始终寻求着由"本我"到"超我"的超越，主体始终向往着生命不被尘俗物欲所遮蔽的自由澄明之境。也就是说，在几千年优秀传统文化的积淀下，我们的高校拥有着坚实的本土文化根基，受中华文化特有土壤的滋养，它不只是注重启蒙理性，追求以知识"解放"自我，而是始终表现为建构主体精神和趣味，讲求人文化育、追求天人合一、力求德性品格的磨砺和教化。因而高校的人文诉求有着独特的美感体验，更富于生命的感性。

谈到高校校园文化是一种感性文化，我们就不得不反思每一个审美主体的审美感知过程。在高校校园里，我们时时刻刻都能感受到所谓"大楼、大师"的文化内涵和生命感性。高校无疑是一个让人不断超越和飞升的生命自由之境。这种超越，不只是表现在每个个体自身学识的积累和理性的成长，还体现为身心的平和与感性的愉悦。在对于校园客体化的审美对象（校园建筑、教学过程、校园文化活动、校园公共关系交往等）的感知过程中，主体陶醉于物化表象所具有的独特美感中，并在积极参与校园建设的实践活动后更多地体验着、收获着自我"本质力量对象化"之后的快感。同时，伴随着自己在学海求知中不断从懵懂无知走向满腹经纶，在反复的自信、自卑中走向自省、自立，主体一再地丰富和积淀着自身的审美经验，或充满"悲悯之情"，或享受"崇高之意"，内心的审美心理结构形成强大的磁力场，感召和激励着自我、他人。而大学的师生群体之间，也因为相互间较少功利性目标的交往而淳朴、动人，为审美表象的生成打下了坚实的文化心理基础。

同时，高校校园文化的审美特性还表现在高校校园文化对于社会文化的引领和辐射层面，即高校作为社会先锋文化的发源地所显示的旗帜、标杆和尺度功能。在传统意义上，高校被称为"象牙塔"，它既是一个人文理想教化的圣地，也是一个固守精英品性的精神家园。一方面，高校在"崇礼"，为人们经世致用而碰撞、汇集智慧的火花，引导人们从"器识"的跋涉中积淀、丰富其"工具理性";另一方面,高校也在"求道",它要努力成为文人们从大千世界的尘嚣中超脱自我、"精神还乡"的归途,引导思索者灵魂飞升,寻求通向生命彼岸的自由境界。中国古代先贤曾将"亲民、明明德、止于至善"作为古代的"大学之道",就很清晰地说明了问题。而在现代高校的发展史上,启蒙精神和主体性的弘扬,则成为高校文化精神的主潮。这也正是高校校园文化所包容的现代性的突出表现。

二、高校校园文化的形态

从文化的形态上看,高校校园文化包括物质文化、精神文化、制度文化和行为文化四个层面。

物质文化是指为高校校园文化服务的一切物质条件,是高校校园文化的外层表现,主要以实物形态表现出来,包括高校所具有的教学科研设施、工作设施、生活设施、文体活动设施、校园自然生态环境等。物质文化是高校校园文化最外在的表现和标志外层,凝聚和体现着高校的理想、人文精神和文化思考,映照着校园文化的历史沉淀水平和风格,表达着高校校园文化主体的文化创造理念,它既是校园文化活动的物质保障,又在一定程度上影响和制约校园文化活动的规模和质量。物质文化具有隐性教育的作用,具有强烈的持久的文化熏陶感染力,起着潜移默化、润物细无声的作用。

精神文化是高校校园文化的灵魂,是高校校园文化最深层次的内核,它主要包括高校的教育宗旨、办学理念、培养目标、文化传统、人文精神、思想境界、道德观念和价值追求,它集中反映了一个学校的特殊本质、突出个性和精神面貌。高校校园精神文化还可以细分为观念文化、知识文化、心理文化和审美文化。观念文化主要指高校校园文化所包含的思想观念、价值观念、道德观念等以意识形态为主的内容。知识文化主要是指高校校园文化所包含的学术思想、学术风气和学术氛围等,集中地反映在一所高校的校风、教风、学风之中。心理文化是指校园的心理氛围、人际关系等。审美文化是指高校校园文化在精神理念、制度建设、环境建设和行为风俗中所包含和追求的审美理想、审美观念、审美情趣和审美建构。

制度文化主要指以文字形态表达的,为维护和保证高校校园教学、工作、生活活动正常运行而制定的一系列规章制度和行为准则及其具体运行中体现的文化。制度文化是介于深层精神文化和表层物质文化之间的中间层面的文化,是高校校园文化主体——师生员工的行为规范和活动准则,是学校各项工作得以正常有序进行的重要保证。它通过制度的他律作用，规范人们的行为，培养人们良好的道德素质和行为习惯，发挥着思想导向、教育感化的作用。

行为文化主要是指教学科研活动、文化艺术活动、文娱体育活动、社会实践活动和志愿服务等各项活动及其活动开展中体现的文化。行为文化是精神文化和制度文化的外显，是高校校园文化中最活跃的动态层面。师生员工参与各项活动的行为受其思想意识支配，其行为中所反映出的目标选择、情感选择、道德选择、审美选择、价值选择，是师生员工深层的文化素质和价值观的外在反映。

物质文化、精神文化、制度文化和行为文化基本上涵盖了高校校园文化的主要内容，它们之间相互影响、相互渗透，共同形成高校校园文化的特色。四者之中，精神文化是高校校园文化的核心和灵魂，它最深刻地、稳定地体现了高校校园文化主体的共同价值、理想、目标和情操，是一所高校最具特色的标志。

高校校园文化具有深刻的审美建构，审美文化是高校校园文化实现深刻而全面的育人功能的关键。高校校园审美文化是以高校的精神理念、制度和器物为审美对象进行社会学的文化观照，具有一定审美特性和价值的文化形态或产品。高校校园审美文化作为感性与理性相融合的情感文化，具有超越工具理性，重建精神家园的功能。高校校园审美文化以高校人文为内核和指导，通过审美活动培养和塑造审美主体的情感能力，陶冶师生性情，并引导审美主体感情趋向理性，从而使人文精神得以内化；同时引导理性渗透，融合于性情之中，形成审美主体正确的审美观念、审美追求、审美情趣，以支配自己的审美行为。高校校园审美文化的内核是思想观念、道德观念和价值观念，审美文化的取向是真善美。当审美主体具有正确的审美观念和审美追求，就将使审美主体的心灵得到净化，树立起正确的人生目标，促进自我完善和全面发展。高校校园审美文化内容丰富多彩，主要包括精神审美、环境审美、活动审美、制度审美和行为审美。正确认识、深入研究和不断创新高校校园审美文化，对于弘扬大学人文精神，完善高校校园文化的建构，促进大学师生全面发展和大学自身的发展，具有极其重要的意义。

三、高校校园文化的美育功能

高校校园文化在高校校园中表现为一种青年亚文化，通过一定文化的氛围和精神环境，使生活其中的每个个体都有意无意地在思想观念上与既定文化发生认同，从而实现对人的精神、心灵、性格的塑造；并且还能以吸收、消化、辐射新思想、新观念来实现对民族文化的更新、再造，从而使学生身心获得健康发展。在校园文化诸多功能中，高校校园文化美育功能是一种具有鲜明审美特征的精神文化教育，力求通过校园中一切文化艺术美来感染、影响、加强发现美、创造美的能力的教育，并以此通过高校校园文化的美来陶冶学生的情操，并且使学生的情感得到某种释放和宣泄。

1. 导向引领功能

高校校园文化的导向引领功能主要是指通过其价值观念、思想观念、道德观念、生活观念和人格建构发挥对大学生的引领作用。高校校园文化以其包含的崇高的理想目标和价值追求激发与引导大学生对崇高的人生理想和生活目标的追求，通过潜移默化的作用塑造学生奋发向上、积极进取的精神。高校校园文化以其求真务实的科学精神和优良的校风、教风、学风，培养学生严谨治学、开拓创新的精神。高校校园文化以其高尚的道德观念、道德准则引领学生养成高尚的思想品德、道德情操和良好的道德行为习惯，把优秀的思想品德内化形成学生优秀的人格，以驾驭调控自己的行为。

高校校园文化的引领功能是其先锋性的体现，是指高校校园所产生的先进思想理念、先进科学理论、先进科学技术等领先于时代的优秀文化成果对社会文化发展的推动作用和对社会文化进步的引领作用。

2. 教化育人功能

高校校园文化鲜明的特色和功能在于教育人、培养人。高校校园文化的教化育人功能反映文化对人的教化作用，即以高校校园文化的人文成果武装学生、改造学生、提升学生的素质。高校的首要任务是为社会培养高素质的人才，因而高校校园文化的教化育人功能是其基本功能。高校校园文化对学生的教育功能关键在于科学态度、思想信仰和价值观念的培育和导向之中。高校校园文化在精神层面通过其蕴含的价值诉求、理想宗旨、道德观念、办学育人目标、学术追求、科学精神等全方位给予学生深沉持久的影响，在做人、做事、做学问诸方面发挥"化人"的作用。高校校园审美文化通过审美教育滋养人的知性、哺育人的德行、造就人的完美的人格个性，以促进人的全面发展。高校校园文化在物质层面以自然和人文景观陶冶高校师生的情操，净化心灵，塑造高尚的审美追求；在制度层面用制度规范大学生的行为，通过长期外在的他律作用，使其养成正确的自我意识，调控自己的行为，最终实现自我教育。

3. 凝聚黏合功能

"校园文化的凝聚功能主要体现在校园精神文化上。校园文化建设的一个重要目标，就是形成一种内求团结、外求发展的精神风貌"[3]。高校校园文化是一种黏合剂，它使高校学生思想统一、目标一致，这也是高校校园文化所确立校风精神所起的作用，它通过规范、培育、塑造、发展个体，树立起一种高校学生群体共同追求的价值观与精神风貌，从而形成一种无形的凝聚力，把学生紧紧维系在这样一种共同的文化精神上。

随着我国社会价值体系发生了深刻的结构性变化，人的社会价值及价值观念发生了巨大的历史性转换，由过去的集体本位价值观转向重视个人的价值、权利和利益。值得肯定的是，现在人的自我意识日益觉醒，个性世界不断丰富，不再消极依赖、盲目服从，个人的积极性、自主性和创造性得到了更多的发挥机会。然而，当代大学生功利主义、短期目标思想、个人本位主义思想等有所抬头，过于注意自我意识与自我价值的实现，缺乏集体意识、群体意识，这与集体主义为核心的社会主义价值观相背离。因此，高校应通过宿舍文化、食堂文化、班团文化、社团文化等群体文化的熏陶，使学生学会运用群体的利益、行为来自觉地约束、规范自己的言行举止，形成具有大学生群体特色的精神风貌，从而树立高校群体的新形象，促进校风的形成和建设。

4. 协调平衡功能

高校校园文化所创造的和谐的精神氛围能够消除大学生个体心理上种种不协调感、不和谐感，促进学生的身心与诸种心理功能之间的和谐发展，促进其人格的协调、平衡发展。随着科学技术的进步，以及经济、教育改革的深入，社会发生了一系列变化，象牙塔中的学生同样面临着价值目标的选择、人际关系的处理、对各种思潮的辨别等一系列新的问题。他们面对来自社会责任的压力、竞争的压力、生活本身的压力，心理负荷增加；同时社会上存在的拜金主义思潮、泛娱乐主义思潮、知识贬值等现象，以及一些不正之风，也导致部分学生产生对社会和自身价值的怀疑。校园里各种高雅的审美文化活动，能使大学生获得自我表现与心理宣泄的良好机会，使他们在学习生活、道德生活中所承受的各种压力、困惑、失衡得以放松、淡化、超越乃至解脱，摆脱其心理困境，从而使其潜能、创造性、个性得到充分的开掘与协调的发展，进而体验到人生的乐趣与生命的完美，保持健康的心态。同时，高校校园文化所提供的和谐的精神文化氛围，还可以减少、消除人与人之间的摩擦，协调校园的人际关系。艺术活动能互相传达感情，校园里的大合唱、舞蹈、戏剧、音乐、绘画、书法欣赏等活动，能使大学生在一个共同分享的情感氛围中进行交流和感情上的共鸣，获得一次真诚而又无言的集体对话，从而形成彼此理解、信任的氛围，协调校园的人际关系。

5. 传承创新功能

高校校园文化的传承功能是指对优秀传统文化的传承，是对优秀价值观念的传承，是对高校校园文化经过长期积累升华所形成的独特个性品质的传承。传承功能是高校校园文化的基本功能，既保证优秀高校校园文化薪火相传，又为高校校园文化的创新和发展提供深厚的底蕴和坚实的基础。

高校校园文化的创新功能是其批判性和发展性的特性的体现。创新是人类文明进步的本质特征、独有品格和根本动力。任何思想观念、科学理论都具有时代性，都是一定时代的产物，都有历史局限性。时代是不断变化发展的，校园文化必须伴随着时代的变化发展与时俱进、不断创新，才能保持高校校园文化的先锋性和对社会文化的引领作用，才能不断涌现优秀文化成果向社会辐射，推动社会发展进步。高校校园文化由于自身深度性、批判性、开放性的特性，由于其自身先进思想观念、先进科学理论技术、先进文化成果发祥地所具有的观念、人才、设备等优势，使其具备不断创新的功能和能力。

6.审美陶冶功能

高校校园文化的审美陶冶功能主要是指校园文化蕴含的审美建构、审美观念、审美情趣、审美品质等，在对大学生产生美化心灵、愉悦身心、陶冶情操、激发灵感、启迪智慧作用的同时，使学生步入追求真善美的思想境界，从而使其确立正确的人生价值观，养成良好的思想道德品质、塑造健康人格、树立科学精神和科学态度、促进学生全面发展，充分发挥审美育人功能。高校校园环境要素的审美化，以感性的美、润物无声的方式培育高校校园审美主体；制度审美文化的功能在保障制度的规范性、统一性的同时，通过长期他律的影响使之内化为师生的自我意识，形成良好的道德品质；校园精神审美文化的功能以其突出的人文性调节学生之间、人与环境之间、人与制度之间，以及情与理、身与心的矛盾关系，从而促进学生的全面发展。

校园文化还具有陶冶情操、净化心灵的强大的功能。优秀的校园文化蕴含浓郁的人文气息、格调高雅的校园文化、文明健康的生活文化，既愉悦学生身心，又起着深层次的潜移默化的作用，不断陶冶学生情操、美化学生心灵、升华学生思想境界、建构健康人格、激发学生灵感、启迪学生智慧、提高学生素质。

最美大学宣传片
《北大光影交响曲》

审美视界

浙江理工大学校歌

西子湖，美天下，
金沙港，诵风雅。
筚路蓝缕，先贤创业流芳韵。
薪火相传，文脉悠远绽新葩。
丝路花雨，翩翩霓裳飞天舞，
姹紫嫣红，巍巍学府景更佳。
跨越历史的沧桑，
奏响时代的乐章。
宏图绚丽，雄风浩荡，
放飞梦想，光耀中华！
究于理，成于工，
育英才，泽万家。
厚德致远，自强不息长求索，
博学敦行，敢为人先意气发。
融通古今，代代俊彦竞风流，
荟萃中外，片片云锦接天涯。
跨越历史的沧桑，
奏响时代的乐章。
宏图绚丽，雄风浩荡，
放飞梦想，光耀中华！

作者简介

词作者

张建宏，1954年4月生，湖北人，教授，原浙江理工大学文化传播学院执行院长，浙江省高校汉语言文学教学指导委员会委员，浙江省当代文学研究会常务理事。主要从事中国现当代文学、比较文学与世界文学学科研究。曾在权威及核心刊物发表论文40多篇，出版专著《现代爱国三诗人——郭沫若闻一多艾青》等。2001年被评为襄樊市劳动模范，2002年被评为湖北省优秀教师，曾获湖北省有突出贡献中青年专家称号。

曲作者

孟可，东方歌舞团作曲家，著名音乐制作人，出生于音乐世家。1992年毕业于中央音乐学

高校美育新论

院毕业后，曾进入北京交响乐团担任首席巴松演奏员。从 2001 年起连续 7 年为中央电视台春节联欢晚会创作节目音乐。2005、2006、2007 年春节晚会创作作品分获一、二等奖。作曲并编曲的《冲刺向金牌》，在第三届奥运歌曲评选中获奖，并入选北京 2008 奥运会歌曲，为 2008 年奥运会开幕式、闭幕式担任作曲、编曲。

美育实践：

一、审美主题
校歌之美：悠悠器乐传歌声，浙江理工大学校歌抒情怀。

二、审美目标

1. 审美感知

沉浸式聆听《浙江理工大学校歌》，感受巍巍百年学府的历史底蕴，初步获得听觉上的审美愉悦。在课堂上，运用多媒体将浙江理工大学宣传片和校歌一同播放，从视觉和听觉上增强校歌的感染力，激发接受主体爱校、荣校、敬校的情怀，从而达到培养人文精神，丰富校园文化的旨趣。校歌，是一所学校的精神图腾，是学校的象征，与校徽、校训等相得益彰。在传统儒家教育理念中，诗与乐作为教育的重要内容。弦歌不辍就成为形容学校生活的一句传统用语。我国自近代新式学校出现以后，创作与传承校歌的传统，一直延续至今。

2. 审美鉴赏

在审美感知的基础上，深度研讨校歌文本深层次的蕴意，从文本和歌曲上整体把握校歌。在课堂上，教师可以采用由浅入深、化难为简、循序渐进的教学方法进行训练。在教学中，重视节奏、音准、速度、力度等音乐要素的鉴赏，并对音乐作品进行分析讲解，以及创作背景、校史校情、办学特色、校园文化等。每个美育实践小组互相研讨校歌的文本含义，互相讲解最喜爱的一句歌词，或讲述自己与校歌的故事，从而让接受主体的情感得到释放。

3. 审美创造

在审美感知和审美鉴赏的基础上，由视听到视唱，展现接受主体的审美创造的能力。在教学时，要求用手打基本拍，以帮助掌握节拍、节奏的速度，做到手、眼、口、耳、脑、心等器官的协调配合。在进入和声伴奏训练阶段时，美育实践小组可以分组合作完成训练，除大部分小组唱主旋律外，其他小组唱和声部分。当全班合唱校歌时，和谐的演唱效果让接受主体体验到一种成功的喜悦和美的享受。每个美育实践小组完成校歌歌词的背诵和歌曲的吟唱，并制作一部校歌的视频作品。

三、审美思悟

乐以载道教化。一首好的校歌，应该具有自己鲜明的特色，展现自己悠久的校史和浓厚的人文精神，同时反映出时代精神和历史印记。浙江理工大学十分重视学校校园文化建设，充分认识校歌的导向引领、教化育人、凝聚黏合、协调平衡、传承创新、审美陶冶的美育功能，把校歌创作、展演和校歌文化作为学校办学理念的集中体现，作为学校形象识别系统的重要组成部分，作为激励师生员工秉承传统、开拓创新、奋发向上、增强荣誉感和使命感以及展示师生员工精神风貌的重要载体。

思考与讨论：

1. 你认为高校校园文化的核心和灵魂是什么？
2. 高校校园文化的审美特性表现在哪些方面？
3. 试用高校校园生活中的实例阐释高校校园文化的美育功能。

阅读书目推荐：

1. 陈平原．大学何为[M]．北京：北京大学出版社，2015．
2. ［美］许美德．中国大学——一个文化冲突的世纪[M]．北京：教育科学出版社，2000．
3. ［英］约翰·亨利·纽曼．大学的理想（节本）[M]．杭州：浙江教育出版社，2001．

第二节　高校校园文化的审美意识

一、高校校园文化的审美属性

关于高校校园文化的概念，目前国内大致有广义与狭义两种理解。所谓广义的理解，就是把高校校园文化视作"学校的整体文化"；狭义的理解就是把高校校园文化视作相对于课堂文化的"课外文化"或"非课堂文化"。这两种理解从表面上看似乎仅仅是范围上的广义和狭义之别，实际上却蕴含着对高校校园文化性质的不同认识。

高校教育抑或高校校园都是大学生成长所必需的文化环境，也是延续和发展人类文化的重要途径。它们既是文化的体现，又是文化传播和发展的手段。所以，对高校校园文化的理解应该与人类文化相联系。虽然关于"文化"的理解众说纷纭，莫衷一是，但是，高校教育的基本文化功能是促进大学生个体的全面发展，这一点几乎已成为共识。因此，对高校校园文化的理解应该侧重于文化的人文性质与功能。正是在这一点上，文化与教育获得了同一性：教育是使人成为具有文化的人，并由此与单纯的技能训练和知识灌输区分开来。这正是把教育的视野扩展到文化层面，并重视校园文化建设的根本意义所在。

然而，目前我国的高校教育在一定程度上忽视了教育的文化功能，特别是课堂教学，更多地侧重于技能训练和知识灌输，而一些课外活动，例如兴趣小组、学生社团活动、文化艺术节、体育比赛和运动会以及其他文化娱乐活动，却成为丰富校园生活、发展大学生个性、促进他们全面成长的主要途径。在这样的背景下，上述关于高校校园文化的广义与狭义理解就体现了文化观和教育观的深刻差异。事实上，对高校校园文化的狭义理解正反映了高校校园生活的上述分裂现象，即课堂教学与课外活动在性质和功能上的巨大差异，而对课外文化活动的强调正体现了拓展高校教育功能、丰富校园文化生活的要求。但是，高校校园文化应该是整个学校的文化，目前课外文化的某种积极的文化功能应该迁移或渗透到课堂文化之中，这是当前我国高等教育改革的走向之一。

审美文化最集中地体现了文化的人文性质和功能，在整个人类文化发展史上，审美文化一直以人自身的生存和发展为基本价值取向，在人与自然、人与人、人与文化之间起着重要的协调平衡作用。在高校校园文化中，审美文化广泛地渗透到各个方面，以其突出的人文性调节着师生之间、学生之间、师生与校园环境之间、师生与组织制度之间，以及学生的情与理、身与心的矛盾关系，始终与高校教育的根本目的——"促进学生的全面发展"保持着最内在的同一性。因此，高校校园文化的本质属性应该是审美属性。

对于文化的层次划分，"物质"与"精神"这对范畴仍有相当的适用性。高校校园文化，作为一种教育文化，主要属于精神文化，校园中的物质活动和环境也比较多地渗透着精神因素，这正是高校校园文化的重要特征之一。但是，精神文化还有层次，与知识、道德、信仰等偏重于理性的精神文化因素相比，审美文化是感性与理性相融合的情感文化，它具有以下基本特征。

1. 价值取向多元性

高校校园审美文化的价值取向由其主体——高校师生，按照一定的标准进行选择。师生个体的兴趣、爱好、特长、家庭环境、文化背景是有差异的，高校校园审美文化的价值取向受此影响也必然呈现出多元化特点。基于网络普及的融媒体时代的到来，使得由权力完全支配社会资源而形成的单一的审美文化价值不复存在。社会多元文化格局与高校校园审美文化价值取向多样化呈正相关。高校师生以特有的观察力和深刻的审美感受力不断突破既定的审美界限和审美标准，建立和表现出多样化的审美价值选择。于是，高校校园审美文化在坚持核心价值前提下，最大化传播主流文化价值，精英文化与大众文化、庙堂文化与广场文化合流，整体上被雅化。

2. 非压抑性

审美文化是人们心理得到解放的途径与成果。单纯的知识传授和技能训练侧重于理智的发展和工具的掌握，在这类活动中，无论是教授的老师，还是学习的学生，个性情感需求都要服从统一的条条框框，无法得到自由伸展，受到一定的压抑。这些规范制度虽然是高校校园文化不可缺少的要素，但并非与师生个体的健康成长要求完全一致。高校校园审美文化则从另一侧面满足了师生的需求，他们的情感不仅在艺术活动中得到解放和提升，心灵对话和情感交流也在校园人与人、人与环境的审美关系中成为可能。审美文化是高校校园文化中最富于人情味，也最能体现素质教育思想的文化层面，对于促进高校师生协调平衡的发展具有重要意义。

3. 渗透性

审美文化并非独立的文化形态，它与情感的弥散性相一致，渗透于高校校园文化活动的一切方面。从这个意义上说，高校校园审美文化是一种交叉文化，具有多重综合的边缘性质，渗透的结果是能动的调节，从而克服校园其他文化活动在育人功能上的片面性，使整个高校校园文化系统指向促进学生全面发展的总体目标。例如，在专业教学活动中，审美因素的渗透改变了思维训练的单一抽象性，使抽象与直观、逻辑思维与形象思维协同发展。在教学过程中，审美因素的渗入可以改变单一的灌输接受关系，充分调动学生的主动性和创造性，使教与学的关系保持适度的平衡。

4. 规范性

由于高校校园审美文化的核心是人文精神，关注个体生命的价值是其核心指向。大学生的生命个性发展这一目的的实现，有赖于工具性平台的构建。规范性是根据高校校园审美文化的规定性，使处于精神层面的文化具有相当的稳定性。长期沉淀而成的审美观念、审美趣味、审美理想成为一种软性力量，会在潜移默化中直接影响高校校园文化主体的审美倾向，从而把各种社会规范和群体规范带入高校校园文化主体的意识和潜意识之中，形成主体带有规范性的价值取向，在提高大学生思想道德素质和专业技能水平上具有导向功能、激励功能和调控功能。

5. 知行合一性

高校校园审美文化的使命之一就是培养具有中国传统文化底蕴和现代意识的健全人格的知识分子，继承中国传统人文精神，同时具有全球意识和创新精神，还具有社会责任感和高雅文化品味。基于熟人人际圈的高校校园可以简单地描述为道德型社会，校园内的师生员工如损害与其息息相关的道德规范，必将受到群体驱逐，不利于个体发展。这就使得高校校园审美文化天然具有知行合一的特性，使高校师生具有社会责任感和高雅文化品味，让他们在实现个人价值的同时，也为社会和文化的进步做出更大的贡献。这不仅有利于摆脱浮躁，完成大学传承文化精神的使命，而且能帮助更多的人完成人格的正确塑形。

二、高校校园审美文化的结构分析

在高校校园中，审美文化可分为四个层次：公共艺术课和课外艺术活动、非艺术的课程中的审美要素、人际审美关系和审美环境。

公共艺术课是高校校园审美文化的集中体现，具有重要的美育功能。艺术课程对高校校园审美文化的形成也具有主导作用。通过课堂教学，审美文化得到传播，校园的艺术气氛逐渐浓厚。同时，公共艺术课培养着欣赏和创造校园审美文化的主体——学生，它所产生的美育成果扩展到整个校园生活，推动着高校校园审美文化的创造和发展。课外艺术活动是高校校园审美文化的重要层面。它是公共艺术课的必要补充，特别是在当前高校公共艺术课程和课时偏少的情况下，课余的艺术活动已成为创造高校校园审美文化的主要途径，发挥着不可忽视的美育功能。与艺术课相比，课外艺术活动的内容比较活泼，更适合大学生的身心特点；组织形式比较灵活，如文学社、艺术兴趣小组、艺术团、艺术节等；更能激发大学生的艺术兴趣，发挥他们的艺术特长。从形态上看，课外艺术活动具有明显的跨文化特征，它既是艺术课的延伸，又是社会审美文化的渗入。因此，它体现了高校校园审美文化的中间性和开放性特征。当前高校课余艺术活动对于促进大学生审美方面的逐渐成熟，帮助他们今后顺利地进入社会审美文化生活，都具有积极意义。高校应该在这个意义上重视学生的课外艺术生活，提供必要的时间和场地，并加强指导。

非艺术课程中的审美因素是指除艺术以外各门学科教学中的审美要素。例如，通识课程和专业课程，都或多或少地包含着显在或潜在的审美要素。特别是大学语文课，其中大量的文学作品本身就是对学生进行美育的教材，而其他的文章也具有一定程度的文学性。相对而言，各高校的大学语文课开设时间长，课时多，教师素质相对也比较好。所以，应该把语文课作为实施美育的一个十分重要而又切实可行的途径。在其他专业课程的教学中，审美因素也是存在的，即使是在自然科学课程里也存在着美育的任务。有不少通识课程的教师，尝试着在通识课教学中渗入美育的思想和方法，特别注重让学生用自己的一切感官去直接感知世界。这种教学的独特价值在于：不仅很好地完成了通识课的教学任务，而且有效地发展了大学生的感知能力，激发了大学生对世界以及世界的美的兴趣。这就是一种美育的渗透。可见，美育向其他课程的渗透并不仅仅是在这些课程中寻找"这个美""那个美"，而要把重点放在开发和发展学生的感性能力方面。

人际审美关系处在高校校园审美文化的深层，存在于高校校园生活的一切方面。在高校校园生活中，人与人的审美关系是一种真诚的交往和对话关系；在这种关系中，心灵的沟通和情感的交融成为可能。在高校校园的一切人际关系中，审美关系最充分地体现了高校教育的功能。因此，高校校园中的人际审美关系成为综合性地培养大学生完整人格的文化摇篮，它以无处不在、潜移默化的方式发展着大学生爱的心灵、理解人并努力与他人沟通的自觉意识和能力。

审美环境处于高校校园审美文化的表层，体现为物化了的高校校园审美氛围。环境的美化使物质具有精神内涵，使外在的环境与高校师生的心灵发生共鸣关系，因此，审美环境成为师生们个性情感栖息与生长的处所，具有独特的美育功能。

三、高校校园审美文化的内容

1. 高校校园环境审美

（1）高校校园环境审美的界定。高校校园环境美（此处讨论的环境是狭义的物质层面的自然与人工构成的高校校园建筑和景物等）的表现形式多种多样，包括形象美、色彩美、动态美、听觉美等，这些美的因素相互作用，常常随着时间和空间的有机组合而交替变化。高校校园审美文化主体在其生活的主要场所中发现和捕捉校园环境形象特征和状态，并将主体对校园环境的独特情感体验和审美感受融入其中，陶冶性情，激励心志，丰富了高校校园审美文化主体的精神文化生活。

（2）高校校园的环境构成。高校校园的建筑物一般有教学楼、学生公寓、运动场所、图书馆及行政后勤服务楼等，也可能还有呈片状分布或点线布局的绿化区。教学楼是校园的主体部分，由教室、实验室等组成，要求交通方便、环境安静，便于师生上课。教学楼一般不应太高，通道宽敞，采光透风性佳。学生公寓是大学生活动的中心，当下无论是大学生或是其家长，对于大学生住宿条件要求比较高，适当的配套是必要的。运动场所是高校校园的重要组成部分，有体育馆、游泳池（馆）及各类球场等，为师生提供良好的运动锻炼空间。绿化区能净化空气、水质，减尘降噪，调节气温，维护生态平衡，增进师生身体健康，怡情养性。高校校园建筑需在满足功能的前提下使艺术性、功能性和科学性协调一致，并呈现出整体美。各个高校性质不同，每所院校内部又分许多不同的学科和专业，其审美应趋于多元的统一。一言以蔽之，环境建筑要具有人文气息，不能仅仅具有使用功能。

（3）高校校园环境审美功效。高校校园审美应统一于其功效——环境育人，即高校校园的休闲美学对高校校园审美文化的主体的精神、健康和言行等产生正面影响。高校校园环境可以使高校师生在不知不觉中受到教育，陶冶情操、净化心灵。高校校园环境审美功效具体表现为：从宏观上看，高校校园环境为其审美主体提供交流平台。高校校园环境建设必须充分考虑到关系着人际关系和个人与集体关系交流空间的建设，这有利于培养大学生的品格、才智，有助于高校拥有高水平师资队伍。高校校园提供的物理交流空间包括校内坐凳、台板等小型集体空间；教室、食堂和图书馆、学术报告厅、活动中心、礼堂等大型公共空间。但是多数高校缺乏自由交流空间与私密空间，大学精神的存在常常缺乏物理空间的支撑。从个体角度而言，高校校园环境审美能强身、培智、养心。强身就是高校校园绿化美化对其审美主体的身体健康起着保健作用。如较高的绿化率、较多的乔木可以提供更清洁和新鲜的空气与水。高校校园还具有公共资源属性，很多校外民众为健身专程到高校校园进行锻炼。高校校园内张贴的名人名言标识牌，可以在潜移默化中提升师生的知识面。由于社会转型，物对人的挤压，很多人总觉得郁闷与无聊，实为失去价值信仰的心灵空虚。养心就是高校校园环境审美主体以审美活动，经过"悦形"而达到的一种应会感神、神思涤荡、物我同化、神超理得的审美境界。审美主体精神压力得到舒缓，感到心情开朗，既陶冶情操又焕发对生活的信心和勇气。

审美视界

人文荟萃的清华园

清华园的人文景观凸显了清华园自然美、人文美、科学美的统一。人文景观凝聚着清华人对教育、对文化的理解。众多的人文遗迹、不同风格的建筑和雕塑遍布于校园各处。它们既积淀着悠久的历史文化，又呈现着浓郁的现代气息；既植根于中华民族的文化沃土，又接受了西方文化的影响。众多的人文、科技大师在这里辛勤耕耘，一代又一代的莘莘学子在这里度过了最宝贵的青春年华。清华园以其浓郁的人文精神和自然风光孕育着清华人高尚的志趣和情操。水木清华，钟灵毓秀，清华园是大师之园，精英之园，更是精神文化之园。

清华学堂 　　　　　　　　　　二校门

近春园 　　　　　　　　　　　古月堂

红瓦高楼翠柏里，歌声未绝书声起。名园旧被白云封，翻借管弦除荆杞。近邻荒园过人稀，瓦砾荆棘磷文飞。此中独有欲仙境，俯仰苍茫夕阳照。（吴宓）

水木清华，晚荷风卷嫌池小。红摇烛影，寄新诗，枫叶题多少。廿载尘缘未了，翠微峰，禅林投鸟。蓬山飞渡，碧海萦怀。白云梦绕。（顾敏琇）

我感激水木清华这美妙无比的大花园里的花花草草。在想到头痛欲裂的时候，我走出图书馆，才觉出春风、杨柳、浅溪、白石；水波上浮荡的黄嘴雏鸭，感到韶华青春、自由的气息迎面而来。（曹禺）

对我来说，清华园这一幅母亲的形象，这一首美丽的诗，将在我要走的道路上永远伴随着我，永远占据着我的心灵。（季羡林）

我在许多学校上过学，最爱的是清华大学；清华大学里，最爱清华图书馆。（杨绛）

以上摘录了不同时代的清华校友对母校——清华园的由衷赞美和诗意吟诵，描绘了这座"水木清华"名园的无限风光及其陶冶和哺育英才的积极影响。1979年，86岁高龄的一代学人赵元任返国寻访"故国、故乡、故校、故知"，某日独自返回清华园，长久地在故居徘徊，并曾有定

居打算；1985年，75岁的华罗庚在赴日讲学前重返故园，在各个校门深情驻足。美丽的清华园被几代青年人称为"令人神往的知识圣地""我青春的梦"等。清华园已成了学校和校友、学子的精神和感情纽带。

2. 高校校园精神审美

（1）高校校园精神审美的界定。高校校园文化中的精神文化，是大学文化的核心，是高校校园文化建设中深层次的、隐性的东西，是大学发展的精神动力。高校校园精神文化是作为观念形态的文化，包含学校全体师生的思想意识、心理素质、精神面貌、价值取向、审美意识和学校的办学思想等。高校校园精神审美文化就是讨论其审美主体的心理愉悦、精神自由等话题，审美塑造出感性与理性的和谐，达到人格的自由之境。它关系着高校师生生活得幸福不幸福、发展得全面不全面等心理、精神问题。

（2）高校校园精神审美内容主要构成。高校校园精神审美内容总体上以校训精神为核心，经过历史文化凝练而成。校风校训是高校精神的文化象征和符号，从总体上反映了学校的价值取向。高校的校训、校风（教风、学风）、校史、校志、校徽、校歌等，包含了人文精神、科学精神和创新精神等诸多要素。

校训精神引领高校校园文化，主要通过四个途径来实现：一是以教师授课、学生听讲、课堂讨论等形式为表现的第一课堂。高校作为具有深厚历史传统与文化底蕴的独特组织，人文精神是高校文化价值的核心和灵魂。第一课堂是实践高校的办学思想、知识技能和行为准则规范以及要达到的培养目标的桥梁。二是以纸质或电子为载体的高校传媒文化。它们占据高校校园舆论制高点，从正面对其审美主体加以引导，以校风、学风和教风建设为指向，规范广播系统和校园网络管理，加强进校书刊和宣传品管理，张贴教育性标语、名人名言、优秀作品等。三是第二课堂，包括社团、各类协会、各类沙龙等。高校校园精神主要表现为具有实践性与内化性的人文精神，以内省方式为主引导人、塑造人，培养批判创新精神。第二课堂通过内化的方式在提高高校校园审美文化主体素养上具有不可取代的作用。四是审美主体个人的文化道德修养。审美主体的学识素养、审美意识及价值取向决定校园精神审美的整体水平。

（3）"失乐园"——高校校园精神审美的缺失。休谟说，"一切人类努力的伟大目标在于获得幸福"。在获得一定物质保障的前提下，人的最大幸福感源于精神的认可。无限制地拔高"物"的意义而轻视终极性精神安慰，终将导致幸福的迷失和生存意义的虚无。以物质追逐为目的，以消费主义为宗旨的世俗生活带来的是道德的沦丧与心灵的空虚。当下的高校因处于社会经济转型时期，高校师生生存方式发生改变。人不再意识到自己是一个有感情、有需要、有自我个性的人，人的精神被压倒在物质这一"匿名权威"之下，高校师生也难以避免地被物化，造成精神审美的缺失。

3. 高校校园行为审美

（1）高校校园行为审美的界定。高校校园行为审美是在高校中长期形成的，并通过其审美主体的活动而展示出来的，包含积极的价值取向、主流行为文化表现方式和行为环境共同制约的动态反应，主要在教风、学风和校风上表现出来。

（2）高校校园行为审美影响因素。一是积极的价值取向。"大学促使作为主体的人与人之间的相互交流，从而实现知识的传承，激发个人的潜能和认识自己，并共同创造薪火相传、以智慧为本源的大学精神氛围。"[4]高校校园行为审美主体为了知识而聚集在一起，并不具有功利性。他们作为社会主流文化的承载体，其价值取向总体而言积极向上且富有创造力和个性，突出个人智性发挥。

二是主流行为文化表现方式。高校校园行为审美主体有着与生俱来的社会责任感和历史使命感，国家认同、民族意识强烈，深度关注或直接或间接参与国家、社会发展变革。他们追求人格独立，悲天悯人，同情弱小。高校师生在实现个人价值的同时，也体现了主流行为文化的表现方式。

三是行为环境。荀子《劝学》中就有环境育人意识，"蓬生麻中，不扶自直；白沙在涅，与之俱黑""故君子居必择乡，游必就士，所以防邪僻而近中正也"[5]。高校校园行为审美主体在校园中的学习、研究、生活、娱乐、体育活动以及其他各种相关的社会活动都依托于共同的校园物理空间——校园里的建筑、园林水景、雕塑、实验、活动场馆等，这对高校师生的身心健康和全面成长有很大影响。同时，由行为审美主体的行为沉淀而形成的氛围对环境的良性发展有正面作用，有助于形成好的校风、教风和学风。

（3）高校校园行为审美的实现。社会变迁带来传统与现代、新与旧的观念冲突，造成高校师生思想活动的多样性与差异性。在这种形势下，高校校园行为主体更应强调自我的道德底线，既应有工具性的最低目标，也应有终极性的理想目标。一方面，认可

扫码欣赏

《蒋梦麟北大校庆演说：北大之精神》

高校美育新论

人类社会存在最低限度的道德要求，道德应具有普适性，人人应做，人人能做，人人能行，于人于己两利，承认思政教育工作的必要性。另一方面，认可道德的相对性和多元性，防止极端利己主义与鼓吹极端利他主义，给对象发挥主体性提供了空间。

审美视界

中国科学技术大学的文化象征：梅与牛

中科大校徽　　　　　　　　　中科大雕塑：孺子牛

梅的清洁朴素，蕴含着中科大人独立不倚、收敛不争、远离浮华而淡泊明志的生命态度。

牛的坚韧孤傲，彰显着中科大人创新进取、顶天立地、不甘平庸而荣校报国的事业精神。

梅与牛，体现了收与放的动态平衡和辩证运动，凸显了淡定自守的生命态度与矢志追求的生命精神，表达了寻常所见而意蕴独造的中科大人的文化品格。

4.高校校园活动审美

（1）高校校园活动审美界定。高校校园活动审美是在特定的大学文化价值观指导下，审美主体为达成高校校园文化建设需要而采取的种种活动，以全方位、多层次、宽领域、高质量的校园文化活动吸引和凝聚师生，促进高校师生自我发展、自我完善。坚持素质拓展日常化，以校园艺术活动和各类社团组织为抓手，全面培养高校师生的审美素养，提高他们的审美能力，通过开展多样化的审美活动培养高素质人才。

（2）高校校园活动审美效用。在高校校园文化中，高校校园活动审美主体之间（教师与教师之间、教师与学生之间、学生与学生之间）的互动与交流程度会影响其对学校的认同归属感、责任感以及参与校园活动的意识。首先，培育师生的认同归属感。高校师生认同归属感的核心在于高校校园的精神文化，具体表现在抽象的办学理念与校训上。丰富多彩的高校校园活动有助于师生更好地理解、认同高校的办学传统、价值取向与大学人的精神尺度。其次，培养使命感与责任感。高校具有社会责任，高校校园活动有利于其审美主体走出象牙塔，走进社会，参与社会，与社会文化融为一体，使高校师生具有较强的使命感和责任感。最后，调动师生的参与意识。校园活动既是加强和提高高校师生思想政治素质的有效途径，也是锻炼和提高高校师生能力素质的有效载体。形式多样的校园活动能充分弘扬师生的主体性，调动他们的参与意识，不做"看客"，关心高校发展，成长为社会需要的人才。

华中农业大学原创话剧《牵挂》

华中农业大学《坚持德育与美育相融合 大力培育和弘扬社会主义核心价值观——华中农业大学原创话剧〈牵挂〉育人实践》获第八届全国高校校园文化建设优秀成果特等奖

（3）高校校园活动审美的可持续性探索。首先是制度建设，把第二课堂纳入学生学分培养体系，以有效的方式使高校校园活动更加多元化，如设立体育节、艺术节、读书节、科技节、合唱节、公寓文化节等大型的专题活动和学术讲座、专家报告会等小型的专题活动；其次是经费保障和人力支持。拓展活动经费渠道，建立专兼职队伍，提供必要的指导与培养，不断提高校园活动水准；最后，以人文精神为指导核心。高校校园活动最终目的是促进人的全面发展，不能过于追求工具理性，需要以审美无功利消解审美功利化。

5. 高校校园制度审美

（1）高校校园制度审美的界定。高校校园制度文化，是依据一定的理论指导，为保证高等教育制定目标的实现而对人和事进行约束的有组织的社会规范系统。它的约束，既有从行政出发，完善监督制约机制的硬性一面，也有不依靠权力影响，而取决于人的精神心理取向的柔性约束。其制度的审美表现为"制度的设计必须体现人性化管理的理念，将人性化与制度化和谐统一起来，使人本管理进入一个既有规范的管理制度，又能对人有效激励的境界"[6]。

（2）高校校园制度审美的实现。首先，建立多元价值体系，健全课堂内外的评价机制。由于现代社会需要宽口径、厚基础的全面发展的人才,因而需要深化新时代教育评价改革。建立多元价值体系,有助于高校师生适应由以考试、考核为目的的"单一目标"向德智体美劳全面发展的"多个目标"的转变;适应从唯一标准"成绩优秀"的"单一评价"向"综合评价"转变,摆脱单一的评价机制。

其次,阳光公开地建章立制。大学的健康发展离不开行为规范和约束机制的制度保障,高校校园制度的审美前提需要审美主体的参与,制度应该由教育及相关部门或高校公开、自主制定。完善、健全的制度体系使得高校建设有规可依、有章可循,有利于群体价值规范的维护。

最后,完善健全高校校园制度体系。高校校园制度体系的建设是以制度治理代替人治,完善的事务制度化会令工作更加规范,同时更具程序公正性和管理有效性。程序正义、结果基本公平的组织制度审美文化,可以使审美主体的行为变得优雅而脱俗。审美主体便可以在行为中体现出人格的独立,不唯唯诺诺,不唯上,不唯书,人与人之间不以地位与金钱衡量。相反,制度审丑就会使人与人之间形成主仆关系,优雅缺失,进而以恶俗为时尚。

(3)高校校园制度审美的目标。高校校园制度审美就是通过高校校规校纪、职业道德规范、师德师风规范等形式,把居于高校校园精神审美的内容形象化、具象化,从而实现高校师生对高校自觉自愿的认同归属感和责任感,为其实现由他律向自律转变服务。在深入贯彻和不断完善制度体系的过程中,应当尽可能人性化和透明化,并辅以健全的监督机制,同时在一定程度上对师生的需求予以关注,只有审美主体与制度体系产生良性互动,制度的要求和导向才能得以真正实现,形成众心所向的凝聚力。

思考与讨论:

1. 高校校园文化具有哪些审美特征?
2. 尝试对高校校园审美文化的结构进行分析。
3. 高校校园审美文化包括哪些具体内容?

阅读书目推荐:

1. 杜卫. 美育学概论[M]. 郑州:河南大学出版社,2013.
2. [美]易社强. 战争与革命中的西南联大[M]. 北京:九州出版社,2012.
3. 何晋. 燕园文物、古迹与历史[M]. 北京:北京大学出版社,2018.
4. 董云川,周宏. 大学的文化使命——文化育人的彷徨与生机[M]. 北京:人民出版社,2012.

第三节　高校校园审美文化的建设路径

一、高校校园审美文化建设的基本原则

高校校园审美文化建设，是高校在教育教学规定的内容和活动中，根据自身的具体情况和所具备的条件，开展的校园物质文化、制度文化、行为文化、精神文化建设，按照美的规律，遵照审美的原则合理呈现出来，充分地发挥审美文化的功能和作用，对其审美主体进行教育和陶冶，进而全方位建设、推动审美主体与高校教育的全面发展。高校校园审美文化建设应遵循以下原则。

1. 主流性原则

高校校园审美文化建设必须培养审美主体的审美情趣和审美能力，并逐渐发展到重视健全人格和积极人生态度的培养。其主流性是指在审美取向上要避免审美趣味的悖反、审美能力的可疑、审美人格的缺失、审美生存的蛮荒。忽视和违背了这个原则，校园审美文化建设就不可能沿着健康、积极、向上的轨道发展。

高校是一个充满精神感召力的学习型与发展型的文化组织，其审美主体长期在高校的文化环境和氛围中熏陶和耳濡目染。高校校园审美文化建设应与主流价值保持一致，即坚持用习近平新时代中国特色社会主义思想引领校园审美文化建设，帮助审美主体的价值选择、价值认同与中国特色社会主义的发展方向相一致、相协调，最大限度地"用正确的舆论引导人，用科学的理论武装人，用高尚的情操塑造人，用优秀的作品鼓舞人"，培养出合格的建设者和可靠的接班人。

2. 人本性原则

对于高校校园审美文化建设来说，坚持以人为本，就是高度重视审美主体在校园审美文化建设活动中的作用，重视审美主体能动性的充分发挥，把体现学校教育人文本质和培养学校人文精神作为校园审美文化建设的目标指向，以审美主体的全面发展为出发点与归宿，认真解决审美主体最关心、最直接、最现实的问题；促进高校校园内的公平正义，尊重审美主体平等权利、使审美主体共享发展成果；把审美主体全面发展与高校的全面发展、经济社会的全面进步有机统一起来，维护好、实现好、发展好审美主体的根本利益。

高校校园审美文化建设遵循以人为本的原则，能够引导审美主体用道德来处理人与人之间的矛盾，用理性来战胜情绪的冲突，用文化来引导正确的思想，正确看待问题、协调利益。它把维护安全、秩序、正义、公平、自由，保护基本人权作为核心理念和目标追求，通过道德渗透、教育修养，规范行为、完善人格，形成诚信友爱、融洽和睦的人际关系去实现高校审美主体的自由全面发展。

3. 主体性原则

高校校园审美文化建设的主体性原则，就是在审美文化建设中必须充分发挥教育者和受教育者的主体性，从而培育和造就具有独立人格和主体意识的审美主体。充分发挥审美主体的主体性是实现审美文化建设目标的重要保证。审美主体只有具有高度的主体性，才能充分发挥评价、引导审美文化建设的作用。只有充分尊重并发挥审美主体的主体性，才能实现审美教育目标。

在审美文化建设中，坚持主体性原则，要处理好三对关系：开放性与选择性的关系，海纳百川，以开放的姿态接受社会各种文化，但同时也要批判性地、有选择性地吸纳，取其精华，去其糟粕；规范与自由的关系，主体有选择的自由，但美化心灵、完成理想人格的塑造是高校校园审美文化建设的指向；人文性与科学性的关系，审美文化建设需要审美主体由单一专业性人才向具备综合素质的宽口径、厚基础性人才转变，需要审美主体摆脱工具理性约束，提高人文素养。

4. 包容性原则

包容性原则是指高校校园审美文化建设坚持用主流思想引领多样化思想文化的原则，其本质在于承认、尊重并且欣赏文化的多元性。一种审美文化之所以流行，必定有它的道理，首先要有一个包容的心态，才能对它的正面和负面价值做出较为客观全面的评价，进而合理取舍。

高校校园审美文化建设要承认习近平新时代中国特色社会主义思想指导引领下的差异化。百花齐放与百家争鸣，使不同群体、不同信仰、不同价值追求的人能够普遍认同主流文化，以古为今用和洋为中用的"拿来主义"对待优质文化。对高校审美主体充分尊重，相信他们判断生活和世界的能力；审美主体在美学选择的取向上与主流价值不一致时，不要急于"贴标签"。在发现美时，审美主体在某种意义上也创造了美，这有益于高校校园审美文化建设。

5. 独特性原则

高校校园审美文化建设应因地制宜、量体裁衣，顺应天时、适应社会，与时俱进地推进体现自身审美特色的校园环境文化、精神文化、行为文化、活动文化、制度文化建设，使高校校园文化具有独特性。

没有特色的审美文化是平庸的文化，是没有生命力的文化。高校校园审美文化建设应从自己本校的实际出发，找准社会定位，找到自身的发展道路，充分发挥校内各种舆论工具和阵地的作用，在校刊校报、广播电视、融媒体平台中进行荣辱、善恶与美丑的教育，让师生接受、发展高校着力追求的价值取向与理念；经常举办融思想性、学术性、时代性于一体的学术报告、专题讲座、读书沙龙，指导艺术欣赏，培养审美能力；运用节假日、纪念日开展丰富多彩的文化活动，使其审美主体直接受益，使审美教育发挥其最大的作用。

6. 整体性原则

高校校园审美文化建设要从其所包含的层面整体推进，校园环境审美文化、制度审美文化以及精神审美文化建设等都要齐头并进，合力推动，不能轻视或忽视其中任何一个层面和环节。

高校物质审美文化有直观、形象的特点，它蕴含设计者、建设者和使用者的价值观、审美观，具有相当的持久性。高校在校园建筑及环境建设中应注重整体规划，互补有无，使学校的硬件设施环境反映校园审美文化的特色。以办学理念、校风、校训为代表的校园精神，反映了一所高校的本质、个性和精神面貌，主导着高校校园审美文化的建设方向。高校所营造的精神环境和文化氛围必须紧紧围绕立德树人根本任务，帮助审美主体掌握正确的立场、观点与方法，培养良好的道德品质和行为习惯。校园制度审美文化是指学校的校纪校规、教学管理、校园管理、宿舍管理等各种规章制度的价值取向与调节。高校制度审美文化建设是个系统工程，要凸显人本性、民主性和科学性，协调发展是高校制度文化建设有无效率、能否实现既定目标的关键。

二、高校校园审美文化建设的实践路径

1. 建立对话关系

从根本上讲，高校美育应该从整个高校校园文化建设入手，把审美文化建设作为高校校园文化建设的核心部分来抓。而建立师生之间的审美关系，则是高校校园审美文化建设的中心环节。

高校美育新论

师生之间的审美关系是一种对话关系，它不仅应体现在高校校园的艺术课教学和课外艺术活动中，而且应扩展到课内和课外的一切活动当中。作为高校教育主要方式的教学过程，应该由从教师到学生的单向传授关系转化为师生双向交流关系。这样不仅可以提高知识或技能教学的效果，而且可以增强教学活动的育人功能。高校校园的各个方面都具有育人作用，所以，课外的人际关系审美化同样应该受到重视。师生在课外的接触也应该是朋友式的对话关系，不仅学生应该尊重教师，教师更应该主动热情地关心、爱护和尊重学生。这种课外的师生关系既能为学生的成长创造良好条件，也能为课堂教学中师生的双向交流打下基础。

师生之间对话关系的建立应遵循审美交流的原则。教师不应该是"传教士"，而应该成为学生的朋友，教学活动不应该脱离师生的内心生活，而应该包含真诚的心灵交流。事实上，师生之间不可能是机械的、冷冰冰的传授与接受关系，而是有血有肉的人际关系。排斥审美交往的教学活动，并非不会对学生的身心健康产生影响，而只是多了几分负面的影响罢了。

师生对话关系是一种无言的心灵交流，它源于师生共同的参与内心的敞开。一些教育美学论著也开始注意到教学过程的美化，但大都关注于表面的修饰，如教师的语言美、板书美和服饰美等，这是远远不够的。审美的核心是内心的真诚表现与交流，教育美学的核心问题是教育教学过程中师生之间的审美关系。一味地追求外在的艺术装饰，不仅不可能真正发挥审美因素在教育中的作用，而且可能进一步扩大师生之间的距离。教师只有以真诚唤起学生的真诚，以平等的朋友姿态吸引学生参与，才能使教育教学活动充满人文意味和创造活力。因此，应该强调教师的内在审美素养，只有以此为基础，教学行为的外在形式才会具有真正的审美感染力和表现力；也只有这样，教学行为的审美化才会同素质教育的目标相一致。

师生之间的审美关系是由师生共同创造的，因此，应该充分发挥学生的主动性。天真烂漫、情感丰富的大学生渴望人与人之间真诚的交流，他们重感情、爱交友，特别希望教师理解他们，能够与他们达成真正的心灵沟通。他们的这些心理特征正是建立师生对话关系的良好条件。实际上只要教师平等、真诚地与他们对话，他们总是愿意开启心扉，做出热情的应答。关键是教师能否改变角色，触及学生的内心深处，开启他们的心扉。

2. 丰富艺术生活

目前，高校的艺术生活不仅艺术课程比较少，而且课外活动时间也充斥着各种课程作业和科研练习，学生的校园文化生活显得单调、沉闷，与大学生生命力蓬勃发展的特征很不相称。高校校园的艺术生活是建设审美文化的重要组成部分，它不仅可以创造浓厚的审美氛围，而且能进一步推动高校校园审美人际关系的建立。

高校校园艺术生活主要由三个部分组成，即艺术课、艺术组织和艺术节。艺术组织和艺术节是对艺术课的重要补充，特别是在当前艺术课开设的种类和时间不是很丰富的情况下，课外的艺术生活显得尤为重要。艺术组织是根据学生个人的兴趣和特长组织起来的，配有专门的指导教师，如文学社、书画社、歌咏队、话剧社、舞蹈队、器乐小组、影评小组等。在这种有组织和指导的艺术活动中，学生的艺术潜能可以得到进一步的开发和发展，他们不仅可以学到更多的艺术知识和技能，而且可以进一步提高艺术修养。校园中的艺术组织往往是一个和谐融洽的团体，在趣味相投的集体艺术活动中，学生的社会意识和社交能力也可以得到提高。艺术节是高校校园中定期开展大规模艺术活动的节日，声势大、内容丰富、普及面广，既是高校校园审美文化的集中呈现，又是进一步丰富高校校园审美生活的有效途径。

参考一些高校开展课外艺术活动的实践状况，目前办好高校艺术组织和艺术节应该注意以下几个方面的问题。第一，要注意突出大学生身心和审美发展的特点。高校校园艺术活动是大学生的艺术活动，应该适应大学生的身心特点，具有高校校园艺术特色，表现学生活泼、清纯、健康、向上的精神风貌。第二，要注意点面结合。在重点抓高水平艺术创作或表演队伍（如西洋乐队、合唱团等）的同时，应注意普及高校校园艺术生活，让人人都来参加艺术活动。虽然整体的艺术活动水平相对低一些，却能扩大艺术育人的范围，意义更大。第三，要注意走出去，请进来。一所学校的艺术指导力量是有限的，可以把学生带到校外去，如参观画展，听音乐会等。也可以请一些专家到校园来开设讲座，或担任艺术教育的兼职指导教师，指导学生艺术活动，使校园艺术生活更丰富多彩，水平也得到提高。第四，要注意扩大艺术活动的范围。当前艺术正日益与生活相结合，生活艺术层出不穷，如服装艺术、设计艺术、招贴艺术、广告艺术等。这些艺术既有当代气息，又相对通俗一些，易于为大学生们所接受和喜爱。第五，要注意与学生的校外艺术生活相衔接。目前许多大学生把大量闲暇时间用于艺术欣赏活动，他们受社会上各种文艺思潮的冲击比较大。高校应该在校园艺术活动中帮助他们识别、选择和理解社会上的艺术现象，特别是在大学生中广为流传的各种新潮文艺，使他们有指导地参与社会上的艺术生活。目前一些高校经常组织学生在教师的引导下对社会上某些艺术、文化的热点问题进行讨论，这有助于学生了解社会思潮，吸收新鲜的文化营养，同时抵御不良文化的侵蚀。

审美视界

扫码了解

南京大学艺术硕士剧团以及剧团的代表作品：喜剧《蒋公的面子》

互动话题

谈谈你喜欢的校园乐队以及他们的作品。

3. 发掘公共艺术教育资源

充分利用公共艺术教育资源对学生进行美育，是丰富他们艺术生活的一条重要途径，也是对课堂艺术教学的有力补充。公共艺术教育资源主要集中在音乐厅、美术馆、图书馆、博物馆、纪念馆、电影院、剧院和城市雕塑、大型壁画等公共文化艺术设施以及艺术演出团体。高校的艺术教育资源总是有限的。而一般来说，社会的公共文化艺术设施和演出团体却利用率不高，这是十分可惜的。近年来，公共艺术场馆的教育功能不断被重视，不少学者提出，这些场馆可以通过艺术展览指导、艺术讲座、沙龙等方式，成为艺术讲解、欣赏和模仿的课堂，充分发挥其艺术教育的功能。此外，我国的一些艺术团体也开始重视高校市场，诸如已经开展多年的"高雅艺术进校园"等面向学生的艺术演出。随着经济、社会、文化建设的发展进程，各地多种多样的公共文化艺术设施也相继建成。这些都为高校艺术教育提供了良好的外部条件。但是，要使公共文化艺术设施更好地发挥其艺术教育功能，高校和教育行政部门应该加强与上述文化艺术部门、场馆、团体的合作，主动开发这些文化艺术资源，把它们纳入高校艺术教育的总体规划之中，使之能更好地满足高校艺术教育的要求。

在公共文化艺术设施比较落后的广大农村地区，应该注意开发民间的、乡土的艺术教育资源。例如，地方戏、曲艺、民间工艺、农民画等，这些艺术品种虽然"不登大雅之堂"，却充满了生机活力，贴近学生们的生活，接受的难度不大，为他们所喜闻乐见，而且其中也不乏艺术和文化价值较高的作品。乡土文化是生长于其中的人们最贴近的文化之根，人们个性人格的形成离不开乡土文化的滋养，乡土艺术也同样具有独特的教育价值。那种本乡本土的亲切、贴近生活的生动、乐观开朗的情趣、艺术形式的活泼易懂等,都是一些高雅艺术所不具备的。因此,可以精心选择一些乡土艺术作为艺术教育的材料,以丰富艺术教育的内容,提高艺术教育的趣味化和大众化水平。

审美视界

浙江大学艺术与考古博物馆

浙江大学艺术与考古博物馆(Zhejiang University Museum of Art and Archaeology,简称浙大艺博馆),是服务浙大通识教育及专业教育的艺术史博物馆。其使命是通过艺术品原作的收藏、教学、研究与展览,支持浙大的本科通识教育,以及与文化遗产相关的专业教育。其设立的理念为:人类以行为、语言与艺术,创造其文明,并以文字与视觉史料为手段,记录其文明;故视觉素养的培养,应成为大学教育的基本组成。

浙大艺博馆的收藏,以覆盖人类不同文明、不同时代的教学样本为长期目标。其教育项目如展览、讲座、研讨会、学术出版、电影、表演等,皆围绕艺术品原作展开。通过对艺术作品的形式分析、历史意义分析及相关文化阐释,它致力于培养、提升浙大师生的美学素养、视觉能力及批判性思维。

浙大艺博馆位于浙大紫金港校区,与市区相邻,可同时服务校内师生与校外公众。馆体建筑占地50亩,建筑面积2.5万平方米,符合国际专业文物保护标准。

浙大艺博馆于2009年由浙大校务委员会决定建立,馆体由格鲁克曼·唐建筑师事务所设计,浙江大学建筑设计院建设。

扫码欣赏

浙江大学艺术与考古博物馆宣传片

4. 美化校园环境

高校的审美环境是高校校园审美文化的物化形态,是高校师生校园活动的审美空间。优美的高校校园环境可以丰富学生的感官刺激,提高他们的审美感受力。赏心悦目的环境也可以使学生的身心获得松弛与安逸,学习生活更有活力。审美环境对学生的校园活动也有一种暗示性的引导作用,如整洁有序的校园可以使学生减少破坏公共卫生的行为,宁静优雅的花园可以使学生更加热爱校园的一草一木。校园审美环境以直观方式表现着审美理想,可以促使学生心灵获得解放,精神得到升华。总之,校园审美环境具有不可忽视的美育功能。

但是，目前许多高校的校园环境美化程度偏低，人们常常可以看到，高校校园的建筑很现代化，但是人文景观却不多，许多教室、寝室便于师生学习生活的人性化设施、交流区缺乏等。这固然与学校办学经费有一定的关系，但问题的症结主要在于学校环境育人的意识并不强，美化校园的自觉性不高。

高校校园环境的美化应该以整洁为基础，但整洁也并非简单划一，校园建筑应该寓多样于统一之中，这才是审美的秩序。高校校园环境的美化还应该坚持实用与审美、时代性与民族性相结合的原则。例如，教学楼的设计，在充分考虑其实用功能的同时，应尽可能地渗入审美因素，打破千篇一律的"四方形""火柴盒"的结构形式，使之具有艺术性。校园设施中实用与审美的比例也应各有偏重。例如，教学楼、宿舍楼等建筑物以实用为主，而绿化点则以审美为主。不同功能的建筑物也可以创造出不同的审美风格，以显示建筑物的个性。建筑是时代精神的凝聚，校园的建筑应该充分体现明快、简洁的现代建筑特征。同时，也应吸收传统建筑的优良传统，例如园林建筑中人与自然和谐的观念和变化适度、错落有致的形式美特征。

高校校园环境的美化应该提倡师生共同参与。当前学生的环境意识发展比较快，他们对美化校园有自觉的要求和很高的热情。让学生来参与校园的规划和建筑物的设计，参加美化校园的具体劳动不仅可以培养他们自觉的环保意识和美化环境的能力，而且校园的审美环境也可能更适合他们的身心特点，更能够受到他们的珍视和保护。

三、高校校园审美文化建设的长效机制

1. 建立组织保障机制

为加强对高校校园审美文化建设活动的领导，保证高校校园审美文化建设的正确方向，有效地协调各方力量，形成齐抓共建、师生员工积极参与的局面，强化高校校园审美文化的管理，有效地开展校园审美文化活动，组织保障必不可少。组织保障是高校校园审美文化建设正常开展的有力保障。高校必须充分认识高校校园审美文化建设的重要作用，把高校校园审美文化建设摆到应有的高度来对待，不断完善组织保障机制。高校要坚持党委统一领导、有关部门各负其责的领导体制和运作机制，建立健全党委领导下的校、院两级管理，党政领导齐抓共管的高校校园审美文化建设组织保障系统，形成党委组织领导、行政积极实施、主管部门具体负责、其他部门协调配合的决策、实施、调控系统与运行机制。

2. 建立完善的激励管理机制

高校根据教育主管部门的规定和要求完善学校章程与各种管理制度，依法办学，按规则办事，完善现代大学的管理机制，促进高校管理的现代化和科学化，提高高校管理的效能。高校校园审美文化建设的决策和实施实行民主管理，要体现公开、公平、公正的原则，体现以人为本的精神。这样可以最大限度地激发审美主体的积极性，促进审美主体的主体意识、民主意识，有利于审美主体的自我管理、自我教育、自我发展的能力得到锻炼，进而使审美主体的主动性、独立性、创造性等个性品质得到发展。这一切正是现代社会的人才素质的基本内容，对审美主体的全面发展有深远意义。审美主体在高校校园审美文化建设管理过程中起决定性的因素。审美主体的积极性能否被调动，主要看其动机是不是被激发：教师激励就是持续地激发教师工作动机，不断提高教师工作的积极性、主动性和创造性；学生激励就是激发学生的参与动机，使之产生积极向上的心理状态，进而产生积极的行为。充分利用激励机制处理好人与人之间的关系是管理的重要内容，能否充分利用审美主体的积极性是高校校园审美文化建设机制成功与否的关键。

3. 建立有效的凝聚机制

高校校园审美文化建设要做到：全员参与、全程引导、全域覆盖。高校校园审美文化建设有利于审美主体的制度文化框架内的实践。虽然管理的过程有着必要的强制性约束制度，但在校园制度实施的程序公平，即用于决定结果的方法、机制、过程公平的前提下，以审美主体自身发展的需要、以高校校园发展的需要、以高等教育历史使命需要设置管理机制，其管理制度的制定和实施是在与大学审美文化密切关联的办学思想、教育理念的指导下进行的。高校校园制度审美文化的内容趋近于科学与公平，尊重师生、依靠师生，师生共同参与，就能激发审美主体的主人翁意识，这样高校审美文化建设就能建立有效的凝聚机制。其表现为审美主体对制度的重复遵守内化为一种习惯、一种自觉，并使审美主体做到知行合一。但若校园制度审美文化存在显失公平之处，审美主体即便在制度约束力的强制下按照制度要求行事，也往往表现出敷衍的态度。高校校园审美文化建设不仅关系到高校管理，更是培养审美主体的规则意识、拒绝潜规则意识，增强对审美文化认同的有效手段。这需要在法治的框架下做到人性化。人性化管理是对依法治校的有益补充，即在对师生的教育管理过程中，一切以师生为出发点，一切以师生为最终目的，充分体现对师生的尊重与关怀。高校校园审美文化能够在审美主体中形成一种向心力，一种团结一致的合力。

4. 经费保障机制

高校要设法加大投入，改善设施，使师生在高校校园审美文化环境中受到潜移默化的启迪和教育，促进身心的健康和谐发展。高校校园审美文化具备作为文化组成要素的物质文化、制度文化和精神文化的审美。高校校园审美文化建设要与学校其他建设结合起来，把校园审美文化建设经费纳入学校预算，在人、财、物等方面加大投入，确保校园审美文化建设各项工作顺利开展。也就是说，经费投入不能只管有形的物质审美文化，而对于制度审美文化与精神审美文化有所忽略。高校管理需遵循教育规律并体现大学精神，实现教育目标。高校管理不能唯纯粹的行政决策和行政制约，而应具有审美文化品位。以制度审美文化为抓手，可以促进物质审美文化建设，并作用于高校校园精神审美文化建设。唯有如此，高校校园审美文化建设才会有成效。软文化审美的建设经费投入需得到保障。当然，这三个层面也不是截然分开的，如高校的数字化建设，有硬件投入，但可充分利用网络资源，应用网络的平等性、互动性、虚拟性，为制定科学公平的校园管理制度提供便利，并为校园软文化的传播与及时获得意见反馈提供有利条件，有助于校园管理制度的修正。通过网络还可以强化高校校园精神审美文化。高校网络的建设尤其是数字化校园的建设能体现各个高校独具特色的风格和精神，其对审美主体有意识导向作用。

5. 建设健全评价机制

高校校园审美文化建设，需要对各个方面开展的活动予以记载、评价、记入相关板块的工作考核。高校校园审美文化建设发挥作用的内在动力机制包含建立科学规范的工作成绩和政绩考核考评机制，建立科学的奖惩机制。评价是主客体之间的互动过程，只有沟通、协商才能促进发展。因此，建立健全评价机制，就要组织师生积极参与评价机制的制定和修改，力求使制度体现出积极、先进的文化价值，使规章制度在学校管理、评先荐优、行为规范等方面凸显约束与激励功能，形成师生共同认可的长效机制。评价目标设立不能好高骛远，但又要有所作为，评价要及时、具体。有效的评价机制构建能激发起审美主体内心趋向真善美的冲动和力量，如开学典礼、迎新晚会、教学典礼、重大节日的纪念活动、公寓文化节、运动会等能让师生在活动中亲身体验大学文化的魅力，培养对学校精神审美文化的感悟和体认，使他们潜移默化地受到大学文化的熏陶，全面发展其作为审美主体的个性，从而推动学校精神审美文化的发展。

思考与讨论：

1. 简要分析高校校园审美文化建设的基本原则。

2.如果你是校长,你将从哪几个方面建设学校校园审美文化。
3.尝试评价所在学校校园审美文化的建设情况。

阅读书目推荐:

1.陈平原.大学有精神(修订版)[M].北京:北京大学出版社,2015.
2.[美]易社强.战争与革命中的西南联大[M].北京:九州出版社,2012.
3.王冀生.中国大学文化百年研究系列丛书[M].北京:高等教育出版社,2011.
4.周希贤.大学校园审美文化研究[M].重庆:西南师范大学出版社,2012.

参考文献

[1]M.兰傅曼.哲学人类学[M].贵阳:贵州人民出版社,1988:245.
[2]马克思.1844年经济学哲学手稿,马克思恩格斯全集(第42卷)[M].北京:人民出版社,1979:96.
[3]王邦虎.校园文化论[M].北京:人民教育出版社,2001:84.
[4]姜辉,孙磊磊,万正旸,等.大学校园群体[M].南京:东南大学出版社,2006.
[5]王先谦.荀子集解[M].北京:中华书局,1992.
[6]陈运超.现代大学管理沟通的本质特征[J].重庆工商大学学报(社会科学版),2008(5):147-151.

第六章

优秀传统文化与美育

引子：曲水流觞与王羲之《兰亭序》

王羲之《兰亭序》

《兰亭序》是东晋著名书法家王羲之51岁时所创作的书法作品，也是他的得意之作。作品记述了他与当朝文人墨客、达官贵人雅集兰亭的壮观场景，抒发了他对人生志向和生死的感叹。他在崇山峻岭之下，茂林修竹之边，趁着酒意挥毫泼墨，文笔清新淡雅，书风遒劲飘逸，被历代书界奉为极品，被后世称为"天下第一行书"。同时这幅作品也滋养和影响了一代又一代书法家，王羲之因此也被尊称为"书圣"。后人在研究其书法艺术时赞誉颇多："点画秀美，行气流畅""清风出袖，明月入怀"。《兰亭序》在中国书法史上的地位是不可替代、不可撼动的。

中国书法以线条作为艺术语言，通过线条的运动、组合与变化，展示其独特的个性和审美意蕴。作为中国优秀传统文化的代表之一，书法的线条集中体现了典型的东方情调，即东方民族的生命意识和审美取向。

第一节　优秀传统文化的美育价值

　　党的二十大擘画了全面建设社会主义现代化国家、以中国式现代化全面推进中华民族伟大复兴的宏伟蓝图，围绕"推进文化自信自强，铸就社会主义文化新辉煌"做出重大部署。中国式现代化是物质文明和精神文明相协调的现代化，深深植根于中华优秀传统文化，只有坚定文化自信自强，担负起新的文化使命，赓续历史文脉、谱写当代华章，才能不断增强实现中华民族伟大复兴的精神力量。2023年6月，习近平总书记在北京出席文化传承发展座谈会并发表重要讲话，从党和国家事业发展全局战略高度，对中华文化传承发展的一系列重大理论和现实问题作了全面系统深入阐述。他在讲话中强调，中国文化源远流长，中华文明博大精深。只有全面深入了解中华文明的历史，才能更有效地推动中华优秀传统文化创造性转化、创新性发展，更有力地推进中国特色社会主义文化建设，建设中华民族现代文明。

　　那么，何谓中华优秀传统文化？中华优秀传统文化要从"中国固有之学术"当中去进行深入挖掘。所谓"中国固有之学术"，即指以儒学为主体的中华传统文化与学术；同时也包括了医学、戏剧、书画、星相等。"中国固有之学术"，一般来说，以学科分，应分为哲学、史学、宗教学、文学、礼俗学、考据学、伦理学、版本学等，其中以儒家哲学为主流；以思想分，应分为先秦诸子、儒道释三家等；按照《四库全书》分类的体系，应分为经、史、子、集四部，其中又以经、子部为重，尤其倾向于经部。

　　当我们梳理中华优秀传统文化，能够发现其中最能代表中华艺术精神的正是中国传统审美艺术中所体现的对生生不息宇宙自然之道的敬畏和遵从，对生命价值意义的追求。所以"生"可谓中国艺术传统之核心，这里的"生"可以指生命、人生、生活，不仅强调宇宙万物之生命的共生共荣，而且凸显在现实生活中如何成就有意义的人生。因此，继承和发扬以"生"为核心的中国传统艺术精神，应该是当前高校艺术教育彰显中国特色，发挥其立德树人价值的重要定位，也是中华优秀传统文化的美育目标所在。

一、形成"万物一体，共生共荣"的生命美感：敬畏万物之灵性，感受天地之大美

　　人类社会当前以及未来可能面临的一个最大危险是由于人类自身破坏了赖以生存的

地球家园之后所带来的一系列恶果。自然灾害频繁暴发,比如从2019年下半年起燃烧了数月的史无前例的澳洲森林大火,不仅带来人员的伤亡,空气的极度污染,更是导致了数亿动物的死亡,给物种的多样性带来毁灭性的打击。此外,病毒此起彼伏地在全球肆虐,当我们还对SRAS、埃博拉病毒记忆犹新时,新冠病毒又在全球暴发和蔓延。其传染力之强、来势之猛,人类惊恐万分、措手不及。早在2015年,比尔·盖茨就曾在Ted演讲中指出,"如果有什么东西在未来几十年里可以杀掉上千万人,那更可能是个有高度传染性的病毒,而不是战争。不是导弹,而是微生物。"可是人类目前对此似乎还没有足够的应对能力。

对于这些问题的应对和解决不仅需要知识、科技的力量,更需要我们深刻反思人类对待自然万物的态度和行为,自检和改变我们的生活方式。人类所谓战胜自然的过程其实就是德国社会学家马克斯·韦伯所说的人类将自然祛魅的过程,是人的技术理性不断主宰世界的过程,伴随而来的是自然环境日益被破坏,人和其他物种之间日益对立和分离。人们越来越丢掉了原初对自然宇宙的敬畏,自然万物在人类的眼中也不再充满神秘魅力了。当今我们需要摒弃这种人类中心论的思想,打破主客二分对立的认识论,在生存论基础上重建"人与自然的如婚礼一般的'亲密性'关系"[2]。这种亲密关系的建立仅仅依靠生态知识的掌握是远远不够的,还需要促进人们建立以情、爱为纽带的人和自然之审美关系。当人以欣赏、爱慕之情去体验自然之时,人对自然的怜爱之情也油然而生。

中国传统艺术精神所包含的正是这种人与自然的亲密审美关系。"大道之源""弥纶天地,无所不包"(《周易》),是中国古人寻求宇宙万物之本源,探寻生命真谛的智慧结晶。

中国独有的宇宙自然观、生命哲学观深深影响了中国传统艺术。所以,中国传统艺术不像西方艺术旨在追求对外在客观物象的精准描摹,而是追求在艺术中彰显宇宙自然之道,展现一个生机勃勃、大美至善的万千世界。通过虚实相生的手法,以表达象外之意,弦外之音,通过有限营造无限,以实托虚,从而创造出大象无形、大音希声的审美意境。这正是中国艺术区别于西方艺术的精髓所在。

中国传统艺术所体现的天人合一的审美观、宇宙生命观,是古人留给我们的宝贵精神财富,可以在培养当代人的环境家园感中发挥独特作用。所以,艺术教育在传承我国传统艺术之时,不应只停留在形式、技法层面的知识介绍和学习上,更需要引导学生感受和领悟中国艺术独特表达方式背后所蕴含的宇宙生命观、审美观。并且引导学生学会用参与式的方式进行自然审美,并能将这种感受体验和思考,带到自己的艺术创作之中。通过艺术教育，不仅能培养学生万物共生共荣的生命美感，而且因为审美艺术的独特魅力和价值，可能比以认知为主的环境教育、生命教育更加有效，更加深入人心。

> **实践课堂**
>
> **开展一次基于参与式自然审美的艺术创作**
>
> 选择一处真实的自然环境，运用视觉、听觉、嗅觉、触觉等多种感官接触和感受周围自然环境的色、形、味、声、气等，同时仔细发现那些细微的、过去不曾关注的事物和场景。同时在观察体验的过程中，不断建立已有经验与在场体验之间的对话，从而丰富自然审美体验，在此基础上，尝试通过不同的艺术形式、媒介进行艺术创作，并且在创作中实现体验、创作与思考的不断对话和深入。

二、践行"为人生而艺术"的艺术观：在艺术中滋养情感，体悟人生，过一种艺术化的生活

中国传统艺术从本质上来说是一种"为人生而艺术"的定位。艺术不只是一种技术，更是文人雅士修身养性、体道悟道的方式。以孔子为代表的中国儒家美育思想的核心就是将审美艺术活动与人格修养紧密联系。

在古人看来，诗乐舞统一的乐是人心被外物所感之后的表达，有什么样的情就有什么样的乐来表达。所以孔子正是从诗的抒情性来谈诗所具有的"兴观群怨"的社会功能。他认为通过诗能够使人们的情感得到宣泄和表达，实现交流和理解，从而达成社会的聚合。礼乐之间的关系也根源于这种情感性。孔子对于礼乐关系的把握，不只停留于乐的形式上，还包含礼的内容，更强调仁的本质与乐的本质有自然相通之处，即都以"和"为根本。"乐"与"仁"都可消除对立，实现各种异质的和谐统一，这正是"和"，所以"和"使得艺术的最高境界与道德最高境界在最深的根底沟通了。

如果说儒家主要立足于人类社会的和谐，通过艺术实现"自然的人化"，那么与儒家互补的道家更强调人摆脱现实的物质功利束缚，达到精神的超越和自由。老庄追求的

扫码赏析

《孔子学琴》

是人与天地万物的同一，相比儒家，他们看重的是"天和"，追求"人的自然化"，希望在物我统一中获得"至乐""天乐"，这既是人生最高的自由、最大的善，也是最高的审美境界，因为审美之乐就是超功利的自由愉悦。所以，道家哲学的人生态度其实成就的是审美化的人生。他们不是在物的属性中寻找美是什么，而是在消除人的异化，在追求人与物和谐、追求人格精神自由的高度探求美的本质。

对于生活于世俗社会中的人，老庄的人生理想似乎难以实现，但是他们的思想却深深影响了中国传统艺术。中国传统艺术讲究自然天成，追求形而上之道，而不拘泥和满足于形而下之器、之技。艺术家希望在有形、有限之形象中展现无形、无限的生命意义和宇宙之道。这催生了中国传统艺术的一些独特的表现方法，比如从唐代兴起的中国水墨山水画。之所以仅用看似单一贫乏的浓淡深浅墨色，就是要摒弃对外在自然色相的描摹，转向探索内在本质。艺术家以自由心灵去把握和表达最质朴最内在的永恒之道。再比如宋代郭熙提出的中国山水画的三远构图，三远即为"自山下而仰山巅"的高远，"自山前而窥山后"的深远，"自近山而望远山"的平远[3]。古代艺术家为何注重"远"的表达？因为远是相对于近而言的，随着视线的转移，由近及远，不期然地转移到想象上。这使得山水形质由直接通向虚无，由可见到不可见，由有限走向无限。除了表现手法外，中国传统艺术一些独特的评价术语，如形神、风骨、骨法、气韵等，是从"骨法形体""声气语言"等人的美推演而来的，即都是从人物之美推及艺术之美，直接体现了中国传统艺术的人格象征特质。

由此可见，在儒道影响之下的中国传统艺术并非一种"为艺术而艺术"的存在，而是实现人生价值和意义的重要载体。这正是中国传统艺术区别于西方艺术的重要人文特质。它对于重塑当代人的精神人格和建设社会信仰体系具有重要意义。中国传统"为人生而艺术"的追求，不仅在于生活中有艺术的形式，更要通过艺术实现生活态度的审美化，达成生命的超越。道家所讲的艺术人生，并非着眼于艺术活动本身，而是日常工作生活的审美化，正如庖丁解牛中所揭示的，只有消解了心与物的对立，人们才能由技近乎道，达到从心所欲而不逾矩的自由充实感。这种精神的享用就是人生的艺术化。所以，当代人所谓的日常生活审美化，其实远没有达到古人所追求的境界。面对当代人的生活境遇和精神状况，在艺术教育中提出彰显"为人生而艺术"的中国艺术精神就显得尤为必要，因为它能够帮助人们在现世创设一个心灵安顿之地，提供一种价值信仰，从而实现内在精神的超越。

目前艺术教育最大的问题在于仅仅把艺术作为一种技艺来传递，失去了艺术内在的人文精神，因此也就难以发挥艺术独特的育人价值。我国古代乐教和诗教传统在20

世纪初得到了很好的发展，王国维、蔡元培在兼容中国传统美学和德国古典美学的基础上，大力倡导美育、艺术教育对人的情感和精神的发展价值。蔡元培不仅提出了著名的"以美育代宗教"的想法，而且积极开展美育艺术教育实践。梁启超认为情感教育最大的利器是艺术，通过艺术能够激活人们已经麻木的审美器官，使人的情感进化到一种圆满发达的状态，实现生活的趣味化。艺术教育必须从技术、功利回到情感、精神，不仅提高学生的艺术欣赏和创作的知识和技能，更要让他们通过感悟艺术，丰富和陶冶情感，开阔视野，修炼心性，提升人格境界，并且能够用审美艺术的眼光去感知世界，学会运用艺术的方式表达和交流情感与思想。当今世界艺术教育改革也越来越从学生艺术技能的掌握转向学生艺术素养的培养，艺术素养是不同于艺术技能的概念，它更强调通过艺术学习和活动，使学生具有将艺术的知识、技能综合运用于个人生活以及社会发展的意识和能力。由此可见，我们提出"践行'为人生而艺术'的艺术本质观"的艺术教育人文目标，既是对中国艺术教育传统的继承，也是当代世界艺术教育改革理念的中国话语呈现。

三、提升"艺术介入社会"的行动力：积极参与社会生活，以艺术促进社会的变革和美好

尽管中国传统艺术多表现出与个人心性修养之间的关系，但背后无不体现出古人对国家、民族和社会命运的关心和思考，希望通过改变个人来实现国家、民族和社会的革新。这其实正是中国文化精神中的忧患意识在审美艺术中的体现。"儒家是面对忧患而要求加以救济，道家则是面对忧患而要求得到解脱。"[4]儒家所体现的是一种自觉和进取，希望通过积极入世，通过实践由人格、道德所要求的艺术，通过礼乐的沟通，来达到人心的教化，从而达到社会的和谐。而道家则希望以虚静淡泊之心，在精神上超越功利世俗的现实社会，在更广阔的宇宙自然中，达成精神的自由和解放。尽管道家这一思想本无心于艺术，而是着眼于人生，却成为文人艺术家的价值追求。

作为民族文化根基的忧患意识无疑深深影响了中国传统美学和艺术，正是对国家危难的忧思、对民族的深情、对人生的感叹，成就了艺术家的道德精神和伟大作品。这其中既有屈原放逐乃赋《离骚》，也有陶渊明在对田园的眷恋和归隐中消解忧患，纵浪大化，以安顿生命。不仅诗文，在中国其他传统艺术中，也无不体现这种深沉的忧患意识。在张旭的书法中我们可以感到杜甫所说的"悲风生微绡，万里起古色"的苍劲悲凉之感；在八大山人的以白眼向人的禽鸟形象中，我们看到了一个经

历家国巨痛,蔑视权贵,孤傲独行的艺术家风貌。总之,中国艺术中的忧患意识"处处都紧扣住伦理、政治的层面,怀着对国家、民族和社稷民生的强烈关注之情"[5],体现了"先天下之忧而忧,后天下之乐而乐",具有高度社会责任感和献身精神的博大胸怀。而且在儒释道的影响之下,中国艺术在对忧患意识的表达上,也不同于西方艺术中强烈的冲突以及由冲突带来的绝望和毁灭,而大多以柔克刚,以圆融、柔韧、乐观、超脱的精神战胜苦难和危机,所以可以看到中国的悲剧常常以悲剧性的大团圆作为结局。

中国传统艺术中的忧患意识,所体现出的艺术家对国家、民族命运的关切、对社会黑暗的批判以及对创造美好未来的自觉和责任,都值得在当今社会彰显和发扬。在今天这个看似物质极大丰富、太平而安定的时代,我们更需要一种居安思危的忧患意识;同样在这个个人主义不断膨胀的时代,我们更需要一种社会的担当和责任,一种肩负民族伟大复兴任务的勇气和使命感。为此,艺术教育应该发挥其应有的作用。艺术不只是个人小我情绪、情感的宣泄和表达,也不只是为个人生活的服务,它的更大价值在于能够从小我走向大我,能够关注和思考国家、民族乃至人类未来的命运,能够促进社会政治、经济、文化、科技等发展。尤其是在当代,艺术与社会各个领域之间的关系日益紧密,随着创意经济、审美经济的到来,创意思维、审美元素和艺术产业是促进经济发展的重要力量,而且艺术在推动社会的政治改革、促进科技的创新、承担文化的传承等各领域中发挥着越来越重要的作用。所以艺术教育需要充分认识和重视艺术在新时代的社会价值和功能,这不仅是时代发展的需要,也是对中国传统艺术精神、中国传统艺术教育中所具有的家国情怀的继承和发扬。无论是以儒道为代表的古代传统美育思想,还是20世纪初以王国维、梁启超、蔡元培、李叔同为代表的艺术教育救国思想和实践,都希望利用艺术这一利器去拯救心灵,改变愚昧麻木的国民,陶冶他们的情感,发展高尚的人格趣味,从而通过改变国民性来实现艺术救国。在当代,面对新的时代特征和要求,艺术教育更需要着力培养学生的国家和民族情怀、社会的担当和使命感,以及积极参与社会生活,通过艺术去改变社会的意识和能力。其实这也是当代世界艺术教育改革的一个重要趋势,艺术教育的社会功能日益受到重视。各国都强调艺术教育要为国家、社会乃至全人类的福祉而服务。比如联合国教科文组织在第一、二届世界艺术教育大会上形成的《首尔议程》,确立了一个重要的艺术教育目标,那就是运用艺术教育的原则和实践来促进解决当今世界面临的社会和文化挑战。因此,当前许多国家更强调艺术教育需要在与社会紧密联系的背景中,培养能够推动社会经济、政治、文化等发展和变革的具有高水平艺术素养的学生,以便更好地发挥艺术教育的社会功能。比如，对于学生艺术创造力的培养，强调创造力不只是个人艺术表达、创作上的创新，而更注重发展学生能够将审美想象和艺术创造力转化为生活、工作中的创意以及创造性的设计和表达。再如，为了增强学生对社会的理解，推进社会民主进程，社会正义、性别平等、弱势群体等社会议题成为艺术教育中的重要内容。教师通过引导学生对这些主题的思考、讨论，提升他们对社会的认识和理解，鼓励他们通过艺术创作去表达自己的想法，积极参与到社区、社会的变革之中。总之，大家形成了这样的共识，即艺术教育不应该是孤立于社会之外的，它应该发挥并承担起促进社会变革的重要价值和使命。所以，当前中国艺术教育也需要充分认识到自身的社会功能和价值，引导学生积极参与社会生活，通过艺术为社会的变革和发展贡献自己的力量。

思考与讨论：

1. 谈谈文化复兴与文化自信的关系。
2. 联系中国古典美学特征，谈谈中国文化的传播与国家形象的建构之间的关系。
3. 结合经典原句，谈谈你对中华优秀传统文化内涵的理解；并结合现实，说明今天为什么要依此增强文化自信。

阅读书目和电影推荐：

1. 李天道. 老子美学思想的当代意义 [M]. 北京：中国社会科学出版社，2008.
2. [唐] 郭象注，成玄英疏. 庄子注疏 [M]. 北京：中华书局，2011.
3. 张岱年，方克立. 中国文化概论 [M]. 北京：北京师范大学出版社，1994.
4. 楼宇烈. 中国文化的根本精神 [M]. 北京：中华书局，2016.
5. 杨伯峻. 论语译注 [M]. 北京：中华书局，2017.

第二节　优秀传统文化的研习内涵

一、线条的气韵：书法之美

中国书法以线条作为艺术语言，通过线条的运动、组合与变化，展示其独特的个性和审美意蕴，在书法线条中体现了典型的东方情调，即东方民族的生命意识和审美取向。

1. 书法艺术的文化特征

作为一种传统艺术，书法是根据汉字的特点，运用毛笔这一特殊书写工具，以民族语言为书写内容，体现艺术家的个性风格，表达一种艺术境界和精神内涵。书法艺术的文化特征主要有以下几个方面。

（1）以汉字为书写对象。汉字作为一种语言符号，除了与其他文字一样具有思想交流、文化传播的普遍功能外，还有其特有的衍形特点和阐释方式。

汉字的构造，谓之"六书"，即象形、象事、象意、象声、转注和假借六种。其中，"四象"为造字法，转注、假借为用字法。"四象"中的后三象又从象形中派生而来，所以象形是整个汉字的本源，也是书法形体美的基础。

由于汉字为衍形文字，把自然界形形色色的客观实体，浓缩、简化成块架结构的语义符号，因而具有"因形见义"的鲜明的感性特征。此外，汉字的方块结构主要是由点画组合构成的，不论古文字时期的象形组合，还是现代文字的抽象组合，由点画到形象都浸透着鲜明的中华民族文化精神和强烈的生命意识。

（2）以毛笔为书写工具。中国书法之所以成为艺术，除了因汉字的衍形特点外，还有赖于特殊的书写工具——毛笔。

中国人用毛笔写字已有2000年的悠久历史。毛笔因其软，富有弹性，伸缩幅度极大，最能表现线条的粗细、方圆、枯润和曲直等各种姿态。而字形的美就是从变化着的线条中反映出来的。换言之，字的生命、精神和艺术性都有赖于毛笔的表现。以毛笔书写的文字，能带上强烈的艺术色彩，构成自身独特的艺术语言，使字的体态风格和传统绘画作品一样，有的柔婉，有的俏丽，有的灵气，有的疏阔，有的雄厚，有的狂放，有的严谨，有的以气见长，有的以姿取胜。

（3）以民族语汇为书写内容。书法艺术深深扎根于中华民族文化的沃土，是中华民族文化艺术之精华。数千年的历史渊源与文化积淀，使之形成了一种具有独特艺术品质的民族语汇。

首先，书法艺术作为民族文化中的特质现象，无论哪一个书法家，也无论书写的是楷、行、草、隶、篆中的哪一种书体，抑或是阴柔阳刚不同的风格，在书法语义上都昭示着一种带有共性的社会精神情感，其情感语汇从来就是在自我精神、自然精神和社会精神的综合体现中得到肯定的。

其次，中国书法艺术历来注重美与善的统一，特别强调法与意的结合、文与质的完满、功与性的圆成。在书法艺术史上，任何片面追求单纯形式的"唯美"论者，都必然失去其艺术的真正价值；而唯有文质相兼、尽善尽美，方可人书流芳、千古不朽。

此外，中国书法作为人文精神的载体，具有书象符号与语义符号双重内涵。书象符号是文化人格的物态体现，语义符号则是思想情感的直接流露。二者的相互契合，交相为用，使中国书法的文化品位不断雅化和提升。

（4）以个性风格为艺术特征。书法"附丽"于文字，文字因其实用性功能而要求书写趋于秩序化、规范化和法则化。书法因其审美功能而要求书写趋于主体化、个性化和艺术化。因此，书法史上晋代羲、献父子虽属家法薪传，但并不妨碍两人各自的个性风格；唐代欧、颜堪称楷法森严，但两人照样各自成家。正是由于书法家所追求的意境和吸收传统的不同，形成了各自的个性和笔墨情趣，才使中国书法艺术具有无穷的魅力。

小知识

文房四宝

中国汉族传统文化中的文书工具为笔、墨、纸、砚。文房四宝之名，起源于南北朝时期。历史上，"文房四宝"所指之物屡有变化。在南唐时，"文房四宝"特指宣城诸葛笔、徽州李廷圭墨、澄心堂纸、婺源龙尾砚。自宋朝以来，"文房四宝"则特指湖笔（现浙江湖州）、徽墨（徽州，现安徽歙县）、宣纸（现安徽泾县）、端砚（现广东肇庆，古称端州）和歙砚（现安徽歙县）。

永字八法

永字八法，是中国书法用笔法则。以"永"字八笔顺序为例，阐述正楷笔势的方法：点为侧，侧锋峻落，铺毫行笔，势足收锋；横为勒，逆锋落纸，缓去急回，不可顺锋平过；直笔为努，不宜过直，太挺直则木僵无力，而须直中见曲势；钩为趯，驻锋提笔，使力集于笔尖；仰横为策，起笔同直划，得力在划末；长撇为掠，起笔同直划，出锋稍肥，力要送到；短撇为啄，落笔左出，快而峻利；捺笔为磔，逆锋轻落，折锋铺毫缓行，收锋重在含蓄。

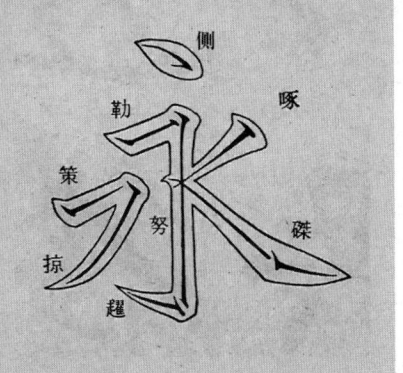

2. 书法艺术的审美特征

（1）笔墨之美。不同的书体对线条有不同的要求，如楷书要求线条规整敦实，行书则要求线条流畅飘逸等；粗细一致毫无节奏感的线条也将丧失其美感，所以准确地表达出线条的节奏、情绪、质感就需要书法家具有细腻的手上功夫，这也是学习书法最应具备的。古人云"墨分五色"，即焦、浓、重、淡、清。墨的颜色虽然只有黑色，但书法家则可以通过墨中水分的控制来表现丰富的墨色层次，从而使作品具有强烈的色彩层次之美。

（2）结构之美。不同的汉字有着不同的笔画数量、笔画位置、笔画形态，因而造就了丰富多彩、千变万化的汉字结构。不同书体对于间架结构的审美要求是不同的。如楷书要求结构严谨肃穆，行草书则要求结构灵活多变，等等。所以，结构是否和谐是决定一个字成功与否的重要因素。这些或平稳、或欹侧、或险峻、或迎让、或向背的汉字结构呈现出生动自然、虚实相生、轻重协调却又不失浪漫洒脱的精神面貌，给人以美的享受。

（3）章法之美。章法是指书法作品整体的构成和布局。需要书法家在对作品内容准确理解的基础上运用章法布局的要领将作品表现出来。正所谓一点乃一字之规，一字乃终篇之准，即通篇需要做到首尾呼应、疏密得当、气息流畅、意蕴飞扬。这种合理的"排兵布阵"有利于巧妙地将书法家的情感和审美情趣表达出来。

（4）形式之美。书法既有艺术性，也同时具有实用的特点，不同形式的书法作品适用于不同的场合。传统的书法作品形式有中堂、对联、条幅、扇面、册页、横幅、条屏，等等。书法家可以通过不同的装裱手段，对作品进行进一步加工完善，使其变得更有装饰性。

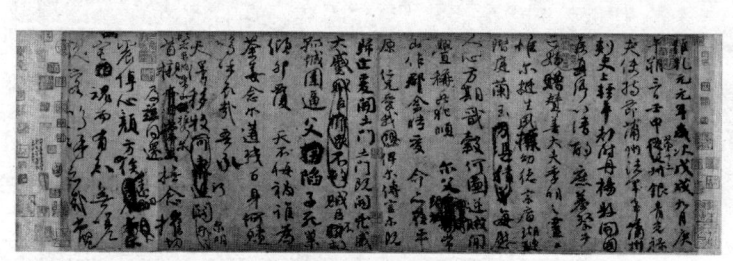

审美视界

颜真卿《祭侄文稿》

扫码了解

《祭侄文稿》

《颜勤礼碑》

全称《唐故秘书省著作郎夔州都督府长史上护军颜君神道碑》，现藏于陕西西安碑林。此碑为唐代书法家颜真卿成熟时期代表作之一。此碑已基本将初唐时期的楷书法度淡化，用笔一改唐楷瘦硬之风，取而代之的是雄浑丰润，尽显大丈夫之气。用笔上横细竖粗，方圆并用，横细竖粗对比非常鲜明，方圆转折果敢清晰。结字宽博疏朗，骨架开阔，体势外拓，气势雄强。章法上外紧内松，行距字距以及边白都较窄，视觉冲击力强烈，气势逼人，三者有机结合将颜体厚重、宽博、挺拔和雍容大度的风采展现得淋漓尽致。

颜真卿《颜勤礼碑》

3. 书法艺术的欣赏方法

（1）从欣赏笔法入手。笔法，是指书写的笔画要合乎规矩法度。笔画是汉字的构成元素，也是书法美的物质基础。要使写字成为书法，用笔时应讲究提按、粗细、轻重、强弱、徐疾和起笔、收笔的方法技巧；行笔时应具有节奏和韵律，使所写每一个字的点、横、竖、撇、捺、挑、钩、折等笔画都笔笔入法。只有把一笔一画写好，才会有整个字的美观，才会圆润厚重、富有质感。因此，在欣赏书法用笔时，首先应注意笔画是否具有实在的形体感。成功的书法用笔，即使是细如游丝、轻若蝉翼，也能使人感到具有某种浑圆的体积或某种厚度；而失败的书法用笔则是平贴飘浮在纸上的，没有实在的形体感。其次应注意笔画的长短、粗细和浓淡是否多变而适宜。成功的作品，若干笔画皆有变化，或长或短，或粗或细，或曲或直，或浓或淡，或回锋收笔，或露锋收笔；失败的作品，则若干笔画一模一样。再者应注意笔画"骨肉"是否相称，"筋脉"是否相通。古人说："善笔力者多骨，不善笔力者多肉；多骨微肉者谓之筋书，多肉微骨者谓之墨猪。"[6]即骨肉筋脉应以骨和筋为主，以肌肤血脉为辅。只有"丰骨多筋"，才能达到美的境界。

（2）重视欣赏结体。结体，又称"结字""结构""间架"等，是指一个字按照文字的构成原则和美的规律，进行笔画间的合理安排。王羲之在《题卫夫人〈笔阵图〉后》中就强调，作字必须先"凝神静思，预想字形，大小偃仰，平直振动，令筋脉相连，意在笔先然后作字"[7]。这也就是说，书法要写出仪态活泼而富有生命力的形象，不能以点画的平庸搭配为满足，这种形象的创造是与"意"紧密关联着的，即受作者艺术构思驾驭的。古代书家们论述"字形在纸，笔法在手，笔意在心，笔笔生意"等，正道出了这一审美原则的内涵。他们要求"行行要有活字，字字须求生动"，对每个字的长短、大小、疏密和宽窄等，有造诣的书法家总精思熟虑、意随心到、笔随势生，使之曲尽其美、富有生趣，让人从静止的字形中领略出活泼飞舞的动势，给人以凝神观赏及回味无穷的艺术享受。

（3）注意章法布局。章法，是指一件作品中字与字之间、行与行之间，以及所留空白的整篇布局和总体效果。好的章法布局，各字之间顾盼有姿、错落有致，各行之间气势不断。丰子恺在谈欣赏吴昌硕作品的体会时说："各笔各字各行，对于全体都是有机的，即为全体的一员。字的或大或小，或偏或正，或肥或瘦，或浓或淡，或刚或柔，都是全体构成上的必要，绝不是偶然的。"他还说："有一次我看吴昌硕写的一方字，觉得单看各笔画，并不好；单看各个字、各行字，也并不好。然而看这方字的全体，就觉得有一种说不出的好处。单看时觉得不好的地方，全体看时都变好，非此反不美了。"[8]这段话充分说明书法的美在于整体的和谐，而局部的审美价值也须从整体上去衡量。

（4）领悟内在精神。所谓内在精神，就是书法作品中体现出来的书法家的人格美。书法和其他艺术一样，都是富有生命力的。古代书法家一向就有"书者，心之迹也"的说法。好的作品必定倾注着书法家强烈的思想感情，这些内在的感情真实地蕴含在笔画之中，人们可以从书法的外形，潜移默化地受到书法家人格的熏陶。因此，欣赏书法艺术，固然不可忽视一笔一画、一字一行和整体作品的外形的观赏，但是还需要了解书法家所处的时代，以及他们的生活态度、人格和书写的内容、技巧之间的关系。只有这样，才能进入全面欣赏的境地。

互动话题

尝试欣赏毛泽东的七律《人民解放军占领南京》和启功行书横幅，谈谈两幅作品给你的不同观感。

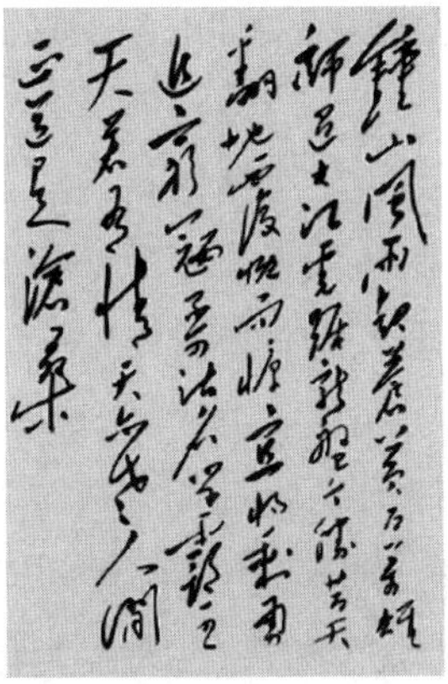

毛泽东《人民解放军占领南京》 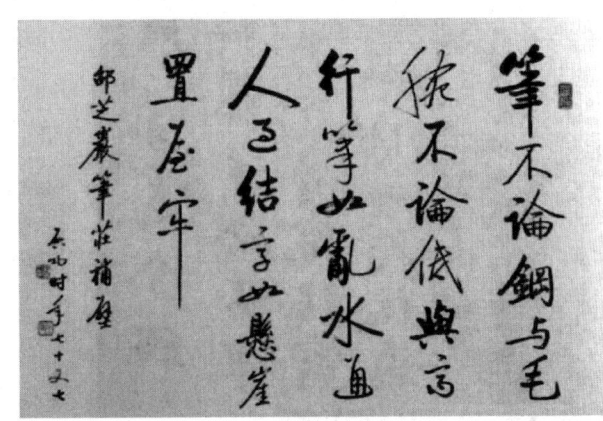　　启功行书横幅

二、人生的境界：国学之美

国学是中国"传承道统"的优秀文化，也是那些传自轴心时代，并体现人类文明方向的核心价值，是"载道"的优秀文化[9]，是强调要具有天下情怀，要以人为本，还要一心向善的文化。国学的文化精神主要体现在：一是优秀的民族精神——报国情怀、浩然正气、献身精神；二是积极的人生价值观——独立人格、建功立业、修身养性；三是创新的思维方式——哲学思想、社会制度、文教活动等。国学不仅是中华民族的财富，也是全人类的财富，可以作为人类文明对话不可或缺的基本原则，能引领普世价值，为当今世界发展提供中国智慧和中国方案，进而为人类文明和世界和平做出积极贡献。

1.《易经》的审美解读

国学写意的历史，自然从《易经》开始。《易经》是中华传统文化的起源，其广泛而无所不包的理论内涵和审美结构，也可以说是中华传统文化的审美象征。《易经》原本就是一部占筮的古书，是原始先民们对于自然、社会

易经卦象的象数

现象的深刻思考和离奇想象的留存,既具有原始巫术的神秘色彩,又具有浓烈的艺术趣味,特别是情景互生的象征思维,直接营造了中华美学精神。

《易经》的丰富内涵,远非是社会政治、伦理精神所能简单代表的,它还包括了丰富的科技美学的原始质素,有很多原始先民对于自然、社会运行规律的理性认知和质朴想象。不同于其他经典,《易经》美学意义的最初建构,来自对天、地、自然的原始感知,具有原始的自然科学思维特征,蕴含着原始先民对大自然运行规律的强烈兴趣和不懈探索,这也是近代科学精神最质朴的表现形式。

《易经》象数学中的"象"指的是卦象,实际也是自然万物的形象呈现,蕴含着万物的运行规律。如果说"象"包含着人文学的意义,那么"数"则包含着科技学的意义。"象"和"数"是离不开的,因为"象"太复杂,不是单一的,而"数"则更呈现规律性,古人在观察自然万物中形成的天文历法,都不可避免地与"数"相关;《易经》作为占筮之书,本身也蕴含着"数"的推演和运算,古人探索自然万物的运作规律,就依靠"数"的方式。

古代科学技术

先民创造的象数学,类似于西方科技文明发源的毕达哥拉斯学派,力图运用数的原理探索天地、自然的奥秘。西方近代科技文明的进步,很大程度上源自古希腊、古罗马文化中的科学、理性精神。很多西方学者认为,东方文明仅注重社会人伦、人事秩序的思考,这是导致近代中国科技文明落后的重要文化因素。但实际上,《易经》中包含了很多象数学的科技思考。以此延伸,中华文化中同样拥有丰富的器物文化和科技发明,诸如早有《周礼·冬官考工记》中对于器物文明的记载,而后又有最有影响的四大发明,这是国学的另一面向,需要我们不断去挖掘的科技国学的一面。西方近代数学家莱布尼茨,就很好地借鉴了《易经》的象数理论。他的微积分二进制、单子论思想,不能不说没有《易经》的两仪、四象、八卦、六十四卦、天干地支等思想的影响。他在逝世前一年写给德雷蒙的信中说:"这个二进位制,就是源于中国!我之所以要说出来,是为了要证明古代的中国人比现代人聪明得多!"[10]

2.《论语》的审美解读

孔子是我国古代伟大的思想家、教育家。汉武帝时,董仲舒提出"罢黜百家,独尊儒术",确立孔子学说在国学中的主轴地位,孔子也成为中华文化的代表人物。作为孔子及其弟子言行的语录《论语》，内容博大精深，可以从以下几个关键词入手，挖掘其中的宝藏。

第一个是"乐"。为什么讲这个"乐"字？因为孔子告诉我们："智者不惑，仁者不忧，勇者不惧。"（《论语·子罕》）我们不快乐的原因是内心装满了忧愁，如果我们内心装满了仁爱、宽容、包容、温暖，那么就始终不会忧愁，自然也就是快乐了。

那如何做到"快乐"呢，孔子讲"三忘"。"发奋忘食，乐以忘忧，不知老之将至云尔。"（《论语·述而》）简单说，第一个是"忘食"，不仅仅指忘记吃了，而是指忘记了物质；第二个叫"忘忧"，就是不让自己天天处于焦虑的心态，不要总想着那些让人忧愁、不开心的事；第三个是"不知老之将至云尔"，不仅仅要忘老，而且要忘了时间。

第二个字是"恕"。《论语·卫灵公》中记载，孔子的一个学生子贡曾经对孔子说："有一言而可以终生行之者乎？"子曰："其恕乎。己所不欲，勿施于人。"

这段对话，用现代汉语翻译过来就是，子贡问孔子："人生修养的道理能不能用一句话来概括？"孔子说："那就是恕啊。自己不想要的东西，切勿强加给别人。"孔子所说的"己所不欲，勿施于人"，就是自己做不到，不要强加给别人。"恕"所强调的是，处理人际关系时，要善于推己及人，富有胸襟和包容精神。孔子所谓"恕"，即要把一切人都看作平等的主体，甚至相对于自己的"他人"要优先于自己，所谓"己欲立而立人，己欲达而达人"（《论语·雍也》），接纳别人，成就别人，就是成就了自己。

第三个字是"和"。礼的最高价值便是"和"，"和为贵"就是以和谐为贵，"和"是儒家特别倡导的伦理、政治和社会原则。"君子和而不同，小人同而不和"（《论语·子路》），表达了孔子提倡的"和"并不是无原则的调和与苟同，不是盲从附和、不分是非，而是"和而不同"——不同事物之间的协调、统一或者承认事物有差别的前提下的统一与和谐。儒家所提到的"和"的处世哲学、人生理念和社会交往原则，对于我们构建和谐社会有着积极的意义和作用，对于中国乃至全人类延续生存和文明的进程起着重大作用。

第四个字是"仁"。仁，"二人成仁"，强调的是人与人相处的关系。"仁"是孔子哲学最高范畴，也是基础所在。"仁"的精神从人身心出发，超越狭隘的血缘关系，强调尊重他人权利并普遍性地爱他人，注重"克己"和"虚我"，认为"仁莫大于爱人"。仁学，突出个体精神和利他社会的群体精神的统一。孔子强调，一个内心装满了博大的仁爱思想的人，是最利于健康、最利于生命成长的。相反，如果一个人心里过于狭窄自私，没有任何的温暖、包容，健康的生命就无从生长，正所谓"智者乐，仁者寿"（《论语·雍也》）。

165

审美视界

扫码赏析

《孔子赞尧之美》
《孟子论美与大》

3.《道德经》的审美解读

积淀着华夏民族文化基因的国学，不仅仅是儒家文化，还有同样来自轴心时代的道家文化。儒家的入世与理性，道家的出世与飘逸，基本构成了华夏民族互为补充的精神特质。在儒道两种精神世界里，中国人能巧妙地找到生存的平衡之道：中和、平静与幸福。

孔子赞誉老子为"乘风云而上天"的"龙"，可见老子形象和思想的深邃与神秘。老子的《道德经》不到五千字，但内涵极其丰富，可以从以下几个关键词入手，挖掘其中的宝藏。

第一个关键词是"道"。老子说："道可道，非常道。"什么是道？道就是世界万物的整体规律。"道可道，非常道。"这是老子对诸子百家说的话，意思是说，你们讲得都很有道理，但都仅仅是道的一部分，没有人能完整地讲清楚"道"的全部。这不是你们的错，这是语言文字的限制。任何人也都永远不可能把道全部说清楚。我们只能说出自己所看到的、所体会到的。

第二个关键词是"自然"。老子说："道法自然。"这里的"自然"不是大自然，是"自然而然"。所谓"道法自然"，即"遵循自然"，意思是说，"道"以其自身为原则，自由不受约束，所反映出来的规律是"自然而然"的。道化育万物，是让万物自然而成，而不是强加于万物。

第三个关键词是"无为"。"无为"并不是什么都不做，而是只做最关键的事情。老子在《道德经》中提出"无为而治"的政治主张，主要是针对当时统治者而言的，"无为而治"也不是无所作为，而是不过分地干预，充分发挥广大人民的积极能动性，让每个人都能够为社会做出最大的贡献。即便是在今天，"无为"思想也有着广泛的运用价值，甚至一度成为人类孜孜以求的最高管理境界。

第四个关键词是"虚静""虚一而静"。老子说:"归根曰静。"意思是说,世间的一切原本都是虚静的,万物就在其中生长。万物的生长虽然蓬勃而复杂,但都是从无到有,再从有到无,最后总会回复到根源。因此,要追寻万物的本质,必须恢复其最原始的虚静状态。万物的发展演变,无非是成与败、祸与福、生与死、古与今。所有的这些变化都不是生命的本真状态。生命的本真状态是虚静。

第五个关键词是"抱朴"。老子说:"见素抱朴,少私寡欲。""朴",也有版本写作"璞",即未经人类加工的"璞玉",这里二者均有未经雕琢加工成器的原材料的含义,我们可以理解为本真、本性、质朴;"抱"则是持守;"抱朴"就是要求学道者要坚守本真,保持质朴的状态,少一些私欲。老子视"朴"为最高价值,他认为如若一个人能坚守本我,做一个知足常乐、大智若愚、虚怀若谷之人,那便是如同圣人一般拥有了超凡脱俗的生命情操。

三、虚拟的舞台:戏曲之美

源远流长、博大精深的中国戏曲艺术,是中国传统文化的瑰宝,是最能够体现中国传统文化的精髓、神韵和风格的一种艺术形式。它以富于艺术魅力的表演形式,为历代人民群众所喜闻乐见,与古希腊悲喜剧、印度梵剧并称为"世界三大古剧"。

1. 戏曲艺术的发展概况

戏曲是我国具有民族特色的艺术形式,起源于上古时期的巫觋在祭祀中的装扮和表演。战国时期的俳优、汉代百戏以及古代歌舞等伎艺都曾对戏曲形成有着重要影响。经过长期融合和吸收,在宋金时期我国出现了初步形态的戏剧——宋金杂剧。南北宋之交,东南沿海一带出现了成熟的戏曲样式——南戏。稍后在北方出现了另外一种成熟的戏曲样式——金元杂剧。所以,准确地说,我国戏曲的成熟可以上溯到南北宋之交的12世纪前期,大约公元1120年。

从南宋(1127—1279)到明代嘉靖(1522—1566)年间,我国主要有两种戏曲形式,分别在南北盛行。一种是南戏,即南曲戏文,主要在南方流行;一种是杂剧,先在北方兴盛,然后逐步传播到江南。南戏是南曲戏文的简称,它大约滥觞于北宋末年,最早在东南沿海一带的温州等地流行,到明代初年,逐渐形成了昆山、余姚、海盐和弋阳"四大声腔"。在魏良辅改革昆山腔之前,南戏一直是南方最重要的戏曲样式。杂剧的形成则略晚于南戏。它首先在北方的北京、河北、山西一带流行,后来逐渐传到南方。由于有较多文人参与创作,杂剧在文学方面取得突出成就,产生了包括"元曲四大家"在内的许多优秀作家,以及《西厢记》之类大量的优秀作品。

高校美育新论

明代嘉靖年间，随着魏良辅改革昆山腔和梁辰鱼《浣纱记》的出现，昆曲逐渐取代其他戏剧样式而占据主流，并由此开启了戏曲史上崭新的传奇时代。到万历年间，出现了第一个创作高峰，汤显祖的《牡丹亭》就出现在这一时期。"吴江派"的出现则在音律方面促进了古典戏曲的成熟，并通过"汤沈之争"给此后的传奇创作带来积极影响。这期间的昆曲演出也与创作一起进入全盛阶段，班社活动活跃，民间曲会勃兴，私人家班也大量涌现。这一势头一直保持到清代中叶，"苏州派"和"南洪北孔"以他们的创作实绩延展了昆曲的繁盛。清代中叶之后，随着地方戏的勃兴，昆曲逐渐趋于衰微。在各种地方戏融合和交汇的背景下，京剧应运而生，并逐渐占据了戏曲的主流地位。与此同时，与各地的音乐和语言相联系，我国不同地域产生了大量的地方戏剧种。至今，我国还存在300多种不同的戏曲样式。

审美视界

青春版《牡丹亭》

昆曲是我国最古老的剧种之一，是中国戏曲文化的活化石。2004年，一部青春版《牡丹亭》"横空出世"，为昆曲注入了新鲜的血液。青春版《牡丹亭》由著名作家白先勇先生改编，他大刀阔斧地将原本五十五折的戏删减成二十九折，根据现代的审美观，利用现代剧场的新概念，对这部传世经典重新进行了编排。

青春版《牡丹亭》，诗意而精致，其中的昆曲基本元素没变：优美的水磨腔、悠扬的笛声、充满韵味的唱词、饱含四功五法的表演。从舞美场景到演员的行头，每个细节都极尽华美精致，演出的各个环节也比传统的舞台戏剧更讲究，恰如一场四百年萦绕不绝的情梦。

青春版《牡丹亭 惊梦》
（园林实景短片）

美育实践：

一、审美主题

戏曲之美：寓教于乐行教化，雅俗共赏升歌舞。

二、审美目标

1. 审美感知

沉浸式观摩青春版昆曲《牡丹亭》，感受白先勇先生改编的诗意与精致，初步获得视听上的审美愉悦。在课堂上，充分感受昆曲之美：优美的水磨腔、悠扬的笛声、充满韵味的唱词、饱含四功五法的表演。每个美育实践小组依据《牡丹亭》的情节、人物、场景等，选择最感兴趣的戏曲片段，以备下一环节赏析与交流。

2. 审美鉴赏

在审美感知的基础上，深度赏析青春版昆曲《牡丹亭》的戏曲元素，如脸谱、唱腔、表演、服装等。在审美鉴赏前，需要认识和掌握戏曲语言，如"四功五法"，它是戏曲界术语。四功，是指唱、念、做、打的四项基本功，是戏曲舞台上一刻也离不开的表演手段。五法，一般是指手、眼、身、法、步。白先勇先生改编的青春版昆曲《牡丹亭》，根据21世纪的审美观，保持昆曲抽象写意，以简驭繁的美学传统，利用现代剧场的种种概念，传世经典以青春靓丽的形式出现在人们面前，再现一段跨越生死的爱情故事。每个美育实践小组，通过欣赏、演唱、研讨等方式，了解戏曲的综合性、虚拟性、程式性的艺术特征，感受戏曲艺术的魅力，进而提高戏曲艺术的鉴赏能力。

3. 审美创造

在审美感知和审美鉴赏的基础上，通过角色扮演、情景再现的方式，提高审美创造能力。可尝试试穿戏曲服装，亲身扮演、体验《牡丹亭》剧中杜丽娘、柳梦梅、春香、杜宝等角色，情景再现剧中片段场景，制作定妆照，在校园里营造爱好优秀传统文化的良好氛围。

三、审美思悟

美的东西，人人都会喜欢。国学的美，昆曲的美，增强了国人的文化自信，冲击了西方价值观对中国传统文化的消解。国学回暖，昆曲回春，可谓是中国优秀传统文化的"文艺复兴"。白先勇先生改编的青春版《牡丹亭》，从舞美场景到服装设计，每个细节都极尽华美精致，以简驭繁的美学传统契合传统昆曲的抽象写意，充分展现了戏曲之美。

审美视界

豫剧《花木兰 谁说女子不如男》

刘大哥讲话理太偏，谁说女子享清闲。男子打仗到边关，女子纺织在家园。白天去种地，夜晚来纺棉。不分昼夜辛勤把活干，将士们才能有这吃和穿。你要不相信哪，就往那身上看，咱们的鞋和袜，还有衣和衫，这千针万线都是她们连哪。许多女英雄，也把功劳建，为国杀敌，是代代出英贤。这女子们哪一点儿不如儿男？

豫剧，又叫"河南梆子"，是河南省的主要剧种之一。《花木兰》是豫剧大师常香玉的代表剧目。该剧是1951年常香玉为抗美援朝捐献"香玉剧社号"战斗机进行义演时的主要剧目。讲的是南北朝时番邦犯境，边关告急，花木兰女扮男装代父从军的故事。《谁说女子不如男》是其中的经典唱段，反驳了刘大哥的话语，塑造了女子的勤劳、能干以及为国拼杀的巾帼英雄的形象。

扫码欣赏

《花木兰 谁说女子不如男》（片段）

2. 戏曲艺术的审美特征

中国戏曲艺术是歌、舞、剧的统一。那行云流水的唱腔、婀娜多姿的身段、曲折动人的故事，打动了无数红尘痴情的男女；那艳丽华美的服装、奇特夸张的脸谱、写意象形的道具，装点了许多色彩斑斓的舞台；那顾盼多情的眼神、长袖善舞的水袖、细细碎碎的台步，表现了一个东方古国的神韵。唱、念、做、打是中国传统戏曲的表演形式；手、眼、身、法、步是中国传统戏曲精益求精的表演技法，中国传统戏曲用丰富多彩的演绎方式，征服了人们的心灵。

（1）综合性。戏曲是一种综合舞台艺术样式，它的特点是将众多艺术形式聚合在一起，在共同具有的性质中体现其各自的个性。王国维说："戏曲，必合言语、动作、歌唱，以演一故事。"可见戏曲不是单纯的话剧、歌剧、舞剧，而是综合了这些剧种，融合了文学、舞蹈、音乐、武术、服装、道具、布景等多种元素，以歌舞来演绎故事，具有高度的综合性。

（2）虚拟性。首先表现为时空的虚拟。戏曲舞台上的时间是灵活自由的，是对生活时间的虚拟。有时为了强调故意将时间拉长，有时又有意缩短，只用简单的语言进行交代。舞台是一个流动的空间，地点更迭十分频繁，演员三五步就表示走遍天下，说句"人行千里路，马过万重山"就已远隔千山万水。

其次表现为动作的虚拟性。戏曲舞台上动作的对象，常常被省略。人物骑马，无须牵上马匹，只要手挥马鞭即可；人物行船，也可以持桨当舟。如《拾玉镯》中孙玉姣穿针、引线、刺绣、数鸡、喂鸡等一连串的表演，都是通过演员微妙的、虚拟式的动作告诉观众的。

　　再次表现为对周边环境的虚拟。戏曲舞台的表现原则是用最为简单的布景和装置表现尽可能多的内容，所以周围的环境常被虚化。一些戏曲演员在没有任何布景、道具的情况下，凭借行为和演唱来表明人物所处的环境，因此有了无花木之春色、无波涛之江河。

　　（3）程式性。所谓程式性，就是指根据生活的真实形态提炼出一套规范的、固定的、精美的动作形态，再用这些有限的程式去表现多彩的生活。程式性不仅仅指动作，还包括表演、情节和人物塑造等方面的程式化。如传统戏曲的角色行当、人物脸谱等。

　　戏曲的程式性是中国古典戏曲观的反映，中国古典戏曲观、苏联斯坦尼斯拉夫斯基戏剧观、德国布莱希特戏剧观是三种不同的戏剧理论体系。斯坦尼斯拉夫斯基体系认为话剧是再现生活，演员与角色之间、舞台和生活之间存在"第四堵墙"，为了再现生活，就必须遵循生活的本来面目，所以演员与角色、舞台与生活必须融为一体。布莱希特体系则认为应推翻所谓的"第四堵墙"，演员和角色之间、观众和演员之间、观众和角色之间必须保持一定的距离，防止演员和观众都过于感情用事，从而失去理智。中国古典戏曲观认为戏曲用于表现生活，根本不存在第四堵墙，舞台与生活之间、演员与剧中人物之间可以保持一定距离。

　　3. 戏曲艺术的欣赏方法

　　如果从大的角度划分，我们可以发现戏曲有两种显著属性：一是从剧本层面看，它的文本往往呈现为戏曲文学的形式，构成了文学史的重要分支；二是从舞台层面看，戏曲又是一种立体和综合的艺术，具有场上艺术的"即时性"和"现场性"。前者我们名之为"案头"，指其文学属性。后者称为"场上"，与其综合特点相对应。因此，在观赏和研究戏曲时，我们可以从这两个不同而又互相联系的方面加以观照。

　　第一，通过作品背景和作家心态来考察作品特定的时代内涵。用术语来说就是对作家创作动机和作品主旨的研究和观察。尽管有些作品我们未必能从"主题思想"的角度挤压出所谓的"思想意义"，但对于多数戏曲作品而言，对创作动机和作品主旨的考察仍然是必要的和有意义的。对作家生平和思想的考察，尤其是对作者创作心态的分析，是作品赏析的重要内容。以元杂剧《王粲登楼》为例，剧中本属典型文人的"建安七子"之一的王粲，被渴望登上仕途却郁郁不得其志的作家郑光祖处理成"天下兵马大元帅"

的身份。这种看似荒谬的设置其实折射了在武夫横行、文人落拓的元代,身处社会底层的文人,对功名和权柄、对自我人生价值的渴盼和企慕。同时,元代杂剧之中频频出现的"寒儒""穷""酸""饿""醋"等对书生不无讥讽意味的称谓,倘若离开了元代"七匠、八娼、九儒、十丐"的历史背景,很难准确理解。因此,赏析戏曲作品的必要前提是将它重新放置在"历史的镜框"里,这样才能明了作者是"以什么样的语气和神情"讲述这个故事的。

第二,注意欣赏故事的陈述方式和结构技巧。戏曲多抒情,但这样的抒情必须放置在叙说的框架之中。因此,叙说技巧构成赏析和理解的一个重要角度。高明的故事陈述者总是可以将故事按照自己想要的方式呈现出来,就像木匠在做活时处理木器构件的榫口和缝隙一样。

涉及叙述和情节安排,戏曲有一个专有名词——关目,大致与关键情节对等。关目安排很能显示作者的匠心和组织之功,在这一点上,我们可以运用欣赏小说的眼光来观照戏曲。就叙述技巧而言,戏曲在故事节奏的舒缓和紧凑、不同场景和事件的伏应、故事的断与续、线索的安排和选择等方面都显示出与小说近似的地方。以南戏《琵琶记》为例,其结构艺术就堪称典范,剧本描述书生蔡伯喈和妻子赵五娘悲欢离合的故事。陈留书生蔡伯喈新婚不久,因为父亲严命而进京赴试,一举得中状元。为官之后又被迫入赘相府为婿,在富贵和忐忑中度日。蔡妻赵五娘在丈夫走后,独力承担生活重担,孝敬公婆,艰难度日。由于连年旱灾,生活十分困苦。后公婆先后病故,五娘遂在埋葬二老之后,身背琵琶进京,千里寻夫,并在历经曲折后得以与夫婿团圆。

作者在安排这一故事时,采用了"双线并进"的结构形式:进京后的蔡伯喈登第入赘,享受着富贵荣华;守家的赵五娘度日如年,备受生活的艰辛。戏剧情节以两人不同的遭遇交错展开,一喜一悲,一生一世,分头并进,并最终合而为一。戏曲时而呈现出上层社会优裕闲适的生活场景;时而聚焦于下层百姓"多艰"乃至悲惨的民生状态。既在典型的对比中映照出不同人物的性格特征,同时也折射出丰富深广的社会生活。人物的离与合、戏剧气氛的悲与欢、故事的断与续,均随着时间转移与空间转换合理措置,巧妙安排,显示出高超的结构技巧。同时,这样的故事结构也与舞台演出时不同角色的劳逸调节、戏剧气氛的张弛安排,乃至舞台布景的色调转换等舞台元素相适应,在文学和舞台方面均取得了很好效果。缘乎此,《琵琶记》的生旦故事"双线并进"的结构到后来几乎成了传奇创作的结构典范,许多传奇作家对此均照搬套用,乐此不疲。

第三,理解把握戏剧构造矛盾冲突的技巧和手法。戏剧是冲突的艺术,所以,赏析戏剧的一个重要方面就是了解戏剧制造和消解冲突的技巧。高明的剧本作者总可以通过矛盾和冲突的设置，吸引读者和观众的视线，并通过矛盾和冲突的具体过程，构造生动有趣跌宕起伏的戏剧情节，引逗起读者和观众的阅读和观赏兴趣。以《西厢记》为例，作者非常注意戏剧冲突的设置安排，并通过主与次、缓与急等不同的矛盾设置，使戏剧情节峰回路转、跌宕有致。整部《西厢记》之中，"小字辈"和老夫人之间针对崔、张婚姻的矛盾构成了冲突主体，也是读者和观众最为关注的基本矛盾。剧本随着矛盾的展开而进展，并随着主体矛盾的解决而结束。在设置主体冲突的同时，作者又注意通过多种冲突的交织来调节戏剧气氛，设置了红娘和莺莺的矛盾、莺莺内心的自我矛盾、红娘和张生的小冲突等多种冲突。这些性质不同、程度各异的矛盾冲突，使得故事情节时而紧张、时而轻松，人物感情时而欢快、时而悲伤，甚至孙飞虎围寺的情节也起到了促进剧情发展、调节戏剧气氛的作用。最后老夫人允婚后，本来雨过天晴，但剧本又别生枝节，设置了老夫人"逼试"的情节。原本已经轻松的情节又略显紧张，欢会的崔、张无奈长亭离别。这样，多重的矛盾冲突层见叠出，使得《西厢记》的故事显得生动有趣、耐人寻味。

第四，了解戏曲塑造人物形象的艺术。戏曲要叙事，因此离不开塑造人物。许多经典剧目正是由于成功塑造了人物，才在读者和观众记忆中留下了持续绵久的印象。优秀的戏曲家总能通过人物心理的描绘，抒发人物情感，并通过人物语言、动作乃至场景的描绘，塑造出丰满生动的人物形象。由此，了解不同人物形象的内涵，把握作者塑造人物的性格以及人物的塑造技巧，是古典戏曲欣赏的重要一面。生动的戏曲人物可以给人十分真切的感受，给人"其形若立，其气若临"的感觉。换言之，生动的戏曲人物仿佛站立在我们面前，甚至可以嗅到他们身上的不同气息。古典戏曲是"代言体"艺术，它不像多数小说那样以叙述者的口吻来讲述故事，而是"代剧中人物立言"，用剧中人的口吻来陈述。因此，高明的作者总可以设身处地，从具体的故事情景出发，赋予戏剧人物不同的言语动作。

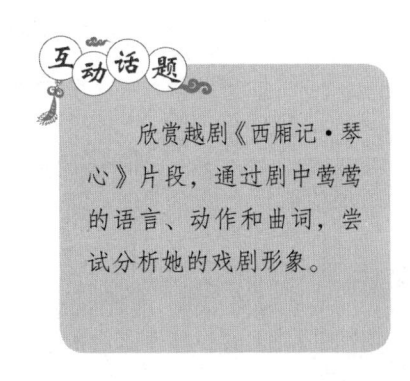

扫码欣赏

越剧《西厢记·琴心》
（片段）

互动话题

欣赏越剧《西厢记·琴心》片段，通过剧中莺莺的语言、动作和曲词，尝试分析她的戏剧形象。

第五，注意体会戏曲特有的语言美。戏曲是语言的艺术，因此，从语言角度去审美和赏析也是欣赏的重要一面。戏曲的语言由于体式的限定和要求，有着独特的艺术魅力，简言之，可以归于三点：一是声律之美。戏曲是诗剧，所以它的曲词就是诗句，服从可歌的需要，曲词在音律方面有限定和要求，诸如押韵、平仄等。这样构成的曲词就呈现出一种声律之美，不论是歌之场上，还是诵之案头，均声律铿锵，音调谐美。二是意境之美。戏曲由于是诗剧，故其曲词每每可以视作诗歌，因而在意境营造方面与诗词也颇可相通。优秀的戏曲作家往往通过曲词的写作，结合故事情节，营造出优美动人的意境，通过具体的景物描绘寄托人物的特定情感。三是本色美。本色是戏曲理论十分重要的语汇，它主要是就戏曲语言而言的，指符合戏曲体式要求的语言风格，具体有三方面含义，即可读、易解、能演。除了要求戏曲语言"可歌"之外，又可简单归结为"通俗"和"符合人物身份"两方面。所以，欣赏古典戏曲就不能与诗文等体裁等量齐观，而是要注意其通俗和"切合声口"的特点，看其是否符合舞台演出的需要并符合人物的不同身份。

审美视界

倾杯玉芙蓉

收拾起大地山河一担装，
四大皆空相。
历尽了渺渺程途，
漠漠平林，
垒垒高山，
滚滚长江。
但见那寒云惨雾如愁织，
受不尽苦雨凄风带怨长。
雄城壮，
看江山无恙，
谁识我一瓢一笠到襄阳。

（来源：清初李玉《千忠戮》第十一出《惨睹》）

行动课堂：

浏览故宫博物院网站戏曲馆栏目，了解中国戏曲的发展历程，欣赏历代戏曲精品。

思考与讨论：

1. 中国书法主要书体有哪几种？书法的艺术语言包括哪几种？
2. 结合经典章句，分析《论语》"仁""恕""乐"的思想，并简述对你人生成长的历史意义。
3. 谈谈"老庄"对中国后来艺术发展的重要影响体现在哪些方面。
4. 随着互联网时代的到来，人们获取信息和娱乐的方式呈现出快速化和多样化，戏曲渐渐被年轻人所遗忘，有些剧种到了后继无人的境地，对此你有何看法？要振兴中华戏曲，你认为有什么好方法？

阅读书目和电影推荐：

1. 曹建. 大学书法鉴赏[M]. 上海：华东师范大学出版社，2019.
2. 王宁. 大学戏曲鉴赏[M]. 上海：华东师范大学出版社，2020.
3. 程树德. 论语集释[M]. 北京：中华书局，2017.
4. 王凯. 道与道术——庄子的生命美学[M]. 北京：人民出版社，2013.

第三节 优秀传统文化的美育实践路径

一、高校美育融通优秀传统文化的基本方法

中华优秀传统文化及其自信，是中国特色社会主义文化自信的动力源泉。就高校美育来说，中华优秀传统文化是其息息相关的文化背景和赖以生存的文化母体，大学生是传承和发展中华优秀传统文化的重要依托力量。因此，融通中华优秀传统文化，并以此

高校美育新论

作为涵养提升大学生文化自信的"精神因子",理应成为新时代高校美育实践的价值共识和行动自觉。如何实现新时代高校美育与优秀传统文化的融通,这里有一个方法论的问题,总的说来,包括开掘、分析、阐释、整合四个方面。

1. 开掘

优秀传统文化是一座蕴藏极其丰富的宝库,有无数珍宝尘封于其中,有待于我们去勘察、去挖掘、去清理,一旦将其从历史的堆积层中发掘出来,拂去尘埃,剔除杂质,它们仍然能在现代生活中大放异彩。例如张载的"民胞物与"思想,一直未受到应有的重视,这可能与这一思想历来被划归理学体系有关。其实在这一思想中所寄寓的强烈的社会责任感和道义感恰恰是当代美育需要大力弘扬的。张载说:"天地之塞,吾其体;天地之帅吾其性。民吾同胞,物吾与也。"就是说,天地给予我以身体,统摄我的本性,百姓大众是我的同胞,自然万物是我的伙伴。这种民本主义和人道主义的情怀,不仅在封建时代具有进步意义,即使在今天,从一般意义上说也是值得肯定的。基于这样一种博大的情怀,他提倡兼爱,矢志以天下为己任:"惟大人能尽其道,是故立必俱立,知必周知,爱必兼爱,成不独成。"[11]"为天地立志,为生民立道,为往圣继绝学,为万世开太平。"[12]姑且不论其中理学思想的特指内涵,就其所蕴含的社会责任感和道义感而言,恰恰能够对于那种逃避社会责任、推卸道德义务的时弊起到有力的针砭和导向作用。

2. 分析

强调重视传统文化并不意味着可以对其采取全盘接受的态度,传统文化往往是瑕瑜互见、菁芜并存的,这就需要去其糟粕、取其精华,发扬其精华部分,达到与当代美育的衔接。然而这一切首先必须具备一个科学分析的基础,通过科学分析,搞清楚哪些东西是仍然具有现代生命力,可以进入当代美育体系的,哪些东西是已经死去,当代美育应予拒斥。传统的义利观就是需要具体分析、具体对待的。儒家持义利二分观,主张重义轻利、先义后利。孔子说:"君子之于天下也,无适也,无莫也,义之与比。"[13]"见义不为,无勇也。"[14]就是说,君子处世为人,应依义而行、见义勇为,不应考虑个人的利害得失。孔子所说的"义",是指人的道德追求,而孔子所说的"利",则专指私利。墨家持义利一体观,认为利就是义,有利即有义,无利即不义。《墨经·上》曰:"义,利也。"然而墨家所说的"利"主要是指公利,是指"人民之大利""天下之利""国家百姓之利",他们认为唯有这种公利才是衡量是非善恶的标准。在墨子的"三表"说中所提出的最后也是最重要的标准就是"发以为刑政,观其中国家百姓人民之利"[15]。

因此儒家重义轻利是追求道德完善而鄙视个人私利，墨家义利并重则以符合国家百姓人民之公利为最高道德，这二者都被归入了美德的范畴，在今天也都是应当加以弘扬的。不过儒家从否定个人私利走向忽视百姓人民之利，甚至宣扬"君子喻于义，小人喻于利"[16]之类阶级偏见，则是不可取的；而墨家从古代小生产者的角度出发，过于注重实利以至走向狭隘、短视的功利主义、实用主义，也应予以摒弃。由此可见，对于传统的义利观在科学分析的基础上进行扬清激浊、去芜存菁的清理，乃是当代美育在新的历史条件下建构新型的义利观的必由之路。

3. 阐释

当代美育对于优秀传统文化的把握应是阐释的而不是复述的，优秀传统文化只是一种现象，而不是一种公理，它包含着真理的颗粒、因子，但并不就是真理本身，其中的真理性因素还须在当代美育的阐释之中获得新的生命，焕发出新的光彩。这种阐释并不是对于历史本义的趋赴，而是对于现实需要的执着，这就要求阐释者保持自身的主体性，用现代意识去观照、规定和建构传统美育思想。当然这样做并不是把历史当作任人打扮的女孩子，而是在辩证唯物论与历史唯物论相统一、科学性与进步性相统一的基础上，达到对于传统美育之本质、规律的充分把握。庄子曾将那种无己无欲、超然物外的"至人""真人""神人"视为最高的人格思想，他关于这种人格思想的构想是从三个层面展开的：一是哲学的层面，庄子将"至人""真人""神人"视为得道之人、体道之人，视为"道"的人格化，这是从"道"的绝对自由的本质出发而对人所应达到的思想境界所做的一种构想；二是伦理学的层面，庄子从他所处的奴隶制社会向封建社会过渡的转型时期动荡的社会生活出发，对于统治集团丧心病狂的倾轧、杀戮、剥削和掠夺表示愤慨，对于普遍存在的"人为物役""丧己于物""危生弃身以殉物"等畸型现象表示痛心疾首，力图建立一种"胜物而不伤"与"应物不累于物"的人格理想范本，以恢复人的主体性地位，表达了一种朴素的人道主义精神；三是美学的层面，庄子认为，"至人""真人""神人"纯任自然，与天为一，摆脱了一切外在条件的限制和束缚，对于物能够保持一种人格独立和精神自由，不以物伤我，不以物挫志，生死存亡、穷达贫富、得失成败、饥渴寒暑，都不能改变其高举远慕的心志和独立不羁的精神，这种心有天游的绝对境界、自由境界也就是美的境界。人在追寻理想和实现价值的进程中将拥有充分的超越感、自由感和解放感，获得强烈的精神愉悦和审美快感。庄子提出的"不以物挫志""不以物害己""不与物迁""物物而不物于物"等命题在今天仍不失深刻的参照意义，但是当代美育对于这些命题的阐释就不再是在哲学的、伦理学的层面上去寻绎庄子所赋予的本义，而主要是在美学的层面上去张扬一种促进人格完善和精神升华的审美理想、审美境界，其中也就不能不注入现代意识的灵魂，不能不加进现实需要的规定性。

4. 整合

对于优秀传统文化的开掘、分析和阐释最终是为了达到对其加以整合。当代美育不应简单地回归传统，到优秀传统文化中去寻找思想立足点，而应立足于当代中国，立足于社会主义市场经济体制给社会文化环境带来的变革和进展；应善于发现和大力弘扬当代精神结构中那些具有生长性和生命力的因素、那些具有超前性和未来性的质点。例如当代人的参与意识、竞争意识、自主意识和风险意识，当代人开放的心态、开阔的视野、优化的知识结构，当代人的创业精神、开拓精神和务实精神，当代人勇于选择、勇于实现自身价值、勇于承担责任的胸怀，当代人的社会责任感和历史使命感等，构成了一种新型的时代精神。当代美育应以此为核心、为基点，凝聚和整合优秀传统文化中那些正面的、积极的因素。同时，当代美育对于优秀传统文化的整合也不应仅仅是在当代与古代之间所展开的一场对话，它同样要借鉴西方文化中积极有益的成分，吸取"五四"新文化运动特别是新民主主义革命以来形成的优良传统，使得这场对话在更多的维度和更大的参照系统中展开，最终达成一种既能把握时代跃动的脉搏，又能融汇古今中外优秀文化的现代建构。

二、高校美育融通优秀传统文化的实践路径

新时代高校美育的重要向度，在于融通中华优秀传统文化丰富的美育内涵，"以美育人、以文化人"，并以此作为涵养提升大学生文化自信的出发点和落脚点，实现立德树人。融通是指融会贯通，使之互相沟通、融洽通达。它既是一种目的，也是一种方法。高校美育在功能、机制和作用上都极有利于中华优秀传统文化的传承发展，因此，遵循学习认知—体验实践—内化升华，把中华优秀传统文化创造性地转化融通到高校美育的课程教学、体验实践、文化活动、校园环境中，将是新时代高校美育推动中华优秀传统文化传承发展和涵养提升大学生文化自信的重要路径选择。

1. 用好课堂，精心设计由艺入道的全面性课程教学

课堂是教育教学的主阵地。审美教育进课堂是高校美育实施的重要标志，课程建设和教学实效则是关键环节和质量保证。教育部《完善中华优秀传统文化教育指导纲要》指出，有条件的高等学校统一开设中华优秀传统文化必修课，拓宽中华优秀传统文化选

修课覆盖面[17]。高校美育已经不仅是审美知识技能的讲授，更是人文素养、人类优秀文化的传承发展。一是着眼于课程内容的全融通。坚持中华优秀传统文化"进教材、进课堂、进头脑"立场，精心设计由艺入道的课程内容和教学体验，谋求传统文化的衔接与结合。这里的"道"就是中华优秀传统文化一以贯之的精神内涵和价值理念。通过开设文学、书篆、民俗、武术、戏曲、古建等必修课和选修课，提升大学生对中华优秀传统文化的整体呈现、主流价值及未来发展的准确认知，取精去糟，引发情感共鸣和文化认同，让融通了中华优秀传统文化的高校美育"曲高而和众"，为大学生生成传统文化自信提供必要的常识和感知。二是着眼于课程效果的全内化。突出由艺入道，就要对中华优秀传统文化富含的美育内涵、思想精华和文化精髓进行现代阐释，注重与大学生关注的内容及个性情操相结合，利用新媒体、网络用语等"年轻化"方式提升传播吸引力和效果，激发大学生的认同感，让历史启智明理、故事生情励志、文化铸魂笃行，使得文明、健康、高雅的人文素养和审美旨趣入心化行，为大学生升华传统文化自信提供必要的方向和指引。三是着眼于其他课程的全同效。任何一门课程都蕴含着丰富的美育素材和资源。各类专业课应润物细无声地成风化人、厚植感召力，与美育课程同向同行，协同播好"种子"，把中华优秀传统文化因地、因情、因时制宜地融通贯彻于教学实践中，凸显以美育人的价值内涵，促进以文化人的接地气、入人心。

2. 打造平台，积极组织守正创新的内化性体验实践

"知之愈明，则行之愈笃。行之愈笃，则知之愈明。"高校美育教学教育要打造面向全体学生的多样式体验实践平台，强化以美育人宗旨，让大学生在享受实践成果的喜悦中准确认知、真心热爱、自觉弘扬中华优秀传统文化。一是开放教学体验实践。高校传统文化的技艺教学教育，主要集中于艺术类专业学生群体，其他专业的则较少涉猎。因此，要降低学习门槛，扩大传统技艺教学体验实践对象，变"特长生的游戏"为普通学生有意愿参与、有机会锻炼、有能力实践的普及美育，引导他们在文学、戏剧、戏曲、书法、绘画、民俗等具体艺术门类中接受经典艺术"传统美"的教育和锻炼，获得传统技艺丰富的感性体验与超越，培植传统文化自信之根魂。二是延伸课堂体验实践。通过丰富多元化的教学体验实践活动和生动活泼的第二课堂，依托学生社团、文化艺术节、志愿服务、实习实训以及社会实践等，增强创新实践的指导力、亲和度，实现中华传统文化走出课堂、走向生活、走进社会，使大学生在做中学、学中悟，在亲身参与、体验和感悟过程中掌握技艺、品味内涵、领会真谛。这种体验性自主学习实践，促进中华优秀传统文化入脑入心，使大学生成为中华优秀传统文化的真正欣赏者和扎实践行者，自

主能动地内化升华文化自信。三是拓展主题体验实践。通过组织大学生参加喜闻乐见的艺术赛事、文化参访、主题调研、展示展演等主题实践活动，紧跟时代发展变化，响应使命召唤，贴近大学生的个性特点和成长需求，发挥练、赛、演对受教育促成长的示范带动作用，提升创造美、表达美、宣扬美的转化力和发展力，真正做到增知识、长才干、做贡献。

3. 构建载体，创新开展形式多样的浸润性文化活动

融通中华优秀传统文化的高校美育文化活动，不仅有利于大学生获得知识、陶冶情操、塑造高尚灵魂、促进身心全面发展，还有利于防止活动世俗化、庸俗化倾向，有效防止西方文化、非主流文化及历史虚无主义的冲击、消解和误导。一是组织开展中华优秀传统文化展示活动。坚守中华文化立场，开放展示富有特色的民族图腾、诗词、书画、饮食、医药、建筑、服饰、陶瓷、雕刻等看得见、摸得着的优秀文化图片或实物，让大学生全面直观地了解中华优秀传统文化的先贤、典故、史迹、文献等精华，从中分享积淀着各个民族历史和智慧、承载着不同精神内涵的文化遗产，礼敬中华优秀传统文化。二是组织开展"过好传统节日""走近名家""走进经典"等唱响时代主旋律的多彩主题传统文化体验活动。通过高雅艺术进校园活动，提升大学校园文化品位，让大学生乐于在沉浸式体验中感受中华优秀传统文化所传递出的真善美，激发对"传统美"的向心力和凝聚力，礼赞中华优秀传统文化。三是组织开展"红色"音乐、"丝路文化"、戏剧戏曲、传统技艺等大型传统艺术展演活动。坚持思想精深、艺术精湛、制作精良相统一，让中华优秀传统文化展现出来的思想观念、人文精神、道德规范成为大学校园的引领和潮流，转化为大学生全身心的情感认同和行为习惯，弘扬中华优秀传统文化。

4. 强化建设，优化打造以美养人的感染性校园环境

高校美育之所以具有强烈而自然的化育功能，原因就在于它能以物质、制度、精神等多种方式潜移默化地影响人的思想和行为，而且充满震撼力。大学校园环境是学校审美精神取向的物化场，表达教育精神、反映社会理想、体现时代引领，蕴含着强烈而独特的育人潜能。一是美化校园硬环境。高校美育应打破传统课堂教学实践的局限，进一步延伸教育资源形式，把美育触角延伸到看得见、摸得着的校园硬环境中，将中华优秀传统文化的美育内涵、价值底色注入校园的楼宇布局、视觉标识、公共设施及办公用品等，让校园规划有道、设计有格、布景有意，做到每个项目都富含特定的文化要素和精神意蕴，不仅渗透着对美的追求、创设和利用，更放射着深厚的人文精神和价值取向。以美建校，按照美的规律造型，激发校园硬环境的思想力、感染力、教育力、传播力。二是优化校园软环境。许多高校独具特色的校歌校训、规章制度、传统风格、学习风气、学术氛围等几乎都具有深厚的文化底蕴，往往都凝成了学校的气质和品格，无不唤起历届学生强烈的认同感、归属感、幸福感，甚至一生心往神驰、魂牵梦萦、情思所寄。这种可感知的审美氛围，浸入大学生的日常生活，使大学生深切体悟学校历史、文化和情怀的时代内涵，促进增长知识、激励精神、温润心灵、塑造品格、自信自强。三是和谐校园生态环境。通过打造富有文化内涵、人文气息、温馨和谐的校园生态环境，彰显自然美、艺术美和人文美的完美统一，让校园的每一处风景、每一面墙壁都能和大学生人文对话、审美沟通，让中华优秀传统文化的精神基因、情感价值、文明传承在大学校园里"立"起来、"活"起来、"强"起来，引发大学生情感共通、心灵共鸣。

思考与讨论：

1.联系中国古典美学特征，谈谈中国文化的传播以及与国家形象的建构之间的关系。

2.结合自身的课程选修情况，简要谈谈当前高校美育过程中，中华民族优秀文化的传承现状。

3.你认为受当代大学生喜爱的传统文化传承途径有哪些？

阅读书目和电影推荐：

1.［明］洪应明.菜根谭[M].杨春俏，译注.北京：中华书局，2016.

2.［清］王永彬.围炉夜话[M].张德建，译注.北京：中华书局，2018.

3.朱良志.中国美学十五讲[M].北京：北京大学出版社，2006.

4.电影《英雄》，2002年。

参考文献

[1] 曾繁仁.当代生态美学观的基本范畴[J].文艺研究，2007（4）：15-22，174.

[2] 宗白华.意境[M].北京：北京大学出版社，1997：168.

[3] 叶朗.中国美学史大纲[M].上海：上海人民出版社，1985：288.

[4] 徐复观.中国艺术精神[M].北京：商务印书馆，2010：80.

[5] 黄建.从中西文化、文学比较看中国文学的忧患意识[J].东方丛刊，1992（3）：191-203.

[6] 张纯卢."墨猪"的由来[J].清风拂纸墨飞扬，2018：29.

[7] 朱立元.题卫夫人〈笔阵图〉后[J].美学大辞典，2010：390.

[8] 丰子恺.艺术三昧[J].白鹅，2015：104.

[9]方铭.中国传统文化的内涵及其特点的再认识——中国传统文化是传承道统的中国文化[J].中国文化研究,2017(3):76-84.

[10]李世东,陈应发,杨国荣.老子文化与现代文明[M].北京:中国社会出版社,2008:95.

[11]张载.正蒙·说明篇.

[12]张载.张子语录中.

[13]论语·里仁.

[14]论语·为政.

[15]墨子·非命上.

[16]论语·里仁.

[17]教育部关于印发《完善中华优秀传统文化教育指导纲要》的通知.

第七章

审美体验与审美创造

引子：人生美的底限是什么

在苍茫的原野上，一只凶猛的秃鹫从天而降，虎视眈眈地注视着一个瘦弱、无助的小女孩……一名摄影记者按动了快门，记录了这个惨剧，并因此获得1994年普利策新闻特写摄影奖。但据说后来这名记者自杀了，因为他无法忍受良心的谴责：亲历悲剧的发生，却选择了摄录而非施救。这件作品，连同与之相关的生命的陨落让我们明白了美的底限是什么。

《饥饿的苏丹》

第一节 人生美的欣赏与体验

一、人生的价值与意义

1. 生命的价值

当我们说人生是美丽的，可以用智慧的双眼来寻觅一切美好的事物，憧憬成功的喜悦，享受美好的生活时，我们首先必须敬畏生命，因为这是让我们感受到生命的高贵与美丽的基础。否则，所谓人生之美，只能是无源之水，无本之木。

在这个美丽的星球上，一切生物，都有自己生存的权利，都闪耀着生命的神圣光辉。作为"宇宙的精华，万物的灵长"，我们每个人，都应以珍惜生命作为个体道德的基点，并由此出发，去探寻美丽的、丰富多彩的人生宝藏。

2.人生价值的追求

人为什么活着？亦即人生的意义是什么？这无疑是一个永恒的话题！

人的生命开始时就像一张白纸。珍爱生命，就得给人生赋予一定的意义，没有意义和价值支撑的人生，是与"人之为人"的本性相违背的。然而对于这个问题，不同的人会有不同的答案，这与个体的生活环境以及人生观有密切的关系。

北宋大儒张载有言："为天地立心，为生民立命，为往圣继绝学，为万世开太平。"（《张子全书》卷十四）这是古代圣贤所弘扬的人生意义，其所显示出的器识与宏愿对于今天的我们依旧具有很高的借鉴意义。季羡林亦云："如果人生真有意义与价值的话，其意义与价值就在于对人类发展的承上启下、承先启后的责任感。"[1]可见，季老的观点与传统儒者的风范薪火相传，一脉相承。

作为天之骄子的当代大学生，我们也必须以积极的人生态度，确立自己的人生目标，实现自己生存的意义与价值，并且能通过不懈的努力，在人类文明和社会发展的链条上增添美丽的一环。

《回顾与展望》（节选）　　　　《生命之旅》

二、人生美的理想

1.人生理想

每个人都希望自己的人生有意义和价值，同时更会希望自己的人生能够十全十美。"十全十美"一般可以解释为"十分完美，毫无欠缺"。那么，经过我们的不懈努力，我们的人生是否能达到这样的境界呢？

一般来说，集中精力把一件事办得完美无缺是可能的，但整个人生，要保证每一件事、每时每刻都"十分完美，毫无欠缺"却是非常困难，甚至是不可能的。所谓的"不如意事常八九，可与人言无二三""家家有本难念的经""一节人生三节难""人有悲欢离合，月有阴晴圆缺，此事古难全"等，说的就是人生的不完满状态。

事实上，人生，从来就没有十全十美。腰缠万贯的富商巨贾，或许整天为担心失去财富而忧心忡忡；漂泊街头的流民乞丐，则必须为一日三餐辛劳奔波；即使没有衣食之忧的普通人，也逃脱不了生老病死的困顿。即便在童话世界中也如此：白雪公主很漂亮，却不幸丧母，被后母追杀；美人鱼长出腿后很会跳舞，却从此不能说话，也得不到王子的爱情……

可见，尽管人人都希望拥有一个十全十美的人生，但真正完美无缺的人生只是一种理想状态，是我们追求美好生活的动力。十全十美固然让人羡慕，但现实却是"每个人都争取一个完满的人生。然而，自古及今，海内海外，一个百分之百完满的人生是没有的"[2]。

人生是一个开放的、未完成的状态，永远不存在"完满"，向上与向前乃是人生内在的心理趋势。

2. 人生的缺憾美

有一个漂亮的女孩，有两颗稍稍外凸的虎牙，别人并不觉得有什么缺陷，但她却认为自己不够完美，于是在人面前不敢开怀大笑，甚至很少开口讲话。最后她找牙医把突出的牙齿矫正。然而在她终于敢开口大笑的时候，她又发现自己的鼻子不够挺拔，于是又去做隆鼻手术。接着，经过对自己的仔细审视，她认为不够完美的其他小缺点一个个被"挖掘"出来。如此，尽管事实上她已经很漂亮了，但如若她每天都对自己的容貌挑三拣四，不断审视的话，那所谓的"缺点"肯定会层出不穷，并且随着年龄的增长，青春的容颜也会随之褪色。如果这位女孩认识不到缺憾也是一种美的话，她只能越来越苦恼，陷入追求完美的怪圈。

正所谓"金无足赤，人无完人"，那么人生中不可避免的缺憾，你将怎样面对？

在我们的生活中，往往会有些无法弥补的缺憾，伴随着我们走过人生的历程。然而这些缺憾，尽管让人遗憾，但却更能显示出人生的真谛。张玉庭曾写过一篇题目为《一个美丽的故事》[3]的文章，其前半部分内容如下：

扫码欣赏

《不完满才是人生》

有个塌鼻子的小男孩儿，因为两岁时得过脑炎，智力受损，学习起来很吃力。打个比方，别人写作文能写二三百字，他却只能写三五行。但即使这样的作文，他同样能写得美丽如花。

那是一次作文课，题目是《愿望》。他极其认真地想了半天，然后极其认真地写下作文，那作文极短，只有两句话：我有两个愿望，第一个是妈妈天天笑眯眯地看着我说："你真聪明。"第二个是老师天天笑眯眯地看着我说："你一点也不笨。"

就是这篇作文，深深地打动了他的老师，那位老师不仅给了他最高分，在班上带着感情朗读了这篇作文，还一笔一画地批注道："你很聪明，你的作文写得非常感人。请放心，妈妈肯定会格外喜欢你的，老师肯定会格外喜欢你的，大家也肯定会格外喜欢你的。"

小男孩智力受损，显然是一个无法弥补的缺陷，但正是这个缺陷，却增添了无数的感动，让我们感受到爱的力量。原来在很多时候，缺憾也可以把我们的视线导向人世间最美好的真情，如此，缺憾也成了美的组成部分，即美的因素之一。

"塞翁失马，焉知非福"，在缺憾面前，我们如果能换一种心态，换一个视角去看世界，就会发现，原来呈现在我们面前的风景，虽然跟我们预想或追求的不同，但却同样熠熠生辉，让我们不禁为之怦然心动。

3. 人生美的求索空间

没有十全十美的人生，失去、未完成乃是人生的常态。尽管这样的现实会让我们感到人生有些遗憾，但是，感谢这种际遇吧，因为正是这种不完满，给了我们每个人追求的空间和行动的渴望。反之，如果事事圆满，我们的生活完美无缺，那么我们接下来还能干什么呢？我们的人生反而会因完美而变得空虚，无所事事！正是因为还有没实现的愿望，正是因为我们还有新的目标，我们的人生才会更有意义。

所以，正是人生的不圆满，才让我们拥有追求的空间，拥有无限想象的余地。正像一张纸，唯其拥有空白，我们才可以在上面挥毫泼墨，展示着我们非同寻常的才华。

扫码欣赏

《幸福就是不断前进（节选）》

三、人生美的追求

1. 人生美在于过程

生命是一个过程，作为个体的人，我们的开端与结局并无不同，所不同的在于每个人所历经的过程。世界上几乎没有两个人的人生是完全一样的。我们追求的人生之美，也就在我们的生命过程之中。

据说，苏格拉底和拉克苏相约分头到一座遥远的名山去游览。多年以后他们在中途相遇了，并且发现，那座山实在是遥不可及，即使走一辈子，也没有希望到达。拉克苏失望地说："我竭尽全力向那座山奔跑，结果什么都没有看到，真是太叫人失望了！"而苏格拉底却说："路上不是有很多美妙的风景吗？为什么不顺便欣赏一番？"拉克苏却回答说："我心中只想着目标，哪有心思去欣赏路上的风景呢？""遗憾极了"苏格拉底说，"当我们追求一个目标时，切莫忘记在追求目标的旅途中，也是处处有美景的！"

目标的到达或者完成，往往只在瞬间。如若我们只关注目标而忽略了过程，无异于缩短了我们的人生。考大学、考研究生无疑是当下很多人年轻时的目标，而在实现目标的过程中，我们所学到的知识，感受到的辛劳，克服困难的毅力，与同学老师交流沟通时获得的体悟，等等，这些必经的过程带给我们的收获，也是人生的宝贵财富。

深谙过程之美的中国古人，甚至有时只重过程，而不在乎结果。《世说新语》中记载了这样一则故事：

> 王子猷居山阴，夜大雪，眠觉，开室，命酌酒，四望皎然。因起彷徨，咏左思招隐诗。忽忆戴安道。时戴在剡，即便夜乘小船就之。经宿方至，造门不前而返。人问其故，王曰："吾本乘兴而行，兴尽而返，何必见戴？"

王子猷雪夜访戴，至门而返，所重视的是"乘兴而行"这一过程，当兴致已尽，便欣然返回，可谓深谙过程之美者也。

"夫天地者，万物之逆旅也。"（李白《春夜宴从弟桃花园序》）身为旅人的我们应该切记：人生的美好不在终点，而在途中。追求理想，追求美好事物的过程本身就是一种美丽的境界。

2. 人生美的延续

在歌德的诗剧《浮士德》中，魔鬼梅菲斯特与浮士德订约，他充当浮士德的仆人，可以帮他完成任何梦想，但只要浮士德一感到满足，浮士德的灵魂就为魔鬼所拥有。在魔鬼的帮助下，浮士德妄图在爱情、政治上大展宏图，但都遭到重大挫折。最后他决定为民众围海造田，建造一个平等自由的乐园。当他在双目失明的情况下幻想"自由人民生活在自由的土地上"时，不禁说道："多么美啊！请你停留！"那一刻他终于感到满足，遂倒地而死。如果不是天使及时降临，他的灵魂只能被魔鬼攫入地狱。

人类勇于探索自然、社会和自身奥秘的这种精神，是永无止境、永不满足的。美作为一种开放的未完成状态，只要人类社会存在，就不会有终结，始终是人们探索和追求的对象。

美体现在人类对真的追求，对善的缔造，对人类情感的永恒的感动之中。

3. 人生美对真的追求

真就是事物的规律性，真是美的基础。马克思在《1844年经济学哲学手稿》中提出了"美的规律"这样一个命题。他说："动物只是按照它所属的那个物种尺度和需要来进行塑造，而人则懂得按照任何物种的尺度来进行生产，并且随时随地都能用内在固有的尺度来衡量对象，所以人也按照美的规律来塑造。"[4]

美的欣赏和美的创造都是有规律性的。宋玉在其《登徒子好色赋》中如此形容"东家之子"的美丽："东家之子。增之一分则太长，减之一分则太短；着粉则太白，施朱则太赤。"可见，美人在身高的协调及肤色搭配上是有一定规律的，若与此规律不合，则算不上是美人。再如我们都熟知的红、黄、蓝这三种颜色，按照一定的比例进行调配，就会配制出我们所需要的任何颜色，即只要掌握了其中的规律，我们就会创造出一个五彩缤纷、绚烂多姿的世界。

既然美是有规律性的，那么对真的追求就是创造美好人生的要务。我们的一生，应该锲而不舍地追求真理，探索自然、社会和人生的奥秘。不思进取，浑浑噩噩，甚至走向真理的反面，违背自然和社会规律，我们不认为其有什么人生美可谈。

同时，我们还应该加强个人修养，培育自己的至真品性，做一个率真坦荡、光明磊落的真诚的人，与虚伪奸诈、招摇撞骗等思想和行为做斗争，坚决捍卫"美丽之真"。

4. 人生美对善的缔造

善就是事物的合目的性，善是美的前提。所谓的合目的性，即事物对人类来说，是有价值的、有用的。鲁迅先生有云："在一切人类所以为美的东西，就是于他有用——于为了生存而和自然以及别的社会人生的斗争上有着意义的东西。"[5]这从词源学上，即可获证。汉代许慎《说文解字》对"美"的解释为："美，甘也。从羊从大。羊在六畜，主给膳也。美与善同意。"为什么古人以为"羊大为美"呢？从《说文解字》对美的解释可知，因为羊作为六畜之一，其作用主要是给人类提供鲜美的"膳食"，既然如此，当然是越大越好，越大越美了。

人生之美不仅表现在对于真的探寻，也体现在经过不懈的努力，实现自我价值，并为社会的发展和人类文明的进步做出自己的贡献，即对社会有用，这样的人生才是美的，一种超越了只为个人利益而打拼的"大美"。

奥斯特洛夫斯基在其《钢铁是怎样炼成的》中有句名言："人最宝贵的是生命，生命每个人只有一次，人的一生应该这样度过：当回忆往事的时候，他不会因为虚度年华而悔恨，也不会因为碌碌无为而羞愧；在临死的时候，他能够说：'我的整个生命和全部精力，都已经献给了世界上最壮丽的事业——为人类的解放而斗争。'"这句影响了我们几代人的广为熟知的名言，向我们诠释了这种追求真善美的人生是何其壮丽。

审美视界

浮士德

我愿看到这样的人群，
在自由的土地上和自由的人结邻！
那时，让我对那一瞬间开口：
停一停吧，你真美丽！
我的尘世生涯的痕迹就能够
永世永劫不会消逝。——
我抱着这种高度幸福的预感，
现在享受这个最高的瞬间。

（[德]歌德. 浮士德[M]. 钱春绮，译. 上海：上海译文出版社，2018.）

四、人生美的实践

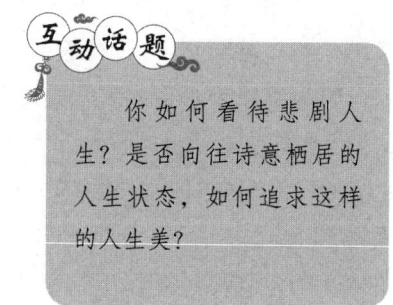

扫码欣赏
《谈人生与我（节选）》

互动话题
你如何看待悲剧人生？是否向往诗意栖居的人生状态，如何追求这样的人生美？

1. 超越的精神

日常生活中，很多人置身于忙碌的学习、工作之中，常会觉得劳累不堪，上大学时是教室、寝室、图书馆三点一线，工作后就更加单调，成了家和单位两点一线。随着年龄的增长，我们还会成家立业，为人父为人母，承担起家庭和事业的双重重任。诸如侍奉父母，培养子女，再加上工作的压力等日常琐事，常让我们倍感"心为形役"的苦恼。尽管如此，人之所以为人，在精神上往往都具有超越性。

生活离不开劳作与辛苦，但这种辛苦的劳作，对于富有超越精神的人们，并非走向庸俗生活的陷阱，他们依旧能够"诗意地"栖居在这片大地上，执着地追求着自己的精神家园。渴望诗意地栖居，非文人墨客的专利，只要有审美的心态和超越的精神，普通人同样可以拥有一片充满诗情画意的精神家园。

2. 审美的心态

审美的心态是一种自然而然的自由状态，不会为外物所累。当然，审美的心态并不排斥功利，但功利决不能成为人生的主导。追求精神超越，渴望诗意栖居的人们，生活态度是决不会物质化的。他们对生活中物质的追求，往往也可以是审美的，显示着一种超越的精神和生机。

用这种审美的心态去关照生活的辛劳，则辛劳的生活也开满了芬芳的花朵，处处美不胜收，时时收获感动。是的，心态决定一切，只有具备了这种审美的心态，人类才能虽然"充满劳绩"，但依然"诗意地栖居在这片大地上"。

3. 发现的眼睛

有了这种超越的精神和审美的心态，我们重新审视周围的世界，一定会满怀欣喜地发现，原本以为平淡的生活和司空见惯的周围的风景和人们，却原来如此丰富多彩，让我们目不暇接。拥有一双发现美的眼睛，我们便能在匆匆忙忙的人生旅途中领略到更多的沿途风光，从纷繁复杂的生活海洋中撷取最美丽的珍珠，在茫茫人海中收获更多的真情。

人生美是没有止境的开放的状态，让我们以超越的精神、审美的心态、善于发现的眼睛，去面对生活中的酸甜苦辣，感悟人生的无穷魅力，营造我们诗意栖居的美好家园。让我们以饱满的热情，不断完善自己的人生，不断向着完美的人生境界共同努力吧！

思考与讨论：

1.你是怎么敬畏生命的？
2.你生活中可曾有过缺憾？你从中悟到了什么？
3.现实中如何做到"诗意栖居"？

阅读书目和电影推荐：

1.［法］阿尔贝特·施韦泽.敬畏生命[M].陈泽环，译.上海：上海人民出版社，2017.
2.朱光潜.谈美·谈美书简[M].北京：作家出版社，2018.
3.电影《美丽心灵》，美国，2011年。
4.电影《肖申克的救赎》，美国，1994年。

第二节 社会美的欣赏与实践

马克思曾指出："人是一切社会关系的总和。"社会是人构成的，人又是社会的人，我们要想追求社会生活的和谐美好，就需要探讨社会美。

一、劳动美

社会美是人类社会领域中的美，社会美最重要的内容之一便是劳动美。美的本质是人的本质力量在对象上的感性显现，是对人的本质力量的肯定和确证。自有史以来，生产劳动就是人类社会生活的主旋律，人类的创造性以及才能、智能、品格、意志、情感等本质力量也是最直接、最集中地体现在生产劳动之中的。人们可以在生产劳动中看到自身的智慧和力量,可以享受劳动以及劳动的成果,使精神上得到极大的满足,产生强烈的美感。

1. 劳动主体的美

劳动主体的美是指劳动者的美,是指劳动者内在素质的美和外在形象的美。劳动主体的美是心灵智能和外在形象的美感的统一,是劳动美的基础性环节,在劳动美中居于十分重要的地位。

我们赞美劳动创造了美,首先是创造了人本身的美。劳动使人猿相揖别,手脚分了工,肢体更灵活。劳动,熔铸了优美的人性。人类那睿智的思想、宏深的智慧、丰富的情感、崇高的道德,都是在劳动中闪耀着的光辉。劳动,创造了劳动主体更深刻更本质的心灵美。

吴伯箫散文《记一辆纺车》
(节选)

劳动者在劳动过程中能否进行"符合美的规律"的劳动生产,就其主体条件而论,主要取决于两个要素:一是劳动者在参与劳动之初,自身所具备的劳动条件,即知识水平、专业技能、美学素养和健康状况等。二是劳动者在参与劳动的过程中,能否不断提高和丰富自身的"本质力量",使自身通过劳动而更有价值、更有光辉、更有诗意。研究认为,在劳动不再是一种异己的、敌对的、否定自己力量的痛苦的实践活动的前提下,劳动者的聪明才智才能得以充分的发挥,劳动时始终洋溢着创造新生活的激情,也只有这样,劳动主体的美的境界的实现才有可能。

2. 劳动环境的美

不论精神生产或物质生产,都离不开生产劳动的环境。人不是孤立的存在,必须在一定的环境中生存、发展。劳动是人类对自然和对自身的改造。因此,劳动环境的美,对劳动过程及劳动成果的美,有着直接的影响。

劳动环境舒适、美观、整洁,能够极大地影响工人的劳动情绪,引发创造热情,提高劳动生产率,创造出优质产品。劳动环境的美,首先要求配置的机床设备、运输工具、工作台等,既要达到先进的科学技术水平,又必须按照人机工程原理,符合人体测量比例、人的心理和生理需要,同时造型要美观,色彩要淡雅,努力为劳动者创造一种美的氛围。其次环境的色彩对劳动者的情绪和情感影响极大,它是环境美的重要审美因素。色彩调配要求视觉感知与色彩美学性能的平衡,人的神经动态和颜色视觉形态的平衡,情感反应与色彩效应的平衡,尽可能给人以亲切、舒适、轻松、明快之感。此外,音乐、照明、环境卫生、噪声等因素对环境美的作用不可低估。虽然劳动环境的改善不能直接激励职工的积极性,但能够减少失误,增加工作的安全性,有助于职工的身心健康和愉快,这也提高了劳动效率。而间接来看,劳动环境会改变一个人的思想认识、行为方式,从而改变人的心理,使工作效率达到新的平衡。

> **知识链接**
>
> 调查显示,工厂车间的门窗安置适宜,明净漂亮,可以提高劳动生产率5%~15%;照明设备美观适度,可以提高劳动生产率10%~30%;车间内外环境以及机器工具涂上适当的色彩,可以提高劳动生产率2%~10%;把噪声减少到最低程度,或在劳动时播放经过严格选择的音乐,可以使劳动效率提高6%~14%。这在一定程度上说明劳动环境的美对于提高劳动生产率的重要作用。

3. 劳动过程的美

劳动过程指劳动者通过个体或群体的组织形式生产劳动产品的过程。劳动过程的美与劳动者的行为动机、行为方式,劳动场面形态及劳动对象变化等密切相关。

劳动过程的美产生于非异化的劳动。劳动主体的行为动机、目的、理想及其行为方式直接关系到劳动过程的美。只有当劳动主体完全自觉自愿,摆脱了物质和金钱的束缚,充分发挥创造性、积极性,施展聪明才智时,劳动才是美的。

扫码欣赏

孙犁小说《荷花淀》(节选)

就个体劳动而言,劳动过程的美,一般通过劳动者飞针走线、精雕细刻等劳动,表现出劳动主体精巧灵活、劳动情绪舒畅愉悦等恬静之美、和谐之美、韵律之美。

就集体劳动而言,劳动过程的美,外在形式上表现为劳动场面的美,内在结构上表现为内部组织的协调和劳动节奏的和谐。填海移山、植树造林、修路筑桥体现出劳动主体的雄伟气概,呈现出恢弘之美。劳动场面的美,源于内部组织的协调和节奏的科学性,是协调和节奏之美。管理者如何使劳动过程中的众多因素协调一致,需要通过各种协调机制（劳动组织、劳动定额、职务分工、情绪情感协调、设备利用等），处理好劳动主体与劳动的多种关系，达到劳动行为的完善、劳动生产率的提高，造成一种劳而不累、多而不杂、忙而不乱、有张有弛、有静有动的场面形态、气势、精神氛围之美，从而促进人与人之间的亲和感，更好地促进生产发展。

审美视界

吴伯箫散文《记一辆纺车》（节选）

在坪坝上竞赛的那种场面最壮阔，"沙场秋点兵"或者能有那种气派？不，阵容相近，热闹不够。那是盛大的节日里赛会的场面。只要想想：天地是厂房，深谷是车间，幕天席地，群山环拱，怕世界上还没有哪个地方哪种轻工业生产有那样的规模哩。你看，整齐的纺车行列，精神饱满的纺手队伍，一声号令，百车齐鸣，别的不说，只能嗡嗡的响声就有点像飞机场上机群起飞，扬子江边船只拔锚。那哪儿是竞赛，那是万马奔腾，在共同完成一项战斗任务。因此竞赛结束，无论是纺得多的还是纺得比较少的，得奖的还是没有得奖的，大家都感到胜利的快乐。

4. 劳动成果的美

劳动成果的美主要是指那些已经改变了原有的自然的感性形式和劳动产品的美。诸如繁花似锦的街市、鳞次栉比的楼房、五光十色的绸缎、玲珑剔透的工艺品、疾速奔驰的汽车、乘风破浪的轮船、绿草如茵的大片草地、万紫千红的花卉海洋、人鸽共舞的街心广场等。这些美的劳动产品是人的智慧和力量的结晶，是人的本质力量的表现和确证。人可以在劳动中看到自身的智慧和力量，可以把劳动以及劳动的成果作为自身体力和智力的活动来享受，使精神上得到极大的满足，产生强烈的美感。

劳动成果的美的特征：一是人的智慧和力量的物化形态；二是审美与实用相结合。当然，这种结合在不同的产品中，审美与实用因素的比重也是各不相同的。社会产品美主要体现在：它总是具有满足社会和人们需要的功能；它在外造型上也是美的，即产品的结构合理、造型别致、色彩和谐、装潢讲究等。总之，社会产品的美，体现在产品所构成因素的和谐统一，它是劳动者在社会实践中所创造的物品的内容和形式的美。

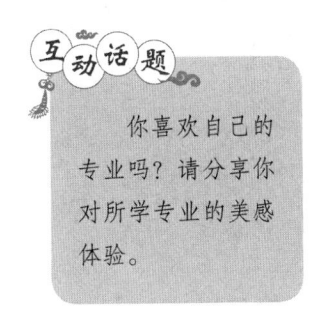

二、人的美

1. 人体美

人体美是指人的五官、身（体）姿（态）以及在人体活动中产生的风度、风姿给人以美的感受。它在美学上有两种分属方法：有人把它放在自然美中，认为它是自然美的最高阶段；也有人把它放在社会美中，认为它是社会美的起始阶段。其实这两种方法都行，就人体的生理形态，譬如性别、身高、肤色而言，它是天生的，基本上属于自然美的范畴。虽然后天努力也可改变人的自然形体甚至性别，譬如体育锻炼、整容等，但毕竟还是一种再塑造。就人体必然有人的思想性格而言，它又属于社会美的范畴。但因为人体所能表现的人的思想性格是有限的，所以它只能放在社会美的起始阶段。

对于人体美的评价，不同种族、不同时代的标准差异极大。如中国古代，先秦以长白为美，魏晋时以清为美，唐代则以丰肥为美，所以历史上也很难有绝代佳人之说。而现代社会，人们如何看待人体之美，大体上从以下几个方面可见端倪。

（1）从英雄崇拜走向偶像崇拜。图像的力量究竟有多强大？在这个图像泛滥成灾的时代，再去讨论这个问题或许已经显得多余。尼尔·波兹曼曾在研究《圣经》的过程中得到这样的启示："媒介的形式偏好某些特殊的内容，从而能最终控制文化。"[6]因此，"某个文化中交流的媒介对于这个文化精神重心和物质重心的形成有着决定性的影响"[7]。以电视机为代表的电子和图像革命，彻底改变了我们对于世界的理解，"我们的文化对于电视认识论的适应非常彻底，我们已经完全接受了电视对于真理、知识和现实的定义，无聊的东西在我们的世界里充满了意义，语无伦次变得合情合理。如果我们中的某些人不能适应这个时代的模式，那么在我们看来，是这些人不合时宜、行为乖张，而绝不是这个时代有什么问题"。

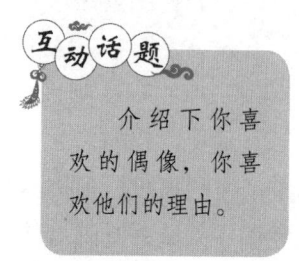

尼尔·波兹曼所批判的图像至上的价值取向和思维方式，如果具体落实到对于一个人的评价，便是把形象的展现看得远远比个人的智慧、品德更为重要，因此便有了偶像崇拜的大行其道。

检视新中国成立以来的偶像史，主要经历了两个重要转变：一是从政治型偶像到大众化偶像的过渡；二是偶像的分散，现在已经很少有人能成为全民偶像，人们的兴趣点越来越分散，对一个偶像的看法也可能越来越不同，这也是中国社会多元化的有力见证。

扫码了解 **偶像崇拜小历史**

互动话题 介绍下你喜欢的偶像，你喜欢他们的理由。

（2）"人体艺术"迷失导向。曾有学者指出，在消遣经济时代，闲暇和不劳而获是身份和地位的象征；在劳动经济时代，劳动光荣的观念经过国家意识形态的宣传后深入人心；在消费经济时代，消费和时尚成了地位和能力的象征，成了人们从事生产劳动的理由和动力。我们觉得，这样一种经济形态的更替，同样影响到人们对于人体美的评价。因为在当下这样一个消费经济时代，我们发现人体居然也可以借"艺术"的名义来包装、重塑，也可以仅凭外在形象就可赚取可观的经济利润。由此，也催生出现代社会一些特有的"人体艺术"，并在最近十来年，发生了很多新的变化。更多的人体写真作品问世，尺度也日趋大胆；人体彩绘后来居上，并与商业活动的联系日益紧密；人体表演、人体行为艺术也开始逐渐盛行。

打着"艺术"名义的裸露何以在时下中国如此盛行，从事裸体艺术研究多年的中国艺术研究院研究员陈醉认为，原因是多方面的：第一，改革开放至今，人们的观念已经起了根本性的变化，不少人可以把有关的临界线相对放宽。第二，国外的影响。随着中外文化交流日益频繁，一些新的表达方式很快就能传进来。第三，市场经济规律的支配，商业活动方式的需要。

2. 行为美

行为美指人在日常交往中的行为举止，包括语言美和行动美，行为美有以下三个特点。

（1）规范性。人际交往的行为举止很讲究规范，但这一规范是在历史上约定俗成的，而非某个政府或个人加以提倡制定的，人若逾越了这一规范便是失礼。如：人与人之间要相互问候，这是古往今来约定俗成的，表现了人与人之间的相互关切和尊重。但相互问候通过什么样的方式表现出来，在各个时代和民族之间却有很大差异。

（2）分寸感。表现在遵循行为规范方面要适度。譬如耐心倾听别人说话、在别人安静时不要喧哗、不要追问别人不愿讲的秘密、注意长幼尊卑男女之别等。周恩来曾对外交部门的工作人员提出要求：不卑不亢，这就体现了交往的分寸感。现在似乎各行各业都很重视这种"分寸感"，甚至有人专门来教别人一些社交礼仪。

（3）习惯性——"第二天性"。人对行为规范的遵守都是后天培养出来的，这是一个从不自觉到自觉的过程。家长的言传身教很重要，必须让孩子很小的时候就懂得人与人之间行为要规范的原因是人与人之间要相互尊重，这样长大后才会有良好的行为习惯，所以古人才会说"养不教，父之过"。西方称这种后天养成的习惯是"第二天性"，马斯洛称为"似本能"。

严格地说，行为美其实更侧重于道德评价。但若这种道德通过一种具体的行为方式展现出来时，便为审美评价提供了可能。

三、伦理美

在东西方文化传统中，伦理与道德具有相似的含义。所谓的伦理美，我们在此主要是指人与人之间基于道德原则所建立起来的和谐健康、充满愉悦情感的美的关系。

1. 交往是美丽的

我们自从降生在这个世界上，就生活在一定的人群中，包括父母亲人、老师同学、朋友同事等，每天我们都以不同的方式与他们交往。因此，交往就成为司空见惯的事情，有时还会因为与他们闹矛盾而烦恼重重，尤其是现代快节奏的生活，工作、学习的压力，还有功利化的人生态度等主观或客观的因素，甚至让一些人患上了所谓的"不感症"。"这种感官的异常迟钝，这种心理性的'不感症'，不仅使人失去自己曾经有过的敏感和激情，使人的生活变得异常贫乏、单调和枯燥，而且更使人与人之间、人与世界之间、人与物之间日益疏远、日益隔膜起来，他人成为一堵墙，人变得越来越孤独，越来越绝望。"[8]

然而所有这些，只能说明由于各种干扰人们正常交往的因素的存在，使人们暂时陷入了交往的迷途。交往对于正常的人类生活而言，不仅是必要的，而且是美丽的。

审美视界

生活的美好在于与人相处

2003年7月29日，40岁的意大利洞穴专家毛里奇·蒙塔尔只身到意大利中部内洛山的一个地下溶洞里，开始长达一年的命名为"先锋地下实验室"的活动。

"先锋地下实验室"，设在溶洞内的一个68平方米的帐篷内，里面除配备有科学试验用的仪器设备外，还设有起居室、卫生间、工作间和一个小小的植物园。在洞外山顶上的控制室里，研究人员通过闭路电视系统观察蒙塔尔一个人在长期孤独生活的情况下生理方面会产生哪些变化。

在2000多米深的溶洞里，周围死一般的寂静，刚开始20天左右，由于寂寞与孤独，蒙塔尔曾感到害怕，怀疑能否坚持到底，但是后来还是顶住了。他给果树和蔬菜浇水，看书、写作或看录像。一年中，他吸了380盒香烟，看了100部录像片。实验室内还备有一辆健身自行车，他共骑了1600多千米。

度过了一年多暗无天日的地下生活后，蒙塔尔于2004年8月1日重见天日。这时，他的体重下降了21千克，脸色苍白而瘦削，人也显得憔悴，免疫系统功能降到最低点；如果两人同时向他提问，他的大脑就会乱；他变得情绪低落，不善于与人交谈。虽然他渴望与人相处，希望热闹，但他的确已丧失了交际能力。

蒙塔尔说，在洞穴里度过了一年，才明白了一个人生的奥秘：生活的美好在于与人相处。

（生活的美好在于与人相处 [J]. 领导文萃. 2007（6）：148.）

这个故事使我们明白了与人相处原来如此重要，与人交往对我们的身心健康功不可没！沟通与情感交流是我们生命中必不可少的元素。

2. 建立和谐美好的关系

马克思曾说过："人是一切社会关系的总和。"在这些所有的社会关系中，我们期望建立起一种和谐美好的关系。这需要社会群体和个人的共同努力，美好的伦理关系既需要社会的道德规范，也需要个人的参与和共同建设。

我国传统的儒家美学观有厚重的伦理色彩，孔子曰"里仁为美"，注重的就是人与人之间关系的和谐。中国传统以为，人与人之间有五种最为基本的关系，称为"五伦"，即夫妇、父子（亲子）、兄弟（姐妹）、君臣（领导与下属）以及朋友关系。此外，还有人与社会其他成员之间的间接关系。如何处理好这些关系，对于建立一个充满伦理秩序的社会至关重要。古人的这套关系体系，对于我们今天建立正常和谐的伦理关系，依旧具有参考价值。

这种和谐美好的伦理关系，尽显伦理之美。我们可以把它们概括为亲情美、友情美和爱情美。

（1）亲情美。亲情是建立在家庭、血缘关系基础之上的一种人际关系。其最基本的关系包括夫妇关系、亲子关系、同胞关系等。夫妇关系被认为是产生一切社会关系的基础和保障。《释名》曰："妻，齐也。"《说文》曰："妻，妇与夫齐者也。"可见，作为男主外、女主内的早期中国社会，妇与夫齐，二者对等。孔子曾特别强调要尊敬妻子："昔三代明王，必敬妻子也，盖有道焉。妻也者，亲之主也……敢不敬与？"（《孔子家语》卷一）今天，女性的社会地位得到了空前的提高，我们依旧提倡在夫妇关系中，二者平等互敬，和谐美满。

亲子关系即父母与子女之间的关系。中国非常重视"孝道"，《孝经》中有一句话："身体发肤，受之父母，不敢毁伤，孝之始也。"身体是父母给的，没有父母，便没有子女。孔子曾强调"君君、臣臣、父父、子子"，只有做到了"父慈子孝"，一个和谐的父子关系才得以建立。今天的亲子关系，父母作为长辈，对于子女，依旧需要慈爱，承担起抚育子女的重任，而子女对于父母，当然也要孝敬关心他们，尤其是父母年迈之时，更应该尽可能地多抽时间来陪伴他们，报答他们的养育之恩。

同胞关系即兄弟姊妹关系。处理好兄弟关系就要做到"兄友弟恭"，兄对弟要关心爱护，弟对兄则要尊重热爱。姊妹关系亦如此。这对于我们今天要建立和谐的兄弟姊妹关系，依旧具有重要的指导意义。

从上述关系中，可见亲情美所表现出来的是尊敬、关心、爱护和依恋。

（2）友情美。可以建立起友情的关系很多，比如同学关系、同事关系、领导与下属关系，以及通过各种途径结识的朋友关系等。与朋友交，要讲究一个"信"字，即言而有信、相互信任。同时也要讲究一个"敬"字，要相互尊敬，即使是领导对下属，亦应如此，方能建立起一种真正的友情。

生活中，朋友常是我们的知音知己。鲁迅先生云："人生得一知己足矣，斯世当以同怀视之。"可见知己的可贵。薄伽丘在《十日谈》里曾热情地歌颂友谊的美好："友谊真是一种最神圣的东西，不光是值得特别推崇，而且值得永远的赞扬。它是慷慨和荣誉的最贤惠的母亲，是感激和仁慈的姊妹，是憎恨和贪恋的死敌；它时时刻刻都准备舍己为人，而且完全出于自愿，不用他人恳求。"

（3）爱情美。爱情是艺术和文学的永恒主题，也是人生和社会的永恒主题。古今中外，有多少美丽动人的爱情故事永远感动着我们，如我国的民间传说《梁山伯与祝英台》，莎士比亚的戏剧《罗密欧与朱丽叶》等。

在现实生活中，爱情的美好在于志同道合，心心相印，同甘共苦，不离不弃，是《诗经》中的"执子之手，与子偕老"。爱情的美好还在于她给相爱的人以奋发的精神和创造美的力量。苏霍姆林斯基认为："爱情，它比上帝还崇高。爱情就是人类千古不朽的美和万世永恒的力量。如果一个人不会爱，那他就不能到达人类之美的这个顶峰……爱情不仅是兴高采烈地欣赏和享受为你创造的美，而且也是在心爱的人身上无止境地创造美。"

3. 道德规范的价值

在一定社会条件下，合理的道德规范内化为一种精神，社会成员能够自觉地遵守执行，则对于建立良好和谐的人际关系具有重要作用。而合理的道德规范往往能让个人和群体都从中受益。

《礼记·礼运》云："何谓人义？父慈，子孝，兄良，弟悌，夫义，妇听，长惠，幼顺，君仁，臣忠。"所有这些，都是我国古代人与人关系的一种道德规范，对于建立起一套封建伦理秩序意义重大。

例如，关于"父慈子孝"这样一种道德规范，在以农业经济为主的中国古代社会，就是一种非常合理的伦理要求，对于个人和群体都是有益的。因为每个人都会变老，只要跟孩子建立了这种父慈子孝的秩序关系，在老的时候，都会享受到后代的照顾，因而这种关系，既有善的合目的性，又显示着血浓于水的亲情，是一种合情合理的伦理秩序，所以能够得以延续千年而颠扑不破。即使在现代中国，也仍然是一种被广泛认可的模式。

在今天，我们依旧需要建立符合当代社会的道德规范，并将之内化为一种内在的人文精神，以建立起人与人之间美好的道德伦理关系。

扫码欣赏

《可怜父母心》

思考与讨论：

1. 人的内在美与外在美的关系是怎样的？
2. 请扫码品读《哈佛家训》中的《可怜父母心》，谈谈作为子女你如何孝顺父母。
3. 从审美的角度谈一下你的职业规划。
4. 如何评价现代社会对于人体美的重视和追逐？
5. 如何看待行为美在当代遭遇的"道德困境"？

阅读书目和电影推荐：

1. [美] 威廉·贝纳德. 哈佛家训Ⅱ[M]. 张玉, 译. 北京：中国妇女出版社, 2007.
2. [美] 威廉·H. 麦加菲. 麦加菲读本[M]. 艾梅, 译. 哈尔滨：哈尔滨出版社, 2009.
3. 陈醉. 裸体艺术论[M]. 北京：中国青年出版社, 2011.
4. 岳晓东. 追星与粉丝——揭秘偶像崇拜中的心理效应[M]. 北京：机械工业出版社, 2012.
5. 电影《当幸福来敲门》, 美国, 2006年。
6. 电影《天堂电影院》, 意大利, 1988年。

第三节　自然美的欣赏与创造

"五岳归来不看山，黄山归来不看岳"，明代旅行家、地理学家徐霞客两游黄山之后，曾发出这样的赞叹。徐霞客所赞美的，是自然山川之美，也就是我们常说的自然美。大自然是美的，人改造自然是伟大的，在人类进化的过程中，我们认识了自然，适应了自然，改造了自然，创造了自然。如何面对自然，并从自然中汲取美学要素，成为当代美学研究的重要议题。

一、自然美的研究历史

自然美在中西方曾经走过不同的历程。西方美学界在18世纪之前多半是轻视甚至否认自然美的，古希腊人审美的主要对象是人或神化了的人，人是他们的审美中心。但自然美作为人的活动背景，偶尔也被提及。有人曾统计，在荷马史诗《伊利亚特》中对社会性物品的审美评价有493次，对人和神的审美评价有374次，而对植物世界的审美评价才9次。

中世纪在罗马基督教的统治下，神取代了一切。他们认为自然界的景物是魔鬼的化身。自然界的美景能唤醒人的情欲，那是恶魔在作怪。所以在西方中世纪，自然美没有位置。

文艺复兴后，在"人的发现"的同时也开始尊重自然景物之美。代表人物是意大利14世纪诗人彼特拉克，他的诗常常写到自然景物。但文艺复兴时代依然没有完整的风景诗，风景依然是人事的陪衬。

到了17世纪，荷兰的绘画才开始以自然界为题材。当时的画家对自然发生兴趣也有社会原因。荷兰刚刚摆脱了西班牙的奴役获得独立，取得胜利的资产阶级对那些为天主教堂服务的圣像画失去兴趣，因此产生了许多表现人和自然美的绘画。当时有影响的风景画主要有伦勃朗的《三棵橡树》、雷斯达尔的《埃克河边的磨坊》和霍贝玛的《并木林道》，但是这种单纯的风景画在当时少之又少。

到了18世纪末，英国湖畔派诗人以及以歌德、赫尔德、席勒等人为首的"狂飙突进"运动才开始歌颂大自然，写了一些风景小诗，特别是歌德的风景诗（也有人称之为自然诗）表现了自然美，如《萨森海姆之歌》《五月之歌》等，此后也出现了山水画派。由此可见，西方文艺界、美学界对自然美的欣赏是缺乏的。

西方美学界普遍认为审美与艺术的中心是人，艺术美就是艺术表现的人的生活的美。由此造成西方的一个传统：重视艺术而轻视自然。这一观点发展到黑格尔，他认为自然美是属于心灵的那种美的反映。它所反映的只是一种不完全、不完善的形态。近代美学家如意大利的克罗齐则认为自然只有对用艺术创作观点来看待它的人来说才显得美。

学者一般把中国自然美的发展史归纳为致用、比德和畅神三个阶段。原始人类以羊丰硕为美，处于实用的致用阶段；孔子用道德探讨美，处于比德阶段。畅神的艺术实践始于魏晋，理论则晚出于南朝的宗炳，他的《画山水序》是中国最早的山水画论之一，也是古典自然美的重要记录，文中说："夫圣人以神法道，而贤者通；山水以形媚道，而仁者乐。"[9]他把儒家和道家对自然的观点融会贯通，"将画家的思想境界提到了哲学的高度"[10]。同时，中国禅宗文化正是佛教从儒道文化汲取自然观后，才渐渐趋于中国化的。道家修治身心的部分与佛教摒弃情欲的出世倾向颇有契合。此外，在中国文艺思想史上，刘勰的《文心雕龙·原道》、李贽的"童心说"、董其昌的"画当以天地造化为师"、袁宏道的"性灵说"等，皆在儒道自然框架中建构。

在20世纪的中国，美学扮演了人文领域急先锋的角色，先后有三次大的美学浪潮。其中，对自然美的讨论是重要内容。20世纪五六十年代的"美学大讨论"，朱光潜、李泽厚、蔡仪等主要参与者都围绕自然美进行过争论，提出过几种观点。自然美一下子飞跃至中国美学的中心。这些学者的观点似乎并不能引起当代学者的兴趣，可确定的是他们采取的均是本质论的学术进路，即探讨美是主观的还是客观的美学本质问题。20世纪80年代的"美学热"，继承了五六十年代"美学大讨论"的议题，对马克思《1844年经济学哲学手稿》中的美学思想进行了研究，再次讨论"自然美存在于哪里"的问题。这两次讨论的共同之处在于都是将自然美作为美学的子领域，作为艺术领域的延伸，自然美没有摆脱长久以来处于美学学科边缘的尴尬地位。参与讨论者也没有注意到西方现代美学从环境、景观和生态角度对自然美所做的重新阐释，这是颇为遗憾的。

从中西方美学历史回顾中，我们可以发现，但凡想要建构某种美学体系的美学家，必定要谈到自然美；但凡对自然美不能自圆其说的美学家，往往不能完整地建构体系。

二、自然美的审美方法

1. 把握最佳审美时机

自然美有变易性的特点，许多自然景观随时间、天气、季节的变化而展示不同自然景观的美，在不同季节、不同时令、不同气候条件下，呈现出不同的景色。有的随季节变换而呈现出春翠、夏绿、秋金、冬银的差异，有的只在特定时间出现。很多景观都有自己的最佳观赏期，明代袁宏道讲述赏花经验时说："夫赏花有地有时，不得其时而漫然命客，皆为唐突。寒花宜初雪，宜雪霁，宜新月，宜暖房；温花宜晴日，宜轻寒，宜华堂；暑月宜雨后，宜快风，宜佳木浓阴，宜竹下，宜水阁。凉花宜爽月，宜夕阳，宜空阶，宜苔径，宜古藤巉石边。若不论风日，不择佳地，神气散缓，了不相属，此于妓舍酒馆中花，何异哉！"（袁宏道：《瓶史·十一清赏》）因此，必须根据季节和气候的变化，把握最佳审美时机。

宋代画家郭熙《山水训》（节选）

2. 选择最佳审美位置

许多自然景观在不同的观赏位置，因距离、角度、俯仰的变化造成了透视关系、纵深层次、视野范围的差异，所产生的美感不同。峰峦之雄伟俊秀，唯远眺可得。如高大雄伟的山体，可在视野开阔的最高点俯瞰或远眺，故孔子云"登东山而小鲁，登泰山而小天下"。地貌酷似一些形象的造型，只有在特定的观赏点才能望到。如黄山仙人晒靴、桂林象鼻山、巫山神女峰，在特定观赏点，充分发挥想象，方能体会到某种形象。湖沼池塘、峡谷洞穴、一线天置身近观，方知其妙。如长江三峡，只有置身其中才会有"两岸猿声啼不住，轻舟已过万重山"之感。瀑布景观宜在适当位置仰观，我国第一大瀑布黄果树瀑布，万练倒悬，飞沫反涌，数里之外即闻其声，如千人击鼓，万马奔腾，选择适当位置仰观则可收到形、色、声、动等美感。李白置身于适当距离仰观庐山瀑布，才有"飞流直下三千尺，疑是银河落九天"之感受。自然审美最佳位置的选择是由距离和角度决定的。

3. 充分发挥审美想象

审美想象是通过对审美知识表象进行加工改造，形成新的艺术形象的过程。它是主体进行审美表现和创造活动的知觉想象和创造性想象，马克思称想象力为"人类的高级属性"。审美想象既不是凭空产生的，也不是自然发生的，一方面，审美想象的培养和发展依赖于审美表象和意象的储备，只有具备了丰富的审美表象，审美想象才有了加工的基础材料；另一方面，必须对审美想象进行精确的分解和综合才能形成，各人的感觉、认知、情感、价值、信仰、性格、气质、能力、兴趣、倾向等因素在想象过程中起着至关重要的作用。它使主体对现实具有独特的感受力，经过自己的感受和体验，能够敏锐地捕捉那打动了自己的某一种特殊的美，从这个意义上说，想象具有强烈的个性色彩。

审美视界

朱自清散文《绿》（节选）

她松松地皱缬着，像少女拖着的裙幅；她轻轻地摆动着，像跳动的处女的初恋的心；她滑滑地明亮着，像涂了"明油"一般，有鸡蛋清那样软，那样嫩，令人想起所曾触过的最嫩的皮肤；她又不杂些儿尘滓，宛然一块湿润的碧玉，只清清一色——但你却看不透她！

点评：朱自清的名篇描写的是浙江仙岩的梅雨潭，在他的观感中我们不难发现，他之所以能得到如此醇厚的美感享受，就是依靠想象活动，将由绿激起的爱慕情思，化作了令人可意、可触、可觉的少女形象。英国著名的美学家鲍桑葵说，想象活动能创造一个他（审美主体），能引起满足的情感体现。朱自清先生对梅雨潭之绿的抽象的痴情，通过想象，用具体的少女形象体现——化情思为形象。

4. 联系文化历史审美

自然美虽是大自然的造化，但它作为人类的审美对象终究不能离开人的实践，自然美必然同社会美发生某种联系。对大众来说，把自然美同人类创造的美统一起来，把自然景观同人文景观结合起来审美，无疑能使自然美收到更好的效果。因此，进行自然审美，就要充分调动审美主动性，充分挖掘自然景观的历史文化内涵，善于通过联想、想象，更深刻地体验自然美带给我们的审美感受。

我国历代的硕学大儒们对诸多自然景观的审美文化可以说到了相当的高度，山水诗、咏物诗、怀古诗和游记等文学作品，山水画、花鸟画以及园林、建筑等艺术作品，都是与自然景物审美直接相关的。"览物之情，得无异乎？"这一点从他们流芳百世的诗文著作中随处可见，不胜枚举，为我们联系文化历史进行自然审美提供了十分方便的丰富资源，许多名山大川几乎处处都是历史，都是知识，都是文化。

三、自然的审美实践[11]

1. 文学中的自然美

生态意识是世界文学天然的思想渊源，生态思想建立在人与自然的关系史上，文学史正是这种关系史的生动反映。西方神话具有丰富的生态思想，既有原始先民生活经验的累积，又有他们对自然与世界的整体认识。在古希腊神话中，女神珀耳塞福涅吃了冥王哈里斯的石榴，每年只能返回人间6个月时间与母亲农神德墨忒尔相聚，从而有了一年四季。这是希腊先民对季节变化的原初想象。其他诸如风雨雷电皆为神意神力，与中国神话庶几相近。

东西方文学对人与自然规律的关系也都有过细致思考。赫西俄德在《劳动与时令》中说："留心事物的限度，万事因时而举才会恰到好处。"[12]中国的孟子也以相同的口吻告诫君王："不违农时，谷不可胜食也；数罟不入洿池，鱼鳖不可胜食也；斧斤以时入山林，材木不可胜用也。谷与鱼鳖不可胜食，材木不可胜用，是使民养生丧死无憾也。养生丧死无憾，王道之始也。五亩之宅，树之以桑，五十者可以衣帛矣；鸡豚狗彘之畜，无失其时，七十者可以食肉矣；百亩之田，勿夺其时，数口之家可以无饥矣……"（《孟子·梁惠王上》）孟子主要从"王道"的角度，劝诫君王应实行仁政、获取民心。仁政的手段就是按照自然规律进行耕种养殖。唐代柳宗元的散文《种树郭橐驼传》以寓言的方式来阐明这个道理："能顺木之天，以致其性焉尔。凡植木之性，其本欲舒，其培欲平，其土欲故，其筑欲密。"相比之下，柳宗元沿着老庄一脉，在乱世之中（安史之乱）追求无为而治、顺乎天道的政治理想。

近现代以来，西方文学中的浪漫主义文学、自然文学和生态文学更为重视自然的美学意义。尤其19世纪的浪漫主义诗人将大量自然景物引入诗歌主题。"的确，自然这块天地，不得不等到19世纪的浪漫主义运动，方才得到了充分而又细致的发掘。"[13]

自然主义哲学

"自然主义"一词，最早产生于16世纪，是哲学领域中的一个术语，其含义是：除自然之外，并不存在超自然的事物，一切都包括在自然的法则之中。19世纪40年代，它开始用于绘画，指对自然的一种写实。作为文学上的专门术语，是泰纳第一次提出和使用的。泰纳1858年2月至3月发表于《评论报》上的《巴尔扎克论》一文，第一次提出了"自然主义"的概念，并规定了含义："奉自然科学家的趣味为师傅，以自然科学家的才能为仆役，以自然科学家的身份描拟着现实。"可见，所谓自然主义，就是从自然科学获得启示，来开拓文学理论，进行文学创作。或者换句话说，就是文学创作和自然科学的观念、方法紧密结合。当然，赋予自然主义这个词以真正具体的明确含义的是左拉，他在这个概念下确立了一整套与自然科学息息相关的文艺思维体系，从而创建了真正在文艺思潮发展史上具有代表意义的自然主义。

——张冠华，张德礼.自然主义的美学思考[M].成都：成都科技大学出版社，1999.

自然主义文学是20世纪美国文学的一个重要文学流派，其先驱是19世纪的爱默生和梭罗。选择"自然文学"的译法，而不是"自然书写"，强调如《沙乡年鉴》这样的作品更具有启迪性质的文学，突出其审美意义，而不只是一份环保工作记录。

拉尔夫·瓦尔多·爱默生是自然文学的先驱，他曾以极其动人的笔触写道："若是一个人希望独处，那就让他去看天上的星星……如果这些星星每一千年才出现一次，人们将会怎样崇敬、信仰它们，并且会怎样为后代保存这一上帝显灵的记忆啊！但是，这些美的使者每个晚上都会出现，用它们那带有告诫意味的微笑照耀整个大地。"[14]爱默生对自然的歌颂是以开拓美洲新大陆为历史背景的，因而"爱默生眼中的自然屈从于人类之需要，是服务于人类的……人与自然的关系实际上是一种主仆关系"[15]。

另一位美国作家亨利·大卫·梭罗在爱默生驻足的地方继续思考并付诸实践。梭罗名声很大，他考察印第安人生活已经不限于人类学意义。他在瓦尔登湖畔亲手搭建小木屋，并独自在那里生活了近两年的时间。他尽量减少日常所需，尽可能自给自足。他能一整天一动不动地在湖边观察牛蛙，也乐于在清风徐来的清晨体验散步带来的身心美妙。他有极为坚韧的意志，并以"简朴"作为座右铭。他的代表作《瓦尔登湖》正是来自对大自然的体验。如果说爱默生心中的自然就像邈远的星光令人可望而不可即，梭罗的自然则能给人带来激情和动力。"梭罗崇尚的自然，却是一种近乎野性的自然，一种令人身心放松、与任何道德行为的说教毫无关系的自然。在自然中，他寻求的是一种孩童般、牧歌式的愉悦，一种无拘无束的自由，一种有利于身心健康的灵丹妙药，一种外在简朴、内心富有的生活方式。"[16]抛去政治和宗教的因素不说，梭罗所代表的人类共有的自然经验不由得让我们想起亲手缝制树皮鞋的老托尔斯泰和摇起纺车织布的老甘地。

梭罗之后，奥尔多·利奥波德擎起了自然主义文学的大旗。他做过林业官员，与他的前辈不同，利奥波德的专业背景和官员身份，使他有办法找到资金去做条分缕析的保护工作，譬如在美国中部和北部从事野生动物的管理考察。他的勤劳肯干又继承了前辈们的实践精神，1935年，他在被戏称"沙乡"的地方亲手耕种树木，以恢复被污染的土地生态。利奥波德的代表作为《沙乡年鉴》，这本书出版于1949年，后来在20世纪六七十年代兴起的环保运动中被奉为"圣经"。利奥波德将人与土地的关系上升到人类的道德层面，形成了崭新的"土地伦理"——"任何有利于保护生物社区的完整、稳定和美丽的行为都是对的，反之则是错的"[17]。作者用生动笔墨描绘了土地作为一个复杂的生态系统如何进行能量的供给和转换，而人类则错误地认为自己是土地的主人，肆意从土地中索取，并寡廉鲜耻地破坏土地，破坏了整个生态系统。非常重要的是，在这部作品中，作者发掘了荒野的美学意义。利奥波德超越梭罗之处在于，他能从一个训练有素的科学家的角度，真正公正无私地去面对自然，按照自然自身的角度进行思考——"像山一样思考"，这使得他的立场从人类转向自然自身。利奥波德躬体力行，他在"沙乡"亲手栽种了好几千棵树，这是他的前辈们没有做到的。

美国的自然主义文学经历了从爱默生到梭罗，再到利奥波德的轨迹，经历了从静观自然到亲近自然，再到维护自然的行动和思想轨迹，向人们预示了自然美将在现代美学与生活中扮演越来越重要的角色，并召唤人们以介入的方式参与生态环保行动中。那么，为什么自然主义文学在美国生根发芽，并长成参天大树呢？也许有这三方面的原因：第一，最早的欧洲移民来到美洲大陆后，面对的就是浩瀚的"荒野"，所以对荒野有极强的好奇心和探索欲；第二，美国经济崛起于机器化大生产时代，美国的现代都市面貌和公路交通使人们有条件更直观地觉察都市与荒野的文化内涵；第三，宽松的文艺环境和更具活力的民主政体，使得美国自然主义文学诸家有精神成长的充分空间，不要忘记自然主义者梭罗同时也是一个不服从政府的公民。

2. 旅游中的自然美

凭借文学、绘画等艺术形式来欣赏自然，毕竟还要依赖较高的艺术鉴赏和想象能力。对于广大民众来说，走出家门，远离喧嚣，到野外去亲近、触摸自然才是直接也便于实践的方式。事实上，利奥波德等人也把走进荒原作为一种文化实践的范式。美学的意义正在于审美实践。第二次世界大战以后，世界各国旅游业蓬勃兴起，旅游成为了新的经济增长点和文化事业。通过旅游，人们既能领略异乡异国的自然景色、风土人情，也能从繁忙的现代生活中暂时解放出来、获得精神上的喘息。

吸引人们出门甚至出国旅游的资源内容非常广阔，主要包括自然旅游资源与人文旅游资源。自然旅游资源是旅游资源中的主体部分，人文旅游资源往往附着于其中丰富其内涵、扩大其吸引力。与之相应，呈现出来的自然美也分为两种：一种是经过人类劳动实践改造、加工过的自然美，即名胜古迹、园林庭院等人文景观中的美；另一种是未经人类能动改造的原初自然美，即日月星辰、极地峡谷、原始森林中的美。许多自然景观既有人工属性，又保留了原始面貌。地理学研究证明："我们通常想象为'自然的'特征，经过调查研究之后发现是由自然和人类共同形成的。"[18]譬如自古便是江南胜迹的钱塘潮，"八月十八潮，壮观天下无"（苏轼《催试官考较戏作》）。钱塘潮的形成固然因为特殊的地理位置，也与古人治理钱塘江形成的水下沉沙量有关。现代美学比较关注原初的荒野自然美，现代旅游者们则对两种自然美形态均有强烈兴趣。

中国是个旅游大国，幅员辽阔加之气候复杂，自然资源无限丰富：浩瀚无垠的林海、草原，风景秀美的湖滨、溪流，壮观奔流的大河、大江，陡峭巍峨的山峦、险峰……俯瞰华夏，全国有欣赏不尽的自然美景，足可令中华儿女引以为傲。即便在一个旅游区内部，由于海拔不同、天气瞬息万变，也时常呈现为不同的景致。比如吉林省东部的长白山天池，位于海拔颇高的山地。随盘山路蜿蜒向上接近天池，可依次欣赏针阔混交林、暗针叶林和岳桦林带，同时气温急剧降低；接近天池，漫山皆是蜷曲于地的地衣苔藓，居高望去，远方高地起伏，竟如彭斯笔下的苏格兰高原。峰顶以风狂、雨暴、水多著称。天池四周，忽而云雾蒸腾，目力不及湖面；忽而暴雨瓢泼，冷气萦绕四周；忽而雨收云淡，彩虹横挂天边。天气变化之迅捷令人难以想象，只有身临其境方能得其全妙。

现代经济的飞速发展，现代科技的飞快前进，人类面对世界（包括自然）的方式正发生着根本性的改变。现代旅游业已经远远不是"远上寒山石径斜，白云生处有人家"的时代了。航空业可以将你送到世界任何一个角落，通信业可以保证你在旅游探险途中随时与外界沟通，户外旅游业可以给你装备最专业的越野设备，旅行社可以提供给你各种详尽的游览资讯……旅游成为现代生活必不可少的一部分。那么，在有史以来最大规模最多人次的旅游浪潮中，旅游作为自然、艺术和社会生活的综合实践活动，具有极强的审美意义，美学家不正可以大显身手吗？美学家可以先将繁冗的哲学思辨放下来，积极参与到以旅游为现代审美方式的研究中，去引导人们如何学会欣赏大自然中美的事物。

明人张岱在《西湖七月半》中似乎已经意识到了这个问题。他写西湖赏月，开篇不写名湖，不写圆月，而以嘲讽笔调描绘了五类西湖游客。这些人名为赏月，实为粗鄙嘈杂之辈，不仅远离审美、"避月如仇"，还破坏了美景。只待这些世俗之人散去，文人雅客才乘船而出。"此时月如镜新磨，山复整妆，湖复颒面……吾辈纵舟，酣睡于十里荷花之中，香气拍人，清梦甚惬。"[19]张岱在文末用舒缓笔调描绘了一幅痴于山水、癖于月下的优美画卷。

大多数人可以接受人与自然相和谐的命题，然而，美学家还应该在可持续发展的经济学思路、污染会反噬人类自身的环境学思路以外，引导人们用身心去体味自然，提出美学家才能提出来的自然美学思路。以未经污染的原始自然去对抗污泥浊水的现代都市，这是生态文学不断强化给我们的主题。在忙碌奔波的都市中，还有多少人有空隙和心情去欣赏美呢？正因为如此，他们以旅游、探险的方式逃离都市，奔向山川、荒野。然而，现代生活灌输给人们的"人定胜天""人类征服自然"的思想又使得他们在野外仍然以所谓的文明方式去对待自然。山峰攀登、大江漂流、荒漠横渡等不是一而再地演绎人类征服力量的无穷吗？这不正是现代美学家所反对的将自然外在于人类的分离式审美视角吗？电影《东邪西毒》中的主人公欧阳锋有句台词："每个人都要经过这个阶段，看见一座山，就想知道山的后面是什么。我想告诉他，可能翻过山后面，你会发觉没什么特别。回头看，会觉得这边更好。"是啊，人类为何一再执迷于追逐欲望，而忘记了曾有的山花烂漫、芳草如茵呢？朱光潜先生曾引用阿尔卑斯山谷标语牌上的一句话——"慢慢走，欣赏啊"[20]依然如警世恒言，提醒着人们。

审美视界

张岱的《西湖七月半》

西湖七月半,一无可看,止可看看七月半之人。看七月半之人,以五类看之。其一,楼船箫鼓,峨冠盛筵,灯火优傒,声光相乱,名为看月而实不见月者,看之;其一,亦船亦楼,名娃闺秀,携及童娈,笑啼杂之,环坐露台,左右盼望,身在月下而实不看月者,看之;其一,亦船亦声歌,名妓闲僧,浅斟低唱,弱管轻丝,竹肉相发,亦在月下,亦看月,而欲人看其看月者,看之;其一,不舟不车,不衫不帻,酒醉饭饱,呼群三五,跻入人丛,昭庆、断桥,嚣呼嘈杂,装假醉,唱无腔曲,月亦看,看月者亦看,不看月者亦看,而实无一看者,看之;其一,小船轻幌,净几暖炉,茶铛旋煮,素瓷静递,好友佳人,邀月同坐,或匿影树下,或逃嚣里湖,看月而人不见其看月之态,亦不作意看月者,看之。

杭人游湖,巳出酉归,避月如仇。是夕好名,逐队争出,多犒门军酒钱,轿夫擎燎,列俟岸上。一入舟,速舟子急放断桥,赶入胜会。以故二鼓以前,人声鼓吹,如沸如撼,如魇如呓,如聋如哑,大船小船一齐凑岸,一无所见,止见篙击篙、舟触舟、肩摩肩、面看面而已。少刻兴尽,官府席散,皂隶喝道去,轿夫叫,船上人怖以关门,灯笼火把如列星,一一簇拥而去。岸上人亦逐队赶门,渐稀渐薄,顷刻散尽矣。

吾辈始舣舟近岸,断桥石磴始凉,席其上,呼客纵饮。此时月如镜新磨,山复整妆,湖复颒面。向之浅斟低唱者出,匿影树下者亦出,吾辈往通声气。拉与同坐。韵友来,名妓至,杯箸安,竹肉发。月色苍凉,东方将白,客方散去。吾辈纵舟,酣睡于十里荷花之中,香气逼人,清梦甚惬。

思考与讨论:

1. 如何欣赏自然美?
2. 美国自然文学较为发达的主要原因是什么?
3. 自然美如何走向未来?
4. 中国人对自然界的审美态度经过哪些转换?试举例说明。
5. 举例分析自然美的形态有哪些?

阅读书目推荐:

1. 彭锋. 完美的自然:当代环境美学的哲学基础[M]. 北京:北京大学出版社,2005.
2. 王诺. 欧美生态文学[M]. 北京:北京大学出版社,2003.
3. 程虹. 寻归荒野[M]. 北京:生活·读书·新知三联书店,2001.

4.宗白华．美学与意境[M]．北京：人民文学出版社，1987．

5.陈建一．西湖民间故事[M]．杭州：浙江摄影出版社，2006．

参考文献

[1] 季羡林．我的人生感悟[M]．北京：中国青年出版社，2006：4．

[2] 季羡林．我的人生感悟[M]．北京：中国青年出版社，2006：257．

[3] 张勇耀．新人文读本（春天卷）[M]．北京：北京大学出版社，2009：119-120．

[4] 马克思．1844年经济学哲学手稿[M]．北京：人民出版社，1950：50-51．

[5] 鲁迅．鲁迅全集（第4卷）[M]．北京：人民文学出版社，1981：263．

[6] 尼尔·波兹曼．娱乐至死[M]．桂林：广西师范大学出版社，2004：10．

[7] 尼尔·波兹曼．娱乐至死[M]．桂林：广西师范大学出版社，2004：11．

[8] 樊美筠．中国传统美学的当代阐释[M]．北京：中国社会科学出版社，1997：20．

[9][10] 于民．中国美术史资料选编[M]．上海：复旦大学出版社，2008：144．

[11] 王德法，王文革．大学美育讲义[M]．2版．北京：清华大学出版社，2017：73-77．

[12] 苗立田．古希腊哲学[M]．北京：中国人民大学出版社，1990：4．

[13] [英] 李斯托威尔．近代美学史评述[M]．蒋孔阳，译．上海：上海译文出版社，1980：186．

[14] Ralph Waldo Emerson. The Complete Works of R.W.Emerson[M].New York. Wm.H.Wise.1929：1.

[15] 程虹．寻归荒野[M]．北京：生活·读书·新知三联书店，2001：93．

[16] 程虹．寻归荒野[M]．北京：生活·读书·新知三联书店，2001：128．

[17] 程虹．寻归荒野[M]．北京：生活·读书·新知三联书店，2001：212．

[18] [美] R.哈特向．地理学性质的透视[M]．黎樵，译．北京：商务印书馆，1997：51．

[19] （明）张岱．陶庵梦忆西湖梦寻[M]．史念林，刘同军，钟瑞玲，注．北京：华夏出版社，1997：162．

[20] 朱光潜．无言之美[M]．北京：北京大学出版社，2005：1．

第八章

高校美育新瞻

引　子：蔡元培《闳约深美》

蔡元培先生曾经赠予刘海粟先生"闳约深美"四字，也是后来影响我国高等教育特别是美育的核心理念——不仅要对深厚广博的知识进行汲取、内化，也要对这一过程中的审美感悟与追求、体验和批判进行创造性探索。因此，高校美育要有"以美育人"的审美价值与精神境界，注重从优秀文化艺术中挖掘具备艺术审美意义与价值的独特性，拓展学生的视野，同时提升其对美的认知能力、体验能力以及鉴赏能力。高校美育的内容要具备包含人类历史文明积淀的共通性，能够升华为涤荡心灵、润泽精神的载体，从而提升学生创造美的意识境界与能力，奠定学生艺术审美基础。本章选取了红色文化、"一带一路"、生态文化以及"互联网+"四个富有时代意义的前沿研究视角，探索高校美育路径。

蔡元培《闳约深美》

第一节　红色文化视域中的美育

2009年12月26日，在毛泽东116年诞辰之际，在湖南长沙橘子洲头，一尊青年毛泽东的塑像拔地而起，这尊由广州美术学院雕塑家黎明创作的雕塑高32米、长83米、宽41米，基座3500平方米，由8000多块采自福建高山的永定红花岗岩石拼接而成，总重量约2000吨。

1925年晚秋，毛泽东重游橘子洲，写下了著名的《沁园春·长沙》一词。雕塑中的毛泽东长发飘逸、眉头微锁、目光深邃、神情坚毅，仿佛让我们看到了当年他站立橘子洲头"怅寥廓，问苍茫大地，谁主沉浮？"的神采，更展示了青年毛泽东忧国忧民、以天下为己任的刚毅和改造旧中国的豪迈壮志。

黎明创作的雕塑《青年毛泽东》

红色文化处处体现了美的魅力和意境，具有一定的审美价值。红色文化所营造的审美教育环境、所蕴含的具有审美意义的教育内容、所展示的富有审美价值的情感是思想性、科学性与艺术性的高度统一。红色文化包含的物质文化、精神文化与制度文化及其彰显的崇高的道德情操和优雅的气质，不仅能够给大学生带来感官上的享受，而且能够带来精神上的愉悦，陶冶他们健康高雅的审美情趣，并由此产生追求美、向往美和创造美的心灵动力。

一、红色文化的美育内涵

红色文化是一种"求真"型文化，集中反映了中国共产党人对马克思主义科学理论的信奉，对社会主义、共产主义理想信念的持守以及对人类社会发展规律、社会主义现代化建设规律和共产党执政规律的执着探索，具有高度的合规律性，凝聚着人们运用真理尺度认识世界和改造世界的自觉追求；同时，红色文化又是一种"向善"型文化，生动体现了中国共产党人以中华民族尊严和中国国家利益为重，把争取民族独立和人民解放、实现国家富强和人民幸福作为神圣使命和光荣任务，为实现中国无产阶级和广大人民群众的根本利益而不懈奋斗的高尚情怀，具有高度的合目的性，凝聚着人们运用价值尺度认识世界和改造世界的自觉追求。总之，红色文化是合规律性与合目的性的统一，是"求真"与"向善"的统一，因而也是一种"尚美"型文化，是一种具有强烈美感冲击力的文化，有着深厚的审美意蕴。红色歌谣、红色经典、红色精神、红色遗址遗迹遗物等，是红色文化的物质、精神和信息载体，无一不体现着内容美、形式美、自然美和人文美，从各个方面给人们的情感注入鲜活的生命力、强大的震撼力、崇高的使命感和无上的光荣感，使人们能够在潜移默化中超越功利、走出狭隘、克服消极、摆脱低俗的纠缠，获得崇高的、祥和的、空灵的、静穆的美感体验。

红色文化之所以在当今时代重新兴起，并且焕发出更加强劲的生命活力，一个十分重要的原因就在于，红色文化迎合了现代人心灵深处对于美的渴求和神往，契合了人们越来越强烈的审美体验。1923年王光祈在他的《欧洲音乐进化论》中说："音乐之功用，不是拿来悦耳娱心，而在引导民众思想向上，因此迎合堕落社会心理的音乐，都不能成为音乐。"[1]在欧洲启蒙运动时期，法国人民高唱《马赛曲》迎击外国干涉军，捍卫革命；贝多芬的《英雄交响曲》激荡人们的心灵，激发人们对自由、民主的向往。红色歌谣是一种改变民族国家命运、追求美好幸福生活的红色记忆，它用动人心魄、催人奋进的旋律记录着中国人最深沉的心灵故事。它具有一种历史的穿透力，引领人们在历史与现实的交汇中迸发出一种勇往直前、积极向上的力量。它融合了地方的个性和特色，给人一种朴实无华、原生态的乡土情怀。比如，革命时期在延安表现创造生产的红色歌谣就借鉴和融入了陕北民歌"信天游"的风格，让人体味到黄土高坡的敦厚质朴之美。以《义勇军进行曲》《没有共产党就没有新中国》《黄河大合唱》《十送红军》《歌唱祖国》《走进新时代》《走向复兴》等为代表的红色歌曲唱出了中国人革命、建设和改革的雄心壮志和美好愿望，优美、雄浑、激荡、奋进的旋律成就了永恒的美，具有不朽的魅力。

扫码欣赏

《黄河大合唱》（纪念冼星海诞辰110周年暨抗战胜利70周年音乐会）

以红色小说、红色戏剧、红色诗词和红色影视剧为主要内容的红色经典，以深刻凝练的语言、跌宕的情节、扣人心弦的内容、优美的韵律和强大的视觉冲击力，给人以思想的启迪、心灵的震撼和唯美的视觉体验，让人们深刻感知到了那种革命理想主义、革命乐观主义、革命英雄主义和革命浪漫主义情怀，使无私无畏的生命之美、崇高之美和壮烈之美油然而生。以"三红一创"（《红旗谱》《红日》《红岩》《创业史》）和《青春之歌》《铁道游击队》《山乡巨变》《林海雪原》等为代表的长篇小说，以《白毛女》《红色娘子军》《沙家浜》为代表的红色戏剧，以鲁迅的"寄意寒星荃不察，我以我血荐轩辕"的豪迈誓言、夏明翰的"砍头不要紧，只要主义真。杀了夏明翰，还有后来人"的千古绝唱以及《沁园春·雪》等为代表的红色诗词，以《亮剑》《建国大业》《建党大业》《我们的法兰西岁月》等为代表的红色影视剧，都成了永远的红色经典，具有崇高的精神力量和崇高的美学力量，成为几代中国人抹不去的精神记忆，为身处文化多元化时代的人们注入了历史的精神与力量，照亮了未来前进的道路。

审美视界

七律二首·送瘟神·其二

春风杨柳万千条，六亿神州尽舜尧。
红雨随心翻作浪，青山着意化为桥。
天连五岭银锄落，地动三河铁臂摇。
借问瘟君欲何往，纸船明烛照天烧。

点评：这首七律，移情入境，意境相融，以高昂的情绪描写新社会劳动人民改天换地、消灭血吸虫病、创造新生活的动人情景，形象地说明送瘟神伟大力量的源泉。

《庄子·知北游》云："天地有大美而不言，四时有明法而不议，万物有成理而不说。"在毛泽东诗词中几乎找不到"美"字，但它气魄宏大、寓意深刻、意境壮阔，给人以强烈的审美感受和深邃的思想启迪，不容置疑是一座艺术美的宝库。毛泽东诗词继承中国传统审美文化，以美铸诗、以诗证史，蕴含着巨大的艺术感染力和审美价值，不仅反映了他个人的美学思想和审美趣味，也体现了中国人的审美追求，弘扬了中华民族的美学精神。

红色文化是红色精神及其物化形态的统一。红色文化之美既体现为物质形态红色文化之美，更体现为精神形态红色文化之美。红色精神是红色文化之魂，是中华民族精神的赓续和发展，是共产党人、革命先烈、仁人志士和人民大众伟岸人格、高风亮节和壮美精神的高度凝结，体现了人格美、心灵美、精神美和行动美，是红色文化审美意蕴的最高体现。以坚定信念、艰苦奋斗、实事求是、敢闯新路、依靠群众、勇于胜利为主要内容的井冈山精神彰显的是一种探索之美、创新之美；以无比忠诚、坚定不移的革命信念，一不怕苦、二不怕死的英雄气概，实事求是、独立自主的创新胆略，顾全大局、严守纪律的团结精神，顾全大局、革命为民的崇高思想为主要内容的长征精神集中体现了生命之美、团结之美、拼搏之美；以坚定正确的政治方向，解放思想、实事求是的思想路线，全心全意为人民服务的根本宗旨，自力更生、艰苦奋斗的创业精神为主要内容的延安精神则体现着勤俭之美、自强之美和政治之美；以敢于斗争、敢于胜利的进取精神，坚持依靠群众、坚持团结统一的民主精神，善于破坏旧世界、建设新世界的科学精神，保持谦虚谨慎、保持艰苦奋斗的创业精神为主要内容的西柏坡精神则投射着谦虚之美、忧患之美。红色遗址遗迹遗物是红色文化之"体"，是红色文化之美的具体化、形象化展示，具有历史的厚重感、肃穆感和现实的深邃启示性，与自然生态之美有机融合起来，激发起人们丰富的想象力、敏锐的感受力与无限的创造力。当我们重登南湖红船、遥看瑞金烽火、凭栏井冈风云、重走长征路、观看卢沟桥边石狮立、聆听抗日地道战的英雄人物之红色传奇时,种种美的场景将扑面而来,美的体验必将萦绕在心头。

二、红色文化的美育价值

真理尺度和价值尺度是人们认识世界和改造世界的两个基本尺度。一方面,人们要了解和掌握外在于人的世界的规律性,取得科学的认识,作为自己行动的向导;另一方面,人们还要追寻生存和发展的基本利益,使外部世界为己所用,获得自身的发展和完善。人之所以能够脱离动物界,人之所以能够最终与动物界揖别,根本原因就在于人能够把真理尺度和价值尺度也就是外在尺度和内在尺度很好地结合起来,在掌握外部世界规律性的前提下实现自我的发展和完善。正如马克思所言:"动物只是按照它所属的那个种的尺度和需要来构造,而人却懂得按照任何一个种的尺度来进行生产,并且懂得处处都把固有的尺度运用于对象。因此,人也按照美的规律来构造。"[2] 美是真与善的统一,求真、向善、达美,是人立身处世的最为基本的追求,人从本质上说是一种审美型存在物。对美的感知力、创造力与享用度是人的本质力量的集中体现。人的自由而全面发展是通过对美的追求而实现的,"正是通过美,人们才可以达到自由"[3]。总之,审美的需要是人的本质需要,培养和提升人的审美能力是育人的重要环节。

红色文化有着深厚的审美内蕴,能够达到以美怡情的效果,培养师生积极健康的心理情感。积极健康的心理情感是一个人本质力量的充分彰显,离不开美的熏陶和感染,马克思在《1844年经济学哲学手稿》中指出,人"是一个有激情的存在物。激情、热情是人强烈追求自己的对象的本质力量"[4]。健康的情感是一种积极的主观态度、主观体验和主观反映。健康的情感是人们启动和保持行为的调控机制和内在强大动力,也是个体养成良好品质和个性的重要因素。人们有了健康的情感,才能产生并增强适应社会主义物质文明和精神文明建设需要的友情意识、亲情意识和爱情意识,以及由此产生的自主意识、竞争意识、公平意识、效率意识、开拓创新意识、道德自律意识,等等,才能树立人与自然、人与社会、人自我身心的全面、协调、可持续发展的思想观念。健康的情感不仅是人们是否能够健康成长与进步的基本条件,而且也是人们事业能够取得成功的重要保障。红色文化的热潮迭起,与人对高科技条件下高度的情感追求不谋而合,是构成人的精神世界和生命价值意义世界的重要精神食粮,尤其对于培养和提升人的情感力量具有强大的引领效用。

健康积极的情感本身就是一种先进的文化精神，是一种人与自然、人与社会和谐的生机勃勃的生态。文化是思想、知识、情感的载体。健康的情感离不开先进文化的熏陶。红色文化是社会主义先进文化的重要组成部分，凝结了中华民族精神中最珍贵的思想文化精华，勤劳勇敢、自强不息、厚德载物、团结互助、爱好和平等民族优秀文化传统，是红色文化形成的思想源泉。红色文化具有教化性、体验性与评价性相统一的特性，能够陶冶人们的情感、升华心灵、激励精神。通过多种方式有效利用红色文化内在的情感价值，开展体验式的实践活动，能够让师生正确认识国情，体会到今天幸福生活来之不易，从而倍加珍惜。运用红色文化蕴含的革命情谊、光荣传统、革命意志、优良作风、英雄气节等教育高校师生，进而产生文化与情感的巨大张力，使他们在广袤的历史与现实的时空中孕育一种与红色文化相契合的健康情感，有利于丰富社会主义核心价值观体系和促进人的全面自由发展。革命战争年代十分艰苦，亲情、友情、爱情却是恒久而不变的主题。革命先辈们为我们留下了《红色情书》《红色家书》《红色家训》等诗篇，从这些文字中我们能够感受到革命先烈对亲人的眷恋与挚爱，感受到他们为国家利益舍生取义的博大胸襟。红色文化中提炼出来的红色经典形象、红色经典歌曲、红色经典人物，以及近年来我们开发利用红色文化创造出来的新形式新载体，如江西的中国红歌会，影视界拍摄的《井冈山》《恰同学少年》等红色影视剧。这些红色经典在给师生带来美的享受和熏陶的同时，也使他们内心生发求真向善的美好情感和追求，对于我们树立和谐理念，构建社会主义和谐社会，实现文化复兴具有重要的意义。

红色文化中美的内蕴能够为这个喧嚣的时代注入清醒剂，能够使当前正在蔓延的"庸俗、低俗、媚俗"之风止步，也能够为处于浮躁、急躁、暴躁的人群注入镇静剂，使人与社会实现和谐共生，创造美的意境。李德顺在研究中说："'美'，是这样一种境界：客体的存在和属性满足了主体身心的一种特殊需要——'美感'的需要，它是客体某些方面达到了与主体的高度统一和和谐。"[5]我们要大力传承红色文化，引导师生在面对多元文化激荡碰撞时能够用健康高尚的审美情趣抵制腐朽落后思想的侵蚀，常怀感动之情，用健康积极的情感力量充实心田，陶冶情操，培养审美能力，提升审美情趣，学会用美的尺度来观照社会、反省自身，在推动社会进步中创造完美的人生。

审美视界

大型音乐舞蹈史诗《复兴之路》

大型音乐舞蹈史诗《复兴之路》于2009年上演，3200名演员参演，艺术地再现了鸦片战争后160多年的历史画卷，其独特舞美设计和宏大叙事手段使广场艺术与舞台艺术有机融合，实现了当代中国历史与现实穿越时空的对话，是继《东方红》和《中国革命之歌》之后，我国舞台艺术史上具有重大政治与文化意义的红色经典作品。

三、红色文化的审美体验

红色文化是中国共产党领导人民在革命、建设、改革进程中所创造的革命文化和社会主义先进文化。高校要挖掘红色文化的价值精髓和宝贵资源，通过创造性转化和创新性发展，以信仰之美、道德之美、激情之美、艺术之美、行为之美，引导学生树立正确的审美观，增强审美体验，提升审美能力，全面成长成才。

以信仰之美筑牢理想信念。中国共产党人的初心和使命是为中国人民谋幸福，为中华民族谋复兴。正是这一初心和使命，激励着无数共产党人和仁人志士为人民解放、民族独立、国家富强而拼搏奋斗，为内心坚守的时代信仰甚至献出了生命。从革命战争年代形成的红船精神、井冈山精神、延安精神到和平建设时期培育的抗震救灾精神、载人航天精神等都体现着崇高的信仰之美。红色文化带着鲜明的红色基因，蕴含着崇高理想与坚定信念，承载着每一名炎黄子孙内心的民族自豪感和复兴自信心，处处散发着信仰之美的光芒。高校要充分挖掘红色文化中的美育元素，引领和培育大学生坚定理想信念，增强"四个意识"，坚定"四个自信"，做到"两个维护"，增进跟党走中国特色社会主义道路的信心和决心。

美育实践：

一、审美主题

红船精神：开天辟地创伟业，永不褪色放光芒。

二、审美目标

1.审美感知

参观南湖革命纪念馆"红船精神"在线展厅，见证一叶红船成为中国革命源头的象征，感受永不褪色放光芒的红船精神的百年风华。参观南湖纪念馆不是被动地将各种感觉要素叠加在一切,而是以一种主动的态度去了解、把握、观照它。通过对南湖革命纪念馆在线展厅色彩、声音、线条、质地的感知,融合主体的认知,从而产生精神上的愉悦。

2.审美鉴赏

在审美感知的基础上,通过回到历史、还原现场、凝练主题、彰显精神的方式,深刻体验"开天辟地、敢为人先的首创精神,坚定理想、百折不挠的奋斗精神,立党为公、忠诚为民的奉献精神"。每个美育实践小组,除了在线参观南湖革命纪念馆以外,还要寻找以"红船精神"为题材的艺术作品进行赏析。譬如,何红舟和黄发祥油画作品《启航(国家重大历史题材美术创作工程入选作品)》,张爱光《红船》石雕作品,歌剧《红船》,电影《红船》,电视剧《大浪淘沙》……

3.审美创造

在审美感知和审美鉴赏的基础上,发挥主观能动性,将审美感知力和审美鉴赏力转化为审美创造力。每个美育实践小组,围绕"红船精神:开天辟地创伟业,永不褪色放光芒"的主题,共同完成一个艺术作品,这个作品形式不限,可以是舞蹈、合唱、小品,也可以是微电影、情景剧、绘画、雕塑等。最后,组织一场"红船精神"美育实践小组成果汇报展或交流会。

三、审美思悟

红船精神是红色革命精神之一,是红色文化的重要组成部分,而红色文化则是重要的教育资源。红色文化不仅是中华民族宝贵的精神财富,而且是极具政治意义和人文价值的历史文物。这些精神财富,其中蕴含着重要的审美教育价值,激励着一代又一代年轻人不怕困难、勇往直前,在红色文化的熏陶和感召下,立志成才,成为社会主义建设的接班人。现如今,面对多元文化和网络文化并存的新时代,红色文化对当代大学生仍然具有不可替代的美育作用。

以激情之美培育爱国情怀。爱国主义是凝聚民族力量,推动民族、国家、社会向前发展的精神动力。红色文化可以对大学生进行思想洗礼,引领他们树立正确的世界观、人生观、价值观,增强做中国人的骨气和底气,是培养爱国情感的主要渠道和重要来源。高校要将校外优质红色文化美育资源引进校内,建立爱国主义教育基地和革命传统教育基地,组织师生赴革命老区参观考察,深入老红军、抗联老战士、老前辈、先进人物身边聆听红色故事,感受他们在革命年代、建设时期、改革大潮中的激情之美,从内心深处产生对祖国的深厚感情。

行动课堂：

扫一扫，参观中国人民革命军事博物馆历代军事陈列数字展览厅。

以道德之美锤炼高尚品格。红色文化作为道德实践的精华所展现出的道德精神、道德之美，兼具着内涵丰富的思想道德教育资源，凝结和反映的伟大革命斗争史和英雄先烈事迹，对于提升大学生思想道德品行、树立正确道德观具有重要的指导作用。高校要注重发挥红色文化强大的道德育人功能，发挥英雄、模范潜移默化的引领作用，用他们蕴含在奋斗故事和高尚人格中的道德之美感召大学生。通过道德之美的浸润和熏陶，提高大学生的思想道德素质和精神文明水平，为社会健康有序发展提供强大的思想保证、精神力量和道德滋养。

审美视界

芭蕾舞剧《八女投江》

《八女投江》作为中国原创芭蕾舞剧，演绎出人们耳熟能详的八女投江革命故事，当这个故事由唯美的芭蕾呈现出来时，给人意想不到的惊喜和震撼。剧中加入的东北秧歌和朝鲜族舞蹈"阿里郎"，将故事演绎得浪漫中有悲壮，悲壮中有唯美，同时传递了先烈们不屈不挠的革命精神。2016年10月，《八女投江》参加第十一届中国艺术节，在57台多个艺术门类的优秀作品当中脱颖而出，荣获"文华大奖"。2017年9月，《八女投江》荣获第十四届精神文明建设"五个一工程"优秀作品奖。

扫码欣赏

中国原创芭蕾舞剧《八女投江》片段

以艺术之美助推美育内涵。美育是培养学生具有正确的审美观点和感受美、鉴赏美、创造美的能力的教育，是一种按照美的标准培养人的形象化的情感教育。每一部红色文化作品都传播当代中国价值观念、体现中华文化精神、反映中国人审美追求，思想性与观赏性有机统一，艺术性与美学性质效兼具，彰显了独特的革命美育特质。高校要依托红色文化资源，开展红色文化艺术教育，开设美育课程，组织学生社团，打造校园文化品牌，传承红色基因，引领学生提高审美情趣，涵育审美修养，培育审美情怀，在时时都美育、处处都育美的红色文化氛围中学会辨别是非、分辨美丑、明晰善恶，推动社会和生活进入"万紫千红总是春"的美好境界。

以行为之美塑造优良作风。我们党是靠艰苦奋斗起家的，也是靠艰苦奋斗发展壮大、成就伟业的。血与火的考验，孕育形成了红色文化艰苦奋斗的独特因子。历史和现实一再证明，一个没有艰苦奋斗精神作支撑的民族，是难以自立自强的；一个没有艰苦奋斗精神作支撑的国家，是难以发展进步的；一个没有艰苦奋斗精神作支撑的政党，是难以兴旺发达的。高校要精心挖掘红色文化中艰苦奋斗精神的经典教育题材，引领大学生汲取共产党人求真务实、戒骄戒躁的精神养分，把党的优良传统内化为精神力量，外化为自觉行动。

扫码欣赏
小说《青春之歌》
（精彩摘录）

扫码欣赏
电影《我和我的祖国》片段

思考与讨论：

1. 红色文化精神的内涵是什么？
2. 选取一部你认为精彩的红色影视作品，尝试分析它的审美特征和表现方法。

阅读书目和电影推荐：

1. 罗广斌，杨益言，吴强，等．三红一创（红岩+红日+红旗谱+创业史）[M]．北京：中国青年出版社，2018．

2. 公木. 毛泽东诗词鉴赏（珍藏版）[M]. 长春：长春出版社，2018.
3. 李克威，励信婴. 我们的法兰西岁月[M]. 南京：江苏文艺出版社，2013.
4. 电影《建国大业》《建党大业》。
5. 电视剧《亮剑》。

第二节 "一带一路"视域中的美育

新疆博物馆馆藏绢衣彩绘木俑是目前所发现的唐代唯一的穿衣俑。作为珍贵的殉葬俑，来自高昌古国，出土自新疆阿斯塔那古墓。她们木雕头部，纸捻臂膀，面庞饱满圆润，敷粉施朱；身形秀美颀长，婀娜多姿，仿佛翩翩起舞一般。木俑向上的绢衣，使用了唐代的织锦、四经绞罗等面料，以唐人喜爱的红色为主色调。自唐初年起，一种新的染料——红花经由丝绸之路传入长安，可以染出一种娇艳的正红、玫红，由此打开了一种全新的视觉印象，也改变了中国服饰的红色体系。

新疆博物馆馆藏绢衣彩绘木俑

哈萨克斯坦，这个位于亚洲腹地的内陆国家，是古丝绸之路经过的地方，曾经打造了阿拉木图、塔拉兹、希姆肯特等众多商旅往来和贸易的重镇，为沟通东西方文明做出过重要贡献。

伊希姆河穿城而过的阿斯塔纳，是哈萨克斯坦首都和第二大金融中心。坐落于市区的纳扎尔巴耶夫大学，是哈萨克斯坦国内的最高学府。就在这里，2013年9月7日，到访哈萨克斯坦的中国国家主席习近平做了一场具有深远意义的重要演讲。面对这片土地，习近平主席首先联想到的是古老而厚重的历史。他在演讲中提到，他的家乡中国陕西省，就位于古丝绸之路的起点。站在这里，回顾历史，他仿佛听到了山间回荡的声声驼铃，看到了大漠飘飞的袅袅孤烟。这一切让他感到十分的亲切。为了使欧亚各国经济联系更加紧密、相互合作更加深入、发展空间更加广阔，可以用创新的合作模式，共同建设"丝绸之路经济带"，这是一项造福沿途各国人民的大事业。

在纳扎乐巴耶夫大学的演讲中,习近平总书记第一次提出共同建设"丝绸之路经济带"的重要倡议。一个月后,2013年10月,习近平总书记出访东南亚。在印度尼西亚国会发展重要演讲时,他提出:东南亚地区自古以来就是"海上丝绸之路"的重要枢纽,中国愿同东盟国家加强海上合作,共同建设"21世纪海上丝绸之路"。"丝绸之路经济带"和"21世纪海上丝绸之路",简称"一带一路",便构成了促进全球合作共赢的"中国方案"。

一、"一带一路"美育内涵

翻阅世界历史版图,丝绸之路不仅仅是商贸交往之路,更是文化与情感交融之路。在这条丝绸之路上,凝结着沿途各国人民友好互利的动人故事,也蕴藏着沿途各国人民创造的无数灿烂的艺术瑰宝。基于古丝绸之路所留下的宝贵历史遗产,中央提出了"一带一路"倡议,以"和平合作、开放包容、互学互鉴、互利共赢"的丝绸之路精神为指引,坚持"共商、共建、共享",把文化互鉴、民心相通作为重要动力,在多个国家和民族之间,架起友好顺畅的沟通之桥。

在"一带一路"的"丝路精神"之中,不仅蕴含着中国深入推进世界经济一体化的历史责任感,同时也蕴含着中国进一步促进人类文明进步,创建"美美与共""天下大同"的文化使命感。正如习近平总书记强调的,"一带一路"并非一个封闭的孤立体系,而是一个开放的合作体系。"开放包容""互学互鉴"——这一植根历史、面向未来、立足中国、朝向世界的提法,鲜明体现了"一带一路"总体设计中深厚的历史情感与文化情怀,同时也积累了丰硕的美育资源。"一带一路"的历史文化内涵可以从融通古今的时间维度和连接中外的空间维度两个方面进行理解。

第一,"一带一路"倡议是一项融通古今的倡议,不断推动着中华民族的文化创新,有利于增强我们的文化自信。从时间维度来看,"一带一路"倡议是融通古今文化、具有深厚历史底蕴和文化底蕴的倡议。传统文化是发展现代文化的根基与源泉,古代丝绸之路的文化兴衰史给了今天很多有益的借鉴。据史料记载,公元前139年张骞首次出使西域,汉武帝派遣张骞联合大月氏共同抗击匈奴,大月氏曾被匈奴击败迁到大夏,这次出使的目的主要是军事和政治,张骞历经磨难十年后达到大夏,却并没有说服大夏王,无功而返。公元前116年,张骞第二次出使西域,这时匈奴首领已经投降,这次出使主要是政治目的,向西域展现汉朝的强盛和富裕,号召各国到长安觐见。当年,张骞出使西域主要携带和运送的商品就是丝绸,丝绸轻便、容易运输、便于保存,因此成为最有代表性的商品。在罗马集市上,1磅丝绸相当于12两黄金的价格,可见丝绸的珍贵。张骞出使的路径是以长安或洛阳为起点,以罗马为终点,全长约7000公里。"可以毫不夸张地说,这条交通干线(丝绸之路)是穿越整个旧世界的最长的路,从历史文化的观点来看,这是联结地球上存在过的各民族和各大陆的最重要的纽带。"[6]

除了陆上丝绸之路外,还有海上丝绸之路。古代海上丝绸之路从中国东南沿海,经过中南半岛和南海诸国,穿过印度洋,进入红海,抵达东非和欧洲,成为中国与外国贸易往来和文化交流的海上大通道,并推动了沿线各国的共同发展[7]。海上丝绸之路以郑和下西洋最为有名,标志着海上丝绸之路的鼎盛时期。"使者相望于道,商旅不绝于途""自是西域胡商往来相继,所经郡县,疲于送迎。"[8]自通往西域的路线打通后,两千多年来,商品、人才、技术等互相交流,沿线各国的发展得到推动。中国派出官员了解西方风土人情,编撰了《西域图记》,西方派到中国的商人、传教士、使者等亦络绎不绝。直到1453年,君士坦丁堡被奥斯曼帝国占领,对世界和欧亚格局产生了震撼性的影响。奥斯曼帝国凭借强大的军事力量垄断了穿越中西的丝绸之路,欧洲被迫转向航海,并开辟出欧洲新航路,逐渐形成了后来的文艺复兴。君士坦丁堡陷落使中国经济在世界经济体中的占比产生了悬殊的对比,丝绸之路的荣光逐渐衰落,东方文明走向保守封闭。

时至今日,多个国家和地区提出丝绸之路复兴计划。联合国开发计划署发起"丝绸之路",旨在有序而全面地推进国家间合作。日本提出"丝绸之路外交",立足于经济和能源合作。俄罗斯提出"欧亚联盟",旨在打造贸易和军事同盟,俄罗斯、白俄罗斯、哈萨克斯坦签署了《欧亚经济联盟条约》。希拉里在印度提出"新丝绸之路计划",以打造亲美政治区域为目的,主要包括基础设施建设和制度方面的改善。中国是最晚提出丝绸之路复兴计划,但最有影响力的国家,之所以能超越其他国家而取得主导地位:从古代丝绸之路的发展到现代中国具备独立、完整的国防和工业体系,再到当代中国特色社会主义制度优越性的展现,中国担当这一角色当之无愧。中国提出的"一带一路"在意义上与古代丝绸之路连接,但并不是简单回到历史概念。古代丝绸之路两千多年来进行的主要是贸易往来,"一带一路"不仅包括贸易往来,还包括对新时期经济规则的制定,更是中国在国际关系与文化舞台上占据主动的新举措,它在保持古代丝绸之路的历史感的同时,也表现出全新的时代感。这种时代感将提升欧亚大陆的地位,而且将在更深层面上塑造沿线地区的文化与秩序。丝绸之路的复兴为解构近代以来的西方中心论提供了契机,它着眼于欧亚大陆的互联互通,着眼于陆海联通,是对传统新自由主义主导的全球化的扬弃。[9]

  第二,"一带一路"倡仪是一项连接中外的倡议,文化的交流和借鉴有利于推动中华优秀传统文化的传播,增强中华文化的国际影响力。从空间维度看,"一带一路"超越了古代"以空间换取时间"大思路,超越塞防——海防之争,开创21世纪陆海兼顾、东西呼应的全方位开放格局,它是中国与西方世界经济、政治、文化交流的重要纽带,沿线横跨亚非欧三大洲,目前涉及的沿线国家有64个,按区域划分为中亚、东南亚、南亚、中东欧、西亚北非、独联体与其他国家。在这些沿线国家中,不同区域表现出对不同合作领域的热情。例如东南亚希望合作建设基础设施,中亚和南亚热衷于经贸合作,而欧洲则关注中国的海外投资。

  语言相通和文化交融是"一带一路"建设实施的基础和先导。"一带一路"沿线地区涉及多种文明体系和多种语言,文化、民族、宗教、历史、习俗差异之大,是推进"一带一路"倡仪的一大障碍。中国文化面临与印度、波斯、阿拉伯、古希腊、古罗马等文化的联结,儒家文化圈面临与基督教、伊斯兰教、东正教、天主教、印度教、佛教等文化圈的联结,异质文化圈的交往可能带来不可避免的文化冲突和文化障碍。"一带一路"倡议需要跨文化传播的支持。据国务院侨办统计,目前海外有4000多万华侨华人居住在"一带一路"沿线国家。这些侨民熟悉中国和当地文化,能够在促进中西方交流方面发挥一定的作用。面对中西方不同的文化背景,中华传统文化中的"和而不同""求同存异"等思想可以借鉴到多元文化的交流中,在"和合"理念的指引下,摒弃对文化优越性的比较,摒弃不同文明之间的分歧,用包容的、谦逊的态度来看待不同文化和不同文明间的差异,找到各国利益的最大公约数,促进多样文明和谐共存、促进不同国家和地区的交流与合作。

二、"一带一路"中华文化精髓

  "一带一路"倡议包含了中国对未来国际秩序的思考,蕴含了中华传统文化的哲思与智慧。"一带一路"倡议推动全球化朝着更加公平、公正、合理的方向发展,不仅体现了中国作为负责任大国的使命和担当,具有包容性、前瞻性和创新性,更体现了中国特色的全球治理理念,具有深厚的中华文化底蕴,充分彰显了中华优秀传统文化的魅力,在国际舞台上充分展示了中国文化自信,必将使中国优秀传统文化更好、更深入地走向世界。

1. 以构建人类命运共同体为引领，体现了可贵的天下主义和世界情怀

"一带一路"倡议是对全球治理框架和体系的一次创新，其跳出了从地缘政治和地缘经济的视角审视全球治理的传统思维和格局，即从零和博弈到合作多赢，倡导开放、包容、普惠、平衡、共赢的全球化，使其更宽、更广，更具包容、普惠，更显公平、合理。"一带一路"倡议的核心精神是"共商、共建、共享"，代表着全球化和全球治理的新理念和新趋向，将给世界带来更长久、可持续的繁荣和发展，并以创造人类命运共同体为愿景，将开启全球治理的新开端，符合中国国情和历史发展潮流。1973年，英国著名历史学家汤因比与日本著名学者池田大作进行对话，认为西方无法主导和引领人类未来文明的方向，人类的出路在于中国文明。总结的原因主要有以下几点：中国人对一个超级文明、巨型文明社会的稳定秩序的完整守护，中国发展模式作为一种区域的世界主义模式可以为今天的人类提供宝贵的经验；可贵的天下主义精神的保持和守护；道家的哲学精神为人类文明提供了节制性与合理性发展观等。这些是汤因比给出的中华文明精神遗产的优秀资质。汤因比坚信，只有走向一个"世界国家"，避免民族国家的狭隘，才是人类的未来和出路，才能避免人类社会的灭亡，而西方社会无法完成这样的任务。

中华传统文化中一直蕴含着强烈的兼济天下的担当情怀。儒家思想中的"修身、齐家、治国、平天下"，提倡通过"修身"即个人修养达至天下太平的最高理想。强调"达则兼善天下"的情怀，履行"立天下之正位，行天下之大道"的使命。这种世界主义的人文情怀自始至终贯穿于中华传统文脉之中，绵延至今。"一带一路"倡议的治理理念正是反映了中华传统文化中的"天下情怀"，关切人类命运共同体的价值取向，体现了对人类福祉的终极关怀，是对中国未来发展前景的自信。

2. 倡导民主，反映了"美人之美""民本""重民"等思想

"一带一路"倡议确立了一种新型的全球治理方式，是对全球化合作模式和文明融合精神的探索和有益尝试。倡导各国民主参与，共同商议，共同发展，并努力扩大全球化的民意基础，愿景是提供一个世界各国人民广泛参与和享受普惠成果的合作之路。

汤因比认为，儒家的人文主义价值观为新时代人类社会整合提供了重要借鉴。例如，"己所不欲，勿施于人""以礼相待"，是儒家文化价值观倡导的为人处世的基本道德原则，这是完全不同于西方文化价值的本质特征。中华优秀传统美德所体现的人文精神，不仅契合当下的全球经济政治格局和国际现实，更顺应了民之所向和世界发展之趋势。"一带一路"的构建必将使平等友好、互惠互利成为全球化的主旋律，体现了对我们民族文化传统的自信。

"一带一路"倡议体现了中国新的国际合作观,强调在相互尊重的基础上共同探索合作的最优模式。"一带一路"倡议秉承平等的治理方式,坚持各国作为国际社会的平等成员,在相互尊重各自的发展战略、社会制度、文明的基础上开展全面合作。尊重差异、包容差异,在多样性中求合作,求发展,通过"一带一路"倡议践行"各美其美,美人之美",从而努力实现"美美与共,天下大同"的新全球化治理格局。

中国早在春秋战国时期就已开启了"民本"思想的先河。孔子提出"节用而爱人,使民以时"的思想;孟子提出"民为贵,君为轻"的仁政思想;唐太宗发出了"水能载舟,亦能覆舟"的千古感叹。中国在历史的发展中逐渐认识到"人民群众是历史的创造者"的真理所在。"一带一路"倡议在治理方式上集中体现了中华传统文化中厚重的"民本""重民"思想。随着大众文化的深入发展,民主和科学的思想与观念深入人心,民众的个体意识得到了空前的觉醒,"一带一路"倡议主张各国大众普遍参与,普遍受惠的治理方式正是迎合了大众文化觉醒的世界潮流,亦是中华优秀传统文化传递给世界的自信声音。

3. 力求共同繁荣、共同发展,彰显了"和合主义"精神

"一带一路"倡议在治理目的上突出世界各国共同繁荣、共同发展,即全球化不只是发达国家和地区的繁荣发展,也应包括广大发展中国家的发展进步。中国改革开放40多年取得的伟大成就,中国积极参与全球化的成功实践,都充分证明,现代化不只有西方一种模式,全球化也不应由西方发达国家主导。因此,"一带一路"倡议将中国经验和中国方案传递给全世界,是中国对全球化治理的主动参与和积极贡献,是世界各国实现全球化共享发展成果的重要实践,是对中国现实发展道路的自信。"一带一路"倡议的治理目的展现了中国传统文化中的"和合主义"精神和共生共享理念。"和合主义"是一种多元和平共存的方式,蕴含中华传统文化的智慧和哲学,是全球治理的一种新思路和伦理价值取向。

"和合"思想源于《易经》,其价值理念是和而不同,和以致生。中国在文化传统上讲究"和合"的处事原则和待人情怀,例如,孔子强调"仁者爱人""成己成人",强调自我完善的前提则是与他人的良好互动。这种对自身的认知并不排斥他人,认为自我与他人是和谐统一体,将"成己"与"成人"作为并行不悖的价值准则。在处理国与国之间关系上"礼让为国,协和万邦"的思想源远流长。义以为上、舍生取义是中华文化之精义,和合中庸、兼容共存既是个体亦是国家的核心价值取向。

在如何处理社会关系上中西文化有着本质区别。个人主义和自我依赖是西方文化的核心价值观,西方文化是独立自主的文化模式。中国文化是群体主义和相互依赖的人际

模式，是相互依赖的文化模式。尽管任何一种文化模式都利弊共存，但在当下全球化面临赢者通吃、文化霸权的过程中，无疑，"一带一路"倡议因秉持互利共赢的理念，坚持共商共建共享的原则，凸显开放包容的特征而具有强大的吸引力和感召力，因为这一国际倡议蕴藏着中华优秀传统文化的深厚积淀和丰富底蕴，也因此在全球化遭遇逆流的节点受到广泛关注而流光溢彩。

"和合主义"的精神内涵是优态共存，和合共建，"一带一路"倡议的核心理念（即共赢、共享、共建）正是这一中华优秀传统文化和智慧的体现。中国在谋求自身发展的同时，真诚希望同世界各国一道和合共进，共同发展，共同繁荣，以有理有礼的大国风度和自信形象积极参与全球化治理，承担国际责任。

三、"一带一路"视域中的审美体验

自张骞开通"丝绸之路"之后，沿途各民族的文化在这里"传花授粉"，各地区的文明在这里交通互通，形成了五彩缤纷而又独具特色的复合型文化，在这多样而丰富的文化环境中孕育而出的，是数量庞大、特色鲜明、令人叹为观止的艺术佳作，构成了"一带一路"沿线浩瀚深远、星河灿烂的艺术天空。这些文化艺术经典蕴含博大隽永的美，沉郁永恒的情，浩荡逸动的气，具有超越性、恒久性，是人类精神的载体，是美的创造形式。

1. "一带一路"上的纺织品

在中国以外丝绸之路沿途最早的纺织品考古，应在俄罗斯的巴泽雷克，后来在蒙古的诺因乌拉也有较多的发现。其中不仅有中国生产的织锦和刺绣，还有大量来自西方的刺绣和毛毡织品，反映了草原丝绸之路带来的文化传播和交流。在中国境内，丝绸之路沿途发现的纺织品实物更早。在新疆发掘的小河遗址中，毛织物约属公元前10世纪，稍后的哈密五堡和且末扎滚鲁克也发现有不少公元前5至6世纪前后的毛织物，乌鲁木齐附近的阿拉沟还曾出土过年代相近的丝绣作品。但丝绸之路上大量出土的纺织品以东汉魏晋至隋唐时期为主。

审美视界

"五星出东方利中国"锦护膊

汉晋（公元前206年—公元420年）

长 18.5 厘米，宽 12.5 厘米

1995 年民丰县尼雅 1 号基地 8 号墓出土，新疆维吾尔自治区博物馆藏

"五星出东方利中国"锦护膊

从东汉至隋唐约九百年间，纺织品生产从中原相对独立的生产体系发展到沿丝绸之路进行大量贸易和交流，并在异域的影响下极大地改变了它的艺术风格。在东汉时期，纺织生产的重要产区仍在中原和齐、蜀两地，如魏国自己能生产如意、虎头、连璧锦；蜀国是蜀锦的著名产地，并不断出口邻国。十六国时期，北方的后赵政权占居魏地，也置有大规模的织绣生产作坊，有数百人生产锦和织成，产品有大小登高、大小明光、大小博山、大小茱萸等。到南北朝时期，鲜卑族拓跋氏起自北方，在其攻地拔城之际，也大量掠百工伎巧，并设置各种专业织造生产户进行织绣生产。唐代前期，官营丝织业空前发达。在长安城中，少府监属下的织染署掌管冠冕组绶织作色染，常设织造作坊有布、绢、施纱、绫、罗、锦、绮、绸、褐等十作，练染之作有青、绛、黄、白、皂、紫等六作。唐代中晚期，纺织生产的重心已逐渐由中原地区向南方移动。到唐后期，全国的经济基本上都取决于江南地区，江南地区生产的纺织品十分丰富，特别是各种高档丝织品已成为唐朝皇室御用的主要用品。

魏唐时期是织绣染品种最为丰富的一个时代。织造品种中最为突出的是丝织品种，而丝织品种中最为绚丽多彩的当属织锦。从文献来看，锦的品种甚多，有以地区命名的蜀锦，有以用途命名的半臂锦、蕃客袍锦、被锦等，有以色彩命名的绯红锦、白地锦等，也有以织物特点命名的大张锦、软锦等。锦的基本组织在早期是平纹和斜纹经锦，到盛唐时期发展为斜纹纬锦，此外还有双层锦、织金锦、透背锦等各种新品种。另一种重要的品种是绫，唐代几乎各地都有绫的生产，名目也极繁多，但最为著名的是产于越州的缭绫。此外，罗、纱、绮、绢等也在唐代大量生产。唐代丝织品种中的另一大创新

高校美育新论

是缂丝的出现。缂织工艺最早出现在汉代新疆地区的毛织物上，到唐代始见于丝织物上，称为缂丝。唐代的毛织物生产也非常多，尤其在新疆地区发现更多，其种类有毯、毡等，大多为色织物，图案精美。

刺绣品在生活中应用甚广，但从丝绸之路出土物的情况来看，魏唐时期绣品的新热点是佛教所用的供养品。自从北魏时期开始有专为佛教供养刺绣佛像的先例后，唐代的佛教徒们在这一点上似乎比以前走得更远、更热烈。法门寺地宫所出的大量用于佛教用途的刺绣品也说明了这一问题。但从技法上来说，唐代刺绣已从早期的锁绣走向了平绣。

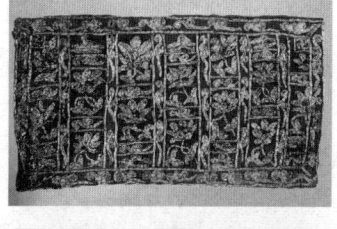

审美视界

紫红罗地蹙金绣袈裟

唐代
长16厘米，宽7.8厘米
陕西扶风法门寺出土

扫码了解
紫红罗地蹙金绣袈裟

对鹿纹夹缬屏风

唐代
高149厘米，宽56厘米
日本正仓院藏

扫码了解
对鹿纹夹缬屏风

除了织绣之外，这一时期的印染技术也值得骄傲。印花产品始见于西汉马王堆，但到魏晋南北朝时期已开始大量使用防染印花，这在当时称为"缬"。其中绞缬在东晋开始大多用于丝绸，在唐代文献中则有鱼子缬、醉眼缬、团宫缬等名。蜡缬始见于汉晋时期进口的蜡染棉布，后渐盛，多为蓝地白花，并在此基础上演进为灰缬，色彩更为多变。除此之外，与印染有关的还有印金、贴金和泥金等作品，也出现在晋唐之际。

2."一带一路"上的金银器

中国古代的金银器发展至唐代才兴盛起来。目前考古发现的唐以前历代的金银器皿，总共不过几十件，唐代的数量猛增，已发现几千件。

唐代金银器代表了当时金属工艺的最高水平，它们在形制、纹样和工艺技术上显示出的丰富内容，是其他质料的器物无法比拟的。金银器的形制多种多样，超过其他所有质料器物的种类，并且与人们的起居生活、风俗习惯关系密切。金银器上的纹样几乎包括了唐代流行的装饰花纹的全部，表现出人们的思想观念和审美情趣。金银器精良的质地和精湛的制作技术，反映了唐代金银采矿、冶炼和制作工艺的卓越成就。唐代是中西文化交流的繁荣时期，也是一个兼容并蓄、善于吸收周边文化和外国文化的时期。金银器的兴盛发展与外来文化的影响力有着极为密切的关系。汉唐是中国历史上为人所称道的"盛世"，唐代文化有别于汉代文化而成为中国历史上又一个高峰，在一定程度上也得益于外来文化，而外来文化的影响在唐代金银器中表现得尤为明显。目前出土的唐代金银器皿中，不仅有外国输入品，还有一些仿制品，加之以大量的创新作品，都直接地反映了中西文化的交流与融合。

金银器物几乎件件都是珍贵的艺术品。考古学、美术史研究的最终目的是从遗迹和遗物中了解一个社会的历史。由确定了时代归属及其之间联系的器物组成的群体，便是社会某一侧面的缩影。金银器和其他考古发现的遗物一样，质地、形制、纹样、色彩、制法等要素包含了许多当时社会的信息，不仅使文献记载的史实形象化，还可以补充文献记载的不足，甚至填补历史记录的空白。金银器因质料珍贵、外观华丽，具有生活实用、观赏陈设，甚至货币职能等多重价值，有别于其他质料的物品。从历史文献和出土的实物看，金银器被用于赏赐、贡奉、赠送、贿赂、赋税、施舍、悬赏、赌博、储存等多方面，与社会经济、政治生活的关系较其他质料的遗物更为密切。特殊的质地决定了金银器只能被社会上的少数人所占有，表现出比较独特的风格，而且影响着其他器物的制造，引领着时代变化的潮流。在唐代考古学研究中，从金银器的发展和演变，可以发现人们审美情趣、思想意识甚至社会等级制度的变化。所以，金银器的研究不仅是考古学、美术史学的一个门类，而且对唐代社会的探讨也有一定的意义。

审美视界

鸳鸯莲瓣纹金碗

唐（618年—907年）

高5.5厘米，口径13.7厘米，足径6.8厘米，重392克

1970年西安市南郊何家村窖藏出土，陕西历史博物馆藏

鎏金鹦鹉纹提梁银罐

唐（618年—907年）

高24.1厘米，口径12厘米，底径14.3厘米，重1879克

1970年西安市南郊何家村窖藏出土，陕西历史博物馆藏

扫码欣赏 鸳鸯莲瓣纹金碗

扫码欣赏 鎏金鹦鹉纹提梁银罐

3."一带一路"上的石窟群

在佛教从西域向中原地区传播的过程中，为了僧人的修行之便，同时也为了更好地弘扬佛法，便于东来西往的僧侣、商贾和外交使节等社会各阶层人士对佛教的崇信和祈求佛的保佑，佛教徒便在"丝绸之路"沿线和经济、文化交流的必经之地凿造石窟。印度的阿旃陀和阿富汗的巴米扬等石窟都是在佛教发展与传播过程中因修行和礼拜所需而修建的。

佛教与佛教艺术主要沿着"丝绸之路"向东传播，首先进入丝路西域西南重镇的于阗（今和田）。地处沙漠的于阗，佛教及佛寺沿袭了地中海一带的古希腊罗马风格，又接续了中亚地区佛教文化的审美风俗，而具有强烈的地域特色。由"丝绸之路"传播的佛教文化，为石窟在西域和中原的出现、发展、成熟提供了最初的契机。史料与考古发现表明，佛教在于阗、龟兹南北两个端点地区表现出前所未有的锐气与活力，并使其得以向东迅速扩展。在中国境内的龟兹、吐鲁番等地建造的石窟寺中，不仅保留了大量的中亚一带佛教的本来面目，还与当地的民俗文化相结合，创造了具有西域特色与面貌的石窟文化艺术。

"一带一路"把不同地区、不同文化背景的民族连接了起来，并且把他们的相通性和共同性调动起来，使其沟通和交流更加广泛、更加深入，这些沟通与交流不仅为中国的佛教文化增加了耀眼的光辉，同时也为中国、印度和西域各国的友谊谱写了精彩的篇章。中国台湾著名学者、雕塑家李再钤教授曾论及，佛教石窟在中国的辉煌成就"也证实了希腊文明、印度文明和中国文明交会在一起时，激发出人类最丰硕的智慧凝聚，导向最崇高的精神境界，创造出最纯净的艺术胜境"。正因为如此，当"一带一路"沿途中原和西域的人文资讯，从南、北两路到达河西走廊西端重镇敦煌时，敦煌很快地发展成为中国西部融中、西于一体的佛教及佛教文化中心。敦煌莫高窟不仅历史悠久，而且规模宏大，延续时间也长。其雕塑与壁画的艺术成就，直到今天还保持着它崇高而又无与伦比的地位。

审美视界

敦煌莫高窟

敦煌莫高窟

扫码了解

敦煌莫高窟

依托"丝绸之路"的畅通，满载着绚丽缤纷的佛教文化在途经河西走廊之后逐步抵达陇西、中原大地时，与浓重的汉民族文化紧密结合，当"丝绸之路"终于从多处分支的河西走廊、陇西、陇南和陇东等，到位于渭河上游的古秦州主干道旁的麦积山时，汉文化的"土风"已十分强烈和更具个性特色。

审美视界

麦积山石窟

麦积山石窟

扫码了解

麦积山石窟

"一带一路"的东部端点是长安、洛阳，这里为中原腹地和汉民族传统文化的中心地区。西晋以来，长安和洛阳为两大中心，直到魏孝文帝迁都洛阳后，洛阳的佛教再度大兴，达到空前繁荣阶段。直至唐代，"一带一路"上长途跋涉而来的中亚各国和西域一带的僧侣，操着各种不同语言的胡人商贾及外交官员云集于此。佛教文化随着政治、经济的发展而处于独领风骚的地位。

审美视界

龙门石窟

扫码了解

龙门石窟

思考与讨论：

1. 如何理解"一带一路"倡议里所倡导的"各美其美、美人之美、美美与共"？
2. 选取"一带一路"沿途经典的文化遗存（包括文物、遗址等），尝试分析它的审美特征和表现方法。

阅读书目和电影推荐：

1. 彼得·弗兰科潘. 丝绸之路——一部全新的世界史[M]. 杭州：浙江大学出版社，2016.
2. 刘学堂. 彩陶与青铜的对话[M]. 北京：商务印书馆，2016.
3. 邓惠伯. 中国绘画横向关系史：丝绸之路与东方绘画[M]. 北京：商务印书馆，2018.
4. 赵丰. 丝绸之路美术考古概论[M]. 北京：文物出版社，2007.
5. 阮荣春. 丝绸之路与石窟艺术[M]. 沈阳：辽宁美术出版社，2004.

第三节　生态文明视域中的美育

生态美育是在20世纪后期，特别是联合国1972年环境会议之后提出并发展起来的。

曾繁仁在《美育十五讲》中指出，生态审美教育最基本的立足点是当代生态存在论审美观，即以马克思主义的唯物实践存在论为指导，在经济社会、哲学文化与美学艺术等不同基础上，将生态存在论美学观、生态现象学方法、人的生态审美本性论以及诗意栖居说、四方游戏说、家园意识、场所意识、参与美学、生态文艺学等内容作为教育的基本内容；而从生态审美教育的目的上来说，应该包含使广大公民，特别是青年一代确立欣赏自然的生态审美态度和诗意化栖居的生态审美意识。[10]

一、生态美的审美特征

"生态美"是人与自然、生命与环境的和谐，它既非自然美，亦非生命美。生态美的审美特征主要表现在和谐生命共感、自然生命境界和动态生命过程等三个方面。

1. 和谐生命共感

生态美所体现的是人与自然的生命共感。这种生命关联是建立在各种生命之间、生命与生态环境之间相互依存、共同进化的基础之上的，由此也使人感受到这种生命的和谐共生的必然性，并唤起人与自然的生命之间的共鸣。这种生命共感来源于生命与生命之间、生命与环境之间存在的亲和性，因为地球的生命有着共同的起源。这也说明各种生命原本是相互沟通的。人对生态美的体验，是在主体的参与和主体对生态环境的依存中取得的，它体现了人的内在和谐与外在和谐的统一。也就是说，生态美只有内在于生态系统中才能感受到，也只有人通过生态过程本身才能感受到。在这里，不能把审美主体与审美对象判然分离，它真正体现了审美境界的主客同一和物我交融。

如果说生命是本体论意义上的"存在"，那么这种生命共感便是生态美的本体特性，它反映出整个地球生态系统是一个活生生的有机整体。中国美学曾经把美的内涵界定在对生命的体验中，那么生态美的底蕴便是对人与自然交融的生命体验。早在18世纪末，著名美学家席勒便指出："美是形式，我们可以观照它，同时美又是生命，因为我们可以感知它。总之，美既是我们的状态，也是我们的作为。"[11]即人的审美感受既来自对于审美对象的形象观照，也来自审美主体对自身生命状态的体认。同样，生态美在空间和时间中的展开也构成了一种意境美和节律美。

2. 自然生命境界

根据人的心理状态，可以把人的精神境界区分为三种类型：一种是道德境界，一种是宗教境界，另一种是审美境界。道德境界追求的是一种无条件服从于群体利益和意志的状态，它具有一种外在的伦理制约和行为规范。宗教境界追求的是一种皈依上帝和遁世的态度，它的思想基础是人对神灵的绝对依赖感。而审美境界追求的是主体的受动性和能动性相结合的主客同一的境界，它所取得的和谐是非伦理的而又超道德的自由，这是一种"随心所欲不逾矩"的精神境界。那么审美为什么可以发挥出提高人的精神境界的作用呢？这要从审美过程谈起。审美是人以个体的独立性对世界做出反应的行为模式。审美的世界是以人为中心和尺度的世界，它反映出这个世界在什么程度上适应于人。在审美过程中，人突破了日常的感觉方式，专注于对世界的观照和体验，形成对现实的一种创造性和超越性的把握。审美体验是以自身的真情实感为基础的，它不仅是个体自我肯定的方式，也是对于对象意蕴的领悟过程，从而具有认识论的意义。审美体验中的想象也是指向意义和创造意义世界的想象，由此使人进入情感的世界。审美超越所追求的是人与现实、人的内在自然与外在自然、人的感性生活与理性生活的和谐统一。所以，审美使人的心灵在形式感受、意义领悟和价值体验中趋向于一种和谐而自由的精神状态。自古以来，人类所创造的审美文化成果，可以丰富人的审美经验，有助于促进人的理想、情操和人格的完善，从而达到提升人的精神境界的作用。

生态美反映了人与自然界即人的内在自然与外在自然的和谐统一关系。作为一种人生境界，生态美总是在一定的时空条件下形成的，并且是审美主体与审美对象相互作用的结果。从空间关系上看，生态环境作为审美对象可以给人一种由生态平衡产生的秩序感、一种生命和谐的意境和生机盎然的环境氛围。

审美视界

《庄子·知北游》(节选)

天地有大美而不言，四时有明法而不议，万物有成理而不说。圣人者，原天地之美而达万物之理。是故至人无为，大圣不作，观于天地之谓也。

陈鼓应先生在《庄子今注今译》中做了译解：天地有大美却不言语，四时有明显的规律却不议论，万物有生成的道理却不说话。圣人推原天地的大美，而通达万物的道理，所以至人顺托自然，大圣不妄自造作，这是说取法于天地的缘故。

名著赏析：《老人与海》

3. 动态生命过程

生命在于运动。生命既是一种境界，也是一个过程。有人把生命的过程比作一个没有终点的竞技场，即过程重于结果。在人类历史长河中，任何一个人的成功都只具有相对的意义；任何个人的成功也都是在其他人的协助配合下实现的。所以，人的生命之美应该是一种过程之美，美存在于生命过程当中。对于人的审美体验，过程本身重于结果，即便是成功的结局。因为在很多时候，人们所进行的过程可能是失败的，即使是失败的结局也能为人类的前进提供有益的营养。而有些时候，一个过程可能留下无言的结局。一对恋人由于阴差阳错而天各一方，有情人却难成眷属，但这一恋情仍寄寓着人生之美。所以，过程之美，就是人们在生命的搏击中留下的足迹，它们是人的生命活力的印证。这正是值得人们去享有和玩味的生态美。

把事物看作是一个过程的思想，可谓源远流长。古希腊哲学家赫拉克利特说："一切皆流，万事常新。""我们不能两次踏入同一条河。"我国儒家思想创始人孔子也说："逝者如斯夫，不舍昼夜。"西方现代哲学家怀特海更加深刻地指出："过程是根本的，成为现实的就是过程的。人的事物作为过程，总是外在机遇与内存的主观享受的统一。过程性强调的是事物的运动和发展的特征。"

生态美作为生命过程的展示和体验，是审美主体与审美对象的完美统一。当人把审美的目光转向自身的生态过程，也可以从时间的流转中获得一种人与自然交融的生命体验。《周易·系辞传上》曰："生生之谓易。"生命在新陈代谢中不断获得新生，又在文化创造中不断丰富它的意义内涵。生态美作为人的生命的动态过程，无不跳跃着生命的搏击和律动。节奏现象广泛存在于自然万物的生命中，没有节奏就没有生命，甚至人类的一些最原始的身体反应也要适应于这些节奏。婴儿的啼哭、成人的欢笑都是有节奏的。在情绪紧张和激动的情况下，人就容易做出一些节奏比较简单、倾向于条件反射的动作，如小孩高兴时的跳跃动作，大人愤怒时用手指敲击桌子的动作。这即是说，节奏贯穿于人的生命活动的全部过程中，而且与人的情感世界密切相关。整个生命的内在机能，都是由节奏维持的。人的生命的内在节奏，与宇宙的外在节奏，是契合一致的。在社会劳动中，发展了人对节奏的意识，音乐的形成才使节奏成为人们欣赏的对象。《乐记》曰："节奏谓或作或止，作则奏之，止则节之。"在音乐中，节奏表现为演奏的动与静，由此展现出艺术生命的感性特征。音乐的基本任务不在于反映出客观事物，而在于反映出最为内在的自我，它是主体和灵魂的自身运动。也就是说，音乐表现的是自我内心生活。如果拿生态美与音乐进行比拟，那么，生态美便是一支由人的生活方式谱成的充满节奏和旋律的乐曲。

生态美所展现的人的动态生命律动，存在于社会生活方式的流程中，现代生活方式为人们在生活形式上提供了众多的选择，它反映出社会的文化多样性和个性发展的多样性。生活形式的千姿百态，生活风格的异彩纷呈与生活方式健康、文明、科学的价值取向的统一，构成了一幅和谐的社会生态景观。

在生物圈中，生命的动态性与多样性是长期进化的结果。被生命改造的环境推动生命的进化，新产生的生命又推动环境的变化，这样循环交替作用，促进生命与环境构成复杂的生态系统。生态美就是在生态系统基础上产生的。因此，生态美是以生命过程的动态性来维持的。当我们赞美"风吹草低见牛羊"的北方草原时，激发我们情感的则是景物的动态生命力。而当我们面对城市街道和工业重镇时，感觉不到生态美的存在，因为简单和标准的模式缺乏生命流动。

二、生态美育的价值

作为实现生态美的重要手段之一,生态美育与生态美的内涵和外延相对应,应该包含对环境问题的修复以及促进人自身的全面发展等重要意义,与此同时,生态美育作为当代美育的重要组成部分,还体现了促进当代美育转向的重要价值。

第一,开展生态美育是激发人类保护生态环境责任意识的内在要求。18世纪80年代以后,随着工业革命在英国的展开,整个社会开始向工业化和现代化迈进,至今依然方兴未艾。从某种意义上来看,工业革命是人类历史上伟大的飞跃,它使生产力获得了巨大的提升,社会财富空前积累,并使科学和技术的发展成为整个世界追逐的重要目标。资本家为了不断刺激人们的消费、获取更多的资产积累,利用更低的成本创造更多的商品,往往以破坏生态环境为代价,从自然中索取更多的自然资本,率先进入工业社会的发达国家无一例外采取了这样的方式谋求发展。对自然的破坏由此开始从发达国家蔓延至整个世界。尽管人类试图或正在运用科技手段来治理环境污染问题,但仅靠治理并不能彻底解决环境污染所带来的环境危机,因为在对自然无休止掠夺的背后,隐藏着更深层的归因:环境问题归根结底是人和人类发展方式的问题。因此,我们必须寻找一条崭新的道路。习近平总书记曾深刻指出:"发展经济不能对资源和生态环境竭泽而渔,生态环境保护也不是舍弃经济发展而缘木求鱼……要坚持在发展中保护、在保护中发展,实现经济社会发展与人口、资源、环境相协调,使绿水青山产生巨大生态效益、经济效益、社会效益。"[12]这里所强调的就是人类发展方式的根本性变革。这一变革必须对应生态审美观和生态责任观的建立。这是因为,从人对自然生态环境的审美方向来说,人对美好的生态环境产生正面积极的审美感受是人类产生对大自然的依恋之情和对自然生态环境的爱护之情,进而激发出强烈的生态责任意识的重要一环。由此可以说,生态审美是激发人承担生态环境保护责任的前提和条件。但人的生态审美意识不是自发生成的,而是通过长期接受生态价值观教育和不断深入实践反复体验的结果。而生态美育在此方面可以与生态知识教育产生互补的作用,进而培养出具备生态意识、情感、技术和审美能力的综合性人才。

第二,开展生态美育是实现人的自由而全面发展的客观需要。"人的自由全面的发展"作为审美和教育的双重理念,是众多哲学美学家们所追求的目标,马克思批判继承了前人的理论,超越了旧的唯物主义和唯心主义的二元对立,将它落脚到了人类生活本身,赋予了人的自由而全面发展这一理念更深层次的意义。因此,马克思的全面发展理论体系不仅与美育有重要关联,而且与生态美育具有天然而密切的联系。一方面,个体价值的全面发展离不开生态美育。生态审美需求是每个人都有的基本需要，只不过在工业社会中这种天性被遮蔽了，人们沉溺于对感官刺激和欲望的短暂满足。被悬置的生态审美需求只能在生态环境中获得满足，在生态美育里，通过重回自然的怀抱，感受大自然的生命和律动，人们找回了久违的、对自然的亲近感，身心得到放松。这一过程不仅满足了人的生态审美需要，还释放出人们最纯粹、最诚恳、最热烈的情感，在这种情感交流里，人们重新认识到自身与自然的一致性。这也就迈出了走向"非异化人"的自然状态的重要一步，即人从欲望中获得了解放并实现对自己本质的全面占有、丰富和完善，从而成为全面发展的个体。另一方面，人的社会关系的全面发展同样离不开生态美育。人是社会性的存在，人类的一切社会实践都产生于社会关系之中，人的全面发展必然与社会关系的全面发展紧密联系，但人的社会关系又建立在人与自然的关系之上，人的全面发展必须依赖于人与自然和谐关系的建立。生态美育的重要任务正是通过建立人的生态审美观念，扭转人与自然二元对立的关系，恢复自然的神圣性和神秘性，让自然不再是取悦人类的工具，而是一种具备审美性质的自然而然的存在，最终让人与自然之间建立一种和谐共生的新型关系。在此基础上，人与自然的和谐相处必然延伸至人与人之间、人与社会之间，让人们由对自然的爱衍生出对他人、对社会的爱，消除人与人之间的隔阂和冷漠，最终形成一种良性互动的社会关系。

第三，开展生态美育是完成传统美学价值转向的必然趋势。在农业社会中，人类的生存很大程度上依赖于大自然的给予，大自然对人类而言充满了神秘性和神圣感。但随着工业化、现代化的推进和人类改造自然的手段、技术愈加高明，人对大自然最基本的敬畏之心不复存在，随之而来的巨大的资源与环境问题不仅威胁着人类的基本生存，还使人类自身本原的意义被遗忘和遮蔽，自然和人类两方面的价值都在"人类中心主义"中被消解了。在这样的现实下，人们不得不直面关于人类真正的价值以及人类整体命运等根本问题，而生态美学和生态美育正是在这样的大背景之下产生的，它与传统美学同出一门却指向迥异，推动了美学价值的转向。第一个转向在于生态美对审美对象的界定发生了根本转变。传统审美强调以人为中心来塑造审美对象的价值，审美对象必须具备符合"优美""对称""壮丽"等形象性特征才可能称之为"美"。与此不同的是，生态美尊重自然原本的样子，即使这种样子不符合传统审美主体对"美"的认知，例如，缺乏和谐感的荒野、阴森的沼泽、疙疙瘩瘩的癞蛤蟆。"任何事物，只是它趋于保持群落的完整、稳定与美丽，就是对的；否则就是错的。"[13]在生态美中，美已经不仅是一种具体的审美形态或审美实体，"取而代之的关键词应该是'审美对象'及其'肯定性审美价值'"[14]。生态美学与生态美育带来的第二个转向在于使审美主体与客体的关系发生了根本转变。传统审美观点普遍认为"美和实际人生有一个距离，要见出事物本身的美，须把它摆在适当的距离之外去看"[15]。按照这样的看法，如果将自然作为特定的审美对象，那么它必将是一种外在于人的存在，它在空间上对人而言是没有交点的平行存在，人只能站在它的外部观赏它。而生态美学却不赞同这种静观的审美理论，认为自然之于人而言并非外在。这样一来，生态圈中的万物与人不仅不是对立的，而且更是一种共生共存的关系，即人内在于环境，且环境环绕着人。生态美学与生态美育带来的第三个转向在于，将现代美育由人类中心的教育向生态美育转变。传统美育一般都力图通过对受教育者个体审美素养的培养来修正人的异化，最终实现"人性的完满"，审美对象大多是艺术作品。与此不同的是，生态美育涉及的价值观和伦理观的培养，是从自然环境污染或资源枯竭等现实的生态问题开始的，其目的是确立一种人与自然、人与人的和谐相处的生态审美观念，构建一种人与自然须臾共生的审美关系。这也从根本上指明了生态美育的终极目标，在保证个体发展的基础上展现了对人类整体存在的终极关怀，将"人性的完满"与人类"诗意的栖居"联系起来。

三、生态美的审美体验

1. 培养生态审美意识

生态审美意识是生态审美活动的基础。人们只有拥有了生态审美意识，才能主动地去开展生态审美活动。"环境问题是人类对自然的认识和价值观念的偏差所造成的，必须彻底转变自身的自然观，克服错误的思维方式，才能从根本上解决当前所面临的环境危机。"[16]长期以来主客二分的哲学观念和与自然斗争的思想左右着人们。人总是以斗争的态度对待自然，征服、奴役成了人们挂在口头的关键词。其结果导致了一系列环境和社会问题，将人类引入灾难深重的危机之中。因此，进行生态审美我们就要首先转变观念，把非生态的观念转变为生态的观念，抛弃那种斗争的、征服的观念，代之以追求和谐、合作、平衡的意识。生物圈是一个整体，其中的各种因素互相关联、相互依赖，某些因素的变化、消失会影响到系统其他因素的变化。如蛇的减少可能会引起老鼠的泛滥，虎、狼等食肉动物的消失可能会导致鹿、兔等食草动物种群的恶性膨胀。正是生物圈中各生命体相互依赖、相互协调，构成了丰富多彩的生命世界。相互依赖、和谐共存是生态中各生命关系的本质。因此，树立整体、平等、和谐的生态观是人正确处理与自然关系的基础。

同时我们还要看到，生态之美是一种过程之美。任何一种生命，其结果也许是毫无意义的。生命的意义就在于其完成生命的过程。无数生命生生死死的循环，带来了自然界生生不息的无限生机。罗尔斯顿说："衰老生命的毁灭，常常导致年轻生命的复兴。无序和衰朽是创造的序曲，而永不停息的重新创造将带来更高级的美。"[17]生态之美正在于其生生不息的循环延续之中。人生的追求不是生命的结果，而在于生命过程的意义。把生命理解为一种追求平衡的过程，追求平等、和谐，才是人生存的本质，也是生态审美的核心。

> **互动话题**
>
> 谈谈你对徐恒醇这段话的理解。在你看来，成功或者成就是一个人努力的终极目标吗？
>
> 当代生态美学家徐恒醇指出："在整个人类的历史长河中，任何一个人的成功或成就都只有相对的意义；任何个人的成功也都是在其他人的配合下实现的。因此，人的生命之美应该是一种过程之美。美在生命过程之中。"
>
> （乔学杰. 21世纪美学热点问题下［M］. 郑州：大象出版社，2019.10.）

2. 树立生态审美理想

审美理想是人类审美活动的动力之源。拥有什么样的审美理想，就会有什么样的审美活动。如今某些人行必专车，食必野生动物，追求一次性消费，暴殄天物，似乎个人消耗的资源越多就越好。这些都是由其畸形的、非生态的生活理想造成的。这些人不懂得生态原则，不知道什么才是人类应然的追求。与生态的规律相违背，到头来得到的不仅不是幸福，而且只能是难以下咽的苦果。要进行生态性的生存，就必须首先树立生态审美理想。

生态审美理想就是以生态原则为基础，追求自然、和谐、平衡和过程之美的审美愿望。它基于生态意识，是生态审美更明确、更直接、更具体的理性力量。建立明确的生态审美理想，会引导我们更加明确、有效地追求生态审美，进入生态审美的高级境界。如前所述，和谐是生态美的基础。因此，追求和谐应是生态审美理想的重要构成内容。从人与世界的关系看，所谓和谐主要包括三个方面的内容：客观世界内部的和谐、人际关系的和谐和人与世界关系的和谐。和谐的自然环境是一切生物生存的基础。适宜的温度、新鲜的空气、完整的食物链、持续的能量供应、生物的多样性等，这之中任何一个因素的破坏都可能会影响到整个生物圈的平衡，也会危及人的存在。人与人的和谐是人类存在的必要条件。历史的事实证明，人与人之间只讲斗争是没有出路的。相互攻击、不合作甚至战争，这些都只能使人的生存状况更糟糕。最后，人与世界的和谐应该说是生态审美关系中最重要的内容。人依赖世界，世界也需要人。只有两者的关系走向和谐，人类才能获得真正的幸福。自然是我们真正的家和根，人只有回到自然中才能感到真正的幸福。总之，追求世界内部的和谐、人与人的和谐、人与世界的和谐是生态审美理想的重要内容。生态审美教育的任务，就是将这些意识内化为人们的现实理想，造就出更多的热爱自然、珍惜生态和谐、追求生态美的时代新人。

审美视界

追求人与自然的和谐在中国有着悠久的历史传统。"天人合一"思想长期影响着中国人与自然的关系。与天地"和"一直是中国人最崇高的理想。千百年来的审美实践证明，自然是人类相亲相爱、沉醉迷恋、荡涤心灵的家。与自然同化的境界是人生审美的最高境界。

念奴娇·过洞庭（宋·张孝祥）

洞庭青草，近中秋、更无一点风色。玉鉴琼田三万顷，着我扁舟一叶。素月分辉，明河共影，表里俱澄澈。悠然心会，妙处难与君说。

应念岭海经年，孤光自照，肝肺皆冰雪。短发萧骚襟袖冷，稳泛沧浪空阔。尽挹西江，细斟北斗，万象为宾客。扣舷独啸，不知今夕何夕。

岳阳楼记（节选）（宋·范仲淹）

若夫淫雨霏霏，连月不开，阴风怒号，浊浪排空；日星隐曜，山岳潜形；商旅不行，樯倾楫摧；薄暮冥冥，虎啸猿啼。登斯楼也，则有去国怀乡，忧谗畏讥，满目萧然，感极而悲者矣。

至若春和景明，波澜不惊，上下天光，一碧万顷；沙鸥翔集，锦鳞游泳；岸芷汀兰，郁郁青青。而或长烟一空，皓月千里，浮光跃金，静影沉璧，渔歌互答，此乐何极！登斯楼也，则有心旷神怡，宠辱偕忘，把酒临风，其喜洋洋者矣。

3. 引导生态审美生活

生态美育的最终目标是使人们实现生态审美生活，促进世界的和谐发展。引导生态审美生活，首要的应是培养人们的生态审美情感。因为情感是决定人行动的内在力量。人们只有充满了对生态之爱，才会积极地去追求生态美，进而去创造生态审美生活。美所蕴含的充沛情感感染着每一个欣赏它的人，触动着欣赏者的心灵。生态美育中我们应充分利用美的这一特性，着重培养人们对生态的感情。如果社会的每一个人都能成为热爱生态美、积极追求生态美、向往诗意化生存的人，那么我们的生态审美活动就会广泛地开展起来，过上生态化的审美生活就不仅仅是梦想。

生态审美欣赏和生态审美创造是生态审美活动的主要内容。比较而言，生态审美欣赏是开展得最为广泛的活动。生态美育中应该高度重视生态审美兴趣的培养和鉴赏力的提高。只有更多的人具有了较高的生态审美能力，生态审美活动才能广泛地开展。生态美育的最终目标是推动生态审美生活的创造、促进世界的和谐发展。生态审美人应该有较强的生态审美创造能力。因为只有拥有了较强的生态审美创造能力，才能有效地纠正非生态的行为，改变不符合生态规律的现实存在，创造生态化的审美生活。但值得我们注意的是，生态审美创造与普通审美创造不同，生态审美创造首先应该是对生态自然性的维护。即不是积极地改造它什么，而是积极地去维护它的合规律存在，去尊重、适应它的规律，与之融合。面对我们尚不能完全把握的自然，我们应当提倡"无为"。"无为"在这里就是尊重、维护自然生态的规律，而鲁莽地"有为"则很可能破坏自然的和谐，这一点已为许多的教训所证实。当然，重视维护生态的自然性并不是说人们在生态美的创造上一点作为也没有。相反，在尊重生态规律的条件下，适度地进行生态的创造不仅是可能的，且是必要的。以往的实践证明，我们在许多生态美的创造中取得了成功。如沙漠的治理、荒山的绿化、生活环境的美化、污染的治理、物种的人工优化等都显示出人在生态美创造中的能动作用。懂得了生态规律，按照生态规律进行创造，人类在此是大有可为的。尤其在人的社会精神生态领域，更要依靠人的主动作为才能得以改善。

思考与讨论：

1. 人类中心主义的危害表现在哪些方面？
2. 为什么说生态美学对人类中心主义的超越是必然的？
3. 生态美是怎样产生的？
4. 生态美的价值具体表现在哪几个方面？
5. 生态美的特征是什么？欣赏生态美应当具备哪些主客观条件？
6. 生态美育的目标和任务分别是什么？

阅读书目和电影推荐：

1. 曾繁仁. 生态美学导论（修订版）[M]. 北京：商务印书馆，2020.
2. 程占相. 生态美学引论[M]. 济南：山东文艺出版社，2021.
3. 鲁枢元. 生态时代的文化反思[M]. 北京：中国友谊出版公司，2019.
4. 迟子建. 额尔古纳河右岸[M]. 北京：人民出版社，2019.
5. D. H. 劳伦斯. 查泰莱夫人的情人[M]. 南京：译林出版社，2021.

第四节 "互联网+"视域中的美育

《城失》截图

扫码欣赏

短片《城失》

这是由中国传媒大学动画与数字艺术学院的三名学生历经7个月时间，走遍北京的大街小巷拍摄的一部有关北京城市道路规划的短片。

城市最早都是由人的居住区和聚集地演变而成的，城市的道路规划布局与功能设计，无疑应该从人的本性角度着眼，为城市的居民提供最大的便捷与舒适。然而，我们在短片中看到的是宽敞的马路与川流不息的车辆，而作为城市主人的人群，却根本不能穿越，只能望"车"兴叹。这样的道路不仅严重破坏了城市的亲人尺度，而且其超负荷运转带给了它无法缓解的压力。短短几分钟的短片，将创作者的意图阐明得相当清晰，在警醒我们从一个不同的角度看看我们身边的城市的同时，更启示我们应该从历史、现在、未来三个不同的维度来思考这座城市的种种问题。该片不仅获得了"国际大学生微电影盛典"评选活动广告宣传主题单元最佳导演奖，而且网络点击率达到百万。

在互联网时代，没有网络美育的教育是不完整的教育。网络美育（又称互联网美育）必将成为当下学校美育、家庭美育和社会美育的重要补充、拓展和创新。网络美育是基于互联网技术，充分、合理利用网络、数字多媒体手段提供的审美功能，在网络活动中以美的形象去感染人，激发人的情感，提高人的审美感受力，推动人积极想象和思考，进而以情感的方式去体验和认识生活与认识世界的生动、鲜明、个性化的审美教育方式。

"互联网+"的现实背景呼唤着新时代的审美教育方式。"互联网+"与美育的深度整合，相较于传统美育更加重视个体的审美自由与多样化，开放与互动的环境极大地释放出人们审美欣赏、审美表现和审美创造的能力。立足于全新的"互联网+"网络环境，网络美育本身就有着传统美育无法比拟的优越性。网络美育是以陶冶情操、培养感情为特征，以情感人，以生动鲜明的形象为手段，通过富有趣味个性化的形式，让人在娱乐与休闲之中接受美的熏陶。网络美育较之传统美育更符合以人为本的现代文化精神。与传统美育对人的单一主体性的培育和对单一的审美模型的维护不同，网络美育充分正视了生活方式与审美实践的多元化，它要培育的是人的多元主体性，促进和维护的是人的审美生成的多种可能性。互动是美育的灵魂，与传统美育单向辐射的教化不同，网络美育始终体现着相互交往、及时对话的民主精神。与传统美育中教育者和受教育者的实名身份不同，网络美育具有匿名性，这淡化了教育者和受教育者的身份区分，使得网络美育得以在更为自由、平等、坦诚的情感交流中达成。这种充满新鲜气息、散发着勃勃生机的网络美育是网络社会的精神希望。

一、"互联网+美育"的特征

"互联网+美育"是伴随着网络信息技术的高度发展应运而生的一种新型的、具有广阔前景的美育形式。它打破了传统美育的时空限制，以信息的数字化技术为基础，使用数字通信技术，通过各种显示终端进行美育传播。"互联网+美育"拥有传统美育所不具备的一些特性，这为高校师生的美育提供了有利条件。

1. 广泛的影响力

互联网具有开放性、多元性、交互性及海量信息的特征。随着互联网的高度普及，其弥漫式发展与黏性特征，逐渐向人群进行渗透，由青少年发展到全体人群，成为满足人民群众审美需求的最重要媒介工具。网络美育具有规模大、覆盖面广、信息全的特点，与传统美育相较，它是一种大众喜闻乐见的美育形式，更能深入人们的心灵世界，其潜移默化的熏陶引导效能是传统美育所无法比拟的。

2. 寓教于乐的审美方式

美育的愉悦性是指在审美活动中，受教者常常处于一种喜悦的心理状态与精神状态，产生强烈的情感体验，获得极大的审美享受。这种愉悦性是感染人、启发人、吸引人去参与审美、参与美育的重要因素。孔子在《论语·雍也》中说："知之者不如好之者，好之者不如乐之者。"人们只有"好之"才会"乐之"，才能够达到潜移默化塑造心灵的目的。正因为互联网可以让人在喜悦的心理状态与精神状态下，产生强烈的情感体验，获得极大的审美享受，才可以以寓教于乐的方式"润物细无声"地使受教者在互联网美育中得到美的享受，获得情感的陶冶和感染，或者悦耳悦目，或者悦心悦意，或者悦志悦神，"寓教于乐""以情动人"是网络美育的显著重要价值。

3. 互动交流的美育模式

互联网可以让人随时随地进行互动式沟通，可以让审美情趣与审美追求相似的人们聚到一起展开交流、推心置腹，从而提高审美品位，缩小人与人之间的空间距离、心理距离与文化距离。网络美育可以淡化施教者和受教者之间的身份、地位差异，能够在特定的情感氛围中去感化、感染和打动人，充分的互动和及时的反馈使传授双方更容易实现开诚布公、畅所欲言。与传统美育模式中单边传授的教化方式不同，网络美育在自由平等、坦诚的情感交流中得到净化与升华，自始至终体现着相互交往、及时对话的民主精神，受教育者的接受心态更加积极、主动和自觉，美育对象可以以更轻松、更自由及更具有审美主体性的方式去感受美、认识美、发现美。互联网能够调动人的各种心理功能，全身心地投入美育活动之中，使人们更加方便地参与审美活动、艺术实践，培养审美能力和审美趣味。

4. 多元开放的美育途径

网络美育使审美教育从平面走向立体，从静态变为动态，从现时空趋向超时空。网络美育不要求培养出整齐划一、高度抽象化的完美之人，而是具备丰富个性化色彩、多元主体性、拥有开放心胸的现代人，促成现代人审美生成的多样性与复杂性。网络美育是以人为本的现代性美育途径，在多元开放的美育氛围中培养人的情感，以互联网为手段唤起人最真挚的自由表达，使人获得情感的超越与解放，建构高尚现代的人的精神，这是时代的需求，也是人类自身进一步自由发展的必然选择。

合理运用互联网探寻审美教育的新途径、新方式，对改进审美教育和优化审美教育的意义重大，网络美育正成为当今我国审美教育发展的新方向。互联网既让开放、共享、兼容并包的审美取向深入人心，同时审美理想、审美价值观的缺失也让人们面临精神的危机，审美的感官化、平板化、欲望化趋势，导致审美的失范，网络美育应该净化、优化、美化网络空间，不断丰富优质美育资源，提高美育教育质量，建构起人文审美的精神家园。当前，互联网深入渗透于学校美育、家庭美育和社会美育之中，学校和社会共建了一个可持续、大跨度美育教学共同体。这是一个多层次、多方面、全方位的"互联网+"大美育共同体。

二、"互联网+美育"的价值

1. 实现了美育资源共享，师生可以进行远程、实时、便捷的学习和交流

由于互联网技术的介入，原来局限于某个课堂、某个博物馆或某个地域的美育内容可以实现跨时空的传播，使更多的人享用到高质量的美育资源，最大限度地实现了美育资源的全球共享。目前互联网中关于美育的资源主要可分为两大类：一是各种艺术、美学资源平台，提供了人们了解、欣赏关于艺术、美学、审美等的各种内容。比如目前世界上绝大多数的博物馆、艺术馆都建有自己的网站，全球各地的人们可以足不出户、随时随地在电脑或手机上打开某地某个博物馆的网站，浏览博物馆中各种学习、展出的信息，赏析高清晰度的馆藏品的图片和视频，阅读关于各种藏品的介绍。除了各种官方和非官方的网站外，今天还有众多的民间团体或个人通过手机微信平台传播艺术和美学，这使得传播变得更加便捷和及时。目前微信公众号中涉及艺术、美学的内容相当多，既有各种经典艺术，也有众多流行或小众艺术；既有传统艺术，又有当今各种新媒体艺术；既普及艺术审美，又倡导生活自然审美；既有视听审美体验的分享，也有各种美学观念思想的传播。这些都为当代高校师生的审美学习和体验提供了丰富多彩、不断更新的资源。二是各种关于艺术、审美的网络开放课程，使得原本在特定课堂中的教学能够走出教室，在更大范围内，让更多的学生参与分享。比如"慕课"是为了增强知识传播而由具有分享和协作精神的组织或个人发布的、散布于互联网上的开放课程。除了"慕课"之外，今天各种"微课"也大量出现。"微课"顾名思义，即微小的课程，它的时间短、主题小而集中、资源容量小等特点可以使学习者方便地将其下载在手机等电子设备上，也可以直接在手机上在线收看，这使得学习更加便捷。所以"慕课""微课"等网络课程的出现真正实现了全球美育教学的共享，使得人们可以在专业教师的引领下，更有目的地、更高效地学习，而且无时空和收费的限制，为那些已经走出校门仍想继续学习的人们提供了丰富而无门槛的机会。

高校美育新论

美育资源的共享在高校美育的资源拓展、形式多样等方面也日益发挥着重要的作用。比如，课前教师可以要求学生通过互联网收集与教学内容相关的资料；在课堂上，教师也可以带领学生进入某个艺术博物馆的网站欣赏不同艺术家的作品，而且有些博物馆的作品图片可以放大很多倍进行局部细节的赏析，这使得网上的艺术鉴赏更加接近现场的欣赏。当然，对于教师并不擅长的某些教学内容，教师可以搜索相应的网络课程给学生播放，拓展学生的视野。

> **小知识**
>
> **国外艺术博物馆推荐**
>
> 大都会艺术博物馆（Metropolitan Museum of Art）
>
> 纽约公共图书馆（New York Public Library NYPL）
>
> 阿姆斯特丹国立博物馆（Het Rijksmuseum Amsterdam）
>
> 国家美术馆（美国）（National Gallery of Art）
>
> 洛杉矶郡艺术博物馆（Los Angeles County Museum of Art）
>
> J.保罗盖蒂艺术博物馆（J. Paul Getty Museum）
>
> 新西兰国家博物馆（Te Papa Tongarewa）
>
> **行动课堂：**
>
> 选取一家国内外知名艺术博物馆网站，浏览展品，介绍馆藏经典。

2. 改变被动、个体式的学习方式，实现师生自主、互动的共同体式学习

由于网络资源的丰富性和使用的开放性，学习者可以根据自己的兴趣爱好、艺术特长、水平高低选择不同的学习内容进行学习，也可以根据自己的时间合理安排学习进度，这最大限度地实现了每个高校师生个性化的自主学习，使得提升自身审美素养的学习变得更加有趣和有效。许多在线的学习程序还设计了即时的练习反馈评价系统，这也

使得每个学习者更清楚地了解自身的学习状况。除此之外，各种关于艺术、审美、美学的在线社区、讨论平台，为世界各地的人们分享彼此的作品、表演，切磋技艺，交流感悟，讨论观点提供了及时而广阔的平台。比如各种在线K歌应用软件，只要在电脑或手机上下载相应的软件，每个爱好唱歌的人就可以选择自己喜欢的歌曲高歌一首，唱完得到相应的分数评价，并且可以上传供大家分享。在这样一个由不同性别、不同年龄、不同水平、不同地域，但志趣爱好相同的个体组成的学习共同体中，人们不仅可以互帮互学，在多元的交流对话之中产生新的创意，获得新的感悟，而且每个人都可以成为教师，教师和学习者的身份可以转换。这些都极大地调动了每个学习者的积极性，而这是原先个体式的学习所无法做到的。

互联网对高校美育的渗透，同样带来了学生艺术课堂学习方式、氛围和效果的变化。比如，有的学校将iPad等平板设备引入课堂，设备中不仅存放了与学习内容相关的艺术网站资源，供学生拓展学习之用，而且教师还会教学生利用电子平板设备的一些绘图、音乐制作软件进行艺术创作。创作完之后通过互联网上传到教师的电脑中，从而实现课堂内全班同学的实时分享。教师还可以通过预先设计好的评价标准，由学生和教师在线对每个作品进行打分评价，通过快速的网络数据处理，及时地对学生们的创作做出评价反馈。教师还会就所教内容设计一些课堂作业，要求每个学生通过平板设备完成，然后学生的作业很快反馈到教师的系统中，教师能够及时地了解每个学生以及全班总体的学习状况，从而做出相应的教学指导和调整。网络还可以使学生和教室之外的其他学生，甚至全球各地的学生一起进行某个专题的学习。比如"联合国教科文组织国际艺术教育协会"的成员们利用互联网开发了许多国际性的艺术学习项目，吸引了全球很多国家的大学生参与其中。可以说，互联网打破了个体学习的疆界，使得身处不同时空中的个体能够组成一个紧密交流的学习共同体。

审美视界

公图艺术资源O2O服务平台简介

一、访问方式
可手机扫描二维码进行浏览。
二、内容简介
公图艺术资源O2O服务平台是一个贯穿古今，集中外艺术大师名作为一体的综合性数字资

西方油画艺术长廊　　历代国画艺术长廊

源服务平台。平台包含了西方油画艺术长廊、历代国画艺术长廊、师生原创作品和艺术视频。其中，历代国画艺术长廊收录了自春秋战国至当代各时期代表人物的名家巨作。西方油画艺术长廊收录了梵高、莫奈、达·芬奇等各时期世界艺术史上的领军人物的巨作。平台的主要功能特色为声音与艺术的完美融合产生出的可看可听的体验效果；屏幕自适应移动视听鉴赏功能符合广大师生手机使用习惯，随时随地地感受艺术的熏陶；多维度鉴赏评分系统带给师生的是越来越趋于完善的鉴赏能力；而高校师生原创作品及作家风采的展示交流真正地为各大高校师生原创作品提供了展示、交流的通道；丰富的线下展览、3D、VR 应用使整个平台的应用趋于多元化，真正做到了不出校门也能领略全球艺术精华。

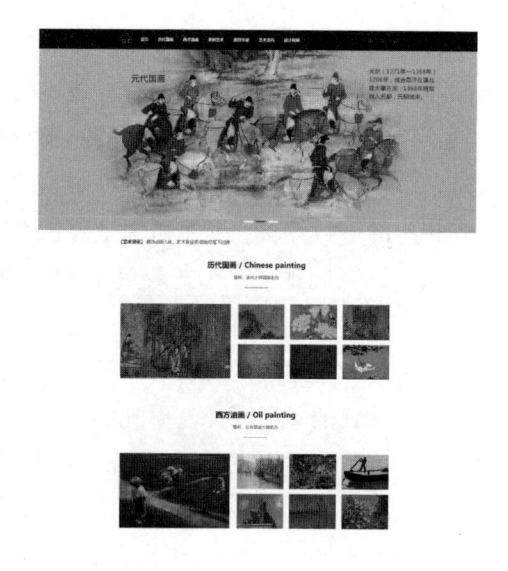

3. 利用大数据可以为不同类型的师生提供更加个性化的学习资源和指导

随着互联网技术的发展，云时代的到来，大数据也越来越受到人们的关注。麦肯锡全球研究所给大数据下了这样的定义：一种规模大到在获取、存储、管理、分析方面大大超出了传统数据库软件工具能力范围的数据集合，具有海量的数据规模、快速的数据流转、多样的数据类型和价值密度低四大特征。例如，Facebook（脸书）是世界上最大的社交媒体，早在 2016 年它就拥有 300PB 的储存量。常规情况下，25PB 足够装下这个世界上所有图书馆的打印文件。300PB 的存储系统能够收集并分析大量的个人信息，甚至追踪用户在一张图片前凝视或和好伙伴聊天所花的时间，包括用户在 Facebook 以外浏览的全部网站。[18] 由此可见，诸如 Facebook 这样的大型网站都具有超大的存储容量以及强大的数据分析功能。如今大数据的价值日益凸显，它将在未来的各行各业中发挥巨大的作用，一些大企业早已开始利用大数据来分析客户的需求，从而改进产品和提高服务。同样，大数据也可以很好地服务于教育。利用网络大数据分析，设计和开展具有个性化的高校美育已经成为可能。

许多大网站都拥有强大的大数据分析的有效机制，能够收集用户的使用历史记录，对已有信息、数据进行分析归类。比如抖音、哔哩哔哩等网络上非常出名的短视频网站，它们拥有庞大的用户群。这些网站的云计算还会根据观看者的观看习惯和兴趣为他们推荐他们可能感兴趣的视频。如果观看者对某个制作者过往的作品感兴趣,网站还可以提供该制作者个人作品集的超链接。另一方面,大数据还为制作者提供了宝贵的意见。制作者可以通过浏览观看者的喜好和评论、观看的数量等知晓关于自己作品的各种评价以及改进的方向。高校美育机构和教育者可以利用这样的大数据网站服务进行教学。大数据不仅使得高校学生审美艺术学习的资源更加丰富,而且可以针对每个学生的兴趣和需求提供更加有个性化的信息和指导。同样利用大数据的特征,教育者、研究者和网站联手有意识地设计和开发针对不同国民群体需求的美育资源和模式,应该也是未来高校美育发展的方向之一。

审美视界

微电影《过五关》

微电影《过五关》

三、"互联网+"视域中的审美体验

1. 交互媒体设计作品赏析

交互媒体设计是指以互动媒体为载体的设计,例如以万维网为载体的网页设计、网络游戏设计,以手机为载体的彩信设计、WAP 设计、手机游戏设计等。

网页设计是指使用标识语言,通过一系列设计建模和执行的过程将电子格式的信息通过互联网传输,最终以图形用户界面的形式被用户所浏览。网页设计的目的就是产生网站。简单的信息如文字、图片和表格,都可以通过使超文件标识语言、可扩展超文本

高校美育新论

标记语言等放置到网站页面上。而更复杂的信息如矢量图形、动画、视频、声频等多媒体档案则需要插件程序来运行，同样地它们亦需要标识语言移植在网站内。

荷兰弗兰斯·哈尔斯博物馆（Frans Hals Museum）网站页面截图

2. 数字影像艺术作品赏析

（1）数字动画《熊猫之梦》。该片由世界巨幕影院业开创者MAX公司、中国卧龙大熊猫保护区和上海电影制片厂联合摄制。该片讲述了一个发生在20世纪30年代中国的真实故事：美国时装设计师露丝·哈敢思为取亡夫骨灰来到中国，她被丈夫对熊猫的热爱所感动，决心深入人迹罕至的大熊猫故乡——四川岷山地区，找寻还不为人们所熟悉的大熊猫。在四川藏民的帮助下，她历尽艰辛，最终把一只活的大熊猫首次带到美国，让数百万美国人目睹了中国国宝的可爱，从而引起全世界对大熊猫这一濒危动物的了解和关注。

该片根据美国探险家哈敢思的自传改编，这是巨幕电影诞生32年来第一次以中国故事作为拍摄题材。由于该片采用比普通35毫米胶片大的70毫米15齿孔电影胶

电影《熊猫之梦》海报

254

片和高清晰度、高亮度的IMAX放映设备，使得中国观众感受到了从未有过的视觉冲击。观众目光所及之处全部被巨大的银幕所包围，不仅长江三峡的每一块石头，每一棵树都看得一清二楚，连熊猫身上的每一根毛发都纤毫毕见，让人有一种身临其境的现场感。

（2）微电影《巷口理发》。这是一部微电影，它讲述了一个理发店的变迁故事。剧中开头有一个情节，一个小女孩为了吃根冰棍而让邻居理发师伯伯把头发剪成了短发，她后悔不已。转眼小女孩长大，长成了亭亭玉立、漂亮时尚的大姑娘，这时邻居伯伯的理发店还在，一样的摆设，一样的习惯。姑娘照样到理发店理发，这次她要染发，染成新奇的颜色，伯伯坚决不给姑娘染，多少钱也不染。姑娘摔门而出，大伯陷入了深深的沉思。不久，他便关了自己的理发店，远走他乡。最后，我们看到了一个背影，守望着的理发师，不是某个人，不是某段时间，而是永恒——这个世界变化太快，来不及感受就老了。

（3）公益广告《自然之声》。影视广告是非常奏效而且覆盖面较广的广告传播方法之一。影视广告制作具有即时传达远距离信息的媒体特性——传播上的高精度化。影视广告能使观众自由地发挥对某种商品形象的想象，也能具体而准确地传达吸引顾客的意图。传播的信息容易成为人的共识并得到强化、环境暗示，接受频率高。因为这种形式各个年龄段的人都容易接受，影视广告成为覆盖面最广的大众传播媒体。善待动物组织（PETA）制作的敬畏生命公益广告《自然之声》，用一分钟的时间，以唯美的动画，为我们哼唱了一首生命之歌。

3. 虚拟现实设计作品赏析

虚拟现实设计是指数字博物馆、数字商城这样的虚拟空间设计。

虚拟现实技术是一个既可以最大限度地还原真实，又可以充满想象地虚拟未来的一项专业技术。这项技术的特点在于计算机产生一种人为虚拟的环境，虚拟的环境是通过计算机图形构成的三维数字模型，并编制到计算机中去生成一个以视觉感受为主，也包括听觉、触觉的综合可感知的人工环境，从而使得在视觉上产生一种沉浸于这个环境的

高校美育新论

感觉，可以直接观察、操作、触摸、检测周围环境及事物的内在变化，并能与之发生交互作用，使人和计算机很好地融为一体，给人一种身临其境的感觉。

审美视界

VR 技术下的 3D 数字博物馆

VR 技术下的 3D 数字博物馆突破了空间和时间，能在任何时间、任何地点通过互联网、移动通信网、数字广播电视网等终端浏览参观、再现、模拟和拓展不同时空环境下的实体博物馆。VR 技术实现了实体博物馆数字资源（包括文字、图像、声音等）的创意加工和整合，能提供更丰富多彩的知识信息和展示形式。数字博物馆能让观众随心所欲、自由参观展览、欣赏藏品和浏览咨询，实现博物馆、专家和参观者三者间平等地沟通交流，有效共建共享文博资源，使博物馆的社会效益最大化。

中国国家博物馆数字展厅

行动课程：

扫描二维码，浏览"中国国家博物馆数字展厅"，选择一个特展，仔细参观，介绍特色藏品及观后感。

4. 新媒体艺术作品赏析

新媒体艺术对应传统美术、雕塑，是以数字技术为手段和材料的纯艺术形式。

(1)《有机拱门Ⅱ》(奇科·麦克默蒂)。该作品是一个特定地点的装置,包括一系列不同大小的充气拱门,它们每天会进行数次有机变形。拱门被悬挂在顶上并不与地面接触,这些手工成型的近乎无重力的拱门悬浮和栖居在空间之内。它们透明的皮肤是特别设计的具有内存记忆的高性能拉力织物,在吸收日光的同时提供它们内部工作情况的景象。

《有机拱门Ⅱ》

(2)《永生》(莉薇特丽·科恩、图尔·凡·巴伦)。该作品是由一系列生命维持机器相互连接,构成液体与气体的循环以模仿生命结构。试管与电线网络编织于一个由心肺机、透析机、婴儿培养箱、机械呼吸机和血液回收机组成的封闭回路中。这些脏器替代机运行于一个编排过的循环中,通过循环电脉冲、氧气和人造血液维持彼此运转。当液体以一种沉思式的频率在房间内波动的时候,机械的呼吸声与发动机的缓慢嗡嗡声以一种舒缓又令人不安的声场于身体内产生了共鸣。

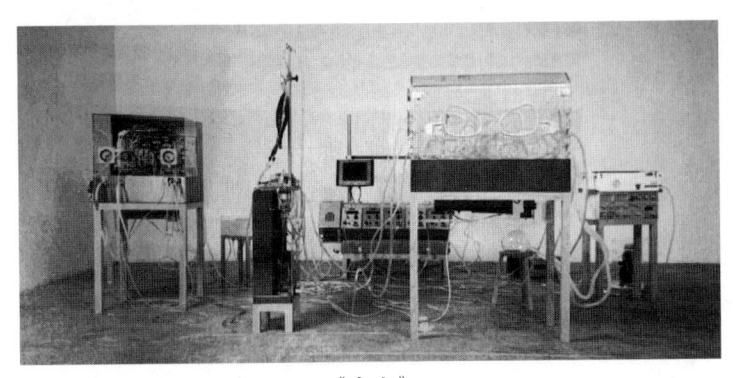

《永生》

（3）《低语的研究》（克里斯托弗·贝克）。该作品以瀑布的样式将打印纸由高到低呈现，是探讨诸如推特、脸书等新兴的微通信技术的装置作品。在欣赏这件艺术作品时，受众首先可能联想到将打印纸和数字打印机联系起来，而数字打印机意味着当前是数字信息时代。再反复品味，由上到下的打印纸象征着数字化的工作流程。当受众在观看这幕墙时，整个身体和眼睛被打印纸覆盖，意味着我们被数字化的时代所包围，数字化已经遮蔽了我们的视线。有些人可能会将这些信息描述成一种数字化的闲聊。但不同于面对面的交谈，这些短暂的想法被企业、政府和研究机构积累存档为数字索引。虽然这些档案的长期影响还有待观察，但是可公开访问的、个人的，并且常常是情感表达的绝对数量的信息应该使我们有所顾虑。这个装置是由热敏收据打印机构成的，它持续监控推特上的包含各种常见情感词语的信息。

《低语的研究》

思考与讨论：

1.与传统美育相比，借助互联网技术的美育有什么优势？你是否喜欢这种美育形式？
2.什么是数字媒体艺术？你认为数字媒体艺术有什么审美特征？
3.阅读《大数据时代》一书或找一则自己喜欢的数字媒体艺术作品，并写一则三百字左右的作品赏析。

阅读书目和电影推荐：

1.曹增节.网络美学[M].杭州：中国美术学院出版社，2005.
2.蒋勋.美的曙光[M].桂林：广西师范大学出版社，2011.
3.微电影：《邻居的窗》（第92届奥斯卡最佳真人短片）。

4.微电影:《三分钟》(陈可辛导演)。

参考文献

[1]王爱华,等.多维视野下的红色文化[M].成都:西南交通大学出版社,2011:179.

[2]马克思恩格斯文集(第1卷)[M].北京:人民出版社,2009:163.

[3][德]席勒.美育书简[M].徐恒醇,译.北京:中国文联出版公司,1984:39.

[4]马克思恩格斯文集(第1卷)[M].北京:人民出版社,2009:211.

[5]李德顺.价值论——一种主体性研究[M].北京:中国人民大学出版社,1987:175.

[6][瑞典]斯文·赫定.丝绸之路[M].江红,李佩娟,译.乌鲁木齐:新疆人民出版社,2010:225.

[7]共建"二十一世纪海上丝绸之路"(习近平讲故事)[N].人民日报(海外版),2017-05-11(5).

[8]高峰.从古丝绸之路到"一带一路"建设[J].北方经济,2015(4):33.

[9]王义桅:《习近平出席达沃斯论坛展现中国领导力与担当》.

[10]曾繁仁.美育十五讲[M].北京:北京大学出版社,2012:15-16.

[11][德]席勒.美育书简[M].北京:中国文联出版公司,1984:130-131.

[12]习近平.在深入推动长江经济带发展座谈会上的讲话[M].北京:人民出版社,2018:10.

[13]刘耳.自然的价值与价值的本质[J].自然辩证法研究,1999(2):43-47.

[14]曾繁仁,谭好哲.生态美学的理论构建[M].北京:人民出版社,2016:339.

[15]朱光潜.谈美[M].上海:华东师范大学出版社,2012:12.

[16]王维.人·自然·可持续发展[M].北京:首都师范大学出版社,1989:6.

[17][美]霍尔姆斯·罗尔斯顿.环境伦理学[M].杨通进,译.北京:中国社会科学出版社,2000:328.

[18]保罗·邓肯,唐俊侃.大数据时代下的美术教育[J].美育学刊,2016,7(1):55-61.

第九章

美育实践课程指南

引子：王国维《美育》

德育与智育之必要，人人知之，至于美育有不得不一言者。盖人心之动，无不束缚于一己之利害；独美之为物，使人忘一己之利害而入高尚纯洁之域，此最纯粹之快乐也。孔子言志，独与曾点；又谓"兴于诗"，"成于乐"。希腊古代之以音乐为普通学之一科，及近世希痕林、希尔列尔等之重美育学，实非偶然也。要之，美育者一面使人之感情发达，以达完美之域；一面又为德育与智育之手段，此又教育者所不可不留意也。

然人心之知情意三者，非各自独立，而互相交错者。如人为一事时，知其当为者"知"也，欲为之者"意"也，而当其为之前(后)又有苦乐之"情"伴之：此三者不可分离而论之也。故教育之时，亦不能加以区别。有一科而兼德育智育者，有一科而兼美育德育者，又有一科而兼此三者。三者并行而得渐达真善美之理想，又加以身体之训练，斯得为完全之人物，而教育之能事单矣。

（王国维.王国维文集[M].北京：中国文史出版社，2007.）

"一种精神，只有深植于文化的沃土，体现为对生命意义的理解和追求，才能真正地开枝散叶"[1]，中国特色社会主义道路是实现"中国梦"的唯一路径。高等教育正是在崇高社会责任和理性精神守望的充分互动中演绎着责任、情怀和文化的传递，实现着文脉传承，使学生在获取知识的同时，及时得到人格的滋养与涵育。作为理论学习的检验和补充，大学生美育实践要贯彻"五育并举"的素质教育思想，对接"质量革命"时代高素质人才培养目标，搭建专业化组织管理平台，整合校内外协同育人资源，引导教育工作尊重主体，关注个体心灵成长和全面发展，通过拓宽文化背景，提升文化追求，激发大学生为构建人类命运共同体而主动学习和完善自我。

第一节　美育实践课程目标

2018年9月10日，全国教育大会在北京召开，习近平总书记出席会议并发表重要讲话，强调"要全面加强和改进学校美育，坚持以美育人、以文化人，提高学生审美和人文素养"。文化为国家和民族的发展提供了基本价值标准和社会管理规范。大学通过文化教化，促进师生的社会化、个性化及文明化，实现为社会输送优秀人才的目的，这就赋予了高等教育的文化主体地位。新时代呼唤大思想家、大科学家、大艺术家，需要培养大批杰出拔尖人才和国际一流人才，这对高等教育提出了新要求。[2] 2018年，教育部召开的新时代全国高等学校本科教育工作会议，奏响了全面振兴本科教育的时代强音。2019年，教育部正式实施"六卓越一拔尖"计划2.0，将原先单个计划变成系列计划组合，由"单兵作战"转向"集体发力"。这是新时代中国高等教育的一次"质量革命"，标志着高等教育改革发展走向成型、成熟，探索高校人才培养的中国模式、中国方案和中国标准，为中华民族伟大复兴培养更多有理想、有本领、有担当的卓越拔尖人才。2018—2022年教育部高等学校文化素质教育指导委员会成立大会上提出：围绕落实立德树人根本任务，推动文化素质教育与思想政治教育紧密结合，提高大学生的政治认同、家国情怀、文化素养、道德修养，促进人的全面发展，引领带动人才培养质量的全面提高。美育作为大学生文化素质教育的重要组成部分，是大学文化育人和课程育人的重要内容，必然体现到活动育人和实践育人的过程之中。

推进新时代高校美育工作是培养杰出人才的必然要求。以美育人要积极顺应新时代大学文化育人理念和"质量革命"新要求，把科学和艺术有机结合起来，形成高度的美育自觉，在倡导原典为主体的核心课程教学中，理清思想文化脉络，深入解读东西方文学、史学、哲学、艺术、宗教等领域的原创性论著，形成纲目、主次，鲜明立场、导向，构建美育义理系统。大学美育应当正确处理传统文化与现代文化、民族文化与外来文化的关系，积极把握社会主义核心价值观与马克思主义的关系，从人的发展与社会发展的规律出发，发挥文化对大学生价值观教育的革命性引导作用。为此，高校要完善美育工作组织管理机构、课程建设规划、教学管理制度，形成以核心课程为主导、与专业教育相配套融合的课程体系，创造理论教学与实践体验互动互补的完整教学生态，以点带面地构建体现文理相互促进、中外相互融合、具有校本特色和时代特点的全过程、全方位、全时空、全覆盖美育工作体系。这一过程中，尤其要紧扣"铸魂育人"目标，追本溯源，弘扬传统，通过设置基于中华文化传承视角、体现中国特色的教学环节，有针对性地消弭应试教育在大学生能力培养、思维拓展方面的弊端，防止高等教育专业细化带来的学科屏障以及单一知识结构导致的发展障碍，在强化思想引领的过程中系统地为大学生提供知识辅导和能力训练。

　　世界上没有什么学问比现实生活本身来得更为生动和深刻，日常生活的衣食住行都与审美发生着密切的关联。基于现实生活的美育教学能以丰富的直观性使大学生的心灵在感受形式、领悟意义和体察价值的过程中，潜移默化地沟通情感与理性，最终融入自身的意志抉择和动机取舍。随着实践育人理念的深入推进，美育要把理论教学与大学生社会体验紧密结合起来，按照大学生成长过程设计实践环节，使他们在社会现实生活中了解社会、认识国情、增长才干、锻炼意志、收获真知、丰富人生，培育热爱祖国和人民的道德情感立场，在感知美、体验美、创造美的实践中不断提高社会责任感和服务社会的能力。当前，新时代高等教育"质量革命"要求大学美育不断改革教育教学平台，突破传统灌输教化方式，在互动课堂基础上实施选学导修、专题讨论、课题研究等教学形式，培养学生的欣赏表达、思辨探索、团队协作及创作创新等能力，同时也要突破时空，充分运用现代化信息技术手段，探索构建网络化、数字化、智能化、线上线下相结合的教学模式，积极打造大数据信息化教学平台，建设基地化实践教育项目，制订科学合理的考核评价机制，探索建立理论教学与实践体验互动、校园文化活动与网络平台教育互补的协同育人模式，进而有效启迪大学生心智，深度激发他们的创新思维，在文化传承、融合及创新的广阔舞台中探求知行合一的育人路径。伴随着高校实践育人改革的推进，大学生美育实践尤其要通过社会实践和志愿服务，组织大学生深入社会开展文化传播和交流活动，使其在实践过程中凭借自身良好的文化素养和知识技能实现个人价值，不断地把服务社会的人生追求与实现个人价值的人生目标有机结合起来。从这个意义上来说，实践是大学美育实施成效的最佳检验方式。

第二节　美育主题实践指南

美育塑造美好心灵，造就时代新人，是最重要、最基础的人生观教育。美是在实践中养成的，实践过程中感知和体悟的美更接近美的本质。大学美育要围绕大学生成长发展的需要，坚持科学素养和艺术情怀相结合，引导学生走近艺术、感受经典、陶冶情操、提高修养，在促进他们社会化进程实现中彰显积极成效。大学是一个充满生机和活力、求真求美的殿堂，人人都在追求全面发展的目标中不断完善和提升自我，创造着属于自己和他人的美好和幸福。面对开放活跃的大学育人环境，大学生美育可以依托丰富多彩的校园文化活动和社会体验服务不断拓展组织形式，创新实践模式。

一、艺术社团活动实践

作为校内美育实践活动的最基础性形式，各类艺术类社团的体验和熏陶对于培育大学生审美素养，提高艺术鉴赏和实践能力具有特殊积极意义。高校学生社团是大学生以共同的理想、积极的兴趣为动机，为了实现自身的成长发展需要而自由结合的群众性团体，其活动是大学生认识社会、改造社会、探索人生及提升心智的重要实践。作为大学校园文化的重要载体，社团活动突破课堂教学限制，拓展学生成长空间，内容广泛丰富，方式新颖多样，对于丰富第二课堂、活跃学术氛围、培养大学生个性和特长，提高创新意识和创造能力有着极其重要的意义。同时，艺术类社团组织汇聚了诸多无形的教育资源，使学校教育实现与社会生活的无缝衔接，在活动中推动学生服务社会，引导学生适应社会，促进学生全面成才。

2020年1月，中共教育部党组、共青团中央联合印发《高校学生社团建设管理办法》，明确高校学生社团要"坚持思想性、知识性、艺术性、多样性相统一的原则，积极开展方向正确、健康向上、格调高雅、形式多样的社团活动"。大学生社团文化建设要高举中国特色社会主义文化大旗，立足"人的培养"和"社团发展"的共赢，不断加强规范管理，完善导师队伍，加大分类扶植力度，同时要注重内涵建设，在提升社团活动的层次和品位上下功夫，努力寻找社团文化发展凝聚点。大学生可以在学有余力的情况下，适度参与有关艺术类社团活动，领略大学生艺术展演、高雅艺术进校园等品牌项目的风采，在团队学习与交流中增强审美能力，掌握一些符合自身身心发展需求的艺术技能，积极参与校园文化创新，陶冶美好性情，丰富大学生活，真正学会体验美、感受美、创造美。

二、文艺志愿服务实践

当下我国社会，志愿服务是学雷锋活动的重要载体，也是对雷锋精神的时代诠释，其中的精神元素是建设社会主义核心价值观体系的宝贵资源。青年志愿服务事业有利于中国青年把"追求成长进步的个人理想"与"通过自己的努力让更多的人生活得更好的社会理想"生动结合起来，最终统一在实现中华民族伟大复兴"中国梦"的共同理想之中。以志愿服务文化打造和完善高校实践文化内核，不仅对大学生社会化成长有积极意义，也为新形势下高校社会服务、文化创新等职能的有效履行创设了路径。在志愿服务中，大学生与服务对象的审美观念相互传播、相互影响，彼此在对新知识的学习中不断修正、调整着对美的认识。

2013年2月6日，中国文联文艺志愿服务中心在京揭牌，作为中编办批准设立的正局级事业单位，该中心的主要职责是规划和组织"送欢乐、下基层"文化惠民活动和展览展示、专业培训、辅导讲座、文艺支教等各类文艺志愿服务活动，联络、协调中国文联各团体会员的文艺志愿服务机构和文艺志愿者，开展文艺志愿者招募注册、培训管理和表彰激励等工作。该组织通过逐步建立覆盖广泛、上下联动、规范有序的文艺志愿服务网络（协会），团结动员广大文艺工作者热心公益事业、以社会志愿服务的方式投身公共文化建设。该组织于当年3月首批招募的志愿者就以青年为主体力量。我们可以预见，青年志愿服务组织将以符合人民群众需要、符合当代青年特点、符合时代发展潮流等诸多特性，而呈现出旺盛的生命力和广阔的发展前景，成为我国社会主义市场经济条件下一项生机勃勃的闪烁着人性光芒的伟大事业。大学生可以结合专业所学和兴趣爱好，力所能及地参与各级各类文艺志愿服务组织和项目，在服务社区、农村、中小学等对象及其群体的过程中，不断提升自身的审美素养和艺术技能，用源于内心的美善意识和各种美的表现形式感染并服务他人，用坚定的奉献意志和无私的爱的善举助力社会文明进步。

三、优秀文化传承实践

文化作为民族的血脉，具有承前启后、贯通古今的使命。没有灿烂的传统文化，也就没有繁荣的现代文化,传统文化是现代文化的不竭源泉。中华美育传统源远流长,其美育精髓体现在两个维度:一方面,美育和审美活动可以提高人的精神气度和胸襟格局;另一方面,遵循美育规律,提倡人的发展应保持自由活泼的生命底色。[3]中国舞蹈家协会主席冯双白提出,"中华美育精神充满了实践性,也非常具体,靠具体的实践在具体的行为过程中把美慢慢地、悄悄地、润物无声地化在身上,达到美育的养成"。中华美育精神本身就体现为一种实践性行为,指向人生的改造、人生的完善。因此,大学美育应该始终坚持"以史育人、以史鉴人、以史励人",使当代大学生能够从中外传统文化中广泛吸取营养,独立、批判地进行文化的选择、传承和创新。大学生通过对历史传统、民族文化课程知识的涉猎和研习,在深度思辨中明晰文化追求,提升自身文化素养。中华美育精神在实践层面张扬了中华美学的核心理念,同时也是中华文化精神在人的发展层面的一种实践性体现。

当然,传统也只有与现代结合才具有强大生命力,现代文化是传统文化的自然延续和创新发展。高校肩负弘扬和创新主流文化,进而提升大学生社会责任感和历史使命感的重任,美育教学要立足传统与现代的兼容并蓄,紧密结合社会发展潮流,积极推进新时代主流精神的构建与传播。美育实践只有与社会现实紧密契合,把握时代脉搏,紧跟发展趋势,才能做到"保持底蕴有内涵、追随主流不过时",不断满足社会和大学生自身发展需要。大学生可以利用业余时间深入各类历史文化遗址、纪念馆、博物馆、艺术馆及各地中华优秀传统文化传承基地,通过专题研究、经典赏析、志愿服务、名著演绎等形式触摸中华文化脉络,参与优秀传统文化和艺术作品的宣传和保护活动,在传承和传播民族璀璨文化成果的过程中了解中华文化变迁,汲取民族艺术的精髓,以中国精神为创作灵魂,以中华美学精神为审美理想,将爱国主义注入生命,对生活充满热情,对人民充满温情,对国家充满深情,对创作充满激情,呈现中华文化艺术的独特风格和独到价值,用学术的笔墨形成对民族文化艺术的美学解读和场景再现。

四、中外文化交流实践

"中国梦"是民族梦,实现"中国梦"必须"坚持中国道路、弘扬中国精神、凝聚中国力量"。只有让大学生正确认识中华民族的历史和未来,普遍认同民族精神和时代精神,深刻理解"文化之根",才能在其心灵深处树立强大的理想信念和道德支撑,避免价值迷失及冲突。作为中华民族在千百年繁衍生息中形成的最为稳定的理论化、系统化智慧成果，中华美学体现了共同的民族意识和民族心理、共通的思维方式和价值取向，是当代大学生核心价值观教育的宝贵资源，尤其是其中爱国爱民、天下为公、仁者爱人、舍生取义、自强不息等文化精髓，对大学生的人格塑造、精神构建、能力提升大有裨益。新时代大学美育应立足创造具有鲜明时代精神、富有中国气度的先进文化，在开启大学生心智，提升大学生道德认知水平的实践中奋力前行。海纳百川和求同存异的文化品性使中华文化传承延续，始终具有强大生命力和感召力。

尽管中华文明在世界文明中占有独特地位，但世界文化是由众多国家和民族的不同文化所构成的，在审美解读和鉴赏的过程中，深刻传达的是事物本身所具有的精神性和生命力，这种超越有限规则的、规范的审美品位不因国家、民族的差异而不同。处于信息开放时代，我们不能独尊中华文明，而要走"中西并举"之道，美育不仅不能排斥或轻视西方文明，还要坚持"洋为中用"，以开放的视野和包容的气度，大胆汲取世界各国的文明成果，借鉴其中相同的美之神韵，这也是大学生全面、客观、深刻地理解人类文明与进步的需要。大学生可以借助大学开放合作的国际化氛围开阔国际视野，与来自世界各国的友人开展文化对话，了解世界文明发展历程和不同文化的形成原因，通过学术会议、专题报告等形式研读世界优秀文史经典，积极参与共建"一带一路"教育行动和中外人文交流项目，不断加强彼此思想的交流与交融，学会尊重并欣赏其他文化和异质文明，为自身文化认知提供全新视角。

五、专业艺术技能实践

大学美育旨在培养学生的审美趣味以及审美能力，提高学生对于艺术作品的鉴赏力，在学习过程中接受艺术作品的熏陶，开发智力，增强学生的人文素质，使之具有一定的专业化表现水准。改进美育教学，重点在于提高学生的审美和人文素养。在全面提升人才培养质量的今天，高校应立足大学生素质教育，努力构建公共艺术教育理论教学与实践体验的互动体系，建设高水平大学生艺术团，组织学生参与各级各类竞赛，文艺体育活动形式丰富多彩，通过引导学生全面了解体艺领域优秀民族传统和国外优秀成果，既增强爱国主义精神，掌握和感悟文艺活动的审美趣味、价值观念和道德规范，也在情感愉悦中不断提高感受美、鉴赏美、创造美的能力，发展健康、和谐的创造思维情绪，努力培养符合现代社会发展要求、德智体美劳全面发展、具备优良人文素养、审美情趣和道德情操的高素质优秀人才。

审美素养要在理解和体验优秀作品中树立正确的价值观念，不但增强大学生关于人文、艺术和伦理层面的品格涵养，更重要的是在相关专业理论学习基础上提升他们对艺术表现的批判性理解力，全方位提高"感受美、鉴赏美、创造美"的能力，最终进入一种崇高的精神境界。大学生可以通过学习各种艺术理论，感知音乐意境，赏鉴书法诗词，熟悉艺术作品创作过程，掌握一定专业性的艺术创作方法和演绎技能，在艺术实践活动中创作弘扬主旋律，具有大学生特点、中华文化特色、新时代气息和积极能量的文化艺术作品。

六、网络文化创作实践

2019年11月，中共中央、国务院印发的《新时代爱国主义教育实施纲要》指出，要"创新爱国主义教育的形式，丰富和优化课程资源，支持和鼓励多种形式开发微课、微视频等教育资源和在线课程，开发体现爱国主义教育要求的音乐、美术、书法、舞蹈、戏剧作品等，进一步增强吸引力感染力"，以网络新媒体为载体的美育工作已经走进大学铸魂育人全过程。互联网作为大学生互动交流、学习新知、展现实践成果的重要平台，提供了美育的新环境和新技术，是大学生美育实践的重要工具和载体。网络给大学生美育带来了丰富的全球性、多元性、开放性、交互性学习资源和文艺形态，创新了认识美的思维和表达美的话语，推动美育成为一个全感官发动、全身心投入的沉浸式体验活动。

方兴未艾的互联网技术构造了"万物相通"的世界，促进了传统美育场域向网络美育场域的转变与融合，突破传统美育的空间隔阂、技术限制和观念束缚，尽展美的无限性和超越性，引发了美育生态的重构，促进美育更好地为人类面临的普遍情感冲突和心灵危机提供最佳方案。可以说，网络美育充分正视了生活方式与审美实践的多元化，较之传统美育更符合以人为本的现代性文化精神。大学生可以结合自身网络文化技能积极主动地阐释自身对美的认知和感悟，创作各种体现美善和谐主题的网络文化艺术作品，致力于传承优秀文化经典、讴歌崇高道德风尚、展现人民美好生活、引领健康生活情趣、服务社会公益事业，最终站上体悟与思考人类命运共同体的高地，使美的传承、传播和创造更具实效性、更显大众化、更有感染力、更富时代感。

总体而言，大学美育对塑造美好心灵具有重要作用，关乎培育时代新人，关乎祖国和社会未来。我国大学生美育实践要把中华优秀传统文化教育作为美育培根铸魂的基础，弘扬中华美育精神，在传统文化艺术的提炼、转化、融合上下功夫，推动中华优秀传统文化的创造性转化和创新性发展。同时，美育实践教学更要植入新时代社会发展特质和内涵，创新载体与形式，引领大学生树立与时代发展、社会进步相适应的主流价值观，不断强化美育服务社会的意识，提升审美素养服务社会的能力，主动融入国家发展战略，服务经济社会发展。

第三节　美育实践组织形式

美育培养和陶冶学生"敏锐的审美耳目、充沛的审美情感和健康的审美灵魂"[4]，是一种特殊的教育方法，是一种化育、一种感化，是潜移默化的感染。它能春风化雨般地感染人的性情，让人不由自主地被吸引，产生动情的愉悦，而不是强制的灌输。为此，大学生美育实践可以结合高校教育资源和教学实际，因时因地开展不同形式的体验和交流活动。下面，介绍美育实践的常见组织形式。

一、经典演绎

美育具有感性认知的性质，需要通过直接演绎的形式给人以感官的浸染和熏陶。民族经典是美育实践教学的宝库，血脉相传的民族精神和民族文化既属于知识学问范畴，更属于道德价值范畴，是维系大学生民族认同的根本依托。中国传统美育不仅传授艺术形式带来的审美情感，而且蕴含深厚浓郁的家国情怀、社会理性与道德精神，需要立足发展变化的社会现实，在生动的实践体验中加以深刻理解和感知。

高校可以结合校园仪式文化教育延伸课堂教学，在特定时间、特定场所组织主题人文经典诵读活动，不仅能够加深大学生对民族文化经典的理解，加强身份认同，深化世代情感，牢固地培育起大学生对民族历史的温情、敬意和自信，熏陶他们的人文情怀和高尚人格，也能够通过情景模拟和研习式演绎营造弘扬民族文化的积极环境和氛围，丰富和拓展文化经典的时代内涵，为民族文化融入现代社会、走向世界、融入全球创造条件。经典演绎活动可以依托班团组织、学生社团，分层分类融入校园文化活动，以展演、大赛等形式形成常态化的组织模式，也可以聘请专业指导老师，组建高水平演出团队，走向社会，服务基层，一方面利用大学生业余时间和学识优势使传统经典引领社会文化，更重要的是，让象牙塔中的新时代大学生在社会大潮中深刻理解文化之美的根基和源泉。

二、团队研究

在开放型社会中，团体对个人的成长与发展有着至关重要的影响。个体可以借助团队成员之间的互动交流而获得自我发展的动力，团队成员在共同学习、相互督促、坦诚沟通、积极竞争中发展充满信任的人际关系。团队研究是大学育人的重要组织形式，也是知识深度拓展和思想有效创新的基础。对美育方面问题的探究是大学生从文化自觉走向文化自信与自强的重要一步，通过团队协作审视民族美育传统，汲取国外优秀美育资源精华，可以积蓄起复兴和创新中华美育文化的磅礴力量。

高校可以以人文精神、文化素质教育有关课题和项目为依托，指导学生组建结构合理的课题组开展团队研究，充分激发大学生对美育相关知识的学习兴趣，深度锤炼他们的学术化探究思维，促进他们有的放矢地思考自然与人文、科学与艺术的内在关系，形成主题性、创新性研究成果，定期向校内外发布和呈现。这个过程不仅能够培养大学生调查研究、文献查阅、文案策划等基本研究能力，在求美向善的价值鉴赏和追求中潜移默化地提升同舟共济、创新探索、携手共进的协作精神，营造和谐浓厚的校园学术文化氛围，也能够在思想交锋与碰撞中增进当代大学生对文化、艺术相关领域问题的深刻认知和反思，开阔思考美育话题的历史视野和理论胸襟。

三、基地研习

人的审美意识基于社会生活，从知晓美、理解美到诠释美、创造美，需要从哲学美学走向现实的生活美学和具体的艺术美学，这就决定了审美能力的提升不仅局限于课堂理论和校园文化熏陶，更多地要走向社会、面向生活，在基层深厚的美学土壤中汲取营养。公共场所、城市风貌、人际关系、生活方式都承担着美育的功能，审美素养的修炼要落实到社会生活的各个层面。

政府有关部门对国家和民族文化艺术事业发展进行宏观规划和管理，拥有丰富的美育文献储备和政策权威，是了解和把握美育发展走势的前沿阵地。各种社会文化机构历经传统文化的洗礼，积蓄了民族文化艺术的精华，参与当代社会文化艺术的实践和创新，是全社会美育工作资源的宝贵基地。高校可以依托自身人文社会科学专业与学科优势，与政府有关部门和社会文化机构建立密切的合作关系，聘请有关资深专家和学者担任导师，在美育领域相关问题的科学研究和人才培养中展开深度合作，搭建起开放的美育工作基地，明确研究目标和方向，让大学生参与深入理论研究和技能学习，发展和创造新时代文化和艺术,为他们增长美学知识、提高审美素养、成为相关问题研究的行家里手提供集成式资源,创造专业化成长条件。

四、互动讨论

实践反复证明:传统硬性填鸭式教学容易造成大学生学习被动、怠惰,削减思考能动性和思维创造性。互动讨论既是各种实践教学的交流与总结的常见方式,也是高校美育课堂理论教学方式改革的必然要求。美的体验是认知的一种途径,是生活的重要内容,是思维的一种方式。音乐、美术、书法、戏剧、戏曲、舞蹈、影视等各种艺术形式中富含的美育精神充满了实践性,不是书斋里的空谈,也不是爬梳故纸堆的文字游戏。对美之内涵的深刻理解,需要靠自主探究意识做支撑,以实践感悟交流来形成思想共鸣和行动号令。

美育实践教学要在学术理性的基础上,有效落实主体性教育理念,尊重并激发大学生思维的选择性、能动性和创造性,帮助他们既学会倾听别人的意见,又形成高级批判性思维。高校可以推行"大班授课、小班讨论""线下实践、线上讨论"等模式,开展专题研究、案例分析及情景模拟等多元化交流研讨,强化理论教学与实践体验的深度统一,有的放矢地激发学生阐发基层文化艺术工作调研心得、展示社会文艺实践服务成果,在教学互动中发现问题、分析问题、解决问题,推动教学从单向知识传授向师生互动、自主学习研究转变,把美之理论学习内化为自身审美素养和发现美、创造美的能力。

马克思主义美育观让人类的审美活动超越了艺术活动或精神活动领域而涵盖人类的一切活动,并且发现了遵循美的规律是人类在改造客观世界和主观世界活动时的重要原则。美育本质上是一种情感教育,一种生命塑造,其内涵是尊重和珍惜生命,发掘生命的社会意义,并将真、善融入美的形式,使单纯的审美臻入大美之境。正是美育,让生命之花绽放得坚定、优雅而且绚烂。费孝通先生曾说:"各美其美,美人之美;美美与共,天下大同。"大学美育实践是对课堂教学的延伸和拓展,是美育实现以美育人、以美化人功能的必经环节。对经典文学的赏析、对美术作品的创新、对音乐技艺的演绎、与民族文化的对话,无不推动着大学生修炼悟美和谐的高尚心灵,追求纯真善美的美好生活,在人类命运共同体的理念感召下构筑热爱生命、美美与共、坦诚开放的人生格局和思想境界。

思考与讨论：

1.大学生美育实践的指导思想是什么？结合所在学校及地方资源实际，谈谈如何组织开展大学生美育实践活动。

2.利用双休日或节假日组织参与一次美育主题社会实践活动，开展一场互动讨论，交流思想感悟。

附：

互动讨论参考提纲

（一）研讨组织（时长：2课时）

1.在任课教师或相关专家的指导下，合理确定研讨主题。学生提前一周就研讨主题进行思考准备，梳理参与相关事件的收获，撰写发言提纲，可做图文展示。

2.研讨组织主要过程

（1）小组分散讨论：全班学生分成若干组互动讨论（一般5~8人一组为宜），选出小组发言代表。非发言代表的学生，在无领导小组讨论结束后，进行反思性学习，围绕讨论主题，就自己的观点撰写至少500字的思考材料。

（2）全班集中讨论：各小组发言代表在自身实践报告基础上，汇总和吸收小组讨论的精辟观点和实践片段，在集中研讨课上做主题发言。（15分钟左右/人）

（3）邀请若干名往届高年级学生（学长研讨指导）在集中研讨课上做主题发言。（15分钟左右/人）

（4）主讲教师或相关专家围绕研讨主题做总结点评。（15分钟左右）

（二）课后延伸性活动

在小组成员交流基础上，共享美育实践资源，探索编制长效性实践项目计划，提升资源的教育引导功能，有条件的可以建立校地合作研习基地，为更多大学生参与美育实践活动创造条件。

参考文献

[1]祝和军.古希腊的思辨传统与科学精神（下）[N].光明日报，2012-07-11（12）.

[2][3]朱哲，任惠宇.新时代高校美育工作的瓶颈及其破解[J].人民论坛，2019（21）：102-103.

[4]吴为山.以美育提升人文素养筑牢文化自信[N].光明日报，2019-02-01（11）.

附录

高校美育纵览

第一节　百年传灯　照亮未来——北京大学的美育理想与现代实践

一、蔡元培的精神遗产：一条通向超越的"美"之路

1917年1月的一天，在位于现在沙滩后街55号院的北京大学老校区，一辆马车顶着风雪驶入校门。稍停，车上走下来一位黑衣礼帽的中年男子，他就是新任校长蔡元培。令人惊讶的是，这位新校长甫一下车，便摘下帽子，对寒风中迎候他到来的校工们深鞠一躬。

有人说，这颇具西方绅士风度的一个鞠躬，拉开了"新北大"的帷幕——一种崇尚思想自由、兼容并包的现代学术追求，被这位49岁的长者带入燕园，又从这里走向整个中国。

同样在这里孕育发芽并如星星之火燃遍全国的，是蔡元培的美育理想。曾在德国、法国留学多年的他，深切认识到审美精神对于国民性格塑造的作用。1917年4月，蔡元培发表了著名的《以美育代宗教》的演说。在他之后制订的一整套教育改革方案中，艺术、艺术教育及美育占据了基础性位置。在他看来，"美育为近代教育之骨。美育之实施，直以艺术为教育，培养美的创造及鉴赏知识，而普及于社会。"这里的美育的目标人群，并不局限于艺术专业人才，而是着眼于以艺术为业余爱好、兴趣或素养的所有普

通专业人才。

在他的大力推动下，一系列对中国现代美术发展影响深远的事件登上北大的舞台：1917年7月，北京大学画法研究会（以下简称"画法研究会"）成立，陈师曾、贺履之、汤定之、胡佩衡等都是初创时期的导师。次年初，23岁的徐悲鸿因时局动荡无法完成赴法的行程，滞留北京，也被求贤若渴的蔡元培请到北大，成为外国画部的导师。这个名师云集的美术社团组织，在推动中国美术教育从传统向现代转化的道路上影响深远。后来的美术大家李苦禅，就是在这里遇到徐悲鸿，并得到了艺术的入门教育。

依旧是这些老师，依旧是在蔡元培的倡导下，一年后共同成立了国立北京美术学校——而今中央美术学院的前身。

1918年，北大的国文门、英国文学门和哲学门都开设了"美学"和"美学史"。由于聘不到合适人选，蔡元培于1921年10月亲自讲授"美学"这门课，同时开始编著《美学通论》一书。这是他在北大期间讲授的唯一课程，也是中国大学最早的美学课。现代意义上的中国美学学科建设由此启动，此举也开启了中国大学规范的美学教学与理论研究之先河。

这些举措为北大带来新气象，也开创了北大以及整个现代中国艺术专业教育、美育和艺术学科发展的新纪元。在他之后，邓以蛰、朱光潜、宗白华、叶朗等人，都先后担负起建构中国现代美学大厦的重任，在这一领域深耕细作，为后人留下了丰富深厚的精神遗产。而由蔡元培开创的、以艺术教育及美育为培育各类领袖型人才的根本途径，也成为北大以及全国其他综合性大学的一份宝贵传统。

作为当时中国最高学府的领军人，蔡元培把"纯粹的美育"作为其教育理念的重要一环提出来，是有着深沉的思考的：东西方很多成功的教育实践已经证明，美感教育是进行世界观教育最重要的途径之一——从个体发展的角度来看，生命早期良好的美感教育，能够"陶冶活泼敏锐之性灵，养成高尚纯洁之人格"。更重要的是，美的意识的觉醒，能够以其自身包含的普遍性与超越性，帮助个体摆脱功利主义、物质主义的纠缠，立足大地的同时学会仰望星空，重新找到自己在至大至刚的浩渺宇宙中的位置，并与之合为一体。

渺小的个体找寻宇宙的本体，在被其接纳与之合一的过程中获得喜悦与安宁。这种超越性的体验，过去人们往往通过宗教而实现。正是蔡元培，第一次为国人指出了，有一条叫作"美"的道路，一样可以抵达。

这样一位将美育提升到宗教层面的教育者，他的眼光，已经不局限于一所大学、一座城市甚至一个国家，他所关注的，是整个人类命运共同体的未来。

二、北大艺术学院：坚守传统托起未来

"1986年，建立公共艺术教研室；1997年，创建艺术学系；2006年，扩建为艺术学院；2011年，拓展为三个一级学科；2012年，艺术学理论学科在教育部第三次学科评估中位居第一……"谈起改革开放后重新恢复的北大艺术学科在四十年里走过的几个重大节点，北大艺术学院院长王一川教授感慨良多，"在世界艺术和艺术学、中国艺术和艺术学都正急剧发展和变化的今天，更需要加倍努力地付出，更自觉地悉心接续由蔡元培、朱光潜、宗白华等前辈思想体系所组成的北大艺术学传统链条，尽力从中国文化及艺术传统中获取丰厚的中国思想资源，并以容纳万有的胸怀参酌当代世界优秀文化与艺术成果，依托当代中国大地蓬勃兴旺的艺术创意、创作与创新等实践，创生出当代世界艺术学多元话语体系中的中国思想或中国理论。"

在很多人的想象中，北大艺术学院似乎应该是一所培养艺术类人才的院校。而在艺术学院创立之初，学院的老师们也面临着这样的困惑："我们需要做什么？我们要培养什么专业的学生？"

"我们不培养画家，不培养音乐家，我们培养的，是围绕着艺术做研究工作的学者。"这是北大艺术学院李松教授给出的答案。"艺术学院至今的师资规模为27个指标，落实到美术专业，也不过7个人。这与中央美院700个教师的规模相比，是不太可能走培养专业创作人才的道路的。"

立足于艺术史论，尤其是中国艺术史论的学术研究，是北大艺术学院最终给自己的定位："整体来看，中国艺术史的研究，日后将是学院未来发展的一个主要板块。另外，国外艺术史的研究，也应当是未来的努力方向。关于当代艺术的讨论与关注，也应当是北大艺术学院未来的一个着力点。但我们的根本还是要发展中国的传统文化，而这个文化，是植根于五千年的文明传统，而不是当前五个月的文化现象。当下的文化现象，不是没有价值，而是它们的价值需要沉淀。人们往往过多地关注当下的五个月、五年，却很少去讨论我们身后的五千年，而恰恰是这个五千年，才是文化发展的内驱力。"

有着明朗笑容的刘晨，看起来还像一名学生，实际上已经是有数年教龄的老师了。对于学院当下的定位，她觉得基于北大的人文积淀："在我们的学科设置上，创作所占的比重会相对偏低，艺术史的教学与研究将与考古、历史等学科有更多交集。这也是西方综合大学中艺术学系的一种比较常见的模式。"

"北大艺术学院这样的学术土壤里，更适宜生长的应当是那种具备人文跨学科素养和跨艺术门类素养的、有中国思想的、引领未来的艺术学人。"这个目标，尤其是其中

"引领未来"四个字,格外透露出北大一贯的敢为天下先的勇气。对此,王一川教授是这样解释的:"北大120周年校庆纪念活动的三个基本主题是'成就、反思、未来',其中关键词之一正是'未来'。而北大校方近年来的人才培养目标,就是'培养引领未来的人'——可以说,'引领未来'已成为北大全校人才培养工作的一个重心。我们学院的思考,不过是想把北大人才培养整体目标定位落实到艺术学科人才培养上。我的观点的完整表述应当是:'培育有中国思想的引领未来的艺术学人',这实际上并非说的是已经实现的东西,而是当前和未来应当做的事,也就是指向未来的工作目标描述,一种未来愿景。"

三、艺术类公共选修课:传承北大的文化基因

1940年,72岁的蔡元培在他生命即将走到尽头的时候,仍念兹在兹的,还是教育与民族的命运。最终,他将这种思考总结成两句话:科学救国,美育救国。

科学与美育,前者提升的是国家的外部竞争力,打造人们物质生活的丰富;后者提升的是民族的文化软实力,打造人们内心生活的丰盈。以蔡元培对北大的再造之功,他对美育的提倡及其初衷——不是培养艺术家,而是为了给学生全面、平衡的发展提供一个良好的环境——也被继承下来,并成为北大的一种文化基因。

一向颇受好评的艺术类公共选修课(又称艺术史通识课程),就是这种文化基因历经百年后的一脉薪火相承。

1991年,北京大学率先在全国做出每个在校生须至少修满艺术类公共选修课2个学分才能毕业的决定,这一教学任务很自然地落到了当时公共艺术教研室的肩上。而今,经历了公共艺术教研室、艺术学系发展而来的北大艺术学院,更是担负着全校的艺术类通识课程和公共选修课的教学任务。

"各位老师在完成繁忙的科研任务的同时,都在很努力地做这个工作,因为都感到有一份责任担当在里面:我们首先是教育者,教学是我们的首要工作。教学对象主要有两种,一是我们本院的同学,但艺术学院的学生实际上体量比较小——本科生每届30余人,学术型研究生(包括硕士生和博士生)一届也只有20余人。所以我们更多承担的,还是面对全校同学的艺术通识课程教学。这些课程对他们的视野、思考问题的角度都会有一定程度的影响。"像很多老师一样,担任"中国绘画与文学"等通识课程教学的刘晨老师,对于这些"额外"的教学任务,始终保有一份责任感和热忱。

丁宁教授的通识核心课程"西方美术史",就是其中很受欢迎的一门课程。这位学

生眼中的"牛人""非常有韵味的一位老师",在课堂上会给学生看大量的图片,让学生自己去感受经典作品的魅力。在他看来,这门课程的价值在于"让美扎根到学生们的灵魂深处,让他们对美产生信仰。如果美要成为一种类似信仰的东西,它就意味着可以直抵人的内心。这是多么深刻的心灵变化!"

"对于非艺术专业的学生来说,感受经典艺术的至美,不仅可以让他们在美的世界中得到享受,逐渐形成一种对高雅审美趣味的钟爱,而且,也有助于从特殊的角度提升他们的专业学习。对于文科学生来说,美术史的图像世界可以丰富和充实相应的文学观、历史观和世界观,而对于理科的学生来说,则有可能提供创造的想象力。"

事实上,在"西方美术史"课堂上,反而是理科学生常常能够取得特别优异的成绩,因为他们有可能够找到自己专业与美术史的特殊关联,提出新见。例如,生物系的同学对达·芬奇的《岩间圣母》中植物有着特殊敏感,他们对其名称的辨认,对作品象征意味的解析,甚至版本的区分都给出了大多数艺术史家们视野之外的论据;同样,医学院的同学也会从专业角度提出新的深入解析作品人物形象的方式……

其他的艺术类通识课程,还有"中国美术史及名作赏析""艺术与人生"等。学生们对这些课程的评价很有意思:"讲得很好的一门公共课,很容易明白。""上课感到超级放松,聆听了生命的教诲,觉得自己沉静了很多。""一些最优秀的老师,把他们专业领域中很高深的东西与我们一起分享,听这样的课,感觉自己的思路被打开了,视野也开阔了许多。""通识教育带给我更多的选择面向,这样无论今后我做什么专业,都是一种广泛了解后的决定。"……从这些平易真实的话语中,不难看出学生们对这些课程的喜爱之情。

"多数的艺术类通识课程,都是'无用'的教育。它不是实用职业教育,但会影响你的判断力、辨识力、文化的信心。也许我们的教学工作影响不了几位画家,但它会影响一代人。这一代人会成为国家的栋梁,他们会成为我们这个国家的建设者、管理者。这是大学教育的意义,也是我们工作的意义。"李松老师说这番话时的神情,一直印在我脑海里,那是一位发自内心"宠爱"学生的老师才会有的神情,那种淡淡的、欣慰的微笑,让人感到非常温暖。

丁宁教授说,在继承美育理念、推进全社会的美术教育方面,"北大从来都愿意是一粒种子,在成长和发展的同时,为更多的人提供难忘的庇荫。在120年校庆的当下,我们自信满满,要为中国的艺术教育做出更为突出的成绩。"

(来源:李健秋,王天艺.百年传灯 照亮未来——北京大学的美育理想与现代实践[N].中国美术报,2018-5-14(4).)

第二节　大美育人人更美　以美为媒促大同——清华大学美育实践

2021年4月19日，在清华大学即将迎来110周年校庆之际，习近平总书记来到清华大学考察，首站就是清华大学美术学院。我有幸陪同总书记参观了"实种实褎　实颖实栗——清华大学美术学院校庆特别展"，并就学院的工作做了汇报。在交流中，我深深感受到总书记对艺术设计工作的高度重视，对培养德艺双馨的青年人才的殷切希望，由此更加感到自己责任重大。

习近平总书记把美术、艺术对社会发展的作用，提升到与科学、技术同等重要的地位，令美术界、设计界备受鼓舞，成为中国美术事业发展的强大精神动力。我们将深入学习贯彻总书记的重要讲话精神，坚持立德树人，坚持新发展格局，把美术成果更好地服务于人民群众的高品质生活需求，不辱使命，不负时代重托。

在崇尚"人文日新"的清华大学，清华美院以"大美育"推动学校"更人文"。在清华大学服务国家发展的实践中，美院的参与和贡献是独特的、不可或缺的。此次校庆特展展示了自1956年以来，清华美院强化艺术与科学融合，构建具有世界水平、中国特色的艺术设计人才培养体系的创新发展历程。

建院65年来，清华美院始终坚持以人民为中心，服务国家形象，增进民生福祉。以传统文脉、学院智识、视觉表达、多样设计助力国家形象塑造，是清华美院的光荣使命。在此次校庆特展上，首都机场壁画群、《永远盛开的紫荆花》《战友》《火神山五兄弟》，以及反映时代、展现中华文明和国家重大历史题材的美术创作，展示了清华美院在以人民为中心的创作导向指引下取得的重大创作成果。国徽、政协会徽、国家勋章、建国瓷、北京奥运会形象与景观、米兰世博会中国馆等设计作品错落陈设，彰显了清华美院师生在国家形象塑造中发挥的重要引领作用。

进入新时代，我国社会主要矛盾已经转化为人民日益增长的美好生活需要和不平衡、不充分的发展之间的矛盾，其中也包含科学技术的迅猛发展和人文社会科学发展之间相对的不平衡。对此，艺术和设计需要有所担当。展览上，从早期的红旗轿车、首都公交车的造型，到南极科考手表设计，再到"面向新冠肺炎及六项呼吸道病毒核酸检测产品"的设计……清华美院师生及校友助力人民美好生活的设计作品涵盖衣食住行的方方面面，为我国经济社会的高质量发展发挥了重要示范作用。

65年来，清华美院始终坚定文化自信，深化国际交流，促进民心相通。在新时代，要进一步提升人民群众幸福感，赢得国际社会的尊重，需要文化的自觉、自信与自强。清华美院坚持既在设计作品中体现中华文化传承，又回应时代关切，践行"创造性转化、创新性发展"方针，展开了多样化的艺术设计扶贫、非遗保护与非遗传承人培训等活动，令传承千年的中华文明在春潮涌动的新时代大放异彩，为建设创新型国家发挥了重要的旗帜作用。

清华美院历来重视对师生的国际化视野、全球胜任力的培养，与60余所国际知名院校建立合作，展开了多形式的跨文化人才培养项目和一系列重要国际交流。如"一带一路"中国艺术家走进非洲文化交流活动、"中国风格艺术设计展"欧洲巡展、国际纤维艺术双年展，以及众多艺术家的专题个展等，在文化艺术的碰撞交融中搭建起友谊的桥梁，为构建人类命运共同体添砖加瓦。

清华美院始终坚持清华大学"三位一体"的人才培养理念和艺术与科学融合的人才培养特色，在学科建设上走内涵式发展道路，在高层次创新人才培养中，以国家需要和世界一流为目标，提升人才培养、科学研究和社会服务质量。我们保持本科生的规模，增加了高层次人才培养的人数，研究生数量已经超过本科生；科研工作迈上更高的台阶，无论是数量还是质量，都有大幅度提升，除哲学社会科学基金、艺术基金等项目外，还主持参与了如"973""863"以及自然科学基金等科技项目，特别是作为设计学科首次主持立项国家科技重点专项"中国风格文化创意及智能产品设计技术集成与应用示范"。在诺贝尔奖得主、清华大学名誉教授李政道看来，艺术与科学是一枚硬币的两面，它们都源于人类活动最高尚的部分，都追求深刻性、普遍性，永恒和富有意义。他与艺术名家、清华大学教授吴冠中共同发起，已由学院组织5届的"艺术与科学国际作品展暨学术研讨会"，在海内外引发强烈反响。美术、艺术、科学、技术相辅相成、相互促进、相得益彰，在新时代，清华美院将大力促进更广领域、更深层次的学科交叉与融合。

审美是最深刻的教养，而品位使灵魂变得独特且丰满。以"大美育人"为宗旨的清华美院，注重发挥美术在服务经济社会发展中的重要作用，把众多的美术元素、艺术元素通过设计应用到城乡规划建设和中国制造中，显著提升了城乡审美力和生活文化品位，赋能高质量发展，切实将论文写在了祖国的大地上。

面对世界百年未有之大变局，危与机共存，我们需要应变，更需要引领，不忘使命和担当，努力成为国家形象的塑造者、美好生活的创造者、优秀文化的传承者、艺科融合的引领者、创新人才的培养者。清华美院将一如既往以美为媒，美人之美，美美与共！

附录 高校美育纵览

共和国勋章、友谊勋章、国家荣誉称号勋章
党和国家勋章奖章设计制作团队

坐落在香港会议展览中心前的雕塑
《永远盛开的紫荆花》
常沙娜主持设计

意大利2015年米兰世界博览会中国国家馆设计
清华美院设计团队

"飞跃号"磁悬浮列车概念设计
张烈、孔翠婷

建国瓷青花斗彩缠枝牡丹纹中餐具
祝大年

面向新冠肺炎及六项呼吸道病毒核酸
检测产品工业设计
赵超

首都机场壁画《森林之歌》

祝大年主创，施于人、刘博生、陈开民、张松涛、张松茂、程远、霍然、陈宝光参与绘制

（来源：鲁晓波.大美育人人更美 以美为媒促大同[N].光明日报，2021-4-25（9）.）

第三节　以美育德　立德树人——新时代杭州师范大学美育教育的新探索

杭州师范大学的前身可以追溯到创建于1908年的浙江两级师范学堂，沈钧儒、马叙伦、鲁迅、李叔同、叶圣陶、朱自清、陈望道、刘大白等大师名家都曾在这里任教，先辈遗风，山高水长，他们为杭师大树立起了不朽的风范。作为中国近现代美育教育的发祥地之一，美育在杭师大有着悠久的传统。以李叔同、姜丹书等为代表的早期艺术教师，大胆创新，敢为人先，既为中国近现代美育教育事业做出了巨大的贡献，也为学校留下了宝贵的美育教育财富。在新的历史条件下，杭州师范大学在新时代继承这一薪火遗风，进行了一系列探索和实践，做强人文学科、广开通识课程、健全艺教机构、建立艺术社团、开设人文讲堂、开展文艺活动、建设文明校园、营造人文环境，开创了美育教育工作新的局面。

一、美育教育体系的构建

为了保障美育教育的全面、有效实施，杭师大从组织运行、课程设置、实践教学、艺术研究、环境创设等五个方面构建美育教育体系。

建立"统一领导、部门协作、学科支撑"协作保障体系，为美育教育提供组织保障。学校成立艺术教育委员会、公共艺术教育部、艺术教育研究院等机构，复建音乐学院，明确职责分工，强调协同配合，发挥艺术学科优势，有效整合管理、教学、研究力量。

构建"课程丰富、体系合理、学科渗透"模块化课程体系，为美育教育提供充裕的课程资源。学校修订培养方案，增加美育教育类课程学分要求，改革培养模式，充分挖掘校内外美育教育资源，设置系列美育教育类选修课程，实现限选与任选、理论与实践、普及与提高、专业与通识的合理设置。

创设"课外活动、社会实践、展演竞赛"立体式实践体系，为美育教育搭建广阔的实践平台。学校以"第二课堂"、艺术社团、艺术团等为载体，采用体验式、浸润式教学，培育"一院一品，一生一艺"特色，打造文化活动品牌，人人参加不同层次、丰富多样的美育实践活动。

形成"重点基地、研究机构、学术刊物"一体化研究体系，为美育教育提供理论支撑和指导。学校充分发挥省人文社科（艺术教育）重点基地、美育类学科专业、艺术研究机构和《美育学刊》的作用，积极开展美育教育研究，实现教育与研究、专业辐射公共的良性互动。

创建"设施完善、制度健全、精神愉悦"人文环境体系，为美育教育提供良好的软硬条件。学校美育大楼，美育展馆、艺术教育实训中心、美术馆等设施设备堪称一流，规章制度健全，政策激励日趋完善，形成了适宜的美育教育环境和浓郁的美育文化氛围。

二、美育教育的实施

五个体系的构建，为美育教育的全面实施提供了有力保障。在"专业与公共、教学与科研、理论与实践、课内与课外"四结合的思想指导下，杭师大全方位开展美育教育工作，尤其在直接作用于学生德育提升的课程教学、实践活动和环境建设方面做出了努力。

合理设置课程，加强课程建设，提高教学质量。学校把美育教育类课程划分为普及型、提高型、拓展型、实践型四大板块，培养方案规定师范生必须修读4学分，非师范生必须修读2学分，实现了限选与任选、理论与实践、普及与提高、专业与通识的合理设置。学校每年开设美育教育类课程100余门，选课学生15000余人次，无论是课程门数还是修读人数，均处于浙江领先位置。

搭建实践平台，注重体验感悟，创建活动品牌。学校积极推进艺术类社团指导和社团活动。叶帆戏曲社、街舞队、闻音合唱团等14支表演队伍，共拥有学员2000余人，训练时数平均达300余小时，全校覆盖率达25%。此外还有近百个院级艺术社团，参加学生达6000余人次，极大地促进大学生美育教育，促进学生艺术文化体验养成，凸显学校"人文学堂、艺术校园"的优良办学传统和文化特色。

改善软硬条件，营造艺术氛围，实现环境育人。学校拥有图书馆、美术馆、音乐厅、剧场等公共文化场所，满足课内教学和课外活动的需要，有效发挥文化设施的美育功能。校园规划重视人文元素，艺术景观丰富，整个校园环境无不体现出以人为本、以美育人的追求。另外，学校着力营造良好的制度与精神环境。授予在人文艺术领域做出突出业绩的教师为"特聘教授"；"丰子恺艺术奖""桑子桃李艺术奖"等众多奖学金鼓励和资助学生参与艺术教育活动。

三、美育教育取得的成效

经过二十年的探索实践，学校美育教育取得了显著成效。

因推进了校园文化建设和人才培养工作，学校被评为"全国学校艺术教育工作先进单位"。

美育教育对于推进校园文化建设和提高人才培养质量，具有直接而重要的意义。首先，形成了一批品牌社团和活动，如创始于1987年的话剧节，排演剧目已超过300出，累计有3000多学生参与，话剧节因其内涵丰富、格调高雅、影响广泛，体现校园人的思想深度、价值立场和审美趣味，获得全国校园文化品牌称号。其次，学校多个美育研究机构面向美育教育实际，生产了一大批理论成果。如弘一大师·丰子恺研究中心，在研究李叔同、丰子恺、马一浮等学校前辈的美学思想和艺术实践，梳理研究学校百十年美育教育史方面取得了十分可喜的成绩，还创办了全国唯一的美育研究学术刊物《美育学刊》，出版学术著作十余部，发表学术著作百余篇。其中，《当代中国美育话语体系构建研究》获国家社会科学基金重大项目；《基于中华美育传统的学校美育与德育有机融合研究》获教育部美育研究专项研究重大项目；形成《全国中小学美育教学水平与学生艺术素质评价》专题调研报告；诸多成果发表在《美育学刊》《中国科学社会报》等社会科学及美育研究的专业核心期刊上。鉴于美育教育的突出成就，教育部授予杭师大"全国学校艺术教育工作先进单位"荣誉称号；学校接受教育部本科教学工作水平评估，"人文学堂、艺术校园"的办学特色得到专家组的充分肯定和高度评价；在浙江省艺术教育督查中获得优秀。

以美育德、立德树人的理念，促使广大教师提升了践行师德规范的自律性，杭师大"最美现象"已然成为社会上一道亮丽风景。

美育文化的春风化雨、润物无声，唤起了广大教师立德树人的责任感和使命感，"最美"人物不断涌现。"全国优秀教师"丁贤勇，把自己的办公室变成了学生的研习室、自修室，真正做到了与学生亦师亦友、爱生如子。苏晓松救人事迹被《浙江新闻》《杭州日报》等多家媒体报道。已故辅导员崔凯老师获得"2018浙江教育年度新闻人物"，浙江教育报头版以"杭师大为何频现最美辅导员"为题进行了报道。另外还有后勤线上的"最美员工""微助学"扛水工李培义被新华社封面文章点赞，"爱生如子"好大伯严冬根被评为首届浙江教育新闻人物等。"最美"人物不断涌现，展现了杭师大教师的良好形象，也大大增强了学校的影响力和美誉度。

学校的美育教育成果通过文化交流活动和毕业生形成辐射，得到了社会的普遍赞誉。

学生艺术团是浙江省"高雅艺术进校园活动"的主力军，也是"西湖国际博览会"等大型活动的"常客"，还多次受教育部孔子学院总部委派，去美国和法国巡演，观众每年都在5万人以上；每年暑期，学校多支文化艺术小分队活跃在全省的高校、城镇、乡村、军营和企业，成为一道独特的风景线。

杭师大现为中国高等教育学会美育专业委员理事长单位、浙江省省高等教育学会艺术教育专业委员会理事长单位、浙江省人文社会科学重点研究基地（艺术教育）、首批全国普通高校中华优秀传统文化传承基地（"越剧文化传承与保护基地"）、国家体育总局"体育文化研究基地"、中国华侨国际文化交流基地、浙江省非物质文化遗产研究基地、浙江省大学生艺术团办公室处、省中小学书法骨干教师培训基地，这是上级主管部门对学校美育寄予厚望，也为学校美育提供了展示辐射全省乃至全国的广阔平台。

百十年师大，文脉悠长，人文兴盛，弘文励教，青兰相继，积淀成"人文学堂、艺术校园"的办学特色。当前，在推进社会主义文化大发展、大繁荣，建设浙江"文化强省""教育强省"的形势下,杭州师范大学秉承优良传统,着意古风新貌,有责任也有底气创建"一流美育教育",再一次走上发展的快车道。

(来源:夏卫东,季琳琳.以美育德 立德树人——新时代杭州师范大学美育教育的新探索[N].文汇报,2021-1-19(7).)

第四节　美育+思政探索春风化雨新路
——宁波大学美育实践

"复学,就可以回校欣赏红剧啦""迫不及待想看看我们自己的美术展了""还有咱合唱团的动人旋律呢"……近日,宁波大学春季学期复学,宁大学子在陆续返校的同时正热火朝天地在群里讨论回校后想做的事情,在关心正常上课秩序恢复的同时,校园音乐红剧、美术展等校园文化品牌也成为师生关心的话题。

"艺术,有无可比拟的感染力,一部剧、一次艺术展演就是一次爱党爱国的红色洗礼。"宁波大学党委书记薛维海说:"高校思政课是一门落实立德树人根本任务的关键课程,是对高校'新时代教育三问'的最好回答。文化的教育方式更容易在学生心灵埋下真善美的种子,引导学生扣好人生第一粒扣子。"

一、春风化雨:校园音乐剧传承正能量

在宁波大学,传播正能量的音乐剧经常上演,已成为一种催人奋进的校园文化。

一本建党时期的珍贵党章,两代人守护初心震撼灵魂的故事,一批青年无产者的政治觉醒……第二批主题教育在宁波大学深入开展期间,一部红色的文艺作品——原创音乐剧《初心晨启·宣言》在宁波大学连续5次登上舞台,观众场场爆满,宁波大学7000多名党员都受到了一次深刻、震撼、感人的红色洗礼。该剧触及师生灵魂,让人感悟初心使命,让校园浸润在红色文化中。

"'声磊落,士拼搏,百死为家国;宣言朗朗,但出我口,永在心头!'在全国人民众志成城抗击疫情的当下,重温《初心晨启·宣言》的歌词,会更有感触,倍添力量。"

宁波大学不少师生这样说。

《初心晨启·宣言》是由宁波大学"红色文艺轻骑队"创作的一部音乐剧作品，讲述了一个两代人守护初心的故事：在20世纪20年代初，宁波人李四前往上海打工，在一次罢工运动中结识了同乡张人亚，并来到张人亚的金银铺做学徒。在与张人亚等同志共事的过程中，逐渐成长为一名坚定的共产主义战士。音乐剧也生动再现了革命战士张人亚誓死守护第一部《中国共产党党章》《共产党宣言》等党的早期重要文献的感人故事，呈现了中国共产党人以共产主义为信仰、以家国为使命的拳拳之心。

这部作品也曾走进嘉兴南湖、军营、革命老区、农村礼堂等地为当地民众演出，累计受众超过10万人。

"看哭了，张人亚同志用生命守护党章的故事令人感动，他身上有着那个时代革命者特有的气质——坚定、勇毅！"宁波大学2018级学生周因动情评价，"这种毫无畏惧、勇担使命的精神，是我们学习的榜样，也给予我们前行的力量。"

"我们身处这个伟大的时代，就不能辜负这个时代。我们要在师生中引发共鸣，找到共同的时代底色。"音乐剧的制作人、宁波大学教授梁卿说。

据了解，30多名参与红色原创音乐剧演出的同学，集体向党组织递交了入党申请书。

在宁波大学，红剧可不止《初心晨启·宣言》。2017年10月，"红色文艺轻骑队"在中共浙江省委组织部、中共宁波市委宣传部、宁波大学党委宣传部等部门的专项扶持下，创演了原创音乐剧《牵手》。《牵手》先后演出24场，场场爆满，并受北京市西城区文委、北京天桥演艺联盟等多家单位的邀请赴京参加"第三届北京天桥音乐剧展演季"。而2018年根据歌剧《江姐》改编的小型音乐剧《红旗颂·江姐》，宁大学子利用社会实践的机会将短剧送到了宁波周宿渡、黄鹂、丹凤等五个街道社区，得到群众高度赞誉。2019年1月，由原创音乐剧《牵手》《初心晨启·宣言》音乐选段采撷组成的《"不忘初心"组歌》，入选2019年国家艺术基金资助项目。以习总书记给横坎头村回信为创作源头、诗人朱志坚作词、梁卿教授作曲的歌曲《春天的来信》，迄今MV点击量超过30余万次。

二、涓涓细流：美育题材引领正面成长

除了原创音乐剧，美育融入思政的教育模式深深在宁波大学扎根。

"我们与当地村民一起分享艺术、创造艺术，也让我们切身体会到了艺术来源于生

活,来源于群众。"宁波大学潘天寿建筑与艺术设计学院18级美术学(师范)专业学生孙婧通过参加"艺术走进农村文化大礼堂"公益行动,写春联、画年画、文艺演出等活动后说,"服务国家乡村振兴战略,聚焦美丽乡村建设,用艺术满足人民群众对美好生活的向往,这是我们艺术青年责无旁贷的时代使命。"

据了解,宁波大学潘天寿建筑与艺术设计学院始终坚持以美育人、以文化人,积极服务于美丽乡村建设,用艺术振兴乡村建设,将美育融入大学生思政教育中,不断提高学生的审美能力,培养学生高尚纯洁的人格,强化新时代大学生的宗旨意识,树立正确的世界观、人生观和价值观。该学院依托独角兽新媒体公益艺术工作室,每年春节前组织师生走进农村文化大礼堂。该院美术系主任马善程老师介绍说:"我们立足时代和社会需求,承担着新时代的审美普及和心灵教育的重任,积极践行'美育+思政'的育人理念,发现美、弘扬美,深入对接地方服务,策划培育了'美育下乡''红色学术'等品牌活动,多方位展示思政育人成果,让同学们从审美知识的获取拓展到'大美'意识的树立,并以开放的视野、包容的态度,多维融合,敢于担当,成为未来具有家国情怀的社会主义建设者。"

据悉,该学院还在宁波市鄞州区东吴镇,组织开展"艺泽东吴"宁波大学潘天寿建筑与艺术设计学院教师美术作品展、"潘艺山房"揭牌仪式暨美语天童——周至禹、徐仲偶教授艺术作品展,开展了以《高校美术与美丽乡村建设》《"当代"语境下的艺术创作》《综合性大学的艺术生态、教学问题及其对策》等为主题的校地交流活动。学院还在宁波宁海县桥头胡街道,成立教学实践基地暨"名师工作室",积极参与双林、龙储等村庄的旧村改造和美丽庭院设计,共同筹划黄墩艺社"归来"美术作品展,为桥头胡艺术振兴乡村做出了积极贡献。学院还组织师生参加宁海县艺术振兴乡村校地协同2019暑期融合设计(宁海)行动,共组织6支队伍参加此次活动。潘天寿建筑与艺术设计学院院长徐仲偶教授说:"艺术能够涵育美感、陶冶身心,我们开展的一系列美育下乡活动,既让我们的学生能够加深认识社会,改变同学们对生活的认识,培养同学们服务人民的情怀,同时也让他们在艺术、设计领域的聪明才智得到更好的锻炼,将来更好地服务于国家和社会,让他们的成长更有根基。"

同时,宁波大学学生表演的《马灯谣》曾在中央电视台《五月的鲜花——我们的中国梦》全国大学生文艺汇演上精彩亮相。该校音乐学院合唱团则用青春的歌声唱响主旋律,2018年获得教育部主办的全国第五届大学生艺术展演声乐一等奖,浙江省大学生艺术展演一等奖,同时作为全国4支受邀合唱团之一亮相东方卫视直播的闭幕式。合唱团指挥、宁大音乐学院老师薛楠认为:"校园文化是一种强大的教育资源和教育力量,参与其中的每位教师、每个孩子在各自的文化建设中，都能得到正面的引领和成长。"

宁波大学还重视发展校园话剧。通过培育白桦林话剧社、霁云剧社等社团，组织校园话剧节，编导"宁波帮"题材话剧《四明公所》《月明甬江畔》等，表达反帝反封建的主题，抒发爱国主义情怀，在校内外产生了深远的影响。近年来，宁波大学坚持以明德引领，组织开展了110余场戏剧演出，连续8年举办宁波大学校园话剧节，覆盖学生人群10万余人次，承担起以文化人、以文育人、以文培元的使命。

三、文化自信：以文育人夯实德育根基

"总书记指出高等教育要立德树人，'美育思政+音乐剧'就是我们的一次文化育人的尝试。它是对总书记'新时代教育三问'的一个回答。"宁波大学党委副书记冯志敏说。

据了解，《"美育思政+音乐剧"的文化品牌建设》是宁波大学近年来投入力量大、渗透范围广、建设成果实的高校思想引领工作实践项目。宁大为此组建了宁波大学"红色文艺轻骑队"与宁波大学"白鹭林音乐剧社"，以"政府出资扶持+社会资源融合+高校师生保障"的模式开展了一系列的工作。

"革命历史题材戏剧的创作和排演，对于青年的价值观、美学观形成与发展有着重要的促进和影响作用。"冯志敏认为，高校思想引领工作是通过科学合理的教育方法引导、激励学生，以提升大学生自我觉知、政治信仰，塑造科学的世界观、人生观、价值观的教育实践活动。而美育是培养人接受、融入、欣赏、创造美的教育体系，教育目的是提高人对美好事物的欣赏、辨别、创造力。思想政治引领与美育虽然在教育方法和途径上存在一定的差异，但二者的教育目标是一致的，都是通过一定的教育载体实现人的心灵美化、思想顿悟。"通过本项目的实践与推进，我们发现融入美育教育理念的高校思想政治教育更具有鲜活、生动的形象和灵魂，使理论教化变得不那么枯燥，取得事半功倍的教育实效，提升了大学生欣赏美的能力，弥补了思想政治教育抽象化的不足，从而巩固思想政治教育效果。"

早在2005年，宁波大学就调整并成立"校园文化"建设领导小组。经过15年的发展，最终形成了"一核两翼三协同"文化育人机制。该机制对校园文化育人体系进行了正本清源、守正创新，使得学生能够坚定理想信念、增强爱国情怀、具备美好心灵、拥有综合素质并实现全面发展。

"彰显文化自信、凝聚奋进力量，让中国精神成为新时代高校文艺的灵魂。"薛维海认为，高校在立德树人教育实践活动中应充分认识文化对思想政治引领工作的重要意

义，强化"以文育人"教育理念，切实提升思想引领的实效性。

（来源：张真柱.宁波大学：美育+思政探索春风化雨新路[N].中国青年报，2020-6-11（5）.）

第五节　培根铸魂　以美化人——浙江理工大学美育实践典型案例

浙江理工大学的前身蚕学馆创办于1897年，是我国最早创办的新学教育机构之一，开创了中国近代纺织、农业教育的先河。在120多年的办学历程中，学校文脉不断，书写了从"教育救国""实业救国"到"科教兴国"的前进篇章，逐步形成了诸多文化育人特色。近年来，学校抓住高等教育大发展的机遇，不断优化学科专业结构，在扩大规模、保持和发展丝绸纺织服装专业的特色和优势的同时，积极发展理科专业、人文社科类专业及其他社会急需的新学科、新专业，强化和促进了学科之间的相互交叉融合。学校设置了教育部丝绸文化传承与产品设计数字化技术文化部重点实验室、浙江省丝绸与时尚文化研究中心、文化产业专业、浙江文化研究所等，开展了各种文化形态及文化产业的教育教学，在丝绸文化研究、浙江地方文化研究整理方面取得了许多成就。作为浙江省非物质文化遗产传承教学基地，学校不仅开设文化哲学、文化产业概论、中国文化通论、宗教文化概论、文化人类学等文化类课程，方向性地把握文化传承的教育教学，还组织服饰图案、服饰织花设计、色彩设计、古典舞身韵、戏剧与舞台、舞蹈概论、音乐基础、陶艺、漆艺、篆刻艺术等专门性课程教学，直接将美育融入学生综合素养提升中。

学校将大学文化建设纳入事业发展各阶段的整体规划之中，使之与学校的整体发展相适应，做到同步规划，同步实施。学校文化建设坚持重在建设、齐抓共管、求真务实、持之以恒的原则，形成了党委统一领导、党政共同负责、师生员工共同参与的文化工作格局。学校"十四五"规划明确提出，"以社会主义核心价值观引领校园文化建设，坚持以文化人、以文育人，塑造大学精神，推动文化传承创新，增强大学文化的辐射面和影响力，提升学校文化软实力"。并在深化新时代教育评价改革重点任务中，提出"制定《浙江理工大学加强和改进美育工作实施方案》，完善公共艺术教育体系，将公共艺术课程与艺术实践纳入人才培养方案，实行学分制管理，要求学生至少修满规定学分方能毕业"。

学校育人注重依托各类文化载体，以大学生文化素质教育基地为主要阵地，深入联动教学、科研、管理等环节，全面辐射育人实践。作为浙江省首批大学生文化素质教育基地，学校确定大学生文化素质教育基地的主要任务是：定期完善学校大学生文化素质教育目标与要求；协调相关单位、学术团体的文化素质教育工作，组织开展重要的文化素质教育活动；取得相关专业培训资质，培训从事文化素质教育的师资队伍；开展文化素质教育的理论研究，探索文化素质教育与教学内容和课程体系改革相结合的新路子，深化教育改革，提高教育质量，力争产生一批文化素质教育理论研究和教学实践相结合的教学成果；与地方及企业开展特色文化的研究与开发，搭建文化实践平台，服务地方文化事业；及时总结经验，向全省乃至全国高校推广，起到示范和辐射作用。

学校认为，文化建设是全校师生员工共同培育并形成学校最高目标、价值标准、基本信念和行为规范的过程，也是积累并提升学校办学宝贵精神财富的必要环节。学校提出"建设符合时代要求、富含底蕴、具有恢宏视野的特色鲜明的大学文化"的目标，瞄准学校育人"文化带"建设和构建协同育人机制，从校园文化氛围营造、文化素质教育、文化实践教学、新媒体义化发展等层面探索改革举措，在潜移默化的系列教育教学中，引导学生的行为心理和价值取向，并在内心生成强烈的归属感、认同感和使命感；同时，关注学生在自我教育和服务中的内化效应，研究如何创设价值选择条件，在个体发展需求与社会价值观要求的共鸣中，确立起校园主流价值观，进而深入推进立德树人的工作战略。学校以创新创业文化、红色文化等美育实践形成了诸多范例，连续五年获得了教育部全国高校校园文化建设优秀成果奖。

一、丝开梦起　助力"一带一路"——"丝绸文化"特色育人

千封锦缎西霞路，万里行舟大海驰。丝绸有着5000多年的悠久历史，镌刻着中国文化，传承着东方文明。丝绸之路，横贯东西、连接欧亚，跨越万里海域，穿越千年时光，见证了"使者相望于道，商旅不绝于途"的辉煌传奇，积淀了以和平合作、开放包容、互学互鉴、互利共赢为核心的丝路精神。2013年，习近平总书记根据世界经济与政治格局的深刻变化，开创性地提出了"一带一路"的宏伟倡议。这一中国梦的延伸，再次唤醒了人们对古丝绸之路的美好记忆，为古丝路注入了新的时代内涵。

丝绸是我校薪火相传、生生不息的历史文脉。学校前身蚕学馆创办于1897年，是

中国近代第一所官办蚕桑教育学校、产学研结合的新式学校。学校以百余年传承的丝绸文脉为基础，以审美素养提升为内核，以时尚特色优势学科为依托，以丝绸博物馆为平台，以丝绸科普、非遗传承、产教融合等为路径与渠道，深度融入共建"一带一路"，构筑创新创业创意协同育人模式。

（一）目标思路

习近平总书记高度重视优秀传统文化的传承发展，他指出："中国传统文化博大精深，学习和掌握其中的各种思想精华，对树立正确的世界观、人生观、价值观很有益处。"在继承百年丝绸文脉基础上，学校把丝绸文化育人作为新时期着力探索的重要课题，着眼人才培养全局，将丝绸文化教育融入全员育人、全程育人、全方位育人的体系中，积极践行"一带一路"倡议，弘扬丝绸之路精神，致力于推进当代大学生互学互鉴，唤醒青年一代对丝绸之路昔日辉煌历史的记忆，努力成长为新时代具有国际视野、卓越学识、时代担当的丝路文明传播者，成为传承丝绸之路文化遗产共同体的有生力量。

1. 以非遗传承为基础，增加文化育人底蕴

作为传统文化的重要载体，丝绸有着悠久的历史和深厚的文化底蕴，多年来，学校以"推动中华优秀传统文化创造性转化、创新性发展"作为丝绸非遗传承的基本指南，致力于蚕桑丝绸历史文化遗迹、非物质文化遗产和传统丝绸技艺的保护和传承，扎实推进"丝绸文化进课堂"，着力增强丝绸文化的感染力和吸引力，激发学生对丝绸文化的内生活力，增进学生对传统文化和地方文化的真切体验与情感认同。

2. 以产教融合为核心，夯实文化育人基础

林启创设蚕校之初，便把办学宗旨定为"实业报国"，120多年来，学校继承前人事业，凝练人才培养的优势特色，坚持产教融合，以"学科交叉、专业扎实、职业明确"的培养思路做好顶层设计，提出学科、专业、职业一体化的"综合制"人才培养模式，构建起"丝绸艺术、丝绸技术、丝绸营商"的"艺工商结合"的培养方法与路径，通过理论学习与实践应用结合、工程教育与艺术教育结合、校内教学与企业实习结合，培养"创新、创业、创意"卓越人才。

3. 以丝博馆建设为依托，拓宽文化育人阵地

文化场馆作为丝绸文化展陈的平台和载体，在学生感受丝绸文化气息、领悟丝绸文化内涵上发挥着不可或缺的作用。2017年，学校建成全国高校首家丝绸博物馆，并以此为契机，整合校内丝绸学院和服装学院展厅，打造丝绸文化场馆矩阵，通过吸纳最新

的丝绸科研、教育、艺术创作成果，定期开设交互性丝绸科普项目，展现中国丝绸文化的独特魅力和百年学府深厚的人文底蕴，为学生了解中国丝绸文化提供多样化的研游学阵地和交流平台。

4.以丝绸科普为导向，丰富文化育人形式

丝绸文化的传承弘扬，需要不断创新与实践，让学生在做中学，体验丝绸文化的精髓。学校充分利用大学生的特点和优势，积极开展"编织""绸扇绘画""扎染"等各类实践性、情景式、体验式的丝绸文化科普活动，积极组织大学生走出校园，在全国各地进行"水族马尾绣""水族剪纸""水族土花布""荔波大土苗寨"等丝绸文化实践活动，使丝绸文化教育由感知上升到认知，由感性上升到理性，促进大学生充实精神生活、升华思想境界、增强文化自信。

（二）实施举措

1.立足丝绸科研，理解丝绸文化精髓是"根"

学校拥有纺织科学与工程一级学科博士点，有包括省哲学社会科学重点研究基地——浙江省丝绸与时尚文化研究中心、国际丝绸与丝绸之路研究中心在内的一大批丝绸文化保护传承和纺织科技研究学术平台。为推进丝绸研究和丝绸人才培养，学校于2016年成立"丝绸学院"，恢复重建丝绸本科专业"丝绸设计与工程"，2019年与中国丝绸博物馆共建"国际丝绸学院"。依托目前国内最高层次的丝绸专业培养体系，通过举办"先进纺织科学与技术国际学术会议暨国际丝绸时尚设计与发展趋势研讨会""亚洲纺织会议暨中国纺织学术年会"等国际国内丝绸领域重量级学术研讨会，推进丝绸研究与实践。发挥高校的学科优势和影响力，加大对浙江丝绸历史文化的研究力度，着力打造学校丝绸文化的特色和亮点。与学术界建立良好互动共享关系，依托核心期刊《丝绸》杂志，开设研究专栏，聚拢学术资源，吸引学术关注，深化学术研究。

学校新建成的临平校区（时尚学院）

学校和中国丝绸博物馆共建国际丝绸学院签约仪式

中国现代织锦创立人、艺术与设计学院李加林教授的"高密度全显像数码仿真彩色丝织技术"获国家科学技术发明二等奖

纺织科学与工程学院（国际丝绸学院）祝成炎教授荣获"中国纺织非遗推广大使"荣誉称号，图为祝成炎教授在第三届中国纺织非物质文化遗产大会上作分享

2. 依托文化场馆，领会丝绸文化内涵是"枝"

学校丝绸博物馆自筹建以来，便秉承弘扬丝绸文化、助力"一带一路"、激励师生、凝聚校友、化育民众的建设目标，开馆至今，接待了来自教育部、科技部、文化部等部门的领导，省厅局相关领导负责人，专家学者，大中小学生，港澳台学生，留学生，社会各界群众等10万余人次的参观、研学、考察、交流。博物馆策划了"红色浪漫——中国共产党成立100周年服饰映像展""细水长流·木语有声——十竹斋木版水印艺术作品展""族魂衣兮——西南少数民族服饰采风展""中国帛画从三千年前走来——暨穆益林现代帛画艺术展""缤纷岁月77级印染班"等多个特展，积极打造"丝绸+"科普品牌，即丝绸博物馆+科普+游学+育人+研究+文创，开展座谈交流、非遗传习、讲座报告等系列活动，全方位多渠道推动丝绸文化的传播、传承与弘扬。丝绸博物馆目前已加入全国高校博物馆育人联盟及专业委员会，入选教育部"大思政课"实践教学基地，建立包括国家教育行政学院干部培训参观点、浙江省科协科普基地、杭州钱塘新区红领巾学院教育实践基地等多个对外合作共建基地，非物质文化遗产"江南茧画""顾家纸绣"工作室2个。

全国高校首家丝绸博物馆开馆

浙江理工大学丝绸博物馆

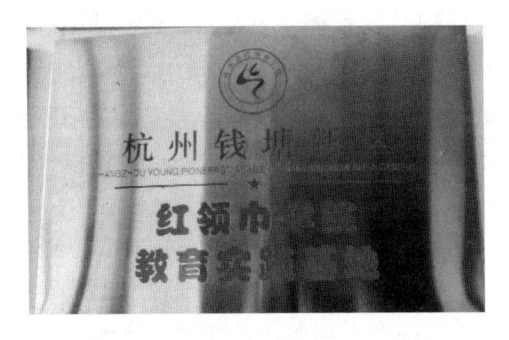

杭州钱塘区红领巾学院教育实践基地 　　浙江省科普教育基地

3. 聚焦学生主体，注重丝绸文化实践是"叶"

结合校史，加强新生始业教育，从源头上开启丝绸文化教育之路。依托大学生社团文化节和丝绸文化节，结合国情教育，开展"绸蚕共绘，红色传承""抗疫防疫先行，非遗助力""汉服秀"等学生喜闻乐见的宣传活动。以重大纪念日、节庆日为契机，围绕宣传丝绸文化历史、丝绸非遗技艺等开展大型科普体验。坚持丝绸文化教育与大学生课外实践活动相结合，依托课程实践和社会实践两种方式，先后组织开展"黔南州非物质文化遗产调查利用""丝绸行业调研""丝开梦起　为爱助力——新昌青少年宫传统文化支教"等丝绸文化相关主题实践。学校积极与凯喜雅、万事利、丝绸之路、省丝科院、福兴丝织厂等省内外丝绸名企和丝绸文化研究机构建立友好合作关系，以项目化方式开展相关教育实践活动，将丝绸文化教育与大学生社会实践和志愿服务等工作有机结合，真正优化长效传承机制。

连续多年举办丝绸文化节，传承丝绸文化 　　举行"妙手慧心领略丝绸文化"特色科普课堂

（三）经验启示

1. 着力打造丝绸文化传承品牌

学校打造了丝绸精品课程、"丝绸+"、丝绸文化节等一大批丝绸文化品牌项目，进

高校美育新论

一步丰富了丝绸文化育人内涵，学校承办的文旅部、教育部、人社部"中国非物质遗产传承人群研修研习培训计划——织锦技艺传承及创意设计研修班"已相继为浙江、江苏、四川、广西、海南、山东、贵州、湖南等地的120余名传承人和从业者举办了针对性的六期高级研修班。学校还连续四年多承办国家科技部"一带一路"发展中国家培训班，来自泰国、埃及、柬埔寨、老挝、乌兹别克斯坦、印度、加纳等多个国家的学员参加了学习。

承办科技部"现代丝绸产品加工与创新设计技术"国际培训班

连续六年承办文旅部、教育部、人社部"织锦技艺传承及创意设计研修班"

2. 不断深化丝绸文化实践活动

通过与中国丝绸博物馆等丝绸专业研究机构深入合作，共同组织"丝绸之路周""丝路之夜"等具有国际影响力的丝绸文化主题活动，提升学生对丝绸文化的认知，以学生喜闻乐见的形式为构建丝绸文化传承体系注入持久动力。目前，每年举办4~5场丝绸主题特展，组织10余场丝绸相关学术讲座、沙龙、座谈，每月举办1~2次丝绸互动体验活

"2020丝绸之路周"在学校闭幕

国际博物馆日宣传周

动。学校每年为丝绸文化传承活动、丝绸文化实践、丝绸文化课程建设、丝绸文化研究等各类丝绸文化传承项目提供专项经费20多万元。

3. 持续提升丝绸文化育人水平

学校充分利用地域深厚的丝绸经济文化底蕴，积极争取整合校友、行业的优势资源，着力增强丝绸文化育人实效。作为百年丝绸学府，学校培养了纺织界知名实业家都锦生、查济民，丝绸教育家朱新予、郑辟疆，"敦煌保护神"常书鸿等一大批行业领域的翘楚，先后五位校友荣获"全国茧丝绸行业终身成就奖"，2019年，陈文兴校长当选中国工程院院士。

学校"全方位引导、全时空交流、全过程实践"的丝绸文化育人体系特色鲜明、辐射深远、效果显著，吸引了社会和媒体的广泛关注，新华社、中央电视台、人民网、中新网、浙江新闻联播、浙江卫视、浙江日报、浙江教育等媒体对我校的丝绸文化特色育人进行了大量的报道。

附：丝绸博物馆近年代表性特展一览。

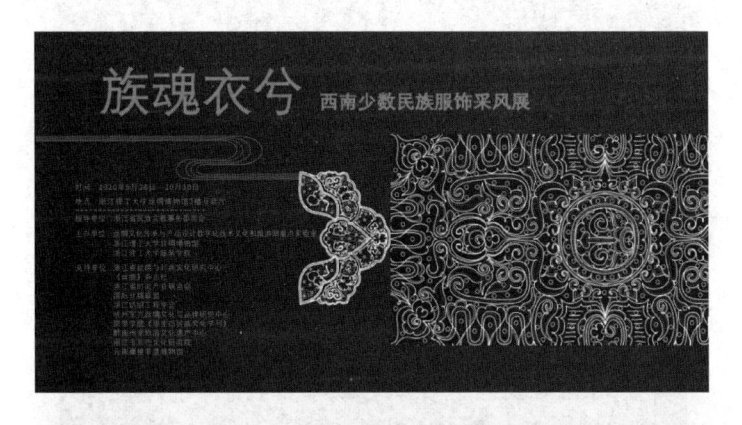

高校美育新论

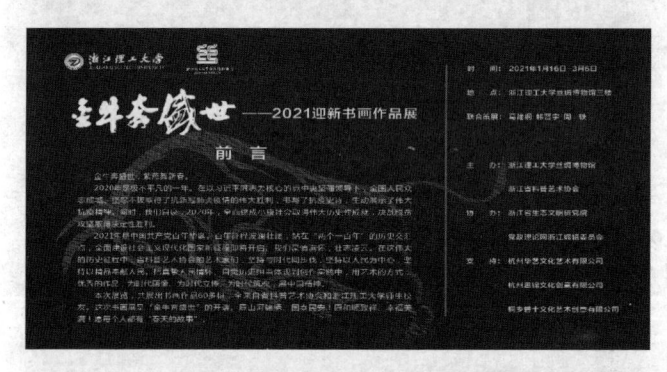

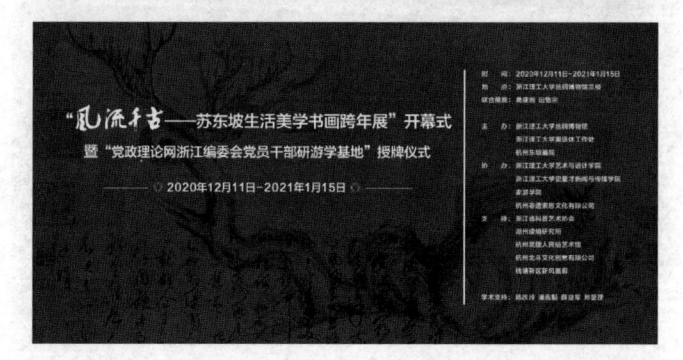

行动课堂：扫一扫，参观浙江理工大学丝绸博物馆数字展览厅

二、丝路霓裳 孕育行业精神——"T台文化"特色育人

2023年5月，浙江理工大学服装学院2023届服装与服饰设计系毕业展演在北京751艺术园区D PARK第一车间顺利举行。这场秀以"ü/宇磁场"为主题。新生代设计师们不仅在时尚领域有着独特且前卫的见解和创意，更在设计中融入了社会责任和正面积极的思考，为时尚界和社会带来了新的启示。这一备受社会和各大媒体注目的T台"大赏"，不仅仅是一场T台秀，也是浙江理工大学延续了数十载的"T台文化"中的一项重要活动。

扫码欣赏
2023中国国际大学生时装周 | 浙江理工大学服装学院 ü 宇磁场

120多年来，浙江理工大学弦歌不断，使命不歇，为中国丝绸纺织服装行业的复兴而不懈努力。犹如"T台"字符形象，T台文化纵向基于学校百余年的办学特色和传统，横向结合时代和社会发展，以丝绸文化传承为基础，以纺织服装研发为依托，以审美素养提升为内核，以T台作品展示为载体，最终纵横融汇以交叉、

复合、跨越等文化内涵和底蕴推动学校形成了培育创新创业创意"三创"人才的文化特色。

（一）基本情况

T台文化历经学校师生数十载的挖掘、探索、凝练，逐渐涵盖了始业教育、专业教育、校园活动、毕业展示等，融合传承和创新，贯穿专业与应用，连接校园与社会，具有广泛的参与性和影响力。T台文化具有持续时间久、校园反响好、影响辐射面广等特点，共经历了三个阶段。

自发组织，蝉联蚕绪。创办于1897年的中国第一所官办纺织学校——蚕学馆（浙江理工大学前身），开辟了中国近代纺织教育的先河。1982年，学校在浙江省率先设立服装设计专业，成为全国最早设立服装设计专业的院校之一；1985年6月，学校服装83级毕业生作品时装秀引进了"步鑫生"时装表演队演出，T台文化建设开始起步；1986年开始，学校服装设计专业学生的T台表演作为学生活动项目而逐渐常态化；1989年，服装系学生自主组建了服装表演社团，成为浙江省第一家在T台上展示学生服装设计作品的学生社团，定期展示学校服装设计、面料研发等方面的最新成果。其后三年间，社团规模从建团时的10多人，逐渐壮大到100多人，这里面既包括服装设计专业学生，也有来自全校各学院的时尚骄子，也吸引了杭州市多所学校的艺术类学生慕名加入。随着社团影响力的不断扩大，学校的T台表演也从校园走向社会，不仅为广大学子触摸艺术时尚，提升审美素养提供了舞台，也为学校探索转型期校园文化建设提供了新思路。

循序渐进，聚丝成茧。1994年，学校在浙江省率先设立时装表演与营销专业，同时，校内纺织机械、服装营销、橱窗展台设计、丝绸文化研究等多学院学科的启动壮大和资源互惠，标志着T台表演进入专业化、系统化的阶段，这也是T台文化形成的重要

时期。从此，T台展示的作品不断丰富，从原来传统的丝绸服装到学生最新作品展示，到每届学生毕业设计作品展示，到T台外的商业洽谈合作、文化论坛研究，形成了一个完备的体系。从1994年起，学校服装设计专业学生毕业作品都要经过专业模特的T台展示，由专业教师和企业老总共同评分，由此，T台文化在引领校园艺术风尚的同时，也开始不断受到相关行业及社会人士的广泛关注。

特色凝练，破茧成蝶。1997年，学校迎来了100周年校庆。百年校庆典礼以T台展示秀为依托，展示了学校100年来的发展变迁、各学科办学特色和人才培养成就，受到业内专家和社会的高度评价。此后，学校通过每年坚持的始业教育秀、毕业展示秀等重要活动，把T台从校内搬到校外，学校T台作品展示出现在国内诸多重大活动现场，赢得了良好社会声誉。2005年，学校在杭州市贸易促进委员会的委任下，代表杭州参加了日本爱知世博会，展示中国的丝绸和时装。从2000年开始，学生每年带着自己设计的服装到被称为"时装界的哈佛"的纽约时装技术学院、日本大阪服装博览会等专业舞台展示T台文化，从而使T台文化从国内走向了国际。

（二）主要举措

30多年来，T台文化已经成为一道靓丽的校园风景，从一个专业、系、学院的活动，延伸发展为全校性的特色文化品牌。学校通过多项举措、多种途径，对T台文化不断加以提炼和完善。

1. 传承丝绸文化，夯实T台文化基础

从林启创办蚕学馆，到辛亥革命后升格为高等蚕桑学堂；从抗战时西迁办学，到

高校美育新论

新中国成立后院系调整，直至迁址下沙完成跨越式发展，学校虽历尽沧桑，但传承丝绸文脉的历程不断。每年新生入学，首先要接受校史校情教育，参观校史馆、林社、蚕学馆旧址纪念碑、中国丝绸博物馆等文化场所，聆听校史校情讲座，感受先辈们励精图治、内强根本、外辅民生的治校治学精神。每年暑假，学校都会组织学生参与社会实践，重走办学西迁之路，送先进文化下乡，为浙江省丝绸纺织服装行业的发展出谋划策。

在一系列校史校情教育中，最受新生欢迎且效果最明显的就是"始业教育秀"。始业教育秀结合专业教育，内容丰富，生动展示了学校百多年的历史脉络、精神传统和特色发展。1998年就被列入学校"T台文化发展规划"的这一传统项目是学校精神文化教育的重要载体，也是该规划"凝练一条主线、打造两大平台、培育三大子品牌"体系的基础性活动。

2. 提供有力保障，拓展T台文化空间

T台文化形成和发展离不开专业的扶持和学术的带动。学校开设的"时装表演基础""形体美仪""公关礼仪"等课程，不但面向相关专业学生，也开放给其他专业及校外学生选修。T台秀兴起后，学校在专业课程中不断创新，建立了服饰品鞋包模块课程，在服装设计、服装面料基础知识外，还教授鞋包、提包设计，并融合多个学院资源开设了服装营销、展台设计等课程，使T台内容更丰富多元。2010年5月，学校的传统纺织技艺非物质文化遗产项目入选浙江省首批非物质文化遗产传承教学基地名单；2017年1月，学校获批丝绸文化传承与产品设计数字化技术文化部重点实验室；2018年6月，浙江省哲学社会科学重点研究基地——浙江省丝绸与时尚文化研究中心在我校落成。

3. 创新活动载体，丰富T台文化内涵

学校将T台文化发展与校园文化活动紧密结合，不断创新形式，丰富内涵。20世纪

80年代中期的"丝绸文化周"活动从一开始就将专业研讨与丝绸文化秀相结合，用T台展示丝绸史的沿革以及各类产品研发成果，让全校学生了解丝绸历史，感受丝绸精神，获取行业动态。近几年，学校突出"时尚""创新"主题，培育了"T恤彩绘大赛""彩妆秀""创意市集"等多种类型活动，紧扣行业趋势和学生需求，启迪学生创新创业意识，提升他们的审美品位。这些活动在组织过程中充分体现学生的主体性，注意扩大受众面，并有组织地加强专业指导，确保了较好的活动成效。

学校将相关专业赛事作为提升T台文化发展水平的突破口，浓郁竞赛氛围。学校举办面料设计大赛、服装设计创意大赛、服装营销设计大赛等台前赛事，组织学生参与日本大阪时装设计大赛、中国时装设计新人奖评选、中国针编织时装设计大赛等国内外知名比赛，取得了多项优异成绩。

2020年6月，学校国教学院秉承"倡导绿色环保新理念，践行低碳发展新生活"的宗旨，成立了"焕然衣新"艺术工作坊，聚焦设计学科，以服装、服饰再生为切入点，以学生为中心，尝试探索构建多维度课程体系，联动第一课堂与第二课堂，搭建实践育人平台，推动实践和网络联合育人，构建"互联网+"工作坊新模式，引领大学生玩转美育新风尚。

4. 融通学校社会，尽显T台文化魅力

学校不断强化T台文化的功能，将其定位为超越校园文化的人才培养工程，架设起学生走向社会的通道。每年的毕业展示秀，不但是校园盛事，也成为全城服装界热点，常常出现一票难求的状况。通过毕业服装展、毕业造型汇演、服饰品设计静态展等，不仅全面展示了毕业生的创新设计、研究成果和纺织服装行业的流行趋势，也为校内外文化艺术舞台提供了视觉盛宴。在毕业展示秀上，一半以上的嘉宾是来自纺织服装领域的专家和相关企业的老总。毕业展示秀为他们提供了吸收创意、招才纳贤的平台，许多企

高校美育新论

业老总在现场就直接选定毕业生，买断毕业作品创意。

近年来，学校推动T台成果展示走出杭州市、浙江省，走向全国，为纺织服装人才搭建了更加广阔的展示舞台。多年来，学校优秀毕业生作品都会在中国国际大学生时装周发布。此外，学校还通过参与中国国际时装周，将展示舞台搬到了首都北京，赢得了更为广泛的关注。

学校参与中国国际时装周

（三）工作成效

多年来，学校通过推广弘扬T台文化，传承历史传统文脉，强化纺织服装创新型人才培养，为地方经济及文化发展做出了积极的贡献。

1. 学校文化底蕴得到充分传承和积极提升

T台文化书写了一部理工人艰苦奋斗、开拓创新的奋斗史，承载着学校办学和发展历程的基本脉络，其中的文化精髓渗透到了学校精神文化、学术文化、行为文化、实践文化等诸多层面，其精神元素也更多地体现在学校"求是笃实"的校风、"厚德致远、博学敦行"的校训和"求知求实、创新创业"的优良办学传统之中。一系列T台文化的展示及活动，在普及丝绸、纺织、服装专业知识的同时，引领着广大师生不断提升艺术欣赏品位和能力，确立了学校的美育领先优势。时任国务委员刘延东来校视察时，对此予以了充分肯定："理工大学能够把传承传统的技术着眼于国家经济社会发展在纺织领域的需求，而且注重科技创新，创造了具有中国特色的技术，这非常值得肯定。"学校T台文化的无限魅力全方位辐射校内外，以其独特的塑造形式和感染作用，融汇了知、情、意的教育实践，以美启真，以美入善，以美化情，引领了高校美育文化，为新时期高等教育实现人的全面发展的目标奠定了重要基础，成为钱塘区高教园区乃至浙江省高校的一张文化名片。

2. 学校人才培养成效得到快速显现和长远拓展

面对日趋严峻的就业形势，学校纺织服装的毕业生就业率一直高居95%以上。近年来，学校积极探索实践育人模式，获服装设计领域教学成果国家二等奖、优秀奖，浙江省一等奖、中国纺织工业协会一等奖等荣誉，服装学院在中国高等时装院校专业影响力指数（FEI）——中国服装设计师协会的排名中位列全国第二，被誉为"中国著名时装学府"。学生在全国及国际性比赛中成绩斐然：毕业生连续多年荣获中国服装设计师"新人奖"，自中国服装设计师协会设立颁发"全国十佳设计师"称号以来，学校教师及毕业生已有十余人次获此荣誉。学院师生承担了第十三届全国学生运动会志愿者、礼仪服的设计制作，完成第一、第二届互联网大会礼仪服的设计。据统计，70%的杭派女装的设计者和主理者为学校校友。省、市有关主要领导曾盛誉学校是"杭州女装产业的信息源、技术源、人才库，杭州丝绸业、服装业繁荣的生力军"。

3. 学校办学特色得到有效凝炼和广泛认可

随着T台文化与专业教学的深入结合，学校纺织服装的办学优势和人才培养的模式日益得到社会各界的肯定。学校拥有服装设计、表演领域国家精品课程、国家精品资源共享课、国家精品视频公开课多门。作为省内较早开展国际合作人才培养的高校，学校立足特色，先后与美国北卡州立大学、纽约时装技术学院、英国伦敦时装学院、日本文化服装学院、香港理工大学、日本杉野服饰大学、韩国水原女子大学及意大利、马来西亚、法国等国家的艺术设计院校建立了密切的交流与合作关系，互派教师与学生。学校接受教育部本科教学评估时，评估组组长刘献君教授评价"浙江理工大学在纺织服装专业人才培养中形成的'求知求实，创新创业'文化传统特色鲜明，优势领先于国内同类院校"，这一办学特色为学校取得评估"优秀"的成绩起到重要的作用。

站在新的历史起点上，学校将一如既往地追寻林启先生"以培养人才为第一义，以讲求实学为第一义"的理想，致力于中国纺织服装行业的振兴，依托T台传承丝绸古韵，文化育人再续丝路辉煌。

三、铸魂守根　以文化人——"红色文化"特色育人

习近平总书记指出，"要把红色资源利用好、把红色传统发扬好、把红色基因传承好"。弘扬红色文化是新时代"文化自信"的应有之义，是新时代高校育人使命的应有之责。学校依循"文化自信"的时代要求，把握学校发展的历史脉络，发挥特色学科的育人

优势，着力构建以"红色文化"育人为特色的"三全育人"体系。在项目建设期间，我们继承学校悠久办学历史与优良传统，将红色文化教育融入到全方位、多层次、立体化的育人体系中。秉持统筹谋划、综合施策、协同推进的工作原则，丰富内容，拓展载体，创新方法，在文化育人中立好根、铸好魂，努力实现全员育人、全程育人、全方位育人。

（一）目标思路

1. 形成文化育人的全方位联动，出台系统文件提供制度保障

学校党委高度重视文化建设工作，党委书记担任文化建设委员会主任，亲自统筹、指导学校文化工作开展。经过多年实践，学校已形成校院两级文化工作协同机制，并制定实施《浙江理工大学文化建设行动纲要》和《浙江理工大学思想政治工作任务书》，为文化育人工作的进一步开展，提供了有力的制度保障。文化育人的各项工作在具体落实中统一了思想认识，细化了责任落实，实现了协同推进，达到了可量化、可操作、可检查、可考核的工作目标，并发挥了在提高育人质量、深化思政教育中的积极作用。

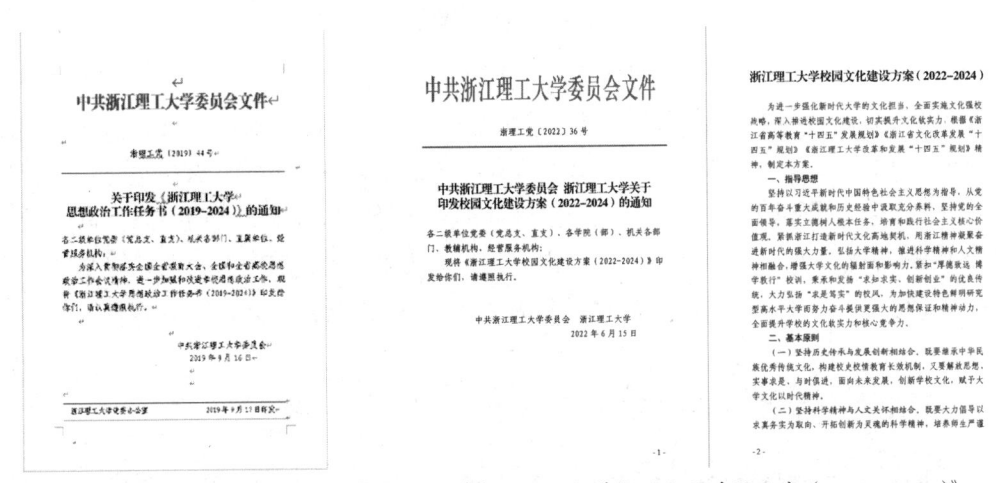

《浙江理工大学思想政治工作任务书》　　《浙江理工大学校园文化建设方案（2022—2024）》

2. 打造文化育人的全时空阵地，组建文化馆群创新育人载体

学校坚持整合力量、用活资源，坚持育人阵地与专业研究相结合、与办学历史相结合。2019年9月，以红色文化讲习馆建成为契机，组建与校史馆为一体的文化馆群，以此作为思政理论课第二课堂、党史新中国史教育课堂和浙江精神学习课堂，充分发挥其联动教育作用，成为思想政治教育的重要育人阵地。作为全省高校首家红色文化讲习馆，通过纵横两条线索，运用图文、实物、音频、视频多种形式，较为全面地呈现了红

高校美育新论

色文化的历史脉络、内涵体系、存在形式、发展规律、弘扬传承，充分发挥了思政育人作用。学校不断完善制度，探索文化馆群的育人模式，其间得到了社会各界、校内外师生的肯定和支持。

红色文化讲习馆入选浙江省首批100家省级党员教育培训基地

校党委书记吴锋民和校长陈文兴为红色文化讲习馆揭幕

3. 拓展文化育人的全景式教育，开展校地共建延展育人平台

依托在全国首设的"红色文化研究"二级学科硕士点、浙江省习近平新时代中国特色社会主义思想研究中心浙江理工大学研究基地、省中国特色社会主义理论体系研究中心浙江理工大学基地等重要平台，通过举办学术研讨、现场教学、教材编写、课程开设、校地合作、成果展示等活动，大力推进红色文化研究与实践。同时，发挥高校的学术优势和影响力，加大对浙江革命历史文化的研究力度。2020年1月，与长兴县新四军苏浙军区纪念馆合作共建"长兴红色文化研究中心"，协同开展新四军苏浙军区等红色文化研究，深化学校红色文化育人的特色和亮点。校地共建能让师生在社会课堂中感受与传承红色文化，增添与加强文化自信，不断丰富文化育人成果。

2016年，"红色文化研究"成为全国首个独立设立的二级学科硕士点

2017年11月，浙江现代革命历史文化研究基地（德清红色文化研究中心）成立

2020年1月，长兴红色文化研究中心成立

（二）实施举措

1. 强化专业支撑，激活课堂资源

不断推进红色文化教育"课程化""普及化""专业化"教学模式，着力提升红色文化进课堂的学科性、理论性。2019年6月，学校重新修订并完善了思政课教学改革实施方案，优化教学内容，创新教学方法，积极引导大学生传承红色基因，扎实推进"红色教育进课堂"工程，着力增强红色文化在育人实践中发挥的凝聚力、感染力和引领力。确立"选树红色榜样，以鲜活的事迹感召人""讲好红色故事，以深刻的案例打动人""建设红色基地，以浓厚的氛围感染人"的"三红"教育特色体系，不断推动红色文化教育与思政课堂的融会贯通，真正把红色文化育人落到实处，走向深入。2019年以来，参加红色课程学习与研究的学生（不含留学生）实现了本、硕、博全覆盖。

学校主办第二届全国红色文化研究暨学科建设高端论坛

2. 优化队伍建设，整合团队资源

以浙江省首门国家级精品课程"毛泽东思想和中国特色社会主义理论体系概论"为平台，深入挖掘、整合红色文化资源，构建专题式红色文化教学体系。实施红色文化"三进"工程（进课堂、进教材、进头脑），以自主编印出版的全国第一本通论性红色文化教育教材《红色文化概论》作为"红色课堂"的教学依据。学校统一规划，建立红色文化教育师资库，实施《名师工作室建设方案》，2018年以来共培育省级名师工作室4个。组织教师在党校、团校、始业教育等教学环节中开设红色文化专题课程，开展形式多样的红色文化宣讲，参与录制《中国共产党为什么能》视频课。

高校美育新论

出版全国第一本通论性红色文化教育教材 　　　　成立红色文化研究院

3. 搭建交流平台，注重研究资源

在红色文化研究与传播中，做到点面结合，学校分层组建了红色文化研究团队，推进红色文化教育体系的系统化、科学化和条理化。2019年至今，学校获立包括国家社科基金重点项目《中国共产党红色文化发展史研究》在内的课题20余项。主编教育部社科发展中心启动的《中国共产党革命精神系列读本》和《中国共产党革命精神百年史话》丛书之《孔繁森精神》。依托学校学报，开设红色文化研究专栏，搭建文化育人的学术交流平台。与此同时，注重学术研究融入育人实践，将研究成果运用到具体工作中去，延伸到校园文化建设中去，让红色文化传播得更广泛、更深入，在潜移默化中发挥育人作用。

组织开展"迎七一 学经典　悟初心"——　　成功举办全国首届"红色文化研究与学科建设"
《马克思经典著作新读》学习活动　　　　学术研讨会，成立浙江省红色文化研究会

（三）经验启示

1. 形成了一大批红色文化品牌项目，丰富了立德树人内涵

学校连续多年开展"红色文化节"，结合重大纪念活动和纪念日，组织开展了文化品牌建设。2019年，开展献礼新中国成立70周年主题活动，推出"我的国，我的家""手绘浙江省廉政文化地图""红色景点地图""捧在手心的红色模型""红色漫画"等一批红色文化作品，学生结合专业特色创作红色短片和微电影10余部。学校积极引导红色文化实践，连续多年举办"力行杯"思政课程与课程思政实践教学成果展评，充分发挥学生的专业特长和兴趣爱好，通过漫画、朗诵、模型、剪纸等形式，展示了课程教学实践成果，让思政教育在文化实践中更具亲和力和针对性。《人民日报》、《光明日报》、《中国教育报》、《中国青年报》、《浙江日报》客户端、学习强国平台等主流媒体给予相关报道50余篇。

举行"初心·匠心"第二届红色文化节开幕式暨新中国成立70周年"我的国 我的家"主题展　　"力行杯"思政课程与课程思政实践教学成果展评活动

2. 收获了一连串红色文化研究成果，提升了文化育人水平

学校充分利用大学生的特点和优势，积极开展各种红色教育活动，如宣讲红色精神、演绎红色经典、参观红色基地、调研红色资源、体验红色生活、重温红色历史等。《红色文化协同育人》获省高等教育教学成果二等奖。学校创新文化育人的实践载体，与共产党员杂志社共同承办了浙江省红色故事会总决赛。由全省11个地市和团省委、浙江理工大学等选送的13个节目在浙江理工大学精彩上演，用红色故事展现浙江共产党人不忘初心、牢记使命的责任担当，用红色文化作品呈现了一堂生动的思政教育课。《光明日报》、《浙江日报》、浙江卫视、《钱江晚报》等媒体均进行了专题报道。

高校美育新论

学校和浙江共产党员杂志社承办"浙江省红色故事会"大赛

《浙江新闻联播》、《浙江日报》、《钱江晚报》、光明日报客户端等多家主流媒体大版面大篇幅报道学校承办浙江省红色故事会

3. 构建了一体化红色文化传承联盟，优化了长效育人机制

学校与省委党史研究室、省社科联、省红船干部学院、井冈山革命传统教育基地、延安大学等共建单位、红色文化研究机构深入合作，将红色文化教育与大学生社会实践和志愿服务等工作有机结合，面向全国以校地、校馆、校企等多种形式建设50余个大中小学红色文化传承联盟基地，实现浙江省省域全覆盖，与相关部门共建多个"红色文化教育"特色研究基地。红色文化传承已经成为学校大二学生每年《社会实践》必修课的基本教学内容，是学生课程实践的主要体验方式。2023年，学校举办大中小学红色文化一体化

纵深推进大中小学红色文化一体化传承联盟建设

传承联盟建设论坛，进一步完善了联盟研学实践中心、师资培育中心、课程开发中心、网络传播中心，打造了《红色劳动教育》等一批特色鲜明的省级一流课程和深受学生喜爱的思政微课，上线了"红传铸魂"数字平台。学校计划围绕服务和促进浙江山区26县高质量共同富裕、海岛地区红色文化特色资源挖掘、民族地区红色文化传承等主题实施"山鹰计划"、"海鸥行动"、"民族工程"等专项，进一步完善红色文化铸魂育人内涵和大中小学联建联育联创体系，搭建起全方位、全时空、全链条的"大思政课"育人平台。

学校团学骨干赴井冈山参加红色主题实践活动 　　嘉兴南湖革命纪念馆实践教学 　　桐庐金萧支队纪念馆体验革命精神

一直以来，浙江理工大学将红色文化资源作为育人实践的生动教材，红色文化蕴含的精神价值是高校育人时代要求和内涵所在。近年来文化育人工作取得了阶段性成效，红色文化讲习馆、红色故事会、红色手绘地图、红色样板间模型、红色战役漫画集等特色活动，得到了央视新闻联播、《人民日报》、《光明日报》、光明网客户端、人民网、学习强国平台、《中国教育报》、《中国青年报》、《浙江日报》等主流媒体的宣传报道百余篇，其中《光明日报》头版报道了学校"以红色文化铸魂育人"的教育特色。学校将继续以红色文化为引领，充分利用浙江省"三个地"红色文化资源和优势，守正创新，培根铸魂，力争在文化育人中推出新举措，收获新成效，谋求新发展

四、以美塑人　以美启德——构建"大美育"工作机制

冬日的杭城，室外寒意阵阵，走进浙江理工大学图书馆的学生们却能感受到一股洋溢生活意趣的温暖。"情味人间——丰子恺艺术展"正在这里展出。为期一个月的展览共展出丰子恺的书法、漫画作品60余件。丰子恺的外孙宋雪君也来到现场，帮助师生解读、品味作品的旨趣。

像这样的艺术展览，在浙江理工大学并不少见。这所公众眼中以理工科见长的院校，一直没有忽视对学生审美能力和人文素养的培育。相反，在学校看来，通过建立健全"大美育"工作机制，挖掘美育课程体系和文艺实践活动的内在价值，打通与思政教育的内在关联，对促进学生全面发展能起到至关重要的作用。

1. 从普及到专业，以美塑人

在浙江理工大学，来自书画之乡浦江的副教授郑显理已坚持开设书法选修课21年。他的课虽然已经设了150人次的课堂容量，选课人数却常常有300~500人，学生笑称选

上课要"拼手速,靠秒杀"。课上,郑显理从甲骨文开始,介绍中国书法的演变,带着大家从名家名帖中领略书法之美。由新闻与传播学院教授高长江开设的"艺术与人文修养"课程,同样受到学生们的热捧。该课程出版的同名配套教材还被认证为省高等教育学会艺术教育专业委员会精品教材。

在浙江理工大学,这样质量过硬、拿得出手、在学生中又有好口碑的公共艺术课程还有不少。近年来,学校大力完善公共艺术课程。目前设有公共艺术课程40门,涵盖了音乐、美术、舞蹈、戏剧、戏曲、书法、影视等诸多艺术门类,确保满足广大学生对公共艺术教育课程的需求。同时,学校还将公共艺术教育课程作为八类通识课程中的一类,要求学生至少修学2个学分才能毕业。"要以艺术课程为主体,增强课程的综合性和丰富性,让广大学生通过课程学习,提升个人艺术修养与审美品位。"浙江理工大学党委副书记陶伟华说。

除了将美育融入通识课程体系,学校还以文艺活动为载体,搭建美育实践平台,实现第一课堂和第二课堂的有机结合。作为学校校园文化品牌的"拳头"产品——本科生团支部风采展演10余年来,累计参演团支部1400余个,在本科生中覆盖面达100%。大家用情景剧、歌舞、小品、朗诵等多样形式展现青春风采。

学校还搭建了以大学生艺术团为龙头、学生艺术类社团为扩展的艺术学习交流平台。校大学生艺术团目前下设舞蹈、戏剧、西洋乐、民乐、声乐和主持人等六大分团，有来自浙江歌舞剧院、浙江省话剧团的艺术家们为学生提供创作指导。

通过艺术团的实践，还有不少学生从业余爱好走上了专业道路。近3年校艺术团学生考入艺术类专业院校研究生的有10余人。此外，学校还有包含动漫社、街舞社、清韵戏曲协会、吉他社、民乐协会等社团。有了广泛的文艺基础，浙江理工大学学生在各类艺术竞赛中屡有不俗成绩。在2019年浙江省大学生艺术节中，学校选送的5个节目均获一等奖。一等奖获奖数量位列非专业院校组之首。"我们努力让越来越多的学生参与到文艺实践中，将公共艺术教育的普及性与专业性相结合，让学生在春风化雨、耳濡目染中接受美的熏陶。"时任浙江理工大学团委书记吕媛媛说。

扫码欣赏
浙江理工大学街舞社团星元素舞蹈《套马杆》

扫码欣赏
浙江理工大学手语社创作的手语歌《不放弃》

2. 融汇思政教育，以美启德

"艺术教育绝不是大学教育的装饰，要通过艺术教育特别是红色经典艺术教育来引导广大青年学生树立坚定正确的理想、信念。"在时任浙江理工大学艺术教育指导中心主任、国家一级演员金永玲看来，美育有其独特的育人价值。

多年来，金永玲一直致力于推广浙江省"高雅艺术进校园"活动，通过寓教于乐的方式对大学生开展爱国主义理想信念教育。在金永玲的指导下，学校大学生艺术团

高校美育新论

也排练起了校园版《江姐》。在剧中扮演江姐的国际教育学院服装与服饰设计专业学生周倩倩说："在反复练习台词、神情和动作中我感受到了江姐面对死亡的坦然淡定、面对战友的温柔耐心、面对敌人的宁死不屈……这些情感是处在和平年代中很难体会到的。"

红色歌剧《江姐》剧照

国家一级演员、学校教授金永玲领衔红色歌剧《江姐》（片段）

红色歌剧《洪湖赤卫队》剧照

国家一级演员、学校教授金永玲领衔红色歌剧《洪湖赤卫队》（片段）

除了戏剧，绘画也可以和思政教育相融相汇。艺术与设计学院充分发挥学生的专业特长，组建了"漫画育人彩绘校园"团队，针对时事热点策划推出了包括"思想引领""和谐校园""热点聚焦""课程共建"等在内的30多组主题漫画，将思想政治教育巧妙地融入漫画中。截至目前，他们创作的漫画作品共计2000余幅，观展人数破万人。其中，以校园廉政教育漫画为核心内容的文化建设活动获得了全国高校校园文化品牌二等奖。由大学生们组建的公益漫画组织更是获得了国家级创新创业立项。

国际教育学院则于2017年成立了全国首个"红色"手绘社。学生们利用暑假走访了全国多个省份的红色景点，手绘出毛泽东同志主办农民运动讲习所旧址、广州起义纪念馆等国内近200个红色景点，制作了20多张不同地市红色景点地图，他们还将浙江省的红色景点地图制作成小册子、明信片、电子地图、飞行棋，带进旅游景点、社区和小学校园，让更多人了解那段战火纷飞的岁月。

行动课堂： 扫一扫，网上走访由浙江理工大学国际教育学院"红色"手绘社创作的红色手绘地图，了解浙江省11地市111个红色景点。

为了将日常美育与思政教育结合，艺术与设计学院今年专门针对时尚设计类课程开展了课程思政立项建设。"浙江红色文化与乡村设计""形势与政策——融入思政教育的红色设计"等13个项目成为探索课程思政的首批艺术类课程。"我们要把加强美育作为立德树人的重要抓手，将社会主义核心价值观贯穿到高校美育工作的各方面、各环节。在美育教育中推进思想政治教育日常化、具体化、形象化、生活化，彰显美育工作的鲜明底色。"学校党委书记吴锋民表示。

五、大象无形　共筑同心——搭建民族艺术育人平台

"五十六个民族五十六朵花，五十六个兄弟姐妹是一家"。浙江理工大学第十届民族文化节开幕式在学校小剧场举行。本届民族文化节开幕式以"绘民族锦绣，庆建党百年"为主题，紧密围绕"展民族风情，燃中华之魂""传民族文化，承中华之根""谱民族之章，庆党之百年"三个篇章展开。

各民族师生用舞姿和歌声演绎了民族的特色，《礼赞华夏》《不忘初心》《羌塘天舞》

《欢庆》《相亲相爱》等十多个极具民族特色的曲艺节目，共同表达了中华民族一家亲、同心共筑中国梦的心声。民族文化节将持续数月，通过开展丰富多彩的民族文化活动，为在校青年学生营造民族文化交流的氛围，搭建民族文化融合的平台。

第十届民族文化节开幕式

近年来，浙江理工大学将爱国主义精神、优秀传统文化、民族交融发展理念深深植入、贯穿于日常工作中，取得了累累硕果。学校也被评为"浙江省民族团结进步模范集体"。

从2001年开始，学校创造条件在电子商务、信息管理与信息系统专业开设了少数民族班，主要招收浙江省包括畲族、回族等十多个民族在内的学生。2004年开始从新疆、西藏等地区招收少数民族学生来校生活学习。从2018年开始招收新疆少数民族预科班。目前，学校已有畲族、维吾尔族、藏族、朝鲜族等30多个少数民族在内的在校大学生共1100余人。

学校不断完善少数民族学生教育管理工作机制，配备专职管理人员，成立"石榴树"少数民族学生辅导员工作室，全方位为民族学生成长创造条件。自2005年开始，浙江理工大学在浙江省委统战部、省民族宗教委员会领导以及学校相关职能部门的关心支持下，举办了第一届民族文化节，至今已成功举办十届。

其间，学校成立了少数民族文化协会，成立浙江省下沙高教园区大学生民族文化交流中心，开设少数民族大学生"青马工程"培训班，和景宁畲族自治县达成合作共识，历届的民族文化节取得了累累硕果。

在2006年第二届民族文化节开幕式上，学校经济管理学院03电子商务少数民族班学生雷开上从原省委统战部部长王培民手上接过了杭州典积网络有限公司的牌匾，十多年过去了，企业一直稳步发展。近期，他联合几位创业的少数民族校友一起发起了浙江理工大学少数民族学生人才培养基金，这笔基金将资助少数民族学生创新创业，让更多少数民族学生实现自己的创业梦想。

与此同时，在服务少数民族地区经济社会发展上，学校立足高校人才荟萃、智力密集、联系面广、社会影响力大的独特优势，积极鼓励师生走出校园，深入少数民族地区助困扶贫，涌现了一大批师生典型，得到了社会各界的充分肯定和赞扬。

十年如一日服务丽水市景宁畲族自治县乡村规划工作的该校建工学院李茹冰教师团队，长期深入丽水地区偏远乡村，利用所长做好传统村落保护工作，当地乡政府和村民对其赞誉有加。

在浙江省首届"美丽宜居"优秀村庄规划大赛中，李茹冰团队的"景宁畲族自治县大均乡李宝村农房改造建设示范村规划"摘取了二等奖。自2010年始，团队成员从实践教学逐步推进，深入当地，吃、住在艰苦山村，获取第一手资料，积极开展工作。经改造后的李宝村，如今已脱胎换骨成为原生态旅游热门景点，改造的民宿在旅游旺季供不应求，村民收入大幅提升。同时，山门、公厕、道路、停车场、污水处理池等基础设施的增加也明显改善了乡村的人居环境。

学校援疆教师夫妇胡华梁和李宝杨克服重重困难，投入阿克苏大学繁忙而紧张的工作中。他们指导修订人才培养方案，与青年教师交流切磋，帮助提升阿克苏大学的学科竞赛，创下了阿克苏大学电商大赛历史最好成绩。

2017届毕业生朱玲淑，在临毕业时，她用一腔热血和坚定的奉献精神说服了家人，从浙江沿海之滨来到了西藏基层，克服了环境适应上的困难，扎身基层，开展精准扶贫工作，用

援疆伉俪胡华梁老师和李宝杨老师

校友朱玲淑在捐赠物资仪式上发言

知识力量扶助藏区儿童，用自己的青春点亮西藏高原的热土，获得了浙江省2019年"基层就业大学生典型人物"荣誉称号。

学校党委副书记陶伟华表示："高校是知识精英的聚集地，青年大学生是中华民族未来希望之所在。在高校中传承优秀民族文化，是不忘初心使命、践行立德树人根本宗旨的重要体现，对建设和谐社会、维护国家团结统一具有积极的意义。"

六、"漫"妙横生 别出"新"裁——创新美育载体与课程实践

浙江理工大学"漫画育人"工作自2010年起实施，是一个紧紧围绕大学生思想教育要求，形式新颖、喜闻乐见、成效显著的实践育人载体。工作的开展依托于"漫画育人工作室"，并已分别入选校级、省级"思政理论名师工作室"。

在大学生思想政治教育领域中，需要不断创新教育形式、增强教育效果，精心营造喜闻乐见的教育教学场景。目前，高校思政教育正在从教材体系逐步向教学体系转化，这一过程需要更多的优质载体。浙江理工大学"漫画育人"实践的核心意义在于：构建大学生思想政治教育领域的创新载体，以漫画等艺术形式增强思想政治教育的有效性。教育教学过程始终坚持立德树人导向，根据不同时段的教育要求

2017年8月，教育部思政司领导在浙江理工大学指导"漫画育人"实践

与内涵，巧妙开展优秀传统文化、革命文化、社会主义先进文化的教育，以喜闻乐见的形式宣传并践行党的教育要求。10多年来，主导推出并整合了"核心价值观""优秀传统文化""革命文化""社会主义先进文化""时情世情""课程思政"等八大系列共计83个漫画册（或策展），创作漫画及相关延伸视觉育人作品4000余幅（个），参与的人次达几万人（含社会）。教学的形式和成果受到包括浙江省委常委、教育部思政司领导、浙江省委老干部局、杭州西湖区纪委等各级单位肯定，并获得新华社、中新网、中国日报、中青报、浙江日报、浙江卫视、广东卫视等相关的媒体报道超千次，其中国际教育学院的《红色手绘地图》系列漫画获得新闻联播报道。

（一）目标思路

漫画具有积极的实践育人价值，它是一种利用夸张表现手法传递信息的艺术表现形

式,一般通过构成幽默诙谐的画面组,以取得传递信息、加深理解的效果。漫画常被用来传达积极观念,如奋斗、乐观、理智、沉着等,这些信息会影响青年大学生,进而提高思想政治教育的育人效率。

漫画育人契合当前大学生接受信息的规律。目前大学生以"00后"为主,不少人从小接触动漫,爱好漫画,对该种信息传递方式及教育内涵接受度高,是典型的"读图一代"。尤其是艺术类学生,他们在专业学习过程中对于绘画类作品创作、形成机理的认知和实践都比较全面,自主参与程度较高,且对于布展、集册、宣传等环节往往有较好经验,对漫画创展活动现场的气氛营造颇具新意。

漫画育人的实践路径清晰、渠道通畅。多年前,"漫画育人工作室"确定将漫画(辅以墙体艺术、DV微剧等延伸视觉形态)融合思想政治教育的内涵,并加以实践。实际工作中,主要通过主题鲜明、形态纷呈的漫画,夸张深省、引人深思的墙绘以及结合热点、巧妙导演的微剧等三方面开展育人实践。

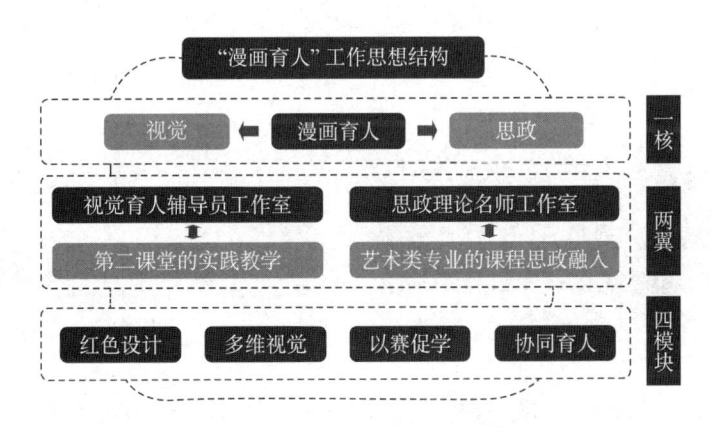

"漫画育人"工作思路结构

(二)实施举措

围绕漫画,广泛挖掘适宜的实践教育渠道。"漫画育人工作室"每个学期均精心组织、周密设计,制订实施方案,将漫画等视觉艺术创作与党和国家大事要事、思想教育要求、社会热点相结合,通过学生组织、党课团课、第二课堂、创作邀请、征集比赛等实践教学形式,分主题策划、推出系列漫画创展,其基本过程为:广泛动员、创作辅导、征集作品、专家评比、策展集册等。例如,开展《图说习近平同志治国理政新理念新思想新战略》的策展实践时,邀请了本校马克思主义学院的师生共同做好场景构建,为艺术创作提供了有力的理论支撑;再如,开展《反对四风》漫画邀请赛,吸引了不少非艺术类学生参与,拓展了教育广度。

植入漫画,突出课程思政的"融入式"内涵。"漫画育人工作室"在相关课程中利用漫画进行课程实践的融入。在形势与政策、社会实践等传统思政课程中,组织、策划了"给理工的情书——120周年校庆漫画"、"纪念红军长征八十周年漫画"、"纪念建党95周年系列漫画"等数量众多的漫画育人实践成果。在公共艺术空间、影视制作技术、网络插画设计等专业类课程中,由专业教师指导学生团队在墙体艺术、DV微剧等两个延伸视觉方向中同样创作了一批富有思想教育意义的实践作品,例如,"长兴江南红村新四军历史文化艺术墙""高教园区交警廉政教育墙"等几百平米发人深省的墙体艺术作品,《家乡》等50余部积极向上、清新乐观的DV微剧。这些教学组织过程具有充分鼓励学生"自我教育"的内涵。

长兴江南红村新四军历史文化艺术墙

积极发展"红色漫画""廉政视觉"新载体。"漫画育人工作室"充分结合新时代大学生思想政治教育的新要求,发展新的育人载体。例如,在"红色漫画"方面,充分挖掘艺术类学生的专业特长,在党建类活动室的设计、红船海报设计、红色场景设计、红色展览设计等方面均做出有益探索并积累了案例经验;在"廉政视觉"方面,以廉政漫画、廉政海报、廉政LOGO、廉政微剧、廉政教育墙体艺术、廉政视觉策展等教育活动丰富多彩,并在西湖区纪委、下城区老房地社区、浙江图书馆、兰溪市、浦江县、台州市坦头镇等校外协同联动中形成较大影响力和社会美誉度,"清正廉明,艺路同行""不忘初心,艺绘廉政"等多个团队获得浙江省大学生社会实践"百强团队""十佳团队提名"奖等荣誉。

审美视界

"清廉家风"系列漫画赏析("学习强国"平台浙江平台专版报道)

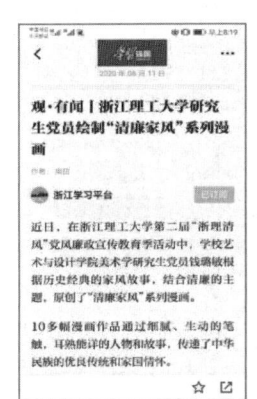

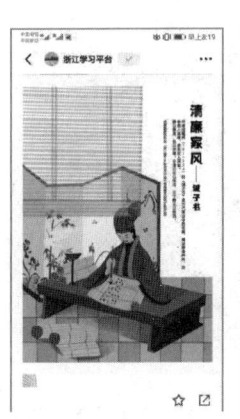

高校美育新论

《道德与美丽心灵》漫画作品赏析

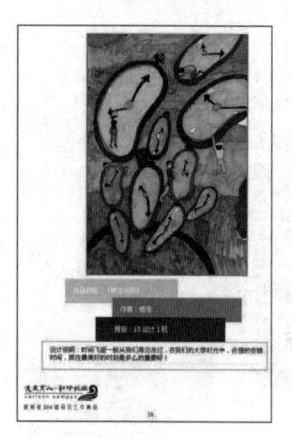

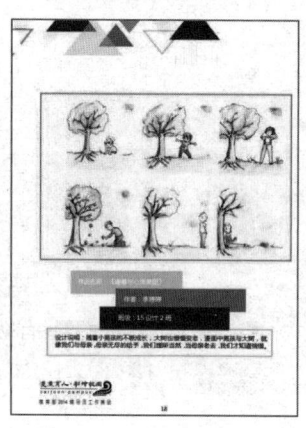

（三）特色亮点

浙江理工大学的"漫画育人"实践较好地把握了学生对信息接受的规律，充分利用学生已有的绘画技能，教学的实践活跃度高，学生的自主参与度高，特色亮点显著。其一，突出思政教育的创新实践，例如结合课程思政探索、结合大学生创新项目实施、结合党建教育载体应用等模块的协同等；其二，充分发挥学生参与教育实践过程的主体作用，例如创作辅导、策展、媒体发布、社会实践与推广等；其三，育人过程的创新价值体现为喜闻乐见、润物无声，创作者、观看者均受其益。目前，参与"漫画育人工作室"的教师合力已然形成，团队核心成员是经验丰富的辅导员和专业教师，师资结构合理、互为补充、年富力强。工作室在推进过程中采用"载体落地"的工作机制，这些载体既有专业课程、通识课程也有课堂教学、实践教学；既有团队式协同教育又有特定式主题教育；既有传统的漫画主题也有新创的视觉语言体系，丰富多样，并不断创新，受到师生普遍欢迎。

"漫画育人"工作室运行机制图示

（四）成效经验

高校社会服务与公共教育的外延得到认同，教育受众面广。漫画育人项目负责人多次受邀参加浙江省教育厅组织的有关论坛并就育人做主题报告、赴省内外高校开展工作交流、与绿色浙江环保协会共同设立了社会公益漫画基地等。在浙江省天台县大联村，连续多年开展"漫画三农"的社会实践活动，并获得了省级基地的授牌。漫画育人的社会影响力广泛，例如，浙江省委第九督查组来学校督查意识形态工作时曾给予有关工作高度评价；校友企业杭州麦朴文化创意有限公司反哺设立"动漫人才培育基金"；扶持的学生团队已经为社会完成了大量公益漫画及衍生视觉作品的创作。

思想政治教育与实践的表征得到不断强化，成果丰富。有关的成果获教育部全国高校辅导员工作精品项目；指导学生三次获得教育部国家级大学生创新创业训练项目；有关学生团队获得省挑战杯金奖、省互联网+大赛金奖、省职业生涯规划大赛金奖等40余项省级及以上荣誉；微电影作品《家乡》获得全国首届"情系三农"微电影大赛十佳作品；动漫作品连续获得教育部与中央网信办联合举办的第二届、第三届"全国高校大学生网络文化节优秀作品一等奖"；有关社会实践团队获得团中央优秀团队、团中央百支重点团队的荣誉。并且，漫画育人亦积累起丰硕理论成果，例如取得全国纺织思政年会优秀论文一等奖；在学术期刊发表论文10余篇；出版《"最美浙江"人物事迹漫画绘本》；承担浙江省高等教育"十三五"第二批教学改革研究项目、教育部人文与社会科学专项等。

浙江理工大学的"漫画育人"创新实践，融汇知、情、意，以画启美、以美入形、以形明意，特色鲜明，其育人过程具有显著的大学生思想教育表征意义，喜闻乐见、绩效彰显，目前已成为学校乃至省内一张特色鲜明的实践育人名片。

（《"漫"妙横生 别出"新"裁——创新美育载体与课程实践》由浙江理工大学"漫画育人"工作室供稿）